总主编 田高良

新时代互联网+创新型会计与财务管理专业系列教材
国家级一流本科课程配套教材

财务报表分析

主　编　王建玲

副主编　屈国俊　司　毅　常钰苑

西安交通大学出版社
XI'AN JIAOTONG UNIVERSITY PRESS

内容简介

财务报表是企业管理者、投资人、政府职能部门及中介机构等利益相关者了解企业财务状况和经营成果的重要渠道。然而,只有掌握恰当的分析方法,财务报表的决策价值才能真正发挥作用。本书主要内容包括:现代企业与资本市场,财务会计基本理论,财务报告的供给与需求,企业活动与财务报表的关系,财务报表分析的基本理论框架、基本程序与方法,公司战略分析,资产负债表、利润表和现金流量表的结构、质量以及关键项目分析的理论与方法,偿债、盈利、营运、发展等单项财务能力分析和企业绩效的综合评价,以及股票估值的相关理论与方法等。本书旨在帮助读者穿透财务报表数字迷雾,从而做出正确的经济决策。

图书在版编目(CIP)数据

财务报表分析 / 王建玲主编. -- 西安 :西安交通大学出版社,2025.5. -- ISBN 978 - 7 - 5693 - 4074 - 7

Ⅰ. F231.5

中国国家版本馆 CIP 数据核字第 20254W076R 号

书　　名	财务报表分析
	CAIWU BAOBIAO FENXI
主　　编	王建玲
责任编辑	史菲菲
责任校对	李逢国
封面设计	任加盟
出版发行	西安交通大学出版社
	(西安市兴庆南路 1 号　邮政编码 710048)
网　　址	http://www.xjtupress.com
电　　话	(029)82668357　82667874(发行中心)
	(029)82668315(总编办)
传　　真	(029)82668280
印　　刷	西安五星印刷有限公司
开　　本	787mm×1092mm　1/16　　印张 17　　字数 419 千字
版次印次	2025 年 5 月第 1 版　2025 年 5 月第 1 次印刷
书　　号	ISBN 978 - 7 - 5693 - 4074 - 7
定　　价	49.80 元

如发现印装质量问题,请与本社市场营销中心联系。
订购热线:(029)82665248　(029)82667874
投稿热线:(029)82665379
读者信箱:511945393@qq.com

新时代互联网＋创新型会计与财务管理专业系列教材

编写委员会

总主编:田高良

编委会委员(按姓氏笔画排序):

王化中　　王建玲　　宁宇新　　汤小莉　　汪方军

张　禾　　张　原　　周　龙　　徐焕章　　高晓林

策　划:魏照民　　史菲菲

前言

　　财务报表是对企业财务状况和经营成果的综合、系统和完整反映,是公司管理者、投资人、政府职能部门及中介机构等利益相关者了解企业的重要渠道。然而,企业财务报表体系庞大,报表格式和数据形式多样,所包含的信息内容庞杂,因此,只有掌握恰当的分析方法,报表使用者才可以准确了解企业的财务状况和经营成果,发现决策中的核心问题。本书的目的就是让读者了解和掌握财务报表分析的理论框架、基本程序、主要方法和技巧,使读者不仅能看懂财务报表,还能穿越数字迷雾,看透财务数据背后所蕴藏的问题本质,从而做出正确的决策。

　　本书由四部分共九章组成。

　　第一部分包括第1章、第2章和第3章。作为财务报表分析的基础,这部分主要为后面具体的会计与财务分析做好理论上的铺垫。其中,第1章介绍了财务报表相关的理论基础,主要内容包括现代企业与资本市场、财务会计基本理论、财务报告的供给与需求等内容。第2章是关于财务报表分析的基本框架、程序与方法,主要内容包括企业活动与财务报表的关系以及财务报表分析的基本框架、基本程序与方法等。第3章介绍了企业战略分析的相关理论与方法,主要内容包括宏观环境分析、行业环境分析以及公司战略分析三个层面。

　　第二部分包括第4章至第6章。作为整个财务报表分析框架中的核心部分,这部分主要通过对资产负债表、利润表和现金流量表三张报表的结构、质量以及关键项目的会计分析,为后续的财务分析所依赖的基础财务数据提供信息质量保障。其中,第4章介绍了资产负债表分析的理论和方法,主要内容包括资产负债表的结构分析、质量分析和项目分析等;第5章介绍了利润表分析的理论和方法,主要内容包括利润表项目的编制原则及项目构成、利润表质量分析的主要内容以

1

及营业收入、营业成本等关键项目的分析方法等;第 6 章介绍了现金流量表分析的主要理论和方法,具体包括现金流量表的格式以及现金流量表质量分析和结构分析等。

第三部分包括第 7 章和第 8 章。本部分主要介绍了公司财务分析的主要理论与方法。其中,第 7 章从偿债能力、盈利能力、营运能力和发展能力四个方面分别介绍了企业各单项财务能力分析的基本内容和主要指标等;第 8 章介绍了企业绩效的综合评价,主要内容包括公司综合绩效评价的基本理论,以及杜邦分析体系、盈利因素驱动模型、经济增加值法及综合绩效评价体系等方法。

第四部分包括第 9 章。本部分是全书的最后一章,主要介绍了财务报表数据应用于股票估值的相关理论与方法,主要内容包括公司估值的基本理论,以及现金流折现模型、剩余收益估值模型及价格乘数估值模型等估值方法。

本书是"新时代互联网＋创新型会计与财务管理专业系列教材"之一和出版社"十四五"规划教材。作为一本向本科生讲述财务报表分析的教科书,本书旨在强调和突出"分析"的实践性特征,特色主要可以概括为以下三个方面:

第一,案例选择更加贴合实践。本书通过理论与实例相结合的形式,通俗易懂地讲解了财务报表分析的理论和方法。在实例部分,本书在主体章节中均采用双案例、三年数据同时列示的方式,这种既有时间跨度又有横向对比的呈现形式,有助于增强学生从横向和纵向多个维度观察和理解数据的能力。

第二,案例所涉及的行业更加多样。本书在内容设计上大部分基于传统行业进行财务报表分析理论和方法的阐述,但是在会计分析和前景分析中,使用宁德时代和博纳影业等创新型企业作为本章的综合分析案例,有助于读者及时了解这些创新型企业的财务报表与传统行业报表上的一些特色和差异,启发读者对相关内容进行深度思考。

第三,案例素材均来自中国上市公司。在主体章节中,本书在讲述完基本知识点后进一步安排了综合性案例,以便对本章所讲述的内容进行全面性的应用和演示,有助于增强读者对章节内各知识点的系统性把握和理解。这部分案例均来自中国上市公司的实际素材,以方便学生在分析案例时查阅与案例相关的资料,也有利于教师组织案例讨论,增强了案例讨论的实战性。

除了以上主要特色之外,本书在编写过程中及时融入了新修订的会计准则与最新规章。如在财务报表格式部分，本书依据2019年发布的《一般企业财务报表格式》作为基本报表格式予以呈现，并且在盈利质量分析中引入了2023年国务院国资委发布的中央企业经营指标体系中的"营业现金比率"指标，同时还进一步探讨了2024年国务院国资委发布的中央企业经营指标体系中引入的"营业收现率"指标的经济含义，以适应新时代经济高质量发展的要求。

本书由西安交通大学王建玲教授担任主编，西北政法大学屈国俊副教授、西安交通大学司毅副教授和华南理工大学常钰苑副教授担任副主编。参加编写的还有刘真羽、王璟、俞尧和宋骄阳。王建玲教授最终审阅定稿，宋骄阳和俞尧协助主编做了大量的审稿工作。

撰写本书的初衷是为会计学专业本科生系统学习财务报表分析课程提供一本理论框架完整、案例素材丰富的教材。由于财务报表分析课程主要在本科高年级段开设，读者通常都已经完成了基础会计学、中级财务会计等相关专业核心课程的学习，对会计信息系统的"产品"——财务报表的形成过程也有了比较详尽的了解，因此本书聚焦于财务报表使用环节，阐述财务报表分析的相关理论与方法，提升财务信息在使用者决策中的作用。本书所提供的财务报表分析框架涵盖了战略、会计、财务与前景分析四个完整的分析模块，也适用于MBA（工商管理硕士）、MPAcc（会计硕士）等非全日制学生作为学习和了解财务报表分析的辅助教材使用。希望本书能对您的学习和工作有所帮助，同时衷心地希望您对书中可能出现的疏漏提出宝贵意见。

编　者

2025年2月于西安

目录

1

第1章

理论基础

学习目标

1. 了解会计信息的需求与供给及其对财务信息质量的影响；
2. 了解从企业经营活动到企业财务报表的转化过程，从而理解财务报表的内在局限；
3. 理解财务报告分析的构成。

中国证监会于 2022 年 8 月发布了《2021 年上市公司年报会计监管报告》并指出，上市公司和会计师事务所等中介机构应高度重视会计监管报告中提出的问题，不断提高自身对会计准则及相关规定的理解和应用水平，及时发现并改正财务报告编制中存在的错误，稳妥做好公司财务信息披露相关工作，不断提升资本市场财务信息披露质量。那么，什么是财务会计信息？为什么资本市场需要财务会计信息，特别是高质量的财务会计信息？这是本章乃至本书需首要解决的关键问题。

1.1 现代企业制度与资本市场

1.1.1 现代企业制度

现代企业，尤其是公司制企业是经济社会发展到一定阶段的产物。从历史发展进程来看，在公司制企业出现之前，企业的组织形式依次经历了独资企业和合伙企业发展阶段。无论是独资企业，还是合伙企业，随着经济的发展、市场的拓宽和需求的日益增大，企业的生产规模会不断扩大。在这个过程中，即使业主或合伙人每年自己拿出一部分利润用于再投资，以扩大生产规模，企业仍然会感到资金短缺。这时，企业发现自己处于这样一个困境：企业越是成功，发展得越快，它就越感到资金短缺。不管怎样，企业扩大规模，总需要投入更多的资本。企业一旦建立了良好的信誉，可以通过银行贷款获得资金。对于一个迅速成长的企业而言，要是财务状况良好，偿债能力也强，其向银行贷款自然比较顺利。但是，如果企业的经营状况并没有像预期的那么良好，企业就可能出现亏损，这时银行债务的沉重负担也许会使企业从此一蹶不振。因此，一般来说，无论从银行角度，还是从企业角度来看，企业都不会去冒如此大的风险完全依赖债务生存。在这种情况下，企业通过使更多的人分享企业利润或分担企业亏损的方式来获得更多的资本（股本）可能是一种较为理想的筹资途径。由此，公司制企业（包含股份有限公司和有限责任公司两大类，以下简称"公司"）这种企业组织形式便应运而生。

公司与上述的独资企业或合伙企业完全不同，它是依法创立的法人组织，具有所有权与经营权相分离的重要特性。由于这个特性,公司呈现出以下三方面的特点:①可以长期地持续经营。公司的股份可以转让,公司不会因为所有者或经营者的死亡或退出而宣告结束,除非公司的生产经营导致破产清算,否则公司可以长期持续地经营。②股份转让便利。公司的注册资本划分为若干等额的股份,谁持有股份谁就拥有公司的所有权。在发达金融市场上,股份的转让相当方便,这就给公司的持续经营提供了重要的前提和基础。③公司的所有者即股东只负有限的偿债责任。在独资或合伙企业,出资人需要对公司债务承担无限责任,而公司的股东只以其出资额对公司的债务负责。基于这些特点,公司筹集资本的能力很强。

我们从企业组织形式的发展历程可以看到:它是沿着从独资企业到合伙企业再到公司这样一条道路发展的。这条发展道路经历了相当长的时间,这其中也有许多的原因和背景条件,但是有一点是肯定的:现代公司制度的产生和发展与企业发展所需要的资本是如何得到满足的、企业通过何种方式筹集资本这些问题密切相关。

企业筹集资本离不开金融市场。所谓金融市场,通俗地说,就是资金融通的场所。一个完善而发达的金融市场,是由金融市场的主体(金融机构)、客体(金融工具)和参与者(资本需求者和资本供应者)三个部分组成的金融体系。在所有金融市场参与者中,公司是主力军。从某种意义上说,如果没有公司的存在、发展和积极参与,金融市场的蓬勃发展将无从谈起。从历史上看,企业组织形式的演化,特别是现代公司制度的形成、发展和完善,是与金融市场的建立和发展相辅相成的。因为金融市场为公司提供了资金融通的场所。我们可以说,没有完善的金融市场,就没有现代公司制度;而没有现代公司制度,也就没有发达的金融市场。

1.1.2 资本市场与财务会计信息

资本市场是一个对接资金供需双方,实现资源优化配置的平台。诺贝尔经济学奖得主哈耶克曾指出,资源的任何配置都是特定决策的结果,而人们做出任何决策都是基于给定的信息。因此,资源配置的优劣取决于决策者所掌握的信息的完全性和准确性。

资本市场中存在着两类信息不对称:投资者之间的信息不对称,以及公司管理层和投资者之间的信息不对称。这两类信息不对称严重影响了资本市场的定价效率,不利于资源的优化配置。例如,投资者之间的信息不对称会使得拥有较少信息的投资者为了避免与信息优势投资者进行交易而产生损失,会采取消极的投资策略,导致市场交易萎缩,不利于定价效率的提高和资源的优化配置。而投资者与公司管理层之间的信息不对称则会使得投资者难以评估管理层的受托责任情况,投资者只愿意根据全体公司的平均经营情况来确定可接受的股价,这会导致资本市场上的"劣币驱逐良币",亦不利于资源的优化配置。

因此,资本市场是一个信息市场,需要一个完善的信息披露机制来缓解信息不对称现象,而财务会计信息就是资本市场信息披露机制中的关键一环。资本市场在给企业筹集资本提供便利的同时,也带来了公司所有权与经营权的分离问题。为适应企业的所有者和经营者的不同信息需求,现代会计逐步形成两个相对独立的领域:财务会计(financial accounting)与管理会计(management accounting)。

通俗地说,财务会计就是为融资服务的会计(Financial accounting means accounting for financing)。它主要立足企业,面向市场,在公认会计原则(generally accepted accounting principles,GAAP)的指引下,通过提供定期的财务报表和其他财务报告,为与企业存在经济利益关系的各种利益相关者(stakeholder)服务,如评估所有者对经营者"受托责任"

(accountability)的履行情况、帮助债权人了解公司偿债能力水平等。管理会计就是为管理服务的会计(Management accounting means accounting for management)。在"相关信息适时地提供给相关的人"(Right information is provided to right people at the right time)的原则指引下,它主要通过提供内部管理报告(internal management report)为企业内部经营管理服务,从而履行企业内部各层次的"受托责任"。

尽管现代会计体系将财务会计系统的主要服务对象界定为外部投资者,但并不意味着企业管理者就不使用财务会计系统。事实上,由于公司在筹集资本方面的便利性,其经营活动的内容也日益丰富和复杂。企业经营活动是以买卖的方式使商品流通的经济活动,活动的全过程就是把不同的资源进行整合和转移,如图1-1所示。

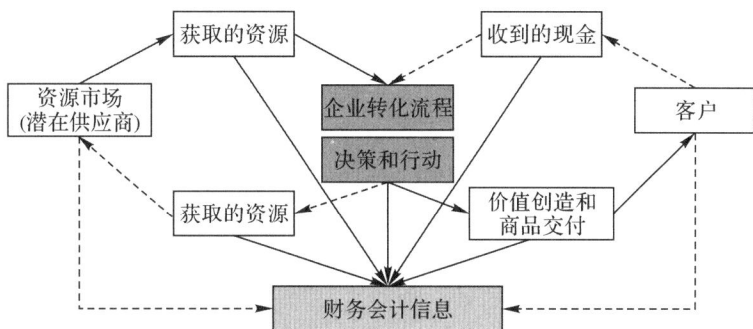

图1-1 企业经营活动与财务会计信息

图1-1展示了企业经营活动循环的过程。在这个循环中,企业获取的所有资源都会转化成体现市场价值的产品,产品通过商品或服务的形式交付给客户。在商品交付的同时,客户必须为这些商品或服务支付现金或其他与现金等同的资源,而公司在收到这些现金后又会用于购买新一轮的生产资源,开启新一轮的循环。只要企业能够不断获取资源,不断满足客户的需求,同时客户的满意度高于其他竞争者,企业就能从客户处获取更多的现金用于支付供应商,从而保持企业运转的持续性,让经营活动的循环过程持续。

在这个过程中,作为企业经营的掌舵人,管理层需要监控企业运转的方方面面。比如,哪个产品或者事业部更赚钱;与竞争对手比,企业的经营业绩如何;企业是否有效地利用了商业信用。管理层必须对诸如此类的问题进行分析,才能够保持企业的竞争力。然而做到这一点的唯一途径——使用一定的语言和规则来对企业的经营活动进行准确描述就显得至关重要,财务会计信息就是满足这一需求的商业语言。

1.2 财务会计基本理论

在系统学习财务报表分析课程之前,我们首先需要了解一些会计的基本理论和知识。其具体包括:①会计及财务会计的本质;②会计基本假设;③会计基本原则;④会计计量,包括会计计量基础及会计计量属性;⑤会计标准。对上述内容的介绍能够使初学者对会计学及财务会计学有一个初步的认识,为后续学习如何进行财务报表分析等内容打下坚实的理论基础。

1.2.1 会计本质

本质是事物本身所固有的,决定事物性质、面貌和发展的根本属性。对事物本质的把握历来是人们认识世界、改造世界的重要基础。会计本质是会计本身所固有的,决定会计性质、面貌和发展的重要的特点,是指决定会计发展的基本规定性。西方关于会计本质的最早阐述可追溯到簿记阶段。由于当时生产力水平低下,仅限于记录和反映实物流,簿记阶段的会计被定义为"观念的总结和过程的控制"。随着商品经济的出现和发展,簿记单纯记录财产的去向已不能适应经济的发展,簿记被看作管理的工具,应当为公司的经营管理而服务,簿记逐渐走向了会计。但人们最初对会计的认识非常浅薄,把它视为一种应用技术(艺术),这与它从一产生开始就与计量技术密不可分有关。两权分离的出现不断推进着委托代理理论的发展,建立在企业契约理论基础之上的会计契约论出现后,会计被看作组织契约实施和推行的保证。此后"系统论""信息论""控制论"的出现,为会计信息系统论的建设奠定了理论基础,信息系统论由此诞生。

国内关于会计本质的讨论也是各执一词,而且不同程度地受到西方国家关于会计本质观点的影响。国内诸多会计定义可归纳为四类:管理工具论、管理活动论、艺术论和信息系统论。其中,艺术论严格地说不是一种定义,而是对会计工作性质的一种描述,旨在说明会计工作由不同的人担任,其结果可能大异其趣这样一种特性,故国内少有以此为会计定义者。管理工具论由来已久,但自20世纪70年代末以来已日见式微,原因是管理活动论的提出造成原持此观点者的内部分化。信息系统论的产生,既不排斥工具论的理解,而且在提法上又具有时代气息,同时还包含了工具论所未能包容的内容。因此,20世纪80年代以来对会计本质的理解,主要以信息系统论和管理活动论两种观点为代表。

1. 信息系统论

信息系统论主张会计是一个信息系统,这一观点并非我国会计学者自己创造,而是从国外引进并有所发展的。早在20世纪60年代,美国会计学会在庆祝其成立50周年时曾撰写了一份长篇的研究报告,报告在展望会计的未来时指出"在本质上,会计是一个信息系统,更精确地说是把一般信息理论在有效率的经济营运问题上的一种应用"。70年代初,美国注册会计师协会所属会计原则委员会主要从注册会计师的功能出发,提出"会计是一项服务活动,它的职能是提供有关经济主体的性质上属于财务的数量信息,以便有助于做出经济决策",该观点指出会计实质上以提供财务信息为手段。70年代后期,在美国会计界很有影响的《现代会计手册》的出版标志着信息系统论正式诞生,手册的序中第一句话写道:"会计是一个信息系统,即把一个企业或其他主体的重要经济信息指定传递给有利害关系集的一个信息系统。"

我国最早引进并主张会计是一个信息系统的学者是余绪缨教授。余绪缨于1980年在《要从发展的观点,看会计学的科学属性》一文中指出,会计是一个信息系统,不仅是"当前现实"的需要,也是"今后的发展"的需要。随后,余绪缨在《关于建立适应我国社会主义现代化建设需要的会计学科体系问题——兼论与此有关的几个会计理论问题》中,再次提出会计是一个相对独立的会计信息系统,同时强调应用现代的数学方法和工具,能更深入揭示对象之间的内在联系和最优数量关系,通过对信息的汇集、加工和分析、比较,对企业的经济活动和经营效果从数量上进行测定和评价,不断为管理部门提供大量有用的经济信息流,从而为他们正确地进行管理决策、选择最优方案和有效地改善生产经营提供客观依据。此后许多学者逐渐参与到"会计是什么"的讨论中。葛家澍和唐予华于1983年发表《关于会计定义的探讨》和《关于会计定义的探讨(续)》,把会计定义为"以提供财务信息为主的经济信息系统",这样就把会计信息系统与其他信息系统的内涵与外延区分开来。同时,他们认为,会计具有反映和控制两项基本职能,有助于进行正确的经济决策和财务决策。裘宗舜于1985年发表《会计与信息革命》一文,从信息技术角度,提出会计信息系统是由会计、信息和系统三个概念组成的。所谓会计,包括财务会计、管理会计,它是一个企业的主要信息来源。会计过去是、现在是、将来仍然是通过其对企业经济活动的各种数据或信息进行搜集、分类、记录、分析、解释和报告这六大基本行为来实现其管理职能的。因此,会计的管理职能与"会计定义为一个信息系统",在逻辑上并无矛盾。葛家澍和李翔华于1986年发表《关于会计对象的再探讨——会计的反映对象和作为一个信息系统的处理对象》一文,提出会计作为一个经济信息系统,其会计对象有两个:一是客观存在的价值运动;二是客观存在的价值信息的运动。总体上看,会计信息系统论总结起来包含以下内涵:会计是一个信息系统,在企业中会计信息系统是一个独立存在的、内洽的、反映资金运动、反映企业价值信息运动的信息系统。

2. 管理活动论

19世纪末20世纪初,伴随着由簿记阶段向会计阶段的演进,会计已成为公司经营管理的重要组成部分。弗雷德里克·温斯洛·泰勒在《科学管理原理》中提出了现代成本制度,其中,"标准成本""差异分析""预算控制"的精神与具体计量方法等对其后的成本控制理论与实务以及管理会计的产生具有重要影响。亨利·法约尔在《工业管理与一般管理》中指出:公司的经营与管理是两个不同概念,经营由技术活动、营业活动、财务活动、安全活动、会计活动与管理活动六个部分组成,其中管理活动包括计划、组织、指挥、协调、控制五大要素。财务活动的目的在于资本的筹措与应用,而会计活动则是包括成本在内的系统核算,而且这两项活动均与管理密切相关。在管理经济学诞生过程中,簿记、会计与财务发挥了巨大作用。管理会计学的诞生是会计学界、工程技术界、科学家、经济学家在管理认识方面的一次趋同。20世纪50年代,美国相应地出现了管理经济会计学派,把会计管理与经济管理从理论上、实践上统一起来。

在我国,把会计的本质视为一种管理活动而提出"会计管理"的概念,是在党的十一届三中全会后的1980年。杨纪琬和阎达五教授否定了会计是一种应用技术和管理经济的工具的看法,强调会计具有反映和监督的双重职能。1982年8月31日,杨纪琬和阎达五教授在《论"会计管理"》一文中正式提出"会计这一社会现象属于管理范畴,是人的一种管理活动。会计的功能是通过会计工作者从事的多种形式的管理活动实现的"。为此他们提出在中国使用"会计管理"这一概念。1983年2月28日,阎达五教授在纪念马克思逝世一百周年所写的文章《马克思的价值学说与会计理论建设——纪念马克思逝世一百周年》中指出:"会计管理的内容是价值运动,会计管理的目的是提高经济效果,会计管理的基本职能是计划和控制。"杨纪琬和阎达五于1984年发表的《会计管理是一种价值运动的管理——为纪念中华人民共和国成立三十五周年而作》一文认为,会计管理是价值管理,价值管理是对价值运动的管理,包括对价值的形成(含价值的增殖)、价值的实现、价值的分配(含已消耗价值的补偿和价值的积累)的管理。杨纪琬于1985年发表《关于会计理论发展的几个问题》一文,进一步明确以下三点:"第一,这里讲的会计,是指会计工作;第二,会计工作是一种经济管理活动;第三,这种活动是整个经济管理的重要组成部分。"阎达五和陈亚民于1989年在《发展会计理论 振兴会计事业——"会计管理活动论"10年回顾》中再次提到"会计管理活动论"。该文认为,管理活动论中的会计指的就是会计工作;会计工作是一种管理工作,所以会计的本质是一种管理活动;会计管理水平的提高,有赖于诸要素的优化组合,应以提高经济效益为主轴来建立会计管理理论。经过一段时间的争论,管理活动论逐渐成为我国会计界一种有代表性的观点,并有不少理论工作者努力探讨会计管理的基本理论与方法体系。

1.2.2 会计假设

会计假设是企业会计确认、计量和报告的前提,是对会计核算所处时间、空间环境等所做的合理设定。会计基本假设包括会计主体、持续经营、会计分期和货币计量四项。

1.会计主体

会计主体是指企业会计确认、计量和报告的空间范围。为了向财务报告使用者反映企业财务状况、经营成果和现金流量,提供对其决策有用的信息,会计核算和财务报告的编制应当集中反映特定对象的活动,并将其与其他经济主体区别开来,才能实现财务报告的目标。

在会计主体假设下,企业应当对其本身发生的交易或者事项进行会计确认、计量和报告,反映企业本身所从事的各项生产经营活动。明确界定会计主体是开展会计确认、计量和报告工作的重要前提。

明确会计主体,才能划定会计所要处理的各项交易或事项的范围。在会计工作中,只有那些影响企业本身经济利益的各项交易或事项才能加以确认、计量和报告,那些不影响企业本身经济利益的各项交易或事项则不能加以确认、计量和报告。会计工作中通常所讲的资产、负债的确认,收入的实现、费用的发生等,都是针对特定会计主体而言的。

明确会计主体,才能将会计主体的交易或者事项与会计主体所有者的交易或者事项以及其他会计主体的交易或者事项区分开来。例如,企业所有者的经济交易或者事项是属于企业所有者主体所发生的,不应纳入企业会计核算的范围,但是企业所有者投入企业的资本或者企业向所有者分配的利润,则属于企业主体所发生的交易或者事项,应当纳入企业会计核算的范围。

值得注意的是,会计主体不同于法律主体。一般来说,法律主体必然是一个会计主体。例如,一个企业作为一个法律主体,应当建立财务会计系统,独立反映其财务状况、经营成果和现金流量。但是,会计主体不一定是法律主体。例如,一个母公司拥有若干子公司,母子公司虽然是不同的法律主体,但是母公司对子公司拥有控制权。为了全面反映企业集团的财务状况、经营成果和现金流量,就有必要将企业集团作为一个会计主体,编制合并财务报表。再如,由企业管理的证券投资基金、企业年金基金等,尽管不属于法律主体,但属于会计主体,应当对每项基金进行会计确认、计量和报告。

2.持续经营

持续经营,是指在可以预见的将来,企业将会按当前的规模和状态继续经营下去,不会停业,也不会大规模削减业务。在持续经营前提下,会计确认、计量和报告应当以企业持续、正常的生产经营活动为前提。

企业是否持续经营,在会计原则、会计方法的选择上有很大差别。一般情况下,应当假定企业将会按照当前的规模和状态继续经营下去。明确这个基本假设,就意味着会计主体将按照既定用途使用资产,按照既定的合约条件清偿债务,会计人员就可以在此基础上选择会计原

第1章 理论基础

则和会计方法。如果判断企业会持续经营,就可以假定企业的固定资产会在持续经营的生产经营过程中长期发挥作用,并服务于生产经营过程,固定资产就可以根据历史成本进行记录,并采用折旧的方法将历史成本分摊到各个会计期间或相关产品的成本中。如果判断企业不会持续经营,固定资产就不应采用历史成本进行记录并按期计提折旧。如果一个企业在不能持续经营时还仍然按照持续经营进行会计处理,选择会计确认、计量和报告原则与方法,就不能客观地反映企业的财务状况、经营成果和现金流量,会误导会计信息使用者的经济决策。

3. 会计分期

会计分期是指将一个企业持续经营的生产经营活动划分为一个个连续的、间隔相同的期间。会计分期的目的在于,通过会计期间的划分,将持续经营的生产经营活动划分成连续、相等的期间,据以结算盈亏,按期编报财务报告,从而及时向财务报告使用者提供有关企业财务状况、经营成果和现金流量的信息。

根据持续经营假设,一个企业将按当前的规模和状态持续经营下去。无论是企业的生产经营决策,还是投资者、债权人等的决策都需要及时的信息,因此需要将企业持续的生产经营活动划分为一个个连续的、长短相同的期间,分期确认、计量和报告企业的财务状况、经营成果和现金流量。会计期间通常分为年度和中期。其中,中期是指短于一个完整的会计年度的报告期间,如月度、季度、半年度等。

明确会计分期假设意义重大,由于会计分期,才产生了当期与以前期间、以后期间的差别,才使不同类型的会计主体有了记账的基准,进而出现了折旧、摊销等会计处理方法。

4. 货币计量

货币计量,是指会计主体在财务会计确认、计量和报告时以货币计量,反映会计主体的生产经营活动。

在会计的确认、计量和报告过程中之所以选择货币为基础进行计量,是由货币本身的属性决定的。货币是商品的一般等价物,是衡量一般商品价值的共同尺度,具有价值尺度、流通手段、贮藏手段和支付手段等特点。其他计量单位,如重量、长度、容积、台、件等,只能从一个侧面反映企业的生产经营情况,无法在量上进行汇总和比较,不便于会计计量和经营管理。只有选择货币尺度进行计量,才能充分反映企业的生产经营情况,所以,现行准则均规定会计确认、计量和报告选择货币作为计量单位。

当然,随着经济社会的快速发展,企业的经营环境、商业模式等都发生了巨大的变化,尤其是 20 世纪 90 年代以来,随着公允价值计量在会计上的大量运用,基于历史成本主导会计计量的时代背景提出来的上述四大会计假设都不同程度地受到一定的冲击和挑战,某些影响企业财务状况和经营成果的因素,如企业经营战略、研发能力、市场竞争力等,也往往难以用货币来计量,但这些信息对使用者决策而言又很重要。为此,企业可以在财务报告中补充披露有关非财务信息来弥补上述缺陷,学术界则在客观分析公允价值计量对会计假设影响的基础上,重新审视现有会计假设在公允价值计量日益盛行背景下的适用性,探索完善的路径和方法。

1.2.3 会计信息质量

会计信息是一种公共产品,具有公共产品的基本属性,如需要满足一定的质量要求才能提供给使用者决策使用。会计信息质量就是对企业财务报告中所提供会计信息质量的基本要求,是使财务报告中所提供会计信息对投资者等使用者决策有用应当具备的基本特征,它主要包括可靠性、相关性、可理解性、可比性、实质重于形式、重要性、谨慎性和及时性八个方面。

1. 可靠性

可靠性是指企业应当以实际发生的交易或者事项为依据进行确认、计量和报告,如实反映符合确认和计量要求的各项会计要素及其他相关信息,保证会计信息真实可靠、内容完整。会计信息要有用,必须以可靠为基础。如果财务报告所提供的会计信息是不可靠的,就会给投资者等使用者的决策产生误导。为了贯彻可靠性要求,企业应当做到以下几点:

(1)以实际发生的交易或者事项为依据进行确认、计量,将符合会计要素定义及其确认条件的资产、负债、所有者权益、收入、费用和利润等如实反映在财务报表中,不得根据虚构的、没有发生的或者尚未发生的交易或者事项进行确认、计量和报告。

(2)在符合重要性和成本效益原则的前提下,保证会计信息的完整性,其中包括应当编报的报表及其附注内容等应当保持完整,不能随意遗漏或者减少应予披露的信息,与使用者决策相关的有用信息都应当充分披露。

(3)包括在财务报告中的会计信息应当是中立的、无偏的。如果企业在财务报告中为了达到事先设定的结果或效果,通过选择或列示有关会计信息以影响决策和判断的,这样的财务报告信息就不是中立的,不中立的信息也就无法满足可靠性要求。

2. 相关性

相关性,也称为有用性,是指会计系统应该提供对信息使用者有用的会计信息,符合国家宏观经济管理的要求,能够满足投资者等财务报告使用者的经济决策需要,有助于投资者等财务报告使用者对企业过去、现在或者未来的情况做出评价或者预测。

会计信息是否有用、是否具有价值,关键是看其与使用者的决策需要是否有关,是否有助于决策或者提高决策水平。相关的会计信息应当能够有助于使用者评价企业过去的决策,证实或者修正过去的有关预测,因而具有反馈价值。相关的会计信息还应当具有预测价值,有助于使用者根据财务报告所提供的会计信息预测企业未来的财务状况、经营成果和现金流量。例如,区分收入和利得、费用和损失,区分流动资产和非流动资产、流动负债和非流动负债以及适度引入公允价值等,都可以提高会计信息的预测价值,进而提升会计信息的相关性。

会计信息质量的相关性要求,需要企业在确认、计量和报告会计信息的过程中,充分考虑使用者的决策模式和信息需要。但是,相关性是以可靠性为基础的,两者之间并不矛盾,不应对立起来。也就是说,会计信息在可靠性前提下,尽可能地做到相关性,以满足投资者等财务报告使用者的决策需要。

3. 可理解性

可理解性是指企业提供的会计信息应当清晰明了,便于投资者等财务报告使用者理解和使用。

企业编制财务报告、提供会计信息的目的在于使用,而要让使用者有效地使用会计信息,应当能让其了解会计信息的内涵,明确会计信息的内容,这就要求财务报告所提供的会计信息应当清晰明了、易于理解。只有这样,才能提高会计信息的有用性,实现财务报告的目标,满足向投资者等财务报告使用者提供决策有用信息的要求。

会计信息是一种专业性较强的信息产品,因此在强调会计信息的可理解性要求的同时,还应假定使用者具有一定的有关企业经营活动和会计方面的知识,并且愿意付出努力去研究这些信息。对于某些复杂的信息,如交易本身较为复杂或者会计处理较为复杂,但其与使用者的经济决策相关,企业就应当在财务报告中予以充分披露。

4. 可比性

可比性是指企业提供的会计信息应当相互可比。可比性要求主要包括两层含义。

(1)同一企业不同时期的会计信息要可比。为了了解企业财务状况、经营成果和现金流量的变化趋势,财务报告使用者需要比较企业在不同时期的财务报告信息,全面、客观地评价过去、预测未来,从而做出决策,因此,会计信息应当可比。会计信息质量的可比性要求同一企业不同时期发生的相同或者相似的交易或者事项,应当采用一致的会计政策,不得随意变更。但是,满足会计信息可比性要求,并非表明企业不得变更会计政策,如果按照规定或者在会计政策变更后可以提供更可靠、更相关的会计信息的,可以变更会计政策。有关会计政策变更的情况,应当在附注中予以说明。

(2)不同企业相同会计期间的信息要可比。为了便于投资者等财务报告使用者评价不同企业的财务状况、经营成果和现金流量及其变动情况,会计信息质量的可比性要求不同企业同一会计期间发生的相同或者相似的交易或者事项,应采用相同或相似的会计政策,确保会计信息口径一致、相互可比,以使不同企业按照一致的确认、计量和报告要求提供有关会计信息。

5. 实质重于形式

实质重于形式是指企业应当按照交易或者事项的经济实质进行会计确认、计量和报告,而不应仅以交易或者事项的法律形式为依据。

企业发生的交易或事项在多数情况下,其经济实质和法律形式是一致的,但在某些特定情况下,会出现不一致。例如,以租赁方式租入的资产,虽然从法律形式来讲企业并不拥有其所有权,但是由于在租赁期内承租企业有权控制资产的使用并从中受益等,因此,从其经济实质来看,企业能够控制租入资产所创造的未来经济利益,在会计确认、计量和报告上就应当将以租赁方式租入的资产视为企业的资产,列入企业的资产负债表。

6. 重要性

重要性是指企业提供的会计信息应当反映与企业财务状况、经营成果和现金流量有关的所有重要交易或者事项。在实务中,如果会计信息的省略或者错报会影响投资者等财务报告使用者的决策判断,该信息就具有重要性。对重要性的应用需要依赖职业判断,企业应当根据其所处环境和实际情况,从项目的性质和金额大小两方面加以判断。

7. 谨慎性

谨慎性,也称为稳健性,是指企业对交易或者事项进行会计确认、计量和报告应当保持应有的谨慎,不应高估资产或者收益、低估负债或者费用。

在市场经济环境下,企业的生产经营活动面临着许多风险和不确定性,如应收款项的可收回性、固定资产的使用寿命、无形资产的使用寿命、售出存货可能发生的退货或者返修等。会计信息质量的谨慎性要求,企业在面临不确定性情况需要做出职业判断时,应当保持应有的谨慎,充分估计到各种风险和损失,既不高估资产或者收益,也不低估负债或者费用。例如,要求企业对可能发生的资产减值损失计提资产减值准备、对售出商品可能发生的保修义务等确认

预计负债等,就体现了会计信息质量的谨慎性要求。

对谨慎性的应用不允许企业设置秘密准备。如果企业故意低估资产或者收益,或者故意高估负债或者费用,则不符合会计信息的可靠性和相关性要求,损害会计信息质量,扭曲企业实际的财务状况和经营成果,从而对使用者的决策产生误导,这是不符合会计准则要求的。

8. 及时性

及时性是指企业对于已经发生的交易或者事项,应当及时进行确认、计量和报告,不得提前或者延后。会计信息的价值在于帮助所有者或者其他利益相关者做出经济决策,具有时效性。即使是可靠、相关的会计信息,如果不及时提供,就失去了时效性,对使用者的效用就大大降低,甚至不再具有实际意义。

在会计确认、计量和报告过程中贯彻及时性,一是要求及时收集会计信息,即在经济交易或者事项发生后,及时收集整理各种原始单据或者凭证;二是要求及时处理会计信息,即按照会计准则的规定,及时对经济交易或者事项进行确认或者计量,并编制财务报告;三是要求及时传递会计信息,即按照国家规定的有关时限,及时地将编制的财务报告传递给财务报告使用者,便于其及时使用和决策。

在实务中,及时性可能会与其他的信息质量特征存在冲突。如企业为了及时提供会计信息,可能需要在有关交易或者事项的信息全部获得之前即进行会计处理,这样虽然满足了会计信息的及时性要求,但可能会影响会计信息的可靠性;反之,如果企业等到与交易或者事项有关的全部信息获得之后再进行会计处理,这样的信息披露虽然提高了信息的可靠性,但可能会由于时效性问题,对投资者等财务报告使用者决策的有用性将大大降低。这就需要在及时性和可靠性之间做相应权衡,以投资者等财务报告使用者的经济决策需要为判断标准。

1.2.4 会计计量

会计计量是为了将符合确认条件的会计要素登记入账并列报于财务报表而确定其金额的过程。它主要包括计量基础和计量属性两个方面。

1. 计量基础

企业会计的确认、计量和报告应当以权责发生制为基础。权责发生制这一基础要求,凡是当期已经实现的收入和已经发生或应当负担的费用,无论款项是否收付,都应当作为当期的收入和费用,计入利润表;凡是不属于当期的收入和费用,即使款项已在当期收付,也不应当作为当期的收入和费用。

在实务中,企业交易或者事项的发生时间与相关货币收支时间并不是完全一致和同步的。例如,款项已经收到,但销售并未实现;或者款项已经支付,但并不是为本期生产经营活动而发生的支出。为了更加真实、公允地反映特定会计期间的财务状况和经营成果,《企业会计准则——基本准则》明确规定,企业在会计确认、计量和报告中应当以权责发生制为基础。

收付实现制是与权责发生制相对应的一种会计基础,它是以收到或支付的现金作为确认收入和费用等的依据。目前,我国行政事业单位会计实行"双基础"模式,即:预算会计采用收付实现制,以反映预算收支执行情况,确保与财政预算管理的一致性;财务会计采用权责发生制,以全面核算单位的资产、负债、运行成本等,提高财务信息的准确性。

2.计量属性

企业应当按照规定的会计计量属性进行计量,确定相关金额。计量属性是指所计量的某一要素的特性方面,如桌子的长度、铁矿石的重量、楼房的高度等。从会计角度,计量属性反映的是会计要素金额的确定基础,主要包括历史成本、重置成本、可变现净值、现值和公允价值等。

(1)历史成本。历史成本,又称为实际成本,就是取得或制造某项财产物资时所实际支付的现金或者其他等价物。在历史成本计量下,资产按照其购置时支付的现金或者现金等价物的金额,或者按照购置资产时所付出的对价的公允价值计量。负债按照其因承担现时义务而实际收到的款项或者资产的金额、承担现时义务的合同金额,或者按照日常活动中为偿还负债预期需要支付的现金或者现金等价物的金额计量。

(2)重置成本。重置成本又称现行成本,是指按照当前市场条件,重新取得同样一项资产所需支付的现金或现金等价物金额。在重置成本计量下,资产按照现在购买相同或者相似资产所需支付的现金或者现金等价物的金额计量,负债按照现在偿付该项债务所需支付的现金或者现金等价物的金额计量。

(3)可变现净值。可变现净值,是指在正常生产经营过程中,以预计售价减去进一步加工成本和销售所必需的预计税金、费用后的净值。在可变现净值计量下,资产按照其正常对外销售所能收到现金或者现金等价物的金额扣减该资产至完工时估计将要发生的成本、估计的销售费用以及相关税费后的金额计量。

(4)现值。现值是指对未来现金流量以恰当的折现率进行折现后的价值,是考虑货币时间价值因素等的一种计量属性。在现值计量下,资产按照预计从其持续使用和最终处置中所产生的未来净现金流入量的折现金额计量,负债按照预计期限内需要偿还的未来净现金流出量的折现金额计量。

(5)公允价值。公允价值,是指市场参与者在计量日发生的有序交易中,出售一项资产所能够收到或者转移一项负债所需支付的价格。在公允价值计量下,资产和负债按照市场参与者在计量日发生的有序交易中,出售资产所能收到或者转移负债所需支付的价格计量。购买企业对合并业务的记录需要运用公允价值的信息。在实务中,通常由资产评估机构对被并企业的净资产进行评估。

在各会计要素计量属性中,历史成本通常反映的是资产或者负债过去的价值,而重置成本、可变现净值、现值及公允价值通常反映的是资产或者负债的现时成本或者现时价值,是与历史成本相对应的计量属性。当然这种关系也并不是绝对的。比如,资产或者负债的历史成本许多就是根据交易时有关资产或者负债的公允价值确定的,在非货币性资产交换中,如果交换具有商业实质,且换入、换出资产的公允价值能够可靠计量的,换入资产入账成本的确定应当以换出资产的公允价值为基础,除非有确凿证据表明换入资产的公允价值更加可靠;在非同一控制下的企业合并交易中,合并成本也是以购买方在购买日为取得对被购买方的控制权而付出的资产、发生或承担的负债等的公允价值确定的。再比如,在应用公允价值时,当相关资产或者负债不存在活跃市场的报价或者不存在同类或者类似资产的活跃市场报价时,需要采用估值技术来确定相关资产或者负债的公允价值,而在采用估值技术估计相关资产或者负债的公允价值时,现值往往是比较普遍采用的一种估值方法,在这种情况下,公允价值就是以现值为基础确定的。另外,公允价值相对于历史成本而言,具有很强的时间概念,也就是说,当前环境下某项资产或负债的历史成本可能是过去环境下该项资产或负债的公允价值,而当前环境下某项资产或负债的公允价值也许就是未来环境下该项资产或负债的历史成本。

企业在对会计要素进行计量时,一般应当采用历史成本。采用重置成本、可变现净值、现值、公允价值计量的,应当保证所确定的会计要素金额能够取得并可靠计量。

在企业会计准则体系建设中适度、谨慎地引入公允价值这一计量属性,是因为随着我国资本市场的发展,以及股权分置改革的基本完成,越来越多的股票、债券、基金等金融产品在交易所挂牌上市,使得这类金融资产的交易已经形成了较为活跃的市场,因此,我国已经具备了引入公允价值的条件。在这种情况下,引入公允价值,更能反映企业的现实情况,对投资者等财务报告使用者的决策更加有用,而且也只有如此,才能实现我国会计准则与国际财务报告准则的趋同。

值得一提的是,我国引入公允价值是适度、谨慎和有条件的。原因是考虑到我国尚属新兴的市场经济国家,如果不加限制地引入公允价值,有可能出现公允价值计量不可靠,甚至借此人为操纵利润的现象。因此,在投资性房地产和生物资产等具体准则中规定,只有在公允价值能够取得并可靠计量的情况下,才能采用公允价值计量。

1.2.5 会计标准

1.中国会计标准发展历程

与现代市场经济发展密切相关的中国会计标准的建设应是从改革开放发端的,到目前为止,会计准则建设大体可以划分为四个阶段。

(1)1978—1992年:改革起步阶段。我国从1979年开始借鉴西方国家的会计基本原理,并于1981年开始关注国际会计准则。中国会计学会还组织翻译了国际会计准则供国内会计专家学者研究使用。1988年10月我国财政部正式设立了专门研究会计准则制定工作的"会计准则组",并且最终于1992年11月30日正式发布了我国的第一个会计准则——《企业会计准则》。至此,我国有了第一个与国际会计惯例相协调的会计准则。

(2)1993—2001年:具体化阶段。这一阶段会计改革全面深化。1993年我国财政部开始了具体会计准则的制定研究工作;1997年6月4日,财政部正式颁布了我国第一个具体会计准则《企业会计准则——关联方关系及其交易的披露》;之后的几年陆续颁布了《企业会计准则——资产负债表日后事项》《企业会计准则——收入》等。从1997年至2001年,我国财政部先后颁布了16项具体会计准则,而且在这16项具体会计准则的制定中大量借鉴了国际会计惯例。

(3)2002—2005年:国际化发展阶段。这一阶段是我国以国际化策略为主导的发展阶段。随着我国2001年11月正式加入国际贸易组织(WTO),我国经济、贸易和资本流动的国际化进程加快,因此我国的会计准则与国际接轨的要求更加迫切。但由于会计环境的特殊性,我国不能完全照搬国际会计,同时又要为经济的国际化服务,基于这样的考虑,我国确立了以国际化为主导同时兼顾自身特色的、渐进式的会计准则国际化的制定策略。

(4)2006年以后:体系构建阶段。2006年2月15日,我国财政部在广泛征求专家意见的基础上,发布了新的企业会计准则体系,要求从2007年1月1日起所有上市公司、部分非上市金融企业和中央大型国有企业必须执行新的会计准则。新准则体系由一个基本准则和 38 项具体准则构成，至此，我国终于形成了较为完善的会计准则体系。该体系在总原则、结构与范围上充分借鉴国际惯例，与国际会计准则实现了最大限度的趋同，同时也充分考虑了中国现阶段的经济及法律环境，对各项经济事项或交易选择了符合中国国情的会计处理方法。

2. 企业会计准则

1）企业会计准则的制定

在我国，企业会计准则是由财政部会计准则委员会根据有关法律、法规的规定制定的。企业会计准则由基本会计准则和具体会计准则两部分组成。基本会计准则是关于会计业务处理的基本要求，是对财务报告目标、会计核算的基本前提、记账方法、一般原则和会计信息质量要求、会计要素及财务报表的基本规定。具体会计准则是在基本准则的指导下，对各会计要素和一些具体的、特殊的经济业务或会计事项的会计处理所做的具体规定。基本准则是制定具体准则的理论依据和指导原则，具体准则是基本准则在处理具体会计业务时的应用。

如前所述，我国的《企业会计准则》是 1992 年 11 月颁布的，1993 年 7 月 1 日起施行，适用于设立在我国境内的所有企业。我国投资、设在境外的企业，向国内有关方面编报财务报告时，也应按照其规定处理。2006 年 2 月 15 日发布的修订后的《企业会计准则——基本准则》，包括十一章五十条，内容涉及总则、会计信息质量要求、资产、负债、所有者权益、收入、费用、利润、会计计量、财务会计报告和附则。发布的具体准则共计 38 项，包括原有 16 项具体准则的修订，以及 22 项初次发布的具体准则，它们是：《企业会计准则第 1 号——存货》（修订）、《企业会计准则第 2 号——长期股权投资》（修订）、《企业会计准则第 3 号——投资性房地产》、《企业会计准则第 4 号——固定资产》（修订）、《企业会计准则第 5 号——生物资产》、《企业会计准则第 6 号——无形资产》（修订）、《企业会计准则第 7 号——非货币性资产交换》（修订）、《企业会计准则第 8 号——资产减值》、《企业会计准则第 9 号——职工薪酬》、《企业会计准则第 10 号——企业年金基金》、《企业会计准则第 11 号——股份支付》、《企业会计准则第 12 号——债务重组》（修订）、《企业会计准则第 13 号——或有事项》（修订）、《企业会计准则第 14 号——收入》（修订）、《企业会计准则第 15 号——建造合同》（修订）、《企业会计准则第 16 号——政府补助》、《企业会计准则第 17 号——借款费用》（修订）、《企业会计准则第 18 号——所得税》、《企业会计准则第 19 号——外币折算》、《企业会计准则第 20 号——企业合并》、《企业会计准则第 21 号——租赁》（修订）、《企业会计准则第 22 号——金融工具确认和计量》、《企业会计准则第 23 号——金融资产转移》、《企业会计准则第 24 号——套期保值》、《企业会计准则第 25 号——原保险合同》、《企业会计准则第 26 号——再保险合同》、《企业会计准则第 27 号——石油天然气开采》、《企业会计准则第 28 号——会计政策、会估计变更和差错更正》（修订）、《企业会计准则第 29 号——资产负债表日后事项》（修订）、《企业会计准则第 30 号——财务报表列报》、《企业会计准则第 31 号——现金流量表》（修订）、《企业会计准则第 32 号——中期财务报告》（修订）、《企业会计准则第 33 号——合并财务报表》、《企业会计准则第 34 号——每股收益》、《企业会计准则第 35 号——分部报告》、《企业会计准则第 36 号——关联方披露》（修订）、《企业会计准则第 37 号——金融工具列报》、《企业会计准则第 38 号——首次执行企业会计准则》。

上述 38 项具体准则可以归纳为三个大类，即通用会计交易和事项的确认及计量准则（包括第1—4、6—9、11—24、28—29、38号）、通用的财务报告和披露准则（第30—37号），以及特殊行业准则（第5、10、25—27号）。上述企业会计准则体系，自2007年1月1日起首先在上市公司施行，并逐步扩大实施范围，以实现由会计制度到会计准则的平稳转换。

2006年修订后的企业会计准则的主要特点可以概括为以下几个方面：一是体现了与国际财务报告准则的趋同；二是引入了公允价值计量属性；三是规范了企业合并、合并财务报表等重要会计事项；四是规范了投资性房地产等新的业务，并将衍生金融工具等表外业务纳入表内反映；五是增加了与重要的特殊行业和特殊交易事项有关的准则（如原保险合同、再保险合同以及石油天然气开采、生物资产等）；六是对资产减值准备计提和转回进行了具体规定；七是披露要求更加严格、具体和明确。

2）企业会计准则的发展

2007年12月6日，中国内地与香港特别行政区签署了两地会计准则等效的联合声明，实现了两地会计准则的等效。2008年11月14日，欧盟证券委员会决定，自2009年至2011年年底的过渡期内，欧盟允许中国证券发行者在进入欧洲市场时使用中国企业会计准则，表明已认可中国企业会计准则与国际会计准则等效。

近年来，财政部一直致力于我国企业会计准则标准体系的建设，并与国际会计准则保持持续趋同，随之进行修订与完善。2014年，财政部发布了修订后的《企业会计准则——基本准则》，将第四十二条第五项修改为："（五）公允价值。在公允价值计量下，资产和负债按照市场参与者在计量日发生的有序交易中，出售资产所能收到或者转移负债所需支付的价格计量。"

在具体准则方面，2014年，财政部发布了新制定的《企业会计准则第39号——公允价值计量》《企业会计准则第40号——合营安排》《企业会计准则第41号——在其他主体中权益的披露》，以及新修订的《企业会计准则第2号——长期股权投资》《企业会计准则第9号——职工薪酬》《企业会计准则第30号——财务报表列报》《企业会计准则第33号——合并财务报表》《企业会计准则第37号——金融工具列报》；2017年，财政部发布了新制定的《企业会计准则第42号——持有待售的非流动资产、处置组和终止经营》，以及新修订的《企业会计准则第14号——收入》《企业会计准则第16号——政府补助》《企业会计准则第22号——金融工具确认和计量》《企业会计准则第23号——金融资产转移》《企业会计准则第24号——套期会计》《企业会计准则第37号——金融工具列报》；2018年，财政部发布了新修订的《企业会计准则第21号——租赁》；2019年，财政部发布了新修订的《企业会计准则第7号——非货币性资产交换》和《企业会计准则第12号——债务重组》；2020年，财政部发布了新修订的《企业会计准则第25号——保险合同》。

自1993年进行会计改革以来，我国企业会计准则从无到有，迄今已经形成了由1项基本准则和42项具体准则组成的较为完善的企业会计准则体系。为了更好地贯彻实施企业会计准则，财政部还制定了企业会计准则应用指南和企业会计准则解释等相关文件。其中，应用指南是对具体准则相关条款的细化和有关重点难点问题提供的操作性指南，以利于会计准则的贯彻落实和指导实务操作。企业会计准则解释则是对具体准则实施过程中出现的问题、具体准则条款规定不清楚或者尚未规定的问题作出的补充说明。截止到2024年底，财政部共发布18个企业会计准则解释文件。

此外，为了规范小企业会计确认、计量和报告行为，促进小企业可持续发展，发挥小企业在国民经济和社会发展中的重要作用,根据《中华人民共和国会计法》及其他有关法律和法规,财政部于 2011 年 10 月 18 日发布了《小企业会计准则》用于规范并适用于小企业的资产、负债、所有者权益、收入、费用、利润及利润分配、外币业务、财务报表等会计处理及报表列报等问题。《小企业会计准则》适用于在中华人民共和国境内依法设立的、符合《中小企业划型标准规定》所规定的小型企业标准的企业,但股票或债券在市场上公开交易的小企业、金融机构或其他具有金融性质的小企业、属于企业集团内的母公司和子公司的小企业除外,自 2013 年 1 月 1 日起在所有适用的小企业范围内施行。《小企业会计准则》的发布与实施,标志着我国涵盖所有企业的会计准则体系的建成。

1.3　财务报告的供给与需求

1.3.1　财务报告的供给

财务报告是企业对外提供的反映企业某一特定日期的财务状况和某一会计期间的经营成果、现金流量等会计信息的文件。财务会计的目的是通过向外部会计信息使用者提供有用的信息,帮助其做出相关决策。承担这一信息载体和功能的便是企业编制的财务报告,它是企业财务会计确认与计量最终结果的体现。投资者等财务报告使用者主要通过财务报告来了解企业当前的财务状况、经营成果和现金流量等情况,从而预测未来的发展趋势。因此,财务报告是向投资者等财务报告使用者提供决策有用信息的媒介和渠道,是沟通投资者、债权人等财务报告使用者与企业管理层之间信息的桥梁和纽带。

财务报告具有以下几层含义:一是财务报告应当是对外报告,其服务对象主要是投资者、债权人等外部使用者,专门为了外部管理需要的、特定目的的报告不属于财务报告的范畴;二是财务报告应当综合反映企业的生产经营状况,包括某一时点的财务状况和某一时期的经营成果与现金流量等信息,以勾画出企业财务的整体和全貌;三是财务报告必须形成一个完整的文件,不应是零星的或者不完整的信息。

1. 财务报告的构成

财务报告包括财务报表和其他应当在财务报告中披露的相关信息和资料。其中,财务报表由报表本身及其附注两部分构成,附注是财务报表的有机组成部分,而报表至少应当包括资产负债表、利润表和现金流量表等报表。

1)资产负债表

资产负债表亦称财务状况表,是表示企业在一定日期(通常为各会计期末)的财务状况(即资产、负债和所有者权益的状况)的主要会计报表。资产负债表利用会计平衡原则,将合乎会计原则的资产、负债、所有者权益(或股东权益)科目分为“资产”和“负债和所有者权益(或股东权益)”两大区块,在经过一系列会计程序后,以特定日期的静态企业情况为基准,浓缩成一张报表。

资产负债表一般包括表首、正表两部分。其中,表首需要概括地说明报表名称、编制单位、编制日期、报表编号、货币名称、计量单位等基本信息。正表是资产负债表的主体,列示了用以说明企业财务状况的各个项目。资产负债表正表的格式一般有两种:报告式和账户式。其中,报告式资产负债表是上下结构,上半部列示资产,下半部列示负债和所有者权益。其具体排列形式又有两种:一是按"资产＝负债＋所有者权益"的原理排列;二是按"资产－负债＝所有者权益"的原理排列。账户式资产负债表是左右结构,左边列示资产,右边列示负债和所有者权益。依照 2019 年发布的一般企业财务报表格式(适用于已执行新金融准则、新收入准则和新租赁准则的企业)要求,资产负债表的基本格式如表1－1所示。

表 1－1 资产负债表

会企 01 表

编制单位: 　　　　年　　月　　日 单位:元

资产	期末余额	上年年末余额	负债和所有者权益(或股东权益)	期末余额	上年年末余额
流动资产:			流动负债:		
货币资金			短期借款		
交易性金融资产			交易性金融负债		
衍生金融资产			衍生金融负债		
应收票据			应付票据		
应收账款			应付账款		
应收款项融资			预收款项		
预付款项			合同负债		
其他应收款			应付职工薪酬		
存货			应交税费		
合同资产			其他应付款		
持有待售资产			持有待售负债		
一年内到期的非流动资产			一年内到期的非流动负债		
其他流动资产			其他流动负债		
流动资产合计			流动负债合计		
非流动资产:			非流动负债:		
债权投资			长期借款		
其他债权投资			应付债券		
长期应收款			其中:优先股		
长期股权投资			永续债		
其他权益工具投资			租赁负债		
其他非流动金融资产			长期应付款		
投资性房地产			预计负债		
固定资产			递延收益		
在建工程			递延所得税负债		
生产性生物资产			其他非流动负债		
油气资产			非流动负债合计		

资产	期末余额	上年年末余额	负债和所有者权益（或股东权益）	期末余额	上年年末余额
使用权资产			负债合计		
无形资产			所有者权益（或股东权益）：		
开发支出			实收资本（或股本）		
商誉			其他权益工具		
长期待摊费用			其中：优先股		
递延所得税资产			永续债		
其他非流动资产			资本公积		
非流动资产合计			减：库存股		
			其他综合收益		
			专项储备		
			盈余公积		
			未分配利润		
			所有者权益（或股东权益）合计		
资产总计			负债和所有者权益（或股东权益）总计		

资产负债表的作用主要表现在以下四个方面：

第一，有助于分析和评价企业的偿债能力。通过将流动资产、速动资产与流动负债进行对比分析，可以评价企业的短期偿债能力；通过将企业的资产规模、负债规模及所有者权益规模进行对比分析，可以评价企业的长期偿债能力及举债能力。在资产负债表中，将资产和负债分别按照流动性分为流动和非流动两个部分列示，主要目的就是便于进行企业偿债能力的分析与评价。

第二，有助于分析和评价企业的营运能力和盈利能力。在资产负债表中，资产是企业开展经济活动的物质媒介，所有者权益是企业开展经济活动的"本钱"；在利润表中，收入反映企业开展经济活动所实现的规模，利润则体现企业开展经济活动所取得的成果。通过对资产负债表与利润表的有关项目进行比较，如计算存货周转率、应收账款周转率、资产报酬率、权益报酬率等财务指标，有助于对企业各种资源的利用效率以及企业的盈利能力做出分析。

第三，有助于解释和评价企业的财务状况质量，以及预测未来发展趋势。财务状况是指企业从事筹资、投资和经营等各种经济活动所产生的财务后果。资产负债表通过对资产各个项目的列示，解释了企业拥有或控制的能用货币计量的经济资源（即资产）的总体规模及其具体分布情况；通过对负债和所有者权益各个项目的列示，揭示了企业从不同渠道所获得资本的总体规模及其具体的分布情况。

第四，有助于了解和判断企业有关方面战略制定与实施情况，透视企业的管理质量。对企业资产分别从项目个别质量、资产结构质量及资产总体质量等不同的层次进行质量分析与评价，有助于分析者判断企业在资源利用战略方面的制定与实施情况。由于不同的负债和所有者权益项目往往会给企业的经营活动带来不同的成本与风险,同时企业的资本结构又在很大程度上决定企业的控制权归属、治理模式,因此从资本结构质量层面进行分析与评价,有助于分析者了解企业利用何种资本来实现自身的未来发展,判断企业在资本引入战略方面的制定与实施情况。

2)利润表

利润表又称损益表,是总括反映企业在一定会计期间的经营成果的财务报表。与资产负债表不同,利润表是一种动态的时期报表,主要揭示企业一定时期(月、季、年)的收入实现情况、费用耗费情况以及由此计算出来的企业利润(或亏损)情况。利润表的列报可以反映企业经营业绩的主要来源和构成,既有助于使用者了解企业的利润规模,也有助于使用者把握利润的质量,进而更加科学地判断企业的盈利能力,做出更多正确的决策。

利润表一般包括表首、正表两部分。其中,表首说明报表名称、编制单位、编制日期、报表编号、货币名称、计量单位等;正表是利润表的主体,反映形成经营成果的各个项目和计算过程,这张表也被称为损益计算书。依照 2019 年发布的一般企业财务报表格式(适用于已执行新金融准则、新收入准则和新租赁准则的企业)要求,利润表的基本格式如表 1-2 所示。

表 1-2 利润表

会企 02 表

编制单位:＿＿＿＿＿　　　　　　＿＿＿＿年＿＿＿月　　　　　　　　　　　　单位:元

项目	本期金额	上期金额
一、营业收入		
减:营业成本		
税金及附加		
销售费用		
管理费用		
研发费用		
财务费用		
其中:利息费用		
利息收入		
加:其他收益		
投资收益(损失以"-"号填列)		
其中:对联营企业和合营企业的投资收益		
以摊余成本计量的金融资产终止确认收益(损失以"-"号填列)		
净敞口套期收益(损失以"-"号填列)		
公允价值变动收益(损失以"-"号填列)		
信用减值损失(损失以"-"号填列)		
资产减值损失(损失以"-"号填列)		
资产处置收益(损失以"-"号填列)		

项目	本期金额	上期金额
二、营业利润(亏损以"－"号填列)		
加:营业外收入		
减:营业外支出		
三、利润总额(亏损总额以"－"号填列)		
减:所得税费用		
四、净利润(净亏损以"－"号填列)		
(一)持续经营净利润(净亏损以"－"号填列)		
(二)终止经营净利润(净亏损以"－"号填列)		
五、其他综合收益的税后净额		
(一)不能重分类进损益的其他综合收益		
1.重新计量设定受益计划变动额		
2.权益法下不能转损益的其他综合收益		
3.其他权益工具投资公允价值变动		
4.企业自身信用风险公允价值变动		
………		
(二)将重分类进损益的其他综合收益		
1.权益法下可转损益的其他综合收益		
2.其他债权投资公允价值变动		
3.金融资产重分类计入其他综合收益的金额		
4.其他债权投资信用减值准备		
5.现金流量套期储备		
6.外币财务报表折算差额		
……		
六、综合收益总额		
七、每股收益		
(一)基本每股收益		
(二)稀释每股收益		

利润表的作用主要包括以下五个方面:

第一,有助于解释、评价和预测企业的经营成果和盈利能力。经营成果是指一定时期内企业生产经营活动所创造的有效劳动成果的总和,通常在利润表中以净利润和综合收益的形式来反映。它们是绝对值指标,可以反映企业创造财富的绝对规模(通常引起资产增加或者负债减少)。盈利能力则是指企业在一定时期内运用一定经济资源(如人力、物力)获取经营成果的能力,因此它需要通过相对值指标来衡量,如资产报酬率、权益报酬率、成本费用利润率及人均利润等,而这些指标所依据的数据离不开利润表的支持。

第二,有助于解释、评价和预测企业的偿债能力。偿债能力通常是指企业以资产清偿债务的能力。利润表本身并不直接提供偿债能力的信息,然而企业的偿债能力不仅取决于资产的流动性和资本结构,而且取决于企业的盈利能力。企业在个别年份盈利能力不足,不一定会影响偿债能力,但若一家企业长期丧失盈利能力,资产的流动性必然逐步由好转坏,资本结构也将逐渐由优变劣,企业最终有可能陷入资不抵债的困境。因此对于连年亏损的企业来说,其偿债能力通常会受到较大的影响。分析和比较利润表的相关信息,有助于企业的债权人和管理者间接地解释、评价和预测企业的偿债能力,尤其是长期偿债能力,并揭示偿债能力的变化趋势,更客观地做出各种信贷决策,如维持、扩大或收缩现有信贷规模,应提出何种信贷条件等;管理者也可据此找出提高偿债能力的有效途径,进一步改善企业的财务形象。

第三,有助于评价企业经营战略的实施效果。企业经营首先面临的是一系列战略选择,不同的战略选择与盈利模式选择会形成不同的利润结构,因而企业的利润结构体现了公司的战略实施效果。不同的利润项目对公司的获利能力有着极不相同的意义。高质量的利润结构,意味着公司所依赖的业务与公司的战略高度一致并保持较稳定的行业竞争地位和核心竞争力,拥有较扎实的资产支持、较强的现金获取能力以及较光明的市场发展前景,这些都将为公司未来发展奠定良好的基础。分析和比较利润表的相关信息,有助于企业的股东和债权人了解和评价企业经营战略的实施效果,据以预测企业未来的发展方向和发展趋势;管理层也可以有效发现企业经营战略实施过程中存在的问题,更加及时地采取措施以保证经营目标的顺利实现。

第四,有助于评价和考核经营者的业绩。利润表中的各个项目体现了企业在生产、经营和理财等各方面的管理效率和效益,是对企业经营业绩的直接揭示,是经营者受托责任履行情况的真实反映。通过比较前后期利润表上各项收入、费用、成本及收益的增减变动情况,分析其增减变动的原因,可以较为客观地评价各职能部门、各生产经营单位的绩效,以及这些部门和人员的绩效与整个企业经营成果的关系,以便评判各部门管理人员的功过得失,及时做出采购、生产销售、筹资和人事等方面的调整,使各项活动趋于合理。因此,分析和比较利润表的相关信息,有助于企业所有者考核经营者的经营业绩,评价经营者的受托责任履行情况。

第五,有助于企业做出更科学的经营决策。比较和分析利润表中各构成要素,可掌握各项收入、成本费用与利润之间的升降趋势,发现各方面工作中存在的问题,查找原因,改善经营管理,努力增加收入、控制成本费用开支,提高资金的使用效率。此外,还可以通过收支结构和业务结构分析,评价各分部业绩成长对企业总体效益的贡献程度;通过对利润的形成过程进行分析,找出形成利润的主要来源。

3)现金流量表

现金流量表是反映企业在一定会计期间现金和现金等价物流入和流出相关信息的报表,可以概括反映企业会计期间内发生的经营活动、投资活动、筹资活动等各项经济活动对现金及现金等价物所产生的影响。

现金流量表一般由两大部分组成:一是现金流量表主表,二是按照间接法编制的补充资料。

(1)现金流量表主表的基本结构。现金流量表主表用纯粹的业务语言来描述企业现金的流入量和流出量以及由此引起的净现金流量的大小和结果。现金流量表主表的编制方法被称为直接法。直接法是指通过现金收入和现金支出的主要类别反映来自企业经营活动的现金流量的一种方法。采用直接法编制经营活动现金流量时,一般以利润表中的营业收入为起算点,调整与经营活动有关项目的增减变动,然后计算出经营活动的现金流量。现行企业会计准则规定,现金流量表主表,应当分别以经营活动、投资活动和筹资活动列报现金流量。具体到每一种活动类型,现金流量还应当分别按照现金流入和现金流出总额列报。依照 2019 年发布的一般企业财务报表格式(适用于已执行新金融准则、新收入准则和新租赁准则的企业)要求,现金流量表主表的基本结构如表 1-3 所示。

表 1-3　现金流量表

会企 03 表

编制单位:　　　　　　　　　　　　　年　　　月

单位:元

项目	本期金额	上期金额
一、经营活动产生的现金流量		
销售商品、提供劳务收到的现金		
收到的税费返还		
收到其他与经营活动有关的现金		
经营活动现金流入小计		
购买商品、接受劳务支付的现金		
支付给职工以及为职工支付的现金		
支付的各项税费		
支付其他与经营活动有关的现金		
经营活动现金流出小计		
经营活动产生的现金流量净额		
二、投资活动产生的现金流量		
收回投资收到的现金		
取得投资收益收到的现金		
处置固定资产、无形资产和其他长期资产收回的现金净额		
处置子公司及其他营业单位收到的现金净额		
收到其他与投资活动有关的现金		
投资活动现金流入小计		
购建固定资产、无形资产和其他长期资产支付的现金		
投资支付的现金		
取得子公司及其他营业单位支付的现金净额		

项目	本期金额	上期金额
支付其他与投资活动有关的现金		
投资活动现金流出小计		
投资活动产生的现金流量净额		
三、筹资活动产生的现金流量		
吸收投资收到的现金		
取得借款收到的现金		
收到其他与筹资活动有关的现金		
筹资活动现金流入小计		
偿还债务支付的现金		
分配股利、利润或偿付利息支付的现金		
支付其他与筹资活动有关的现金		
筹资活动现金流出小计		
筹资活动产生的现金流量净额		
四、汇率变动对现金及现金等价物的影响		
五、现金及现金等价物净增加额		
加：期初现金及现金等价物余额		
六、期末现金及现金等价物余额		

（2）现金流量表补充资料的基本结构。现金流量表补充资料包括将净利润调节为经营活动现金流量、不涉及现金收支的重大投资和筹资活动、现金及现金等价物净变动情况等项目。其中，将净利润调节为经营活动现金流量所采用的方法被称为间接法。这是会计利用其专业语言来具体描述现金流量和相关利润指标之间的关系。现行企业会计准则规定，企业应当采用间接法在现金流量表附注中披露将净利润调节为经营活动现金流量的信息。

现金流量表的作用主要包括三个方面：

第一，弥补资产负债信息量的不足。资产负债表是利用资产、负债、所有者权益三个会计要素的期末余额编制的；利润表是利用收入、费用、利润三个会计要素的本期累计发生额编制的（收入、费用无期末余额，利润结转下期）。唯独资产、负债、所有者权益三个会计要素的发生额原先没有得到充分的利用，没有填入会计报表。会计资料一般是发生额与本期净增加额（期末、期初余额之差或期内发生额之差）说明变动的原因，期末余额说明变动的结果。本期的发生额与本期净增加额得不到合理的运用，不能不说是一个缺憾。

根据资产负债表的平衡公式可得：现金＝负债＋所有者权益－非现金资产。这个公式表明，现金的增减变动受公式右边因素的影响，负债、所有者权益的增加（减少）导致现金的增加（减少），非现金资产的减少（增加）导致现金的增加（减少）。现金流量表中的内容尤其是采用间接法时即利用资产、负债、所有者权益的增减发生额或本期净增加额填报。这样账簿的资料便可以得到充分的利用,现金变动原因的信息得到充分揭示。

第二,便于从现金流量的角度对企业进行考核。对一个经营者来说,没有现金、缺乏购买与支付能力是致命的。企业的经营者由于管理的要求亟须了解现金流量信息。另外,在当前商业信誉存有诸多问题的情况下,与企业有密切关系的投资者、银行以及财税、市场监管等部门不仅需要了解企业的资产、负债、所有者权益的结构情况与经营结果,更需要了解企业的偿还支付能力,了解企业现金流入、流出及净流量信息。

利润表的利润是根据权责发生制原则核算出来的,权责发生制贯彻递延、应计、摊销和分配原则,核算的利润与现金流量是不同步的。利润表上有利润、银行账户上没有钱的现象经常发生。近些年来随着对现金流量的重视,大家深深感到权责发生制编制的利润表不能反映现金流量是个很大的缺陷。但是企业也不能因此废权责发生制而改为收付实现制。因为收付实现制也有很多不合理的地方,历史证明企业不能采用。在这种情况下,坚持权责发生制原则进行核算的同时,编制收付实现制的现金流量表,不失为"熊掌"与"鱼"兼得、两全其美的方法。现金流量表划分经营活动、投资活动、筹资活动,按类说明企业一个时期流入多少现金、流出多少现金及现金流量净额,从而可以了解现金从哪里来以及到哪里去,从现金流量的角度对企业做出更加全面合理的评价。

第三,了解企业筹措现金、生成现金的能力。如果把现金比作企业的血液,企业想获得新鲜血液的方法有两种。一是为企业输血,即通过筹资活动吸收投资者投资或借入现金。吸收投资者投资,企业的受托责任增加;借入现金则增加负债,今后要还本付息。在市场经济条件下,没有"免费使用"的现金,企业输血后下一步要付出一定的代价。二是企业自己生成血液,在经营过程中取得利润。企业要想生存发展,就必须获利,利润是企业现金来源的主要渠道。通过现金流量表可以了解经过一段时间的经营,企业从外部筹措了多少现金,自己生成了多少现金;筹措的现金是按计划用到企业扩大生产规模、购置固定资产、补充流动资金上,还是被经营方侵蚀掉了。企业筹措现金、生产现金的能力,是企业加强经营管理、合理使用调度资金的重要信息,是其他两张报表所不能提供的。

4)所有者权益变动表

所有者权益变动表是反映公司本期(年度或中期)内至截至期末所有者权益变动情况的报表。2007年以前,公司所有者权益变动情况是以资产负债表附表形式予以体现的。新企业会计准则颁布后,要求上市公司于2007年正式对外呈报所有者权益变动表,所有者权益变动表成为与资产负债表、利润表和现金流量表并列披露的第四张财务报表。在所有者权益变动表中,企业还应当单独列示反映下列信息:①所有者权益总量的增减变动;②所有者权益增减变动的重要结构性信息;③直接计入所有者权益的利得和损失。

所有者权益变动表各项目均需填列"本年金额"和"上年金额"两栏。所有者权益变动表"上年金额"栏内各项数字,应根据上年度所有者权益变动表"本年金额"内所列数字填列。上年度所有者权益变动表规定的各个项目的名称和内容同本年度不一致的,应对上年度所有者权益变动表各项目的名称和数字按照本年度的规定进行调整,填入所有者权益变动表的"上年金额"栏内。所有者权益变动表"本年金额"栏内各项数字一般应根据"实收资本(或股本)""资本公积""盈余公积""利润分配""库存股""以前年度损益调整"科目的发生额分析填列。依照2019年发布的一般企业财务报表格式(适应于已执行新金融准则、新收入准则和新租赁准则的企业)要求,所有者权益变动表的基本格式如表1-4所示。

表1－4　所有者权益变动表

会企04表

单位:元

编制单位:　　　　　　　　　　　　年度 ＿＿＿＿

项目	本年金额									上年金额							
	实收资本(或股本)	其他权益工具			资本公积	减:库存股	其他综合收益	盈余公积	未分配利润	所有者权益合计	实收资本(或股本)	其他权益工具			资本公积	减:库存股	其他综合收益	盈余公积	未分配利润	所有者权益合计
		优先股	永续债	其他								优先股	永续债	其他						
一、上年年末余额																				
加:会计政策变更																				
前期差错更正																				
其他																				
二、本年年初余额																				
三、本年增减变动金额(减少以"－"号填列)																				
(一)综合收益总额																				
(二)所有者投入和减少资本																				
1.所有者投入的普通股																				
2.其他权益工具持有者投入资本																				
3.股份支付计入所有者权益的金额																				
4.其他																				

续表

项目	本年金额									上年金额								
	实收资本(或股本)	其他权益工具			资本公积	减:库存股	其他综合收益	盈余公积	未分配利润	所有者权益合计	实收资本(或股本)	其他权益工具			资本公积	减:库存股	其他综合收益	盈余公积	未分配利润	所有者权益合计
		优先股	永续债	其他								优先股	永续债	其他						
(三)利润分配																				
1.提取盈余公积																				
2.对所有者(或股东)的分配																				
3.其他																				
(四)所有者权益内部结转																				
1.资本公积转增资本(或股本)																				
2.盈余公积转增资本(或股本)																				
3.盈余公积弥补亏损																				
4.设定受益计划变动额结转留存收益																				
5.其他综合收益结转留存收益																				
6.其他																				
四、本年年末余额																				

所有者权益变动表能全面反映一定时期所有者权益变动的情况,不仅反映所有者权益总量的增减变动,还反映所有者权益增减变动的重要结构性信息,特别是要反映直接计入所有者权益的利得和损失,让报表使用者准确理解所有者权益增减变动的根源,便于会计信息使用者深入分析企业所有者权益的增减变化情况,并进而对企业的资本保值增值情况做出正确判断,从而提供对决策有用的信息。

5)报表附注

报表附注是有关资产负债表、利润表、现金流量表和所有者权益变动表等报表中列示项目的文字描述或明细资料,以及对未能在这些报表中列示项目的说明等。附注应当披露财务报表的编制基础,相关信息应当与资产负债表、利润表、现金流量表和所有者权益变动表等报表中列示的项目相互参照。附注一般应当包括下列内容:

(1)企业的基本情况,包括企业注册地、组织形式和总部地址,企业的业务性质和主要经营活动,以及母公司及集团公司的名称等信息,财务报告的批准报出者和财务报告批准报出日,或者以签字人及其签字日期为准,等等。

(2)财务报表的编制基础。

(3)遵循企业会计准则的声明。

(4)重要会计政策和会计估计。重要会计政策的说明,包括财务报表项目的计量基础和在运用会计政策过程中所做的重要判断等。重要会计估计的说明,包括可能导致下一个会计期间内资产、负债账面价值重大调整的会计估计的确定依据等。

(5)会计政策和会计估计变更以及差错更正的说明。

(6)报表重要项目的说明。企业应当按照资产负债表、利润表、现金流量表、所有者权益变动表及其项目列示的顺序,对报表重要项目的说明采用文字和数字描述相结合的方式进行披露。报表重要项目的明细金额合计,应当与报表项目金额相衔接。

(7)或有和承诺事项、资产负债表日后非调整事项、关联方关系及其交易等需要说明的事项。

(8)有助于财务报表使用者评价企业管理资本的目标、政策及程序的信息。

6)审计报告

上市公司年度报告中涉及的审计报告是指审计人员(即注册会计师)根据独立审计准则,在对被审计单位(即上市公司)制订审计计划的基础上,实施必要的审计程序,就被审计事项做出审计结论,提出审计意见和审计建议的书面文件。

审计报告是注册会计师在完成审计工作后向委托人提交的最终产品,是注册会计师与财务报表使用者沟通所审计事项的主要手段。它具有法定证明效力,对增强会计信息的可靠性起着至关重要的作用。

审计报告一般包括标题、收件人、引言段、范围段、意见段、注册会计师的签名及签章、会计师事务所名称和地址及盖章、报告日期等基本内容。注册会计师根据审计结果和被审计单位对有关问题的处理情况,形成不同的审计意见,出具标准无保留意见、保留意见、无法表示意见和否定意见等四种基本类型审计意见的审计报告。

2. 财务报告按编报期间的分类

1)年度财务报告

年度财务报告是指以整个会计年度为基础编制的财务报告,也是财务报表分析的重点。

上市公司年度报告中的财务会计报告应当经符合《中华人民共和国证券法》规定的会计师事务所审计,审计报告应当由该所至少两名注册会计师签字。已发行境内上市外资股及其衍生证券并在证券交易所上市的公司,应当同时编制年度报告的外文译本。

年度报告正文应包括如下内容:①重要提示、目录和释义;②公司简介和主要财务指标;③管理层讨论与分析;④公司治理、环境和社会;⑤重要事项;⑥股份变动及股东情况;⑦债券相关情况;⑧财务报告。

其中,在财务报告部分,公司应披露审计报告全文和经审计的财务报表。财务报表包括公司近两年的比较式资产负债表、比较式利润表和比较式现金流量表,以及比较式所有者权益(股东权益)变动表和财务报表附注。编制合并财务报表的公司,除提供合并财务报表外,还应当提供母公司财务报表,但中国证监会另有规定的除外。

2)中期财务报告

中期财务报告是指以中期为基础编制的财务报告。中期是指短于一个完整的会计年度(自公历1月1日起至12月31日止)的报告期间,它可以是一个月、一个季度或者半年,也可以是其他短于一个会计年度的期间,如1月1日至9月30日等。因此,中期财务报告包括月度财务报告、季度财务报告、半年度财务报告,也包括年初至本中期末的财务报告。

中期财务报告至少应当包括资产负债表、利润表、现金流量表以及报表附注等内容。

(1)资产负债表、利润表、现金流量表和附注是中期财务报告应当编制的基本内容,对其他财务报表或者相关信息,如所有者权益变动表等,企业可以根据需要自行决定。

(2)中期资产负债表、利润表和现金流量表的格式和内容,应当与上年度财务报表一致。但如果当年新施行的会计准则对财务报表的格式和内容做了修改,中期财务报表应当按照修改后的报表格式和内容编制,与此同时,在中期财务报告中提供的上年度比较财务报表的格式和内容也应当做相应的调整。

(3)中期财务报告中的附注相对于年度财务报告中的附注而言是适当简化的。中期财务报告附注的编制应当遵循重要性原则。中期财务报告应当按照相关规定编制完成并披露。

1.3.2 财务报告的需求

财务报告的需求主体是指与企业存在现实或潜在的利益关系,为达到特定目的而对企业的财务状况、经营成果及现金流量状况等进行分析和评价的组织或个人。通常情况下,财务报表分析的主体与财务信息使用者同属一人或某一组织,他们都属于企业的利益相关者。按照财务报表分析主体所掌握信息的不对称性,财务报表分析主体可分为内部分析主体和外部分析主体。其中,内部分析主体包括公司的控制性股东、董事会成员及高管、财务部门员工等,外部分析主体主要包括中小股东、债权人、潜在的股票或债券投资者、企业的普通员工、政府职能部门、社会中介机构、竞争对手、供应商和客户等。从以上分类不难看出,财务报表分析的主体众多,分析目的不尽相同,按照利益相关者的分类思想,本书将财务报表分析的主体分为企业管理者、股权投资者、债权投资者、政府职能部门、社会中介机构及其他利益相关者。

财务报表分析可以帮助分析主体加深对企业的了解,减少评判过程中的不确定性因素,从而提高决策的科学性。不同的财务报表分析主体和企业的利益关系不同,基于财务报表分析所要达到的目的也不同,因而对企业财务信息的关注点与分析视角也将存在差异。下面将逐一阐述不同类型的利益相关者进行财务报表分析的主要目的及分析视角。

1. 股权投资者

企业的股权投资者也称为所有者或股东,是指以股权形式向企业投入资金的自然人或法人。这里所说的股权投资者既包括现实的股权投资者,也包括潜在的股权投资者。企业的投资回报与投资风险将直接影响现实的和潜在的股权投资者的投资决策。同时,企业所有者又是企业委托-代理关系中的委托人,需要借助财务报表分析等工具对企业管理者的受托责任履行情况进行评价。因此,股权投资者是财务报表分析的重要主体。

一般来讲,获取投资报酬是股权投资的重要目的,企业的股权投资者通常需要做出两种决策:一种是投资决策,即是否投资、投资多少;另一种是做出评价并选择企业管理者的决策。因此,股权投资者在财务报表分析中将重点关注企业投资回报的高低,而股东的投资回报以企业的盈利能力为保障。因此,对于企业的投资者来讲,他们会更加关注企业的净利润等盈利能力、风险状况和企业的前景,同时他们也会关注有关企业的收入来源及结构、成本费用情况、资产结构和质量、资本结构与质量以及现金流量结构与质量等相关的信息。

股权投资者是企业收益的最终获得者和风险的最终承担者。从股权结构来看,由于投资者对公司的持股比例不同,他们获取收益的规模、受偿方式以及承担的风险类型也有所不同,因此他们进行财务报表分析的目的也不尽相同。

对于控股股东来说,由于他们主导企业的各项经济决策和财务决策,通过扶持企业不断成长来获取大规模的投资收益,在企业经营失败时将因持股比例较高而蒙受较大的经济损失,因此他们往往更加注重企业的长远发展,对企业的资产结构与质量、资本结构、长期投资机会及经营利润和现金流量质量等均较为关注;与之相对应的是,中小股东主要通过获取资本利得(股票买卖价差)、现金分红等方式来实现投资回报,因而他们比较关注企业的短期盈利能力、获利水平、现金流量状况与股利分配政策等信息。

2. 债权投资者

债权投资者简称债权人,是指以出让资金使用权的方式或提供其他资产的方式向企业投入资源的自然人或法人,如商业银行、供应商、企业债券持有人等。这里所说的债权投资者既包括现实的债权投资者,也包括潜在的债权投资者。由于企业的偿债能力会直接影响现实的和潜在的债权投资者的放款决策,因此债权投资者也是企业财务报表分析的重要主体之一。

对债权投资者来说,最重要的事情是确保自身债权的安全,即按时收回本金和利息,因此他们非常关注企业偿债能力和资本结构方面的信息。依据债务的偿还期限,债权投资者分为短期债权投资者和长期债权投资者两大类型。

短期债权投资者由于债权期限短于一年或者一个营业周期,因此在财务报表分析中往往比较关心企业的短期财务状况,如企业资产的流动性和企业的短期现金流量状况等。由于企业的短期债务通常需要在不久的将来动用现金来偿还,因此,企业资产的变现能力(即流动性)和企业近期的现金流量状况直接决定着企业能否如期偿付短期债务,这些也是短期债权投资者进行财务报表分析所关注的重点。

长期债权投资者是指债权期限长于一年或一个营业周期的投资者,因此在财务报表分析中他们往往比较关心企业的长期财务状况,如企业的资本结构和长期投融资政策。由于企业的长期负债不需要在近期内动用现金偿还,因此长期负债的安全性需要通过所有的资产来保障。每一元钱的负债所对应的资产越多,债权就越安全。因此,企业负债在总资产中所占的比重,或者说负债与所有者权益的比例在一定程度上反映了企业财务风险的高低,是长期债权投资者非常关心的因素。当然,长期债权投资者在财务报表分析中还会关注企业的长期现金流量状况,因为在企业不破产清算的情况下,企业的长期债务到期也需要用现金来偿还。

除了上述直接影响短期偿债能力和长期偿债能力的因素外,债权投资者还想通过财务报表分析来了解企业的盈利能力、资产周转效率和现金流量。因为盈利是企业现金流量最稳定的基础,会在根本上决定企业的偿债能力;企业的营运能力又在很大程度上决定了资产的流动性和盈利水平。因此,债权投资者对企业各项能力的分析是十分看重的。债权投资者可以通过财务报表分析得到关于衡量企业偿债能力的各项比率,进而做出评估。

3.企业管理者

企业管理者作为委托-代理关系中的受托人,接受企业所有者的委托,对企业所从事的各项经济活动及其经营成果和财务状况进行有效的管理与控制,以实现企业长短期的经营目标。虽然相对于企业股权投资者和债权投资者等企业外部人而言,企业的管理者拥有更多了解企业的信息渠道和监控企业的方法,但是财务信息仍然是一个十分重要且有效的信息来源,财务报表分析仍然是一种非常重要的监控方法。因此,企业的管理者是企业财务报表分析的重要主体之一。与企业外部人相比,企业管理者作为企业内部的分析主体,所掌握的财务信息更加全面,所进行的财务报表分析也更加深入,因而财务报表分析的目的也就更加多样化。

首先,发现问题,合理管控。企业管理者要想对企业的日常经营活动进行合理管控,需要通过财务报表分析及时发现企业生产经营中存在的问题,并找出有效对策,以适应瞬息万变的经营环境。

其次,为科学决策提供依据。企业管理者需要通过财务报表分析,全面掌握企业的财务状况、经营成果和现金流量等,从而做出科学的投融资等重大决策,规划和修订市场定位目标,制定和调整资源配置战略、资本引入战略等多项战略,挖掘企业的潜力,为企业经济效益的持续稳定增长奠定基础。

此外,企业管理者为了提高企业内部的活力和企业整体的效应,还需要借助财务报表分析对企业的各个部门和员工进行业绩评价和考核,并为今后的生产经营编制科学的预算,实现高效的控制和监督。

4.政府职能部门

市场监管、税务、财政以及各级国资委等对企业有监管职能的政府职能部门,在其履行监管职责时往往需要借助财务报表分析。因此,相关的政府职能部门也是企业财务报表分析的主体之一。

政府职能部门不仅需要了解企业资金占用的使用效率,预测财务收入增长情况,有效地组织和调整社会资金资源的配置,而且需要借助财务报表分析,检查企业是否存在违法违纪、浪费国家财产等问题。其进行财务报表分析的主要目的是监督企业是否遵循了相关的政策法规,检查企业是否有偷漏税款等行为,以维护正常的市场经济秩序,保障国家和社会利益。具体而言,市场监管部门主要审核企业经营的合法性,进行产品质量监督与安全检查;税务与财政部门主要关注企业的盈利水平与资产的增减变动情况;国资委作为国有企业的直接出资人,出于股东财富最大化目标的考虑,往往关注企业的盈利能力及可持续发展能力。

5. 社会中介机构

社会中介机构通常包括会计师事务所、律师事务所、资产评估事务所、证券公司、资信评估公司及各类咨询机构等。这些机构以独立第三方身份为企业提供服务,对企业的相关事项做出客观且公允的评价,并提出相应的意见和建议。在服务过程中,这些社会中介机构都或多或少地需要借助于财务报表分析,了解企业相关的财务状况和经营成果等。因此,社会中介机构也是企业财务报表分析的主体之一。

在这些社会中介机构中,会计师事务所对财务报表分析的应用可能最为频繁,与企业的财务报表分析工作的关系最为密切。当注册会计师在对企业进行审计时,需要就企业财务报表的合法性、真实性等进行验证并给出相应的审计意见,而财务报表分析是审计工作中一个非常重要的手段。财务报表分析可以帮助注册会计师发现错误、遗漏或异常事项,为进一步追查原因提供线索,为审计结论提供依据。

6. 其他利益相关者

除上述财务报表分析主体之外,企业的供应商、客户、竞争对手、员工甚至社会公众等,都可能需要通过财务报表分析了解企业的相关情况,从而成为企业财务报表分析的主体。

企业的供应商通过向企业提供原材料或劳务,成为企业的利益相关者。有些供应商希望与企业保持稳定的合作关系,因此需要通过财务报表分析了解企业的业务范围、经营规模、投资动向及现金流量情况等,据此判断企业的持续购买力。在赊购业务中,企业与供应商又形成了商业信用关系,此时供应商希望通过财务报表分析来了解企业的偿付能力,以判断其货款回收的安全性。

企业的客户通过向企业购买商品或劳务,成为企业的利益相关者。客户往往希望借助财务报表分析,了解企业的商品或劳务的质量、持续提供商品或劳务的能力以及企业所能提供的商业信用条件等。

企业的竞争对手通过分析双方的财务报表,可以判断双方的相对效率与效益,找到自己的竞争优势与劣势,为提高自身的市场竞争力、寻求并购目标或防止被并购打下基础。

企业的员工与企业存在雇佣关系,因而他们希望借助财务报表分析了解企业的经营状况、盈利能力以及发展前景等,从而判断其工作的稳定性、工资水平的高低以及其他福利的完整性等。另外,员工还可以通过财务报表分析了解自己以及自己所在部门的成绩和不足,为今后的工作改进找到方向。

社会公众与企业之间也有着千丝万缕的联系,他们对企业的关注是多维度的。如作为企业的潜在招聘对象,他们希望通过财务报表分析来了解企业的发展状况;作为现有的或潜在的顾客,他们可能会比较关心企业的产品政策;作为企业周边的居民或社区,他们将会更加关注企业的环保政策和行为,而这些信息也会通过企业的财务报告进行传递。

 **思考讨论题**

1. 持续经营假设的含义是什么？

2. 财务会计信息应具备哪些基本质量要求？对于上市公司而言,企业在满足这些质量要求的过程中应坚持什么原则？

3. 企业财务报告的基本构成是什么？企业财务报告按编报期间不同可分为哪些类型？

4. 常见的财务报表分析主体有哪些？不同分析主体的分析目的是什么？

案例

第2章
财务报表分析的框架、程序与方法

学习目标

1. 掌握企业活动与财务报表的关系；
2. 了解财务报表分析的基本框架；
3. 学习并掌握财务报表分析的基本程序；
4. 了解财务报表分析的主要方法。

2.1 企业活动与财务报表

企业是社会经济生活中的一个基本单元。任何一个企业总是基于一定经营环境而存在的，由以经理人为代表的管理层负责经营。通俗地讲，现代企业的经营模式就是"用他人的钱，为他人赚更多的钱"。由此，企业经理人就需要面对企业内外部环境，从经理人市场和金融市场获得人力资源和财务资源并利用他们为企业创造价值。企业经理人为此制定相应的经营战略，从事经济活动。经营环境包括企业所处的行业、劳动力市场、资本市场、产品市场和政策法规等。经营战略决定了企业如何在经营环境中获得竞争优势。企业活动包罗万象，要将所有的企业活动逐一对外说明是不可能的，而且详细解释企业的某些活动可能还会泄露商业秘密。在这种情况下，企业会计信息系统提供了一种机制，即使用"会计特有语言"对企业的经济活动进行确认、计量，并以财务报表的形式对外报告，从而完成了从企业经济活动到企业财务报表的转化过程。会计信息系统为市场提供了一个有效的信息披露工具，以便对企业经营活动进行筛选、计量并集合成财务报告数据。企业财务报表就是总结了企业经济活动的财务后果。

因此，分析财务报表时，分析人员应意识到企业的财务报表不仅受企业经营活动的影响，还受会计系统的影响。同时，会计系统还会受会计环境和企业会计策略的影响。会计环境包括资本市场结构、会计惯例和法规、税收和会计的关系、外部审计等诸多方面。会计策略包括会计政策和估计的选择、报告格式的选择和报表附注披露的详细程度等。这些因素都会影响财务报表数据的质量，会计体系的制度特征决定了这种影响的程度。图2-1描述了从企业经济活动到企业财务报表的转化过程。

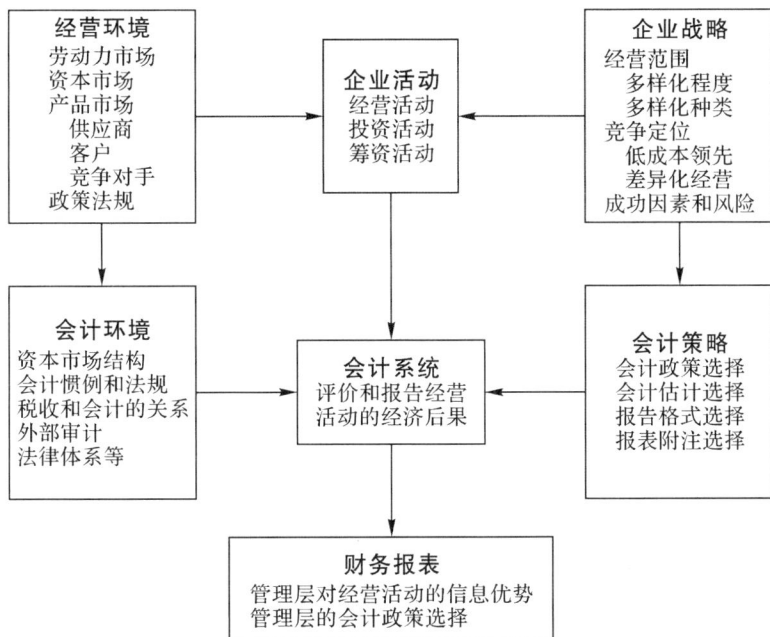

图 2-1　企业活动与财务报表的关系

图 2-1 描述了企业基于特定经营环境和经营战略所从事的经济活动,经过会计环境、会计政策和会计系统的影响、加工,最终表现为企业财务报表的过程。由图 2-1 可见,在从企业经济活动到企业财务报表的转化过程中,许多因素导致企业财务报表不能真实、完整地反映企业经济活动。这些因素主要如下:

(1)会计使用特有语言描述企业经济活动。会计的特有语言体现于会计准则,会计基于会计准则描述企业的经济活动。由于会计准则具有一定的滞后性,这就将难以通过会计准则描述的经济活动排除在会计视野之外。

(2)权责发生制会计(accrual accounting)。现代会计以权责发生制为基础,要求对企业交易和活动的反映应遵循应计制原则(或应收应付制),即以收入和费用的归属期为确认标准,与实际收付期无关。权责发生制的使用存在许多优点,如可以正确反映各个会计期间所实现的收入和为实现收入所应负担的费用,从而可以把各期的收入与其相关的费用、成本相配合,正确确定各期的收益,以及直观反映会计期间的具体经营成果等,但是其人为武断因素同样不容否认。基于现代企业制度安排,尤其是现代企业中普遍存在委托-代理关系,受到利益的驱动,人们可能会操纵企业财务报表。正是权责发生制的这个内在缺陷导致现行的会计准则在某种意义上为人为操纵财务报表提供了选择空间。

(3)审计准则以及以此为基础的审计行为可能强化财务报表本身的内在缺陷。由独立于财务报表编制者的机构或人员对企业财务报表进行审计,减少了会计信息的使用风险,在一定程度上提高了会计信息的质量,但是也可能强化财务报表本身的内在缺陷。因为它认可了长期延续下来的会计规则和惯例,而这些会计规则和惯例本身存在缺陷。审计准则以及审计行为使得本身存在缺陷的会计准则得以更有效执行。这样,审计准则以及审计行为就有可能放大会计准则的内在缺陷。从这个意义上说,审计准则以及审计行为的有效性取决于会计准则的完美性。

2.2 财务报表分析的基本框架

从企业活动与财务报表的关系可知,财务报表的质量受经营环境、企业战略、会计环境和会计策略选择等众多因素影响。分析人员对财务报表开展分析的步骤如图 2-2 所示。

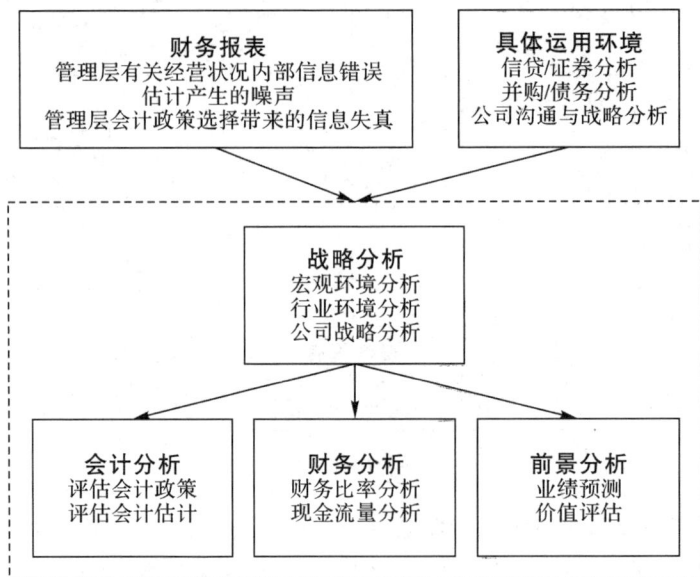

```
┌──────────────────────────┐    ┌──────────────────────────┐
│        财务报表           │    │       具体运用环境        │
│ 管理层有关经营状况内部信息错误 │    │       信贷/证券分析        │
│     估计产生的噪声         │    │       并购/债务分析        │
│ 管理层会计政策选择带来的信息失真 │    │    公司沟通与战略分析       │
└──────────────────────────┘    └──────────────────────────┘
              ┌──────────────────────────────────────┐
              │         ┌──────────────┐             │
              │         │    战略分析   │             │
              │         │   宏观环境分析 │             │
              │         │   行业环境分析 │             │
              │         │   公司战略分析 │             │
              │         └──────────────┘             │
              │                                        │
              │  ┌────────┐  ┌────────┐  ┌────────┐  │
              │  │ 会计分析 │  │ 财务分析 │  │ 前景分析 │  │
              │  │评估会计政策│  │财务比率分析│  │ 业绩预测 │  │
              │  │评估会计估计│  │现金流量分析│  │ 价值评估 │  │
              │  └────────┘  └────────┘  └────────┘  │
              └──────────────────────────────────────┘
```

图 2-2 财务报表分析框架

2.2.1 战略分析

战略(strategies)是企业实现长期目标的途径(弗雷德·R.戴维),是需要高层管理决策和大量企业资源的潜在行动。其中,经营战略可能包括地域扩张、多元化、收购、产品开发、市场渗透、紧缩、剥离、清算和联合经营等很多方面和内容,这些战略的制定和实施决定和支配着企业资金、资源的使用。因此,只有对企业战略进行深入分析才能对公司会计信息系统的产品——财务报表形成一个准确的判断。对公司的战略进行分析是企业进行财务分析的逻辑起点。那么,我们该如何进行战略分析呢? 主要的步骤有哪些?

战略分析是指分析人员对企业经营的外部环境和内部环境进行剖析,从而全面评估企业盈利和风险状况,了解企业的发展潜力。通过战略分析,分析人员可以对企业所处的经济状况有定性的了解,进而结合经营的实际情况进行会计分析和财务分析。此外,战略分析还可以识别企业盈利的驱动因素和面临的主要风险,从而评估企业当前财务业绩的可持续性,为最后的前景分析奠定基础。企业战略分析可以细分为宏观环境分析、行业环境分析和公司战略分析三个层次,我们将在第 3 章对如何进行战略分析进行详细介绍。

2.2.2 会计分析

在进行财务分析之前,分析人员需要了解财务报表的信息构成以及生成过程,并对企业财务信息的质量状况做出判断。会计分析的目的就在于评估财务报表披露的会计信息对企业经营现实反映的真实程度。那么,财务报表分析者如何进行会计分析呢? 会计分析的基本步骤包括以下六个环节。

1.辨认关键的会计政策

企业的行业特征以及竞争战略选择决定了关键成功因素和风险因素。企业的财务报表体现了企业的行业与经济特征。会计分析的目的之一就是评估企业如何处理这些关键成功因素和风险因素。因此,在会计分析过程中,财务报表分析者首先要辨认企业用于反映这些关键成功因素和风险因素的会计政策是什么,从而评估这些会计政策是否与行业特征以及战略选择相符合。例如,在高新技术企业中,创新是其灵魂,那么与人力资源、研究与开发等关键成功因素和风险因素相关的会计政策就显得十分重要。财务报表分析者应该关注这些会计政策、隐含在这些会计政策中的各种会计估计以及由此而产生的会计信息。

2.评估会计政策的弹性

不同企业,其关键会计政策不同;不同企业,其会计政策的弹性也不同。有些企业的关键会计政策受到会计准则的严格限制,企业管理层没有多少"自由裁量权"。例如,尽管研究与开发支出是生物科技企业的关键成功因素,但是在美国,企业管理层在报告研究与开发支出时必须全部费用化,没有"自由裁量权"。而在我国,按照无形资产准则的规定,企业管理者可以根据支出发生阶段的不同进行不同的处理,即处于研究阶段的支出,做费用化处理;相反,处于开发阶段的研究与开发支出,要进行资本化处理。在实践中,由于研究与开发阶段的划分缺乏明确的标准,企业管理者在研究与开发支出这一关键会计政策的制定上拥有较大的"自由裁量权"。再比如,还有些会计政策(如固定资产折旧、存货流转计价)弹性较大,企业管理层也拥有较大的"自由裁量权"。总体而言,企业会计政策的弹性越大,财务报表分析者就越需要谨慎。

3.评估会计策略

如果企业管理层在关键会计政策选择方面拥有较大的"自由裁量权",他们就可以运用这种"自由裁量权"更好地传递(或隐瞒)企业的经济绩效,以达到其目的。因此,在财务报表分析过程中,分析者必须关注并判断企业管理层所采取的会计策略及其合理性。在考察企业管理层如何实施其会计策略时,可以关注以下方面:

(1)与行业惯例相比,企业的关键会计政策如何;如果企业的关键会计政策与行业惯例相悖,是否意味着企业实施与众不同的竞争战略。例如,如果企业财务报表显示了低于行业平均水平的产品质量保证准备,究竟是企业实施了以高质量为基础的竞争战略,将大量资源投入产品质量上,从而提高了产品质量,还是企业本身就低估了产品质量保证的预计负债呢?

(2)企业管理层是否存在运用其信息权利和"自由裁量权"进行盈余管理的动机。比如,企业是否处于违反债务保护条款的边缘,企业管理者是否难以实现以财务报表数据为基础的薪酬目标,企业管理层是否持有企业大量股份,公司的激励机制是如何设计的,管理层薪酬契约如何安排,企业是否有上市或增资扩股的计划,等等。

(3)企业是否改变其会计政策或会计估计,如果企业改变其会计政策或会计估计,原因是什么,影响如何。例如,企业的保修费用降低了,这是因为企业为了提高产品质量而进行了大量投资吗? 另外,会计政策的改变也提示我们去思考企业过去所采用的会计政策和会计估计是否切合实际。

(4)为了达到某些会计目标,企业是否做出了重要的经营安排或从事明显缺乏商业意义的交易。如企业可以改变融资安排,以避免稀释企业财务报表披露的每股收益。

4.评估信息披露质量

虽然财务报表是财务报表分析的重要载体,但实际上,除主要财务报表之外,董事会报告、管理层讨论与分析、监事会报告、财务报表附注等也是重要的信息披露途径。尽管人们希望企业管理层能够充分披露企业经营活动信息,但这只能是一个美好的愿望。会计准则只是规定了最低的披露要求,这种最低披露要求构成了信息的强制披露方面。在信息的自愿披露方面,企业管理层拥有较大的"自由裁量权"。因此,企业管理层信息披露的广度和深度体现了企业会计质量的高低。在评估信息披露质量时,财务报表分析者需要关注以下问题:

(1)为了评估企业的经营战略及经济后果,企业是否已充分披露信息。例如,某些企业利用年度报告中写给股东的信清楚地表明企业的行业状况、竞争地位和管理层的未来规划,而有些企业则利用写给股东的信吹嘘企业经营绩效并掩盖企业可能面临的竞争问题。

(2)财务报表附注是否充分解释了企业主要会计政策、会计估计以及会计选择的理由。例如,如果企业的收入和费用确认政策与行业惯例不同,企业可以在财务报表附注加以说明。同样地,如果企业的会计政策发生重大变化,企业也可以通过财务报表附注说明其变化的原因。

(3)企业是否对其当前经营绩效及其变动给予充分说明。企业年度报告的"管理层讨论与分析"部分为财务报表分析者提供了了解企业经营绩效变动原因的机会。有些企业通过"管理层讨论与分析"将企业财务绩效与经营状况联系起来,说明如果某个期间的销售利润率下降,是因为价格竞争还是因为制造成本上升。

(4)如果会计规则和惯例限制企业恰当披露企业的关键成功因素和风险因素,企业是否披露额外、充分的信息帮助信息使用者了解这些关键成功因素和风险因素。例如,企业可以披露供应商占比、市场份额、顾客满意度等非财务指标,帮助信息使用者理解企业的关键成功因素和风险因素。

(5)如果企业实施多元化战略,各个业务分部或地区分部的信息披露质量如何。例如,有些企业通过产品分部报告和地区分部报告对经营绩效给予充分的说明,而行业竞争程度以及管理层分享各分部经营绩效的意愿影响企业业务分部或地区分部的信息披露质量和水平。

(6)企业对"好消息"和"坏消息"是一视同仁,还是报喜不报忧。企业对"坏消息"的处理方式最能考验企业的信息披露质量。

(7)企业的投资者关系管理计划如何,企业是否提供了有关经营和绩效的详细数据,财务报表分析者是否容易接近企业管理层。

根据对上述问题的判断,如果财务报表分析者对财务报表披露的会计信息质量不满意,就应该深挖数据,拓宽财务报表分析的视野。

5.识别潜在的危险信号

基于财务报表之间内在的勾稽关系,企业的财务舞弊行为或潜在危险信号都可能在财务报表上留下痕迹。识别潜在危险信号有助于引领财务报表分析者更加仔细地查验某些项目或针对某些项目收集更充分的信息。常见的危险信号如下:

(1)未加解释的会计政策变化,特别是经营绩效不佳时的会计政策变化,这可能预示着管理层正在运用其会计政策的"自由裁量权"来粉饰财务报表。

(2)未加解释的旨在提升利润的交易。例如,当企业经营绩效不佳时,通过资产负债表交易如资产销售或债转股获得利润。

（3）应收账款异常增加。这可能预示着企业为了当期利润，放宽赊销的信用政策，从而导致当期应收账款增长速度远远大于销售收入的增长速度。

（4）存货异常增加。存货包括原材料、在成品和产成品等多种类型。如果存货增加主要表现为产成品存货增加，可能表明市场对企业的产品需求下降，将来企业可能出现跌价损失，也可能表明企业通过多生产降低产品单位成本，"创造"当期利润。如果存货增加主要是在产品存货增加，可能意味着企业预期销售会增加。如果存货增加主要是原材料存货增加，那就可能意味着生产或采购效率降低，从而导致销售成本增加。

（5）报告企业的利润与经营活动产生的现金流量之间的缺口扩大。尽管基于权责发生制，利润与现金流量可能存在背离，但是如果企业的会计政策没有变化，利润与现金流量之间通常保持稳定的关系。因此，企业利润与经营活动产生的现金流量之间的背离可能预示着企业会计政策的微妙变化。财务报表分析者要特别注意企业连续盈利而现金流量却"入不敷出"的现象。

（6）企业报告利润与应税利润之间的缺口扩大。尽管财务报表与税务报表遵循不同的会计政策，但是只要会计政策或税收规则没有发生变化，两者通常保持稳定的关系。企业报告利润与应税利润之间的缺口扩大，可能预示着企业给股东报送的财务报表过于乐观。

（7）过分热衷于运用设定特定目的实体、与关联方合作从事研究与开发活动、附带追索权的应收账款转让等融资机制。尽管这些安排可能存在正当的理由，但是它们可能为企业管理层低估负债或高估资产提供机会。

（8）突如其来的巨额资产冲销。这可能预示着企业管理层没有及时将经营环境的变化纳入会计政策，或者经营环境发生了未曾料到的变化。如果企业资产冲销的数额巨大（比如其数额远远超过前几年的利润总额），还可能预示着企业以前年度存在"虚盈实亏"的现象。

（9）第四季度或第一季度出现大额调整。实践中，企业年度财务报告必须经过外部注册会计师的审计，但是企业的中期财务报告通常没有这种强制要求。如果企业管理层在中期财务报告中采取了一些不恰当的会计政策，那么在期末会迫于外部审计师的压力而被迫进行调整。当然，管理层也可能为了在年末财务报表审计中顺利"过关"而"循规蹈矩"，然而一旦得到审计师的签字，下个年度的第一季度就可能会再"急忙"调整，因此，第一季度或第四季度出现大额调整，可能预示着企业管理层在编制财务报表时运用了"不恰当"的会计政策。

（10）被出具"不干净"审计意见，或频繁更换外部审计师。这可能预示着企业管理层运用"不恰当"的会计政策或存在"购买审计意见"的倾向。

（11）频繁的关联方交易。这些交易可能缺乏市场交易的客观性，企业管理层对这些交易的会计估计可能过于主观、武断，甚至存在自利之嫌疑。

尽管上述常见的危险信号值得引起财务报表分析者的关注，但是分析者必须深入分析这些危险信号背后隐含的经营活动才能得出最终结论。因为上述每一种危险信号都存在多种解释，有些解释存在合理的理由，而有些解释则是因为会计方法本身存在的问题。因此，识别潜在危险信号只是财务报表分析者深入研究和分析财务报表的起点，而不是终点。

6. 消除会计信息的扭曲

如果经过上述会计分析发现企业财务报表披露的会计信息有问题，财务报表分析者应该利用财务报表附注、现金流量表和其他信息，去伪存真，尽量还原企业经营活动的本来面目。

以上会计分析的步骤概括如图2-3所示。

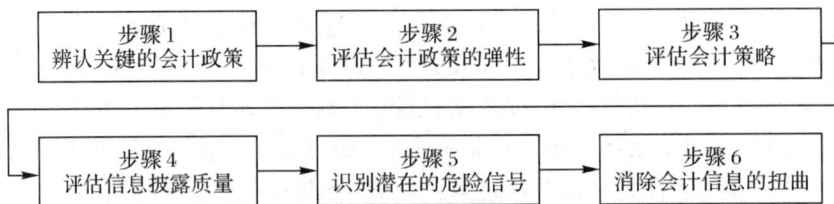

图2-3 会计分析步骤示意图

由图2-3可以看出,会计分析的关键是对公司会计政策的分析。尽管财务报表是企业遵循会计惯例、会计准则和会计制度的产物,但由于企业面临的经营环境各不相同,而且是千变万化的,为了使财务报表更好地反映企业的经营实质,各国会计准则都给企业管理层留下了选择的余地,让他们选择能够反映企业经营实质的会计方法,即会计政策的选择。具体地讲,会计政策选择是指企业管理层在有关法规和会计准则的约束下,结合企业经营管理目标,对可供选择的会计原则、方法和程序进行比较分析,从而选定企业具体执行的会计政策的过程。由于会计政策选择贯穿于企业会计确认、计量、记录和报告诸环节构成的整个会计信息处理过程,不同的会计方法和会计估计会使相同的经济实质以不同的会计数字体现出来。因此可以说,会计处理的过程实质就是会计政策选择的过程,这一过程的最终产品——会计信息是主观判断的产物,是企业管理层与有关各方利益主体(如股东、债权人、政府等)博弈均衡的结果。不同的会计政策选择会导致不同的财务结果,对不同利益主体产生不同的利益分配结果,对其投资决策行为也将产生不同的影响,进而影响社会资源的有效配置,导致社会财富分配的经济后果。所以,相关利益各方都很重视和关注会计政策的选择。

当然,会计政策选择也给企业管理层出于机会主义动机实施利润操纵、管理报表结果留下了空间。由于管理层有会计政策选择权,这就意味着,同一个经济事项,采用不同的会计政策,会导致不同的会计数据,从而对财务报表产生重要的影响。因此,财务报表分析者要真正理解会计数字背后真实的企业,就必须理解企业所采用的会计政策。在特定政策下,财务报表分析者只有透过会计信息背后隐藏的玄机,才能真正体会"会计数字意味着什么"。那么,财务报表分析者如何了解企业的会计政策呢?

答案在财务报表附注。通过分析企业的财务报表附注,财务报表分析者一方面可以了解其所看到的会计数字是在何种会计政策、会计方法和会计估计之下产生的;另一方面也可以了解财务报表上一个简单的数字背后详细的构成情况以及那些在财务报表上没有或无法体现出来的信息。从某种意义上讲,分析财务报表附注甚至比分析财务报表本身更为重要。以上市公司为例,财务报表分析者需要了解的基本会计政策包括以下方面:

(1)企业属于什么行业,主要从事哪些业务。

(2)企业财务报表是如何编制的,会计政策是否有大的调整,企业所采用的会计政策、会计方法和估计与同行业的主要竞争对手相比是否存在明显差异。

(3)公司的主要涉税项目有哪些,税率水平如何。

(4)企业有哪些控股企业和合营企业。这是了解和把握企业关联方关系及其交易的基础。

(5)合并财务报表与母公司报表主要项目注释。合并财务报表是对上市公司及其所有存在控制关系的企业的综合反映。在合并过程中,数据通过层层汇总使得会计报表逐渐演化为数字的堆积,导致这些报表中的数字越来越抽象。只有通过分析合并报表主要项目的注释才能拨开层层迷雾,理解会计数字背后的经济实质。同样,合并财务报表虽然包含了母公司报表的信息,但是并不能取代母公司报表,两张报表互为补充,因此,只有分析母公司报表主要项目注释,才能理解母公司报表数字背后的经济实质。

(6)关联方关系及其交易。关联方关系和关联方交易是企业经营过程中必然发生的一种现象。由于关联方交易可能粉饰财务报表,因此,了解关联方关系及其交易有助于识别财务报表的粉饰或美化程度。

(7)或有及承诺事项。了解企业是否存在或有事项(如担保、产品质量保证义务等)以及该事项对企业的潜在影响,企业是否有一些对外的承诺以及其对财务的潜在影响等。

(8)债务重组。了解企业目前是否有正在实施的债务重组项目及其进展情况,以及对当期及未来期间财务报表的影响。

(9)其他重要事项。其他重要事项主要包括审计意见类型、资产负债表日后事项等一些重要事项及其潜在的影响。尽管审计报告不属于公司会计政策的内容,但是审计报告毕竟是从第三方视角审视企业财务报表后的结果,因此对于整体把握公司会计政策以及财务报表质量具有一定的参考价值。

从总体上看,只有了解公司所采用的会计政策,财务报表分析者才能真正理解和体会财务报表上每个数字背后的经济实质,从而理解和体会"会计数字真正意味着什么"。孤立分析财务报表是难以理解和体会财务报表所反映的企业经济活动的,甚至根本无法解读会计数字的经济含义。下面以财务报表中最常见的"货币资金"项目为例,说明了解会计政策的重要性。

A 公司财务报表显示"货币资金"的期末余额为 500 000 元。如果不了解公司的会计政策,分析者就无法知道这 500 000 元是银行存款还是其他货币资金,是外币还是人民币,如果包含外币,外币的支付能力如何,是集团公司的还是母公司的,这些货币资金是否存在限制用途,等等。如果财务报表分析者不能理解"货币资金"500 000 元背后的经济实质,就难以真正理解企业拥有"货币资金"500 000 元意味着什么,从而难以真正理解企业的支付能力。

值得注意的是,财务报表分析者在分析财务报表附注了解公司的会计政策时,不能孤立地理解会计政策,需要注意会计政策与公司战略的匹配问题。

2.2.3 财务分析

财务分析是财务报表分析的重要内容,也是财务报表分析框架里的核心环节。通常情况下,财务分析的内容包括"四能力、一综合"分析,具体体现在以下五个方面。

1. 偿债能力分析

偿债能力,静态地讲,就是用企业资产清偿企业债务的能力;动态地讲,就是用企业资产和经营过程创造的收益偿还债务的能力。企业有无现金支付能力和偿债能力是企业能否健康发展的关键。企业偿债能力分析是企业财务分析的重要组成部分,企业偿债能力包括短期偿债能力和长期偿债能力两个方面。

短期偿债能力又称为流动性,是指企业资源满足短期现金需要的能力。企业的短期现金需要通常包括支付日常生产经营开支的需要和偿还短期债务的需要。企业的流动性越强,日常支付能力和短期偿债能力就越强,企业的日常生产经营就越顺畅,短期债务就越安全。企业的流动性与短期偿债能力直接关系着企业的短期经营安全和短期债务安全,而安全是企业生存和发展的前提。因此,不仅短期债权人会重视对企业流动性与短期偿债能力的分析,企业管理者、股权投资者等也都会关注企业流动性和短期偿债能力。

偿债能力的分析还包括对企业长期偿债能力的分析。狭义的财务风险又称筹资风险,是指企业与筹资活动有关的风险,也就是企业债务偿还的不确定性。因此,企业的财务风险与长期偿债能力密不可分。如果企业不能如期偿还到期的长期债务,必然会影响企业的长期投资安排和经营活动。企业的财务风险和长期偿债能力直接关系着企业的长期经营安全和长期债务安全。而我们知道,风险与报酬存在着同增同减的关系。企业如何通过资本结构和财务杠杆的安排,使风险与报酬达到最佳的平衡,就成为长期债权人、企业管理者以及股权投资者等分析主体关注的内容。

2. 营运能力分析

营运能力是指企业的经营运行能力或企业运用各项资产以赚取利润的能力。资产是能为企业带来未来经济利益的经济资源,同时又是对负债和所有者权益的保障。因此,企业的资产管理水平直接影响着企业获取经济利益的能力以及企业资本的安全。资产管理主要包括资产结构管理和资产效率管理等内容。企业的资产管理水平与营运能力从深层次上影响着企业的安全性和盈利性,因而是企业债权人、股权投资者和管理者等分析主体都应当关注的内容。

3. 盈利能力分析

盈利能力是企业获取利润的能力,也称为企业的资金或资本增值能力。盈利能力的高低首先体现在收入与成本相抵后的会计收益上,因此通过分析企业的营业收入,可以了解企业盈利能力的稳定性和持续性。盈利能力的高低最终会体现在一系列的财务指标上,包括与资金占用有关的盈利能力指标、与销售额有关的盈利能力指标以及与市场有关的盈利能力指标等。

丰厚而稳定的利润不仅是投资报酬和盈利能力的体现,也是企业偿还债务的保障。一家不能盈利的企业是没有真正的安全可言的。因此,包括股权投资者、企业债权人等在内的众多分析主体对盈利能力都十分关注。可以说,盈利能力分析是财务分析中最为重要的内容。

4. 发展能力分析

发展能力是从动态角度分析和预测企业参与竞争和抵御风险的综合性能力。传统的财务分析从静态角度出发分析企业的财务状况和经营成果,只强调偿债能力、盈利能力和营运能力。面对日益激烈的市场竞争,静态的财务分析是不够全面的。首先,企业价值主要取决于企业未来的获利能力以及竞争能力,而不是目前或过去所取得的收益情况。其次,增强企业的盈利能力、资产营运效率和偿债能力,都是为了企业未来生存和发展的需要,以及提高企业的发展和竞争能力。所以要全面衡量一家企业的价值,不仅要从静态角度分析其经营能力,还要从动态角度分析和预测企业的发展能力、竞争能力以及防御风险能力。

5. 综合分析

综合分析就是对企业的各个方面进行系统、全面的分析,从而对企业的财务状况和经营成果做出整体的评价与判断。由于企业是一个不可分割的主体,各个方面有着千丝万缕的联系,因此各分析主体在对上述相关内容进行侧重性分析后,还应将各类财务指标作为一个整体,系统、全面、深入地分析企业的财务状况、经营成果和现金流量等,以便对企业的总体经营管理水平与经济效益做出整体评价与判断。尤其是对企业管理者而言,要关注企业的生存与发展,就必须全面把握企业的方方面面,并找到其间的各种关联,为企业管理指明方向。传统的企业财务综合分析方法包括杜邦分析体系、沃尔评分法,而经济增加值法和平衡计分卡是当前较为流行的综合分析方法。

从应用角度看,沃尔评分法主要借助上述财务能力分析中的核心指标对企业的财务状况做出综合评价。该方法在创立之初主要用于评价企业的信用水平,目前广泛应用于中央企业的综合绩效评价;与此同时,沃尔评分法所选指标与定量化的财务困境预警分析存在一定的重合,因此,沃尔评分法可应用于企业的信用评估以及综合绩效评价等业务活动。

杜邦分析体系、经济增加值法与平衡计分卡则分别从财务指标分解、价值创造、企业战略等不同角度对企业业绩做出综合评价,可应用于基于利润的业绩驱动因素分析、基于经济增加值的业绩驱动因素分析及基于战略的业绩驱动因素分析等业务活动中。

2.2.4 前景分析

前景分析是指在企业现有经营状况的基础上,考虑现实的要求和条件,并充分关注未来可能发生的各种不确定因素,采用一定的预测方法,对企业未来的经营发展状况做出有科学依据的定性或者定量描述。现行的财务报告体系以历史成本为基础,详细、完整地提供了关于企业过去财务状况、经营成果以及现金流量的信息,但它提供的毕竟是一种历史信息,缺少前瞻性信息和预测性信息。无论是投资者还是经营管理层需要做出的决策都是与未来相关的,尤其对投资者而言,企业是否创造价值、投资是否保值增值是其做出投资决策的重要依据,这就要求分析人员充分利用已有的财务信息,使用特定的工具和分析方法对企业价值做出评估和判断,以提供关于企业未来发展状况的信息来辅助决策。

如前所述,财务报表分析的主体分为内部分析主体和外部分析主体,而不同的分析主体进行财务报表分析的目的及内容往往存在差异。按照空间来划分,财务报表前景分析可分为企业外部应用和企业内部应用两大类,其中,外部应用主要包括公司发展战略分析、会计政策选择分析、财务预测、公司股票估值以及信用评估等,内部应用主要包括基于利润的业绩驱动因素分析、基于经济增加值的业绩驱动因素分析、基于战略的业绩驱动因素分析、内部管理报告与分析等活动。

1. 财务报表前景分析在企业外部的应用

1)公司发展战略分析

公司发展战略分析本身既是财务报表分析框架的一部分,也是财务报表分析外部应用的重要方面。公司发展战略分析是公司价值评估的起点。通过战略分析可以识别公司的利润驱动因素和公司面临的主要风险,投资者可以据此评估公司当前的经营状况,并对公司未来的业绩做出合理的预测。一般而言,公司发展战略是引领公司长期发展的全局性谋略。公司发展战略直接决定了公司的业务经营模式,进而影响其投融资行为,并最终影响公司的资产结构、盈利状况以及现金流水平。因此,全面深入分析公司财务报表可对公司现有发展战略做出合理的评价,并以现有发展战略为基准,通过分析战略执行偏差,对公司未来的业务经营模式及业绩做出预测。

2)会计政策选择分析

会计政策选择又称为会计选择,是指会计人员以会计法律、会计准则等为标准,利用其专业知识和职业经验,对各类交易或事项在会计确认、计量和报告中所采用的原则、基础和方法做出判断与选择。通常来说,会计选择建立在合法、合理的基础上,但在一定程度上也反映了企业的经营战略、管理层的动机以及会计人员的主观判断,因而企业内部的报表分析者更加了解会计政策选择的动机及其经济后果。但是对于外部利益相关方而言,他们需要通过分析报表数字背后的会计政策来判断企业真实的财务状况、盈余质量以及企业所面临的经济环境,据此对企业价值与投资风险做出准确的判断。

3)财务预测

企业对外提供的财务报表仅披露了企业已经实现的财务状况、经营成果与现金流量,而在现实中,财务报表分析者在做出决策时往往需要用到有关企业未来发展的信息,这就要求对企业未来的经营业绩、现金流量等进行预测。财务预测是以各种合理的假设为前提,以满足决策需求为目标,根据预期条件和各种可能影响企业未来筹资活动、投资活动等重要事项来确定预期的财务状况、经营成果和现金流量的增减变动。在实际应用中,财务预测建立在对企业的经营战略分析、会计政策分析和财务能力分析等基础之上。

4)公司股票估值

股票估值也称为权益估值,是利用财务报表数字和特定模型对股票的内在价值进行估计和评价的过程。从企业内部来看,在发行新股、以股票作为并购对价或者出售股份时,需要利用可获得的财务信息估计股票的内在价值,以避免让渡成本过高或者交易受损。从企业外部来看,证券分析师可通过权益估值进行股票买卖决策;潜在收购者通过价值评估来确定是否收购该企业以及确定收购价格;银行与信用分析师尽管不需要确切的企业价值数据,但若想全面了解与贷款活动相关的收益和风险,也需要对企业的股权价值做出大致判断。常见的股票估值模型有现金流折现模型(如股利折现估值模型、股权现金流量折现估值模型)、剩余收益估值模型、价格乘数估值模型(如市盈率、市净率法)等。

5)公司信用评估

现代市场经济是建立在各种信用关系基础上的。对于企业而言,信用是一项声誉资本,是市场经济的通行证;信用是一种工具,是企业筹资、投资和经济往来中不可或缺的经济资源。企业信用管理中很重要的一环就是信用评估。信用评估可对企业面临的财务风险的可能性进行评估,从而满足市场主体对客观、公正、真实的信用信息的需求。企业一旦遭遇信用危机,就会引发一系列财务危机症状,比如供应商压缩付款期限甚至要求现金交易、银行要求提供抵押贷款或者更高的利息率,其后果是企业的生产经营受限,错失良好的投资机会,甚至因此陷入财务困境。

2. 财务报表前景分析在企业内部的应用

1)基于利润的业绩驱动因素分析

由于分析目标的单一性和财务信息的不可获得,财务报表的外部分析主体更多地关注财务会计信息,而对成本管理会计信息关注较少。事实上,除业务规模与市场行情外,企业的生产成本及其结构也是企业利润的直接决定因素,成本管理则是企业财务部门的一项日常管理工作。在企业的利润预算中,我们不仅需要了解企业生产产品的市场需求,也要熟悉产品的成本性态,即成本总额与业务总量之间的依存关系,从而对营业收入与总成本做出合理的估计,最终对未来期间的营业利润做出较为准确的判断。

2)基于经济增加值的业绩驱动因素分析

业绩评价,又称为经营业绩考核或绩效考核,通常是指评价主体借助财务信息对评价客体在一定时期内的工作表现进行评价的过程。从应用角度看,业绩评价结果可用于企业内部的人事调整、薪酬结构设计等方面。在管理者业绩评价过程中,传统的评价指标以会计利润为主,比如利润总额、股东权益报酬率等。然而在会计利润导向下,管理者容易产生短视行为,且表现出不同程度的盈余管理动机;同时,会计利润的核算仅考虑债务融资成本,却忽视了股权资本的机会成本。因此,经济增加值作为一种新的管理者业绩评价工具逐渐进入人们的视野,目前在我国的国有企业业绩评价中广泛使用。

3)基于战略的业绩驱动因素分析

在管理者业绩评价中,由于管理者的行为很难被观测和量化,因此通常借助可量化的财务指标对其行为结果进行评价。而对于整个企业而言,其发展战略并不局限于财务指标,因为财务指标仅能用于评价企业战略的某些方面。那么基于战略的企业业绩评价又该如何实施呢?对此,著名管理会计学者罗伯特·S.卡普兰(Robert S. Kaplan)和戴维·P.诺顿(David P. Norton)创造性地提出了解决方案,即平衡计分卡。该方法从财务、顾客、内部流程以及学习和成长四个维度来描述企业战略,据此对企业业绩做出综合评价。继平衡计分卡之后,卡普兰和诺顿教授又提出了战略中心型组织和战略地图的思想,从而使企业战略的描述更加清晰、战略衡量更为具体、基于战略的业绩评价更具可操作性。基于战略地图的企业业绩评价模式在我国企业中也有广泛推广和使用。

4)内部管理报告与分析

如前所述,对外提供的财务报告主要用于满足外部分析主体的需要。相应地,内部管理报告则用于为企业内部的经营管理决策提供支持。内部管理报告是指企业为满足内部利益相关者的决策与控制需要所编制的反映企业财务状况、经营成果和管理状况的系列财务信息和非财务信息文件。内部管理报告不仅对过去的交易或事项进行分析和评价,而且更注重对未来事项的预测和控制。企业可以通过内部管理报告打造一个纵向畅通的信息沟通和控制渠道,使管理者的决策能力和员工执行能力在瞬息万变的经营环境下始终与公司战略保持一致,从而持续地提升公司价值。从报告内容及表现形式来看,内部管理报告可分为财务信息主导的内部管理报告与非财务信息主导的内部管理报告,前者包括预算报告、预算执行情况报告等,后者主要包括外部环境报告、内部经营活动报告、风险管理报告和重大事项报告等。

2.3 财务报表分析程序

通过对财务报表分析框架的介绍,我们对财务报表分析的内容及应用范畴有了基本的了解。然而,财务报表分析是一项十分繁杂的系统性工作,除需要掌握各种分析视角和分析方法外,还必须按照科学的程序进行,才能保证分析的效率和效果。本部分将简要介绍财务报表分析的一般程序。一般来说,财务报表分析的基本程序包括以下几个步骤。

1.明确分析目的

如前所述,不同的财务报表分析主体有着不同的分析目的,而同一财务分析报表主体在不同情况下的分析目的也不尽相同。财务报表分析的目的是财务报表分析的出发点,只有明确了分析目的,才能确定分析范围的大小、收集信息的内容和数量、分析方法的选用等一系列问题。所以,在财务报表分析中必须首先明确分析目的。

2.确定分析范围

财务报表分析的内容很多,但并不是每一次财务报表分析都必须涉及所有的内容。只有根据不同的分析目的确定不同的分析范围,才能做到有的放矢,提高财务报表分析的效率。针对企业的哪个方面或哪些方面进行分析,分析的重点放在哪里,这些问题必须在开始收集信息之前确定下来。

3. 收集相关信息

明确分析目的、确定分析范围后,接下来应当有针对性地收集相关信息。财务报表分析所依据的主要资料是企业对外披露的财务报告。除此以外,企业内部供产销等各方面的有关资料以及企业外部的媒体报道、市场环境、经济政策、行业发展等方面的信息都与财务报表分析息息相关。进行财务报表分析时应收集充分的信息,但信息也并不是越多越好。收集多少信息,收集什么信息,应服从于分析的目的和范围。同时,对于收集到的相关信息,还应进行鉴别和整理,即剔除不真实信息,同时对不规范信息进行调整。

4. 选择分析视角和方法

不同的分析视角需要用到不同的分析方法,每一种分析方法都具有一定的独特性,分析方法本身并没有绝对的优劣之分,最适合分析目的、分析范围和所收集信息的方法就是最好的方法。财务报表分析的目的不同,分析的内容范围不同,为分析所收集的资料信息也不同,所选用的分析视角和分析方法会有差别。在财务报表分析中,既可以选择一种分析方法,也可以将多种方法结合起来使用。

5. 得出分析结论

收集到相关信息并选定分析方法之后,分析主体将利用所选定的方法对相关信息进行全面深入的分析,对企业在某一会计期间内或者多个会计期间内的经营成果和财务状况做出客观评价,为相应的经济决策提供依据。企业内部的管理者还可以进一步总结出管理中的经验教训,以便及时发现经营中存在的问题,并探寻问题的原因,找出相应的对策,从而不断改善公司的经营管理,最终实现公司的战略目标。

2.4　财务报表分析方法

财务报表分析是一项技术性很强的工作,应该根据分析的具体目标采用不同的分析方法。常用的方法有比较分析法、比率分析法、结构分析法和因素分析法等,有时还会使用回归分析法、层次分析法等数理统计方法。考虑到财务分析工作的一般性,本节主要介绍以下四种常用的方法。

2.4.1　比较分析法

比较分析法是指将实际数据与分析标准进行比较,确定其数量差异,从而作为分析和判断企业财务状况和经营成果的一种方法。人们常说,有比较才有鉴别,比较是认识客观事物的基本方法之一。通过比较分析,我们可以解释企业财务活动中的数量关系,发现差异并寻找差异产生的原因。

比较分析法不仅在财务报表分析中应用广泛,而且也是其他分析方法的基础。根据比较对象的不同,比较分析法可以分为绝对数比较分析和相对数比较分析两种。

1. 绝对数比较分析

绝对数比较分析是指将财务报表某个项目的金额与评价标准进行对比,以揭示其数量差异。如企业 2023 年总资产为 1 000 万元,2024 年总资产为 1 500 万元,则 2024 年的总资产比 2023 年的总资产增加了 500 万元。绝对数比较一般会通过编制比较财务报表进行,包括比较资产负债表、比较利润表等。比较资产负债表将两期或两期以上的资产负债表项目并行排列,以直接观察资产、负债、权益各项目增减变化的数额;比较利润表将两期或两期以上的利润表项目并行排列,以直接观察收入、费用各项目增减变化的数额;比较现金流量表则将两期或两期以上的现金流量表项目并行排列,以直接观察现金流入、流出各项目增减变化的数额。比较财务报表的信息对信息使用者十分有用,通过各年度会计报表的相互比较,不仅可以看出企业财务状况与经营成果的消长和发展趋势,而且可以了解影响其变动的主要因素。根据我国企业会计准则的规定,企业的资产负债表、利润表、现金流量表和所有者权益变动表均采用两期对照的方式编制,同时列示本期数和上期同期数,从中可以看出比较财务报表的重要性,具体格式可参考本书 1.3.1 小节中所列示的各报表格式。

2. 相对数比较分析

相对数比较分析是指利用财务报表中有相关关系的数据的相对数进行对比,以揭示相对数差异的一种方法。一般而言,进行绝对数比较只能说明差异金额,不能说明差异变动的程度;同时,不同企业之间规模差异可能较大,绝对数比较容易受到规模差异以及比较基数的影响,而相对数比较则可以说明差异变动程度,较好地克服了规模差异的影响。比如,有两家企业 A 和 B 都报告本年净利润比上年增加 100 万元,其中 A 企业上年净利润为 500 万元,B 企业上年净利润为 5 000 万元,如果仅从净利润增长数额看,两家企业没有差别,但实际上 A 企业净利润比上一年增长了 20%,B 企业净利润只增长了 2%。

在实际工作中,无论是绝对数比较还是相对数比较,其核心是要有一个比较标准。经常使用的比较标准包括经验值、预算值、历史值、行业值等,即企业可以使用本期财务报表数据与预算比较,与上年同期或若干期历史数据比较,与本企业历史最好水平比较,还可以与国内外同行业平均水平或先进水平比较,等等。而且,在通常情况下,绝对数比较分析和相对数比较分析经常需要同时使用,以便通过比较做出更客观的判断和评价。

需要说明的是,运用比较分析法时应注意指标是否具有可比性,具体包括四个方面:一是指标内容和计算方法要一致;二是会计政策和会计估计应基本一致,如果不一致应进行调整,使之具备可以比较的基础;三是指标的时间长度和时间单位要一致,特别是进行企业不同时期比较或不同企业之间的比较时,所选择的时间长度和年份必须具备可比性;四是在进行绝对数比较分析时,企业经营范围和规模应大体一致,这样数据才具有可比性,比较结果也才有实际意义。

2.4.2 结构分析法

结构分析法,也称为结构百分比法,是指通过计算某项经济指标各个组成部分占总体的比重,分析其构成内容的变化,揭示出部分与总体的关系,说明经济活动变化的特点和趋势的一种方法。该方法常用于对财务报表数额变动原因和趋势的分析。采用结构分析法进行财务报表分析时,需要编制共同比财务报表。

进行资产负债表的结构分析,需要编制共同比资产负债表。在编制共同比资产负债表时,以表中的资产总额(也即负债加所有者权益总额)作为共同基数,分别列示资产、负债、所有者权益类别中的每一个项目占资产总额的百分比,资产总额以100%列示。共同比资产负债表分析的重点是企业的资产结构和资本结构,包括流动资产、长期资产占总资产的比重,流动负债、长期负债及负债总额与总资产的比例,以及所有者权益与总资产的比例等,以了解资产结构和资本结构是否合理。将资产结构与资本结构结合企业考察,还可以了解企业资金用途与资金来源的期间配置是否适当,评价企业的财务风险。

进行利润表的结构分析,需要编制共同比利润表。共同比利润表以营业收入作为共同基数,以100%列示,分别计算利润表中各项目占营业收入的比重。共同比利润表分析的重点是企业的盈利结构,包括营业毛利、营业利润、利润总额以及净利润占营业收入的比重等,以了解企业成本与利润的结构和影响利润变动的主要因素。

共同比财务报表既可以用于同一企业同一期间的结构分析,以揭示资产结构、资本结构、成本费用结构和利润结构的情况,也可用于同一企业不同时期的比较,而且若干年度的共同比财务报表比单一年度的共同比财务报表更有价值。此外,共同比报表还可用于同行业内的比较或者与竞争对手的比较分析。

需要注意的是,由于共同比报表反映的是百分比,因此在解释共同比变动趋势时,须结合计算百分比所依据的报表原始数据进行,以免产生误解。例如,上年企业存货占总资产的比重为30%,本年为20%,似乎企业本年的存货比上年减少了10%,实际上企业近两年的存货余额均为300万元,只是资产总额从上年的1 000万元增加到了本年的1 500万元,也就是说,存货资产的期末金额并没有改变,而是由于资产总额增加使存货占总资产的比重下降了。

【例2-1】以A企业利润表为例,说明共同比财务报表的格式和结构分析法的应用,见表2-1。

表2-1 A企业共同比利润表

项目	2024年		2023年	
	金额/万元	百分比/%	金额/万元	百分比/%
营业收入	891 368	100.00	858 833	100.00
销售成本	(564 236)	−63.30	(536 144)	−62.43
销售毛利	327 132	36.70	322 689	37.57
研发费用	(141 893)	−15.92	(131 659)	−15.33
销售和管理费用	(113 430)	−12.73	(114 165)	−13.29
其他净收支	692	0.08	970	0.11
营业利润	72 501	8.13	77 835	9.06
净财务收入(费用)	(367)	−0.04	178	0.02
应占联营公司业绩	170	0.02	10	0.00
税前利润	72 304	8.11	78 023	9.08
所得税	(7 655)	−0.86	(15 367)	−1.79
净利润	64 649	7.25	62 656	7.30

从表2-1可以看出,与2023年相比,2024年A企业由于营业成本上升导致销售毛利占营业收入的比重有所下降,在期间费用中,尽管2024年的销售和管理费用较2023年有一定程度的下降,但公司在2024年研发费用金额大幅增加,导致公司营业利润、税前利润等与上一年相比均出现了小幅下降。

2.4.3　比率分析法

比率分析法是利用指标之间的相互关系,通过计算财务比率来考察和评价企业财务状况和经营成果的一种方法。比率分析法是财务报表分析中最重要的方法之一,也是应用最为普遍的方法之一。比率是一种相对数,以百分比或比例分数表示,反映各会计要素之间的相互关系和内在联系,揭示企业在某一方面的状态或能力。例如,流动资产与流动负债的比率被称为流动比率,反映流动资产和流动负债之间的数量关系,代表企业短期偿债能力;销售收入与资产总额的比率被称为资产周转率,反映每占用一元资产可以带来多少收入,代表企业对资产的营运能力。

虽然比率的计算只涉及简单的算术演算,但是比率的运用却比较复杂。使用比率分析必须符合两个条件:一是比率必须具有财务上的含义,如流动资产与流动负债的比率可以代表企业的短期偿债能力,资产周转率则可以代表企业对资产的营运能力等;二是比率的分子分母在逻辑上必须相互配合,如存货周转率等于销售成本除以当期的平均存货,由于分子是企业在某一期间(年度、半年度或季度)的销售成本,分母则应采用当期存货的平均占用额,即期初与期末的算数平均数。

比率分析法的优点是计算简单,计算结果便于理解和判断,还排除了生产经营规模的影响,将一些不可比指标变为可比指标,扩大了分析对象的可比性,可广泛用于预算比较、历史比较和同行业比较。但是比率分析法也存在局限性。一是使用比率指标分析财务报表时,容易将观察重点放在两个项目之间的关系上,而忽略了全表各项目间的相互关系;二是比率只是一个抽象的数字,并非财务报表上的实际金额,有时候较难解释比率与实际金额之间的关系。

2.4.4　因素分析法

因素分析法,也称为连环替代法,是根据财务指标与其影响因素之间的关系,按照一定的程序和方法,确定各影响因素对指标差异的影响方向和影响程度的一种分析方法。前面所介绍的比较分析法可以帮助信息使用者观察到特定企业的某一财务指标在相邻会计期间上的变化和趋势,但却无法告知使用者产生该变化和趋势的原因,而且这种变化和趋势往往并不取决于单一因素,而是由多个相关因素共同决定的。当这些因素发生不同方向、不同程度的变动时,对相应的财务指标也将产生不同的影响。因此,对财务指标的差异分析不能仅仅局限于财务指标与参照标准在总量上的差异,还应当进一步从数量上测定每一个影响因素对差异总量的贡献,以便抓住主要矛盾,找到解决问题的线索。

因素分析法主要用来测定几个相互联系的因素对某一综合经济指标或报表项目的影响程度,寻找指标差异产生的原因,以期发现企业管理中存在的问题,为解决问题提供信息,或为企业内部考核提供依据。因素分析法主要适用于对由多种因素构成的综合性指标进行分析,如资产报酬率、净资产收益率等。

对财务指标差异进行因素分析之前,首先需要确定财务指标本身及其影响因素的基准值,在实务中,基准值的选取依据分析目的而定。常见的基准值有预算值、计划值和历史值,由于所要比较的财务指标观测时点通常滞后于基准值,因此,因素分析法在形式上与趋势分析法类似。因素分析法的应用原理就是假定其他因素都保持不变,单独考察某一因素的变化对财务指标的影响。

因素分析法的基本步骤如下:

(1)确定分析对象。将财务指标实际值与分析标准(以下简称为"标准值")进行比较,确定实际值与标准值之间的差异。该差异是因素分析的对象。

(2)确定影响财务指标的因素。根据财务指标的形成过程,确定该指标受哪些因素变动的影响。

(3)确定各影响因素与财务指标的数量关系。即建立因素关系式,分清主要因素和次要因素,并按照重要程度确定因素顺序。如果各因素之间属于加减关系,则各因素对财务指标差异的影响方向和程度较容易确定。如果各因素之间是乘数关系,则各因素对财务指标差异的影响方向和程度相对而言较为复杂。

(4)以标准值为基础,按照影响因素的排列顺序,依次用实际数替换标准指标中的因素变量,并计算每个因素变动后对总指标的影响。在这个过程中,当计算各个因素对总指标的影响程度时,假设其他因素不变,并通过每次替换后的计算结果与前次替换后的结果进行比较,即环比,来确定各个因素变动的影响程度。有几个因素就替换几次。每次替换后得到的财务指标值与替换前的财务指标值之间的差异就是由所替换的因素带来的差异。最后,将各因素变动对总指标的影响程度相加,即为实际指标与标准指标的总差异。

上述因素分析法的连环替代过程用公式表述如下:

假设指标 Y 受 A、B、C 三个因素的影响。

第一步,确定分析对象。

标准指标为:$A_0 \times B_0 \times C_0 = Y_0$

实际指标为:$A_1 \times B_1 \times C_1 = Y_1$

分析对象为实际指标减去标准指标后的差异,即为 $Y_1 - Y_0 = n$。

第二步,按照因素的排列顺序,依次用实际数替换标准指标中的因素变量,并计算每个因素变动后对总指标的影响。如第一次以标准指标为基础,替换第一个因素 A,并计算 A 因素变动对分析对象的影响。第二次在前次替换的基础上,替换第二个因素 B,确定 B 因素变动对分析对象的影响,然后依次替换 C 因素等。

第一次替换后:$A_1 \times B_0 \times C_0 = Y_2$

$Y_2 - Y_0$ 的差异,是因素 A 变动对差异的影响。

第二次替换后:$A_1 \times B_1 \times C_0 = Y_3$

$Y_3 - Y_2$ 的差异,是因素 B 变动对差异的影响。

第三次替换后:$A_1 \times B_1 \times C_1 = Y_1$

$Y_1 - Y_3$ 的差异,是因素 C 变动对差异的影响。

第三步,将各个因素变动对总差异的影响结果相加,如果等于总差异,说明分析结果正确,即 $(Y_2 - Y_0) + (Y_3 - Y_2) + (Y_1 - Y_3) = Y_1 - Y_0 = n$。

上述连环替代的过程如图 2-4 所示。

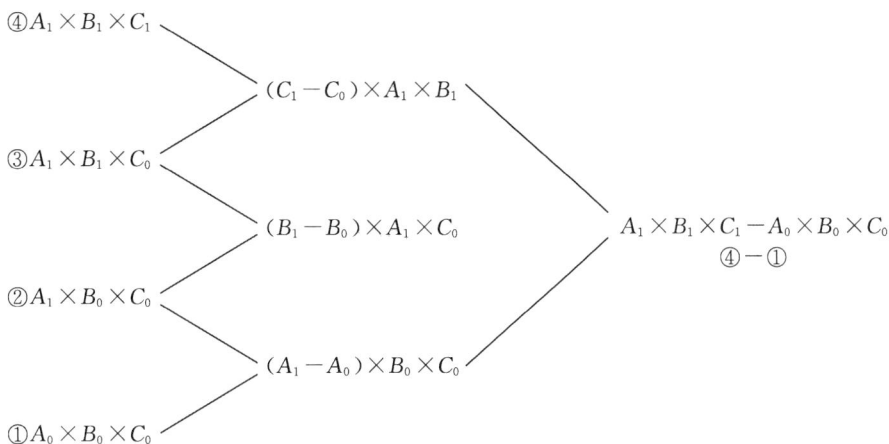

图2-4 连环替代过程示意图

【例2-2】A公司2024年12月材料费用计划数为28 000元，实际发生数比计划多出了3 500元，由于材料费用为产品数量、单位产品材料耗用量和材料单价的乘积，因此材料费用这一指标可以分解为产品数量、单位产品材料耗用量和材料单价三个因素，相关数据如表2-2所示。

表2-2 A公司的材料费用分解表

项目	单位	计划数	实际数	差异
产品数量	件	500	700	200
材料单耗	千克/件	8	9	1
材料单价	元/千克	7	5	-2
材料费用	元	28 000	31 500	3 500

要求：用因素分析法分析各因素变动对材料费用的影响。

首先，明确分析对象。本例中，材料费用的实际数比计划数多出了3 500元，这是分析对象。

其次，确定因素的影响顺序。材料费用的因素分解式为

材料费用＝产品数量×材料单耗×材料单价

借助连环替代法，第一步分析产品数量变动的影响：

产品数量替换后的材料费用为：700×8×7 元＝39 200 元

材料费用实际值为：500×8×7 元＝28 000 元

产品数量变动对材料费用的影响额为：(700－500)×8×7 元＝11 200 元

第二步分析材料单耗变动的影响：

材料单耗替换后的材料费用为：700×9×7 元＝44 100 元

材料单耗变动对材料费用的影响额为：700×(9－8)×7 元＝4 900 元

第三步分析材料单价变动的影响：

材料单价替换后的材料费用为：700×9×5 元＝31 500 元

材料单价变动对材料费用的影响额为：700×9×(5－7)元＝－12 600 元

通过以上分析可以看出,在产品数量和材料单耗两个因素同时增加的影响下,企业本期材料费用共增加 16 100 元,而材料单价下降让企业材料费用减少了 12 600 元,三个因素共同作用使本期材料费用实际数比计划数增加了 3 500 元。据此可以推断,本期材料费用增加的主要原因是产品数量增加。

在上述计算的基础上,企业还应结合市场情况和自身的生产和销售策略等,进一步分析产品数量和材料单耗上升的具体原因。

此外,在运用因素分析法进行财务报表分析时应注意以下事项:第一,要按照因果关系来确定影响综合性经济指标变动的因素,并根据各个影响因素的依存关系确定计算公式。第二,确定合理的替换顺序。一般来说,基本因素和主要因素排在前面,从属因素和次要因素排在后面。第三,在分步骤计算各因素的影响时,要假设前面因素已经变动而后面因素尚未发生变动。第四,替换要依次序进行。每次分析时都要依据相同的替换顺序进行测算,以保证结果的可比性。

思考讨论题

1.企业活动与财务报表之间的关系是什么?

2.财务报表分析框架包括哪些环节?财务报表分析为什么要以战略分析作为研究的逻辑起点?

3.在财务报表分析过程中,会计分析的关键是什么?

4.财务报表分析主要方法有哪些?这些方法各自的优缺点是什么?

5.什么是会计政策?财务报表分析者为什么需要了解公司的关键会计政策?

案例

第3章
公司战略分析

学习目标

1. 了解战略分析的相关理论；
2. 学习战略分析的基本思路与框架；
3. 搭建战略分析与会计分析的纽带。

3.1 宏观环境分析

企业不能孤立存在，任何一个企业的设立、成长和发展均离不开其所处的宏观环境。对宏观环境的分析包括对其所处的政治、经济、社会和技术等环境进行梳理和分析，其中最重要的是对其经济环境进行分析。

3.1.1 政治环境

政治环境，广义地讲，是指一个国家或地区在一定时期内的政治大背景，是政治体系存在和从事政治活动、进行政治决策的背景条件的总和，包括一个国家的社会制度、政党的性质，以及政府的方针、政策、法令等，是各种不同因素的综合反映。对于财务报表分析者而言，政治环境主要是指企业从事经营活动的外部政治形势、国家方针政策及其变化等因素的总和。

不同的国家有着不同的社会制度，不同的社会制度对组织活动有着不同的限制和要求。当政治制度与体制、政府对组织所经营业务的态度发生变化时，当政府发布了对企业经营具有约束力的法律、法规时，企业的经营战略必须随之做出调整。法律环境主要包括政府制定的对企业经营具有约束力的法律、法规，如反不正当竞争法、税法、环境保护法以及外贸法规等，政治、法律环境实际上是和经济环境密不可分的一组因素。处于竞争中的企业必须仔细研究一个政府和商业有关的政策和思路，如研究国家的税法、反垄断法以及取消某些管制的趋势，同时了解与企业相关的一些国际贸易规则、知识产权法规、劳动保护和社会保障等政策。这些相关的法律和政策能够影响到各个行业的运作和利润。对政治环境的分析包括国家出台的一系列与企业所处行业、产业、供应链上下游等相关的积极或消极政策，这些宏观政策的出台，都会在一定程度上影响企业的发展。

对企业战略有重要意义的政治变量主要有政府管制、关税政策、政府采购规模和政策、进出口限制、劳动保护和社会保障制度，以及财政与货币政策等。财务报表分析者通过对一个国家或地区政治环境的分析和解读，可以了解一个国家的党派纷争、政治安全风险水平、法律环境等,从全局把握政治环境的变化趋势以及对企业可能产生的影响。

3.1.2 经济环境

经济环境是指影响企业生存和发展的社会经济状况及国家经济政策。经济环境对企业生产经营活动有着明显的直接影响。比如,国家经济水平高速增长表明投资需求和消费需求旺盛,能为相关企业带来巨大的市场空间和潜力;而当经济不景气时,国家可能会出台相关的政策进行调节,使得相关企业的经营发生波动。因而,经济环境分析的主要目标是分析企业所处的经济环境及其发展趋势对企业可能产生的影响。

构成经济环境的关键战略要素包括GDP(国内生产总值)的变化发展趋势、利率水平、财政货币政策、通货膨胀、失业率水平、居民可支配收入水平、汇率、能源供给成本、市场机制、市场需求等很多方面。经济环境是一个多维动态系统,错综复杂且不断波动变化,在分析时不可能也不需要面面俱到,只需要对与企业经营密切相关的反映经济环境基本面貌和走势的因素进行分析。一般而言,经济环境分析的内容主要包括以下几方面。

1. 经济发展水平

经济发展水平是指一个国家经济发展的规模、速度和所达到的水准。国家的经济发展水平制约着企业的经营活动,因为经济发展水平不同,消费者对产品的需求也就不同。比如,在经济发展水平较高的国家或地区,消费者更强调产品的品牌性能以及款式等;而在经济发展水平低的国家或地区,消费者可能更加关注产品的价格和实用性。经济发展水平还会影响企业税负、劳动力成本、资金成本等关系企业生存和发展的方方面面。反映一个国家经济发展水平的常用指标有国民生产总值、国民收入、人均国民收入、总投资、总消费、社会商品零售总额、进出口总额、经济发展速度、经济增长速度等。财务报表分析者通过对这些指标的分析和解读可以了解国家的经济发展状况,从全局把握宏观经济的变化趋势以及对企业可能产生的影响。

2. 经济发展周期

市场经济发展是一种波动的过程,存在规律性的周期,即经济周期。经济周期通常分为繁荣、衰退、萧条和复苏四个阶段。经济发展周期影响范围大、程度较深,企业无力改变,但可以通过改善内部经营管理水平以增强自身活力来适应外部环境的变化。针对不同的经济周期,企业会采取不同的经营、投资及融资策略,因而不同经济周期下企业的财务特征就会存在很大的差异。比如,经济繁荣时,企业会采取扩张的战略,包括扩充厂房、新增员工等,资产和负债以及收入都有大幅的增长,同时现金流入和流出都较大;经济衰退时,企业会收缩规模、停止扩张,比如出售多余设备、裁员等,企业收入减少,但现金回笼较多。确定经济周期一般可以用GDP的增长速度来衡量,但是周期的划分由于运用方法的不同还存在很大的差异。财务报表分析者不需要掌握专门的经济周期实证分析方法,但是应当对经济发展的趋势有相当的了解。

3. 经济结构

经济结构是指国民经济由不同的经济成分、不同的产业部门以及社会再生产各个方面在组成国民经济整体时相互的适应性、所占的比例及排列关联的状况。经济结构主要包括五方面的内容,即产业结构、分配结构、交换结构、消费结构、技术结构,其中最重要的是产业结构。经济结构揭示了国民经济中不同组成部分的重要性水平,也预示了一定时间内国家的政策倾向。

通过分析经济结构,分析者可以了解企业经营活动的地位和发展前景,内部分析者还可以通过把握国家经济结构调整动向及时响应企业经营策略,主动适应宏观环境的变化,保证企业持续健康经营,甚至可能抓住机遇,开拓创新,促进企业发展。分析者还可以根据分析目的并结合实际情况进一步细化经济环境分析的层次。比如,在分析比较国内企业经营业绩时,可能需要考虑地区经济发展水平、税负差异、政策力度等造成的影响;当分析从事跨国经营的企业时,还需要考虑汇率水平、东道国的关税政策以及外汇管制等因素的影响。

总之,企业的生存和发展受到经济环境的影响,企业的财务状况也就不可避免地受其影响。只有对企业的经济环境有正确的了解才能保证财务分析结果的准确性,从而为决策者提供更具有价值的决策信息。

3.1.3 社会环境

社会环境是指组织所在社会中成员的民族特征、文化传统、价值观念、宗教信仰、教育水平及风俗习惯等因素。构成社会环境的要素包括人口规模、年龄结构、种族结构、收入分布、消费结构和水平、人口流动性等。其中人口规模直接影响着一个国家或地区市场的容量,年龄结构则决定消费品的种类及推广方式。

每一个社会都有其核心价值观,它们常常具有高度的持续性,这些价值观和文化传统是历史的沉淀,通过家庭繁衍和社会教育而传播延续,因此具有相当的稳定性。每一种文化都包含了许多亚文化。不同的群体有不同的社会态度、爱好和行为,从而表现出不同的市场需求和不同的消费行为。

值得企业注意的社会文化因素主要包括对政府的信任程度、对退休的态度、社会责任感、对售后服务的态度、生活方式、道德观念、对环境污染的态度、收入差距、购买习惯以及对休闲的态度等方面。

3.1.4 技术环境

技术环境是指企业所处的环境中科技要素及与该要素直接相关的各种社会现象的集合,包括国家科技体制、科技政策、科技水平和科技发展趋势等因素。各行业内的企业要密切关注所在行业的技术发展动态和竞争者技术开发、新产品开发方面的动向,及时了解是否有当前技术的替代技术出现,并发现可能给企业带来竞争利益的新技术、新材料和新工艺。

技术对企业经营的影响是多方面的。企业的技术进步将使社会对企业的产品或服务的需求发生变化,从而给企业提供有利的发展机会;然而对企业经营战略设计的另一个重要问题是一项新技术的发明或应用可能又同时意味着"破坏"。因为一种新技术的发明和应用会带动一批新行业的兴起,从而损害甚至破坏另外一些行业,如静电印刷的发展,使得复印机业得到发展,从而使复写纸行业变得衰落;半导体的发明和普及急剧地改变了视听业的竞争格局。越是技术进步快的行业,这种技术变革就越应该作为环境分析的重要因素。

当前,一个国家的经济增长速度在很大程度上与重大技术发明采用的数量和程度相关,一个企业的盈利状况也与其研发费用的投入程度相关。所有企业特别是本身属于技术密集型的企业或处于技术更新较快的行业中的企业,必须高度重视当今的科技进步和这种进步将对企业经营带来何种影响,以便及时地采取经营策略以不断促进技术创新,保持竞争优势。

社会环境中的技术力量可以为企业提供解决问题的各种途径,包括专利的获取、中间试验以及各个方面的发明创造。对于企业而言,影响企业活动的技术要素不仅包括那些引起革命性变化的发明,还包括与企业生产有关的新技术、新工艺、新材料的出现和发展趋势以及应用前景。在过去的半个世纪里,最迅速的变化就发生在技术领域,像微软、惠普、通用电气等高技术公司的崛起改变着世界和人类的生活方式。同样,技术领先的医院、大学等非营利组织,也比没有采用先进技术的同类组织具有更强的竞争力。在衡量技术环境的诸多指标中,整个国家的研究开发经费总额、企业所在产业的研究开发支出状况、技术开发力量集中的焦点、知识产权与专利保护、新产品开发状况、实验室技术向市场转移的最新发展趋势、信息与自动化技术发展可能带来的生产率提高前景等,都可以作为关键战略要素进行分析。

3.2 行业环境分析

上述介绍的宏观经济环境的变动对每个行业的影响可能是不同的,因此,在对宏观经济环境进行分析之后,还需要对企业所处的行业环境进行进一步的分析。行业分析主要包括行业特征分析、行业生命周期分析、行业价值链分析、行业获利能力分析等方面。

3.2.1 行业特征分析

对行业特征进行的分析包括但不限于行业所处发展阶段、行业技术变革速度、产品差别和一体化程度、买方卖方数量及相对规模、行业市场边界、市场总量及增长前景等诸多方面。从类型来看,对行业特征的分析可以从以下几个方面进行。

1. 行业基本特征

行业的基本特征包括行业的发展阶段、买方卖方数量及相对规模、市场总量及增长前景等。通过回顾行业的产生和发展可以更好地理解行业目前的状态和阶段并预测行业未来一定时期内的发展趋势。买方卖方的数量限制了行业的发展空间,如果行业的规模有限,即便是行业第一的企业,其盈利水平也不会很高。行业规模经济的程度在很大程度上影响了企业战略的制定,比如规模经济明显的行业首选的战略可能是扩大生产、降低成本以获得规模效应(如家电制造业、汽车工业),而规模经济不明显的行业则可能谋求产品差异化(如饮食服务业);行业规模经济的程度还决定了进入壁垒的大小,规模经济越明显,那么进入的壁垒就越大。而行业预期的增长速度则预示了企业未来一定时期的发展前景。计算行业的预期增长速度需要利用经济发展和行业发展的历史资料。比如,可以利用行业历年的增长率计算历史的平均增长率和标准差,预计未来增长率;利用最小二乘法找出行业销售额与国内生产总值之间的关系,通过国内生产总值的计划指标或预计值来预测行业的未来销售额。

2. 行业竞争特征

行业的竞争特征也称作行业的市场结构特征,是指行业的竞争或者垄断程度。不同行业的内部竞争程度不同,从而造成行业产品价格的形成机制存在很大差异,这直接影响到行业的盈利水平。根据行业内竞争企业的数量、资源的可获得性、产品差异化程度、企业对价格的影响力等因素的不同,竞争程度不同的行业可分为四种类型:完全竞争型、不完全竞争型、寡头垄断型和完全垄断型。其中,完全竞争又称纯粹竞争,是一种不受任何阻碍和干扰的市场结构,指那些不存在足以影响价格的企业或消费者的市场。这是经济学中理想的市场竞争状态,在其中同质的商品有很多卖者,没有一个卖者或买者能控制价格,进入很容易,并且资源可以随时从一个使用者转向另一个使用者。与完全竞争相对应的是不完全竞争,即完全竞争不能保持的一种市场结构,某些行业因具有经营规模越大、经济效益越好、边际成本不断下降、规模报酬递增的特点,而可能为少数企业所控制,从而产生垄断现象。寡头垄断是指少数几个厂商控制着整个市场中的生产和销售的市场结构,它的显著特点是少数几家厂商垄断了某一行业的市场,这些厂商的产量在全行业总产量中占有很高的比例,从而控制着该行业的产品供给。完全垄断则是指整个行业中只有一个生产者、没有竞争者的市场结构,这种类型在市场导向型经济中是极少的,因为政府一般都会制约和限制完全垄断的发展。上述四种类型的行业竞争程度逐渐降低,企业的控制能力逐渐增强。虽然现实中的行业并不一定完全符合上述四种市场形态的理论定义,但一般与上述某种形态较为接近,比如国内家电行业比较接近完全竞争的类型,而石油化工等行业则基本上属于寡头垄断的类型。

3. 行业经济周期特征

国民经济的运行存在一定的周期,而这种周期性的波动不可避免地对所有行业产生影响,但是对各行业影响的程度却存在差异。根据行业发展与国民经济周期之间的关系,行业可分为增长性行业、周期性行业和防御性行业。增长性行业的发展与经济活动总水平的周期及其振幅无关,行业收入增长速度不受经济周期变动的影响,因为它们主要依靠技术的进步、新产品的推出及更优质的服务,从而使其经常呈现出增长形态,比如在过去的几十年内,计算机行业表现出了这种形态。周期性行业的发展直接与经济周期相关。当经济上行时,这些行业会紧随其扩张;当经济衰退时,这些行业也相应衰落。产生这种现象的原因是,当经济上行时,对这些行业相关产品的购买相应增加。例如消费品业、耐用品制造业及其他需求收入弹性较高的行业,就属于典型的周期性行业。对于防御性行业来说,经济周期的变化并不会对它们造成什么实质性的影响。例如,食品业和公用事业的需求收入弹性较小,该类公司的收入相对稳定。行业与经济周期的关系通常通过比较行业增长速度和国民生产总值增长率或国内生产总值增长速度来进行评价。

4. 行业要素特征

行业要素特征是指分析企业经营活动时所需要的各种社会资源的特征。现代西方经济学认为企业的生产要素包括劳动力、土地、资本和企业家才能四种。随着科技的发展、知识产权制度的建立,技术、信息也作为相对独立的要素投入生产。数字经济时代,数据已逐渐成为一种驱动社会经济发展的新的生产要素。

有的行业主要依靠较低的劳动力成本获取利润,比如传统的纺织业;有的行业则需要企业投入大量的资金来维持企业运转,如装备多、投资量巨大的冶金、石油、机械制造、船舶制造等重工业;还有一些行业主要依靠高新技术,通过掌握核心技术来保证企业的核心竞争力,这类行业属于知识技术密集型行业,比如产品、技术更新较快的计算机制造业。通过分析行业的要素特征,可以了解不同类型的企业劳动生产率和核心竞争力的差异及其对企业产品的销售和盈利水平的影响。

5.行业重要性

行业的重要性主要是指行业对国民经济运行的影响大小。在国民经济中占重要地位的行业往往得到更多的政策倾斜。通过对行业发展与国民经济运行关系的分析,可以更好地把握国家的政策方向,为投资者进行投资决策和管理层进行管理决策提供指导。一般可以用行业产出占国民经济总产出的比重、行业解决的就业人数、行业对其他行业的带动、行业对政府财政收入的贡献等来衡量行业在国民经济中的重要性。对行业重要性的分析除了定量的分析外,还应该考虑行业性质的重要性。有的行业产出虽然对国民经济运行贡献较大,但是带来的负面效果也较大,则可能受到政策的限制;而有的行业虽然对国民经济运行的贡献较小,但是从长远来看具有重要的战略意义,反而会受到国家的鼓励。

3.2.2 行业生命周期分析

生命周期理论是 20 世纪 90 年代以来流行和发展起来的一种管理理论。其中行业生命周期就是指行业从出现到完全退出社会经济活动所经历的时间。行业的生命周期一般分为四个阶段,即导入期、成长期、高峰期、衰退期。各个阶段销售额和利润的不同情况如图 3-1 所示。

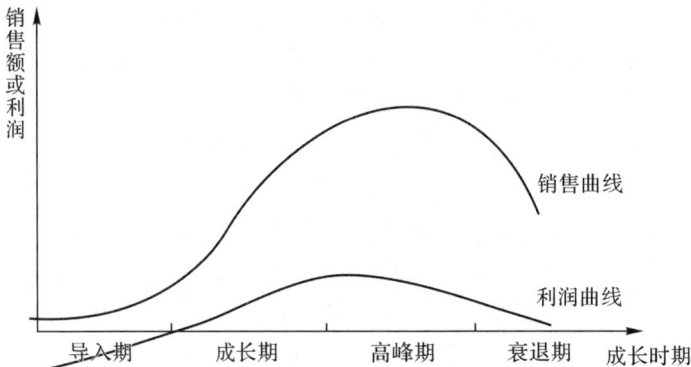

图 3-1 行业生命周期特点图

处于不同生命周期的行业的获利能力是存在差异的,因而对企业获利能力的分析评价就必须考虑其所处行业的生命周期。处于导入期的行业在研究开发、市场营销等方面需要较大的投资并且销售收入较低,从而导致行业利润率低于平均市场利润率,反映在公司财务上就是利润亏损、经营现金流量为负、筹资活动现金流量较大,同时企业经营前景具有很大的不确定性,经营风险较大,因而筹资上多数是通过吸引风险资本来完成的。当行业进入成长期后,市场需求开始上升,销售收入和利润都会大幅增加;与此同时,由于行业前景良好,新的企业不断进入,市场竞争愈发激烈,行业内的企业为取得竞争优势在研发、品牌建立、降低生产成本等方面都需要较大的资金支持,因而现金流增长有限。行业的成熟期是指行业的规模、增长速度等达到一个稳定水平的时期,这是一个相对较长的时期。在成熟期的行业里,每个企业都占据了一定比例的市场份额,盈利水平比较稳定,前期投入资金开始不断回笼,现金流入量较大。长时间的稳定期结束后,由于新产品和替代品等的出现,原行业的市场规模开始萎缩,销售收入急剧下降导致利润也大幅下滑甚至出现亏损,整个行业进入生命的最后阶段,即衰退期。衰退期内行业里的企业逐渐退出该行业直至行业完全解体,现金流也逐渐枯竭。行业不同生命周期阶段内的经营和财务特征汇总如表 3-1 所示。

表 3-1　不同生命周期阶段内的经营和财务特征

指标	导入期	成长期	高峰期	衰退期
产量	总产量较低,增长十分缓慢	总产量大幅增加,增速快	额增速减慢,总产量趋于稳定	逐步下滑,且下滑速度越来越快
销售额	总销售额较小,增长十分缓慢	总销售额大幅增加,增速快	增速减慢,总销售额趋于稳定	逐步下滑,且下滑速度越来越快
研究开发	掌握技术秘诀	提升产品质量和功能	降低成本、开发新品种	面向新的增长领域
竞争者数量	很少	逐渐增加;由于竞争,进入和退出的企业都较多	比较稳定,市场份额比较固定	逐渐减少至全部退出
产品品种数量	单一	丰富且差异较大	丰富且差异较小	减少为零
利润	亏损或微利	迅速增长	开始下降	下降甚至亏损
现金流	没有或极少	稳定且持续增长	增长	流出量大

在对企业财务报表进行分析时,需要结合企业所属行业的生命周期分析,看企业的财务特征是否符合行业生命周期,是超前还是滞后。投资者一方面可以评价企业的经营业绩,另一方面可以预测企业的发展前景并做出相应的投资决策;企业经营管理层则可以及时与同行业进行比较,明确企业在行业中的地位以便改善经营管理水平。

但这里存在的一个问题是,迄今为止并没有形成公认的模型或者方法来确定行业的生命周期。这一方面是由于行业之间的差异很大,很难找到适合所有行业的确定方法,另一方面是由于行业生命周期理论将行业的发展简单地分为四个阶段,忽略了行业发展中的起伏和波动。当然,在实际应用时很少有完全符合相应特点的情况,因此应该结合实际去分析,而非生搬硬套。

3.2.3　行业价值链分析

价值链最初是由美国哈佛大学的迈克尔·波特教授于 1985 年提出的,作为一种强有力的战略分析框架,不断被发展创新并被财务分析、成本管理、市场营销等专门领域广泛融入和吸收。

波特认为价值链是增加一个企业的产品或服务的实用性或价值的一系列作业活动的描述。根据层次的不同,价值链可以分为行业价值链、企业价值链和运营作业链等。其中,行业价值链描绘了终极产品基本相同的所有企业成员从生产该产品的源头到服务于顾客的终点所经历的一系列能够创造价值的环节。由于价值创造的难易程度不同,组成价值链的所有价值环节所能创造的价值空间必定有高有低,也就意味着同一个行业中处于不同环节的企业盈利能力也是存在差异的,因而通过行业价值链的分析可以明确企业在行业价值链中所处的位置进而预测企业未来的价值创造空间。

3.2.4　行业获利能力分析

对行业获利能力的分析主要运用五力模型来展开。五力模型由迈克尔·波特于20世纪80年代初提出，对企业战略制定产生了全球性的深远影响。模型中的五力分别是现有企业间的竞争、潜在进入者的威胁、替代品的威胁、购买者的议价能力以及供应商的议价能力，如图3-2所示。

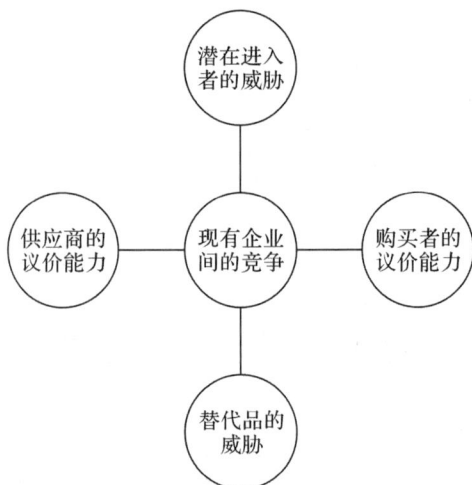

图3-2　五力模型图

产业内现有企业间的竞争是指一个产业内的企业为市场占有率而进行的竞争，这种竞争通常以价格竞争、广告战、产品引进以及增加对消费者的服务等方式表现出来。产业内现有企业间的竞争在以下几种情况下可能是很激烈的：①产业成长性较弱，产业发展缓慢；②产业集中度较低，有众多的或势均力敌的竞争对手；③产品区别度低，转换成本低，顾客认为所有的产品都是同质的；④产业中存在过剩的生产能力；⑤规模经济显著，固定成本较高，变动成本较低，产业进入障碍低而退出障碍高。

潜在进入者的威胁取决于呈现的进入障碍和准备进入者可能遇到的现有在位者的反击，它们统称为进入障碍，前者称为结构性障碍，后者称为行为性障碍。结构性障碍包括规模经济、产品差异、资金需求、转换成本、分销渠道、其他优势及政府政策，这七种主要障碍可归纳为规模经济、现有企业对关键资源的控制以及现有企业的市场优势三类。①规模经济表现为一定时期内企业所生产的产品或劳务的绝对量增加时，其单位成本趋于下降。当产业规模经济显著时，处于最小有效规模或者超过最小有效规模经营的老企业对较小的新进入者就有成本优势，从而构成进入障碍。②现有企业对关键资源的控制表现为对资金、专利或专有技术、原材料供应、分销渠道、学习曲线等资源使用方法的积累与控制。如果现有企业控制了生产经营所必需的某种资源，那么它就会受到保护而不被进入者所侵犯。③现有企业的市场优势主要表现在品牌优势上，这是产品差异化的结果。产品差异化是指由于顾客或用户对企业产品的质量或商标信誉的忠实程度不同而形成的产品之间的差别。此外，现有企业的优势还表现在政府政策上，政府的政策法规都会在某些产业中限制新的加入者或者清除一些不合格者，这就为在位企业造就了强有力的进入障碍。行为性障碍是指现有企业对进入者实施报复手段所形成的进入障碍,报复手段主要包括限制进入定价和进入对方领域。①限制进入定价是在位的大企业报复进入者的重要武器,特别是在那些技术优势正在削弱、投资正在增加的市场上,情况更是如此。限制价格的背后包含的假设是,从长期来看,在一种足以阻止进入的较低价格条件下所取得的收益,将比在一种会吸引进入的较高价格条件下取得的收益要大。在位企业试图通过实施低价来告诉进入者自己是低成本的,进入将是无利可图的。②进入对方领域是寡头垄断市场上常见的一种报复行为,其目的在于抵消进入者首先采取行动可能带来的优势,避免对方的行动给自己带来的风险。

替代品的威胁来自两类产品替代,即直接产品替代和间接产品替代。直接产品替代,即某一种产品直接取代另一种产品,如某品牌计算机取代另一品牌计算机。间接产品替代,即由能起到相同作用的产品非直接地取代另一些产品,如人工合成纤维取代天然纤维。新产品能否替代老产品主要取决于两种产品的性能-价格比的比较,这将影响到消费者意愿的转换,如果新产品的性能-价格比高于老产品的性能-价格比,消费者意愿发生转换,新产品对老产品的替代具有必然性。如果新产品的性能-价格比低于老产品的性能-价格比,那么新产品还不具备足够的实力与老产品竞争。替代品的替代威胁并不一定意味着新产品对老产品的最终取代,几种替代品长期共存也是常见的情况,例如在运输工具中,汽车、火车、飞机、轮船长期共存;在城市交通中,公共汽车、地铁、出租车长期共存等。但是替代品之间的竞争规律仍然是保持不变的,即价值高的产品获得竞争优势。

消费者和供应商讨价还价的主要内容围绕价值增值的两个方面——功能与成本。讨价还价的双方都力求在交易中使自己获得更多的价值增值,购买者希望购买到的产品物美而价廉,供应商希望提供的产品质次而价高。购买者和供应商讨价还价的能力大小,取决于四个方面的实力:①买方或卖方的集中程度或业务量的大小。当购买者的购买力集中,或者对卖方来说交易很可观时,该购买者讨价还价的能力就会增加。对应地,当少数几家公司控制着供应商集团,在将其产品销售给较为零散的购买者时,供应商通常能够在价格、质量等条件上对购买者施加很大的压力。②产品差异化程度与资产专用性程度。当供应商的产品存在着差异,因而替代品不能与供应商所销售的产品相竞争时,供应商讨价还价的能力就会增强。反之,如果供应商的产品是标准的,或者没有差别,又会增加购买者讨价还价的能力。因为在产品无差异的条件下,购买者总可以寻找到最低的价格。与产品差异化程度相联系的是资产专用程度,当上游的供应商的产品是高度专用化的,他们的顾客将紧紧地与他们联系在一起,在这种情况下,投入品供应商就能影响产业利润。③纵向一体化程度。购买者如果实行了部分一体化或存在后向一体化的现实威胁,在讨价还价中就处于能迫使对方让步的有利地位。在这种情况下,购买者对供应商不仅形成进一步一体化的威胁,而且由于购买者自己生产一部分零件从而使其具有详细的成本知识,这对谈判也极有帮助。同样,供应商表现出前向一体化的现实威胁,也会提高其讨价还价的能力。④信息掌握的程度。购买者充分了解需求、实际市场价格甚至供应商的成本等方面信息要比在信息贫乏的情况下掌握更多的讨价还价的筹码,保证自己从供应商那里得到最优惠的价格,并可以在供应商声称其经营受到威胁时予以回击。同样,如果供应商充分地掌握了购买者的有关信息,了解购买者的转换成本(即从一个供应商转换到另一个供应商的成本),也会增加其讨价还价的能力,并能够在购买者盈利水平还能承受的情况下,拒绝提供更优惠的供货条件。

3.3 公司战略分析

战略是一种从全局考虑谋划实现全局目标的规划。企业有时候要牺牲部分利益去获得战略胜利。战略是一种长远的规划,是远大的目标。规划战略、制定战略、用于实现战略目标的时间往往是比较长的。从公司经营的层面来讲,战略是公司通过对宏观环境和行业进行细致分析之后所制订的行动计划方案,具体包括公司层战略、业务层战略和财务战略。

3.3.1 公司层战略分析

公司层战略又称总体战略,是指一家公司在多个行业或产品市场中,为了获得竞争优势而对业务组合进行选择及管理的行为。公司层战略可分为成长型战略、稳定型战略、收缩型战略三大类。各个不同类型战略的内涵及特征概括如表 3-2 所示。

表 3-2 公司层战略特征分析

战略类型	定义	特征
成长型战略	也称为发展战略,强调充分利用外部环境的机会,充分发掘企业内部的优势资源,以求得企业在现有的基础上向更高一级的方向发展	以发展壮大企业为基本导向,致力于使企业在产销规模、资产、利润或新产品开发等某一方面或几方面获得增长的战略
稳定型战略	又称维持战略,是指限于经营环境和内部条件,企业在战略期所期望达到的经营状况基本保持在战略起点的范围和水平上的战略	很少发生重大变化,持续地向不同的顾客提供同样的产品和服务维持市场份额,保持组织一贯的资本报酬率记录
收缩型战略	也称为撤退战略,是指企业从目前的经营领域和基础上收缩,在一定时期内缩小原有经营范围和规模的一种战略	减小经营规模或者多元化经营的范围

在大中型企业中,特别是经营多项业务的企业中,公司层战略是企业最高层次的战略。它需要根据企业的目标,选择企业可以竞争的经营领域,合理配置企业经营所必需的资源,使各项经营业务相互支持、相互协调。因此,对于企业而言,战略的选择可能并不是单一的,企业可能同时实行两种或多种前面提到的战略,如通用公司在 20 世纪 90 年代扩张其电子数据系统业务的同时削减国内汽车业务。

成长战略主要包括一体化战略、密集型战略和多元化战略三种基本类型。一体化战略是指企业对具有优势和增长潜力的产品或业务,沿其经营链条的纵向或横向延展业务的深度和广度,扩大经营规模,实现企业成长的战略。一体化战略按照业务拓展的方向可以分为纵向一体化战略和横向一体化战略。密集型战略是指企业在原有业务范围内,充分利用在产品和市场方面的潜力来求得成长的战略,即将企业的营销目标集中到某一特定细分市场,具体包括市场渗透战略、市场开发战略和产品开发战略。多元化战略是指企业进入与现有产品和市场不同的领域的战略。安索夫认为:"在任何经营环境中,没有一家企业可以认为自身能够不受产品过时和需求枯竭的影响。"这个观点得到了许多人的认同。市场变化如此迅速,企业必须持续地调查市场环境以寻找多元的机会。当现有产品或市场不存在期望的增长空间时(例如,受到地理条件、市场规模或竞争太过激烈的限制),企业通常会考虑多元化战略。

对公司层战略财务特征的分析重点有以下方面:

(1)区别公司层战略类型的财务指标主要有总资产、营业收入、营业利润、利润总额和净利润的同比增长率。这些指标可以帮助我们判断公司战略的基本类型。

(2)具体到成长型战略,公司往往会通过纵向一体化和横向一体化等不同战略来实现公司的壮大。其中,横向一体化是指把与本企业处在生产营销链上同一个阶段具有不同资源优势的企业单位联合起来形成一个经济体。横向一体化的实现途径包括收购、兼并、基于契约关系的分包经营和许可证及特许权经营、基于产权关系的合资经营等。而纵向一体化,也称为垂直一体化,是指与企业产品的用户或原料的供应单位相联合或自行向这些经营领域扩展,也就是指企业在现有业务的基础上,向现有业务的上游或下游发展,形成供产、产销或供产销一体化,以扩大现有业务范围的企业经营行为。当然,在产品或服务的生产或分销过程中,企业要至少参与其中两个或两个以上的相继阶段的经营,才可称为纵向一体化经营。纵向一体化有两方面的含义:第一,指组织结构现有状态,即企业在产品的加工或经销各阶段上的延伸程度;第二,指企业行为,即企业通过纵向兼并等手段进入另一加工或经销阶段的行为。帮助识别一体化战略的主要财务指标有营业收入、营业成本和长期股权投资合并倍数。如果合并倍数小于 1 为纵向一体化,大于 1 则为横向一体化。需要注意的是,通常实施一体化战略的企业会聚焦在一个产业,不涉足多个产业。

(3)成长型企业通常要投资其他有增长潜力的业务,一般会在有限的资源下大举借贷,追求所谓的高负债高成长,因此可选取资产负债率作为衡量企业成长程度的重要指标。通常实施成长型战略的企业资产负债率会较高。

3.3.2 业务层战略分析

业务层战略着眼于企业中有关事业部或子公司的局部性战略问题。与公司层战略是有关企业全局发展的、整体性的、长期的战略计划,能够对整个企业的发展产生深远的影响不同,业务层战略主要影响某一具体事业部或子公司的具体产品和市场,只能在一定程度上影响公司战略的实施。制定公司层战略的参与者主要是企业的高层管理者,而制定业务层战略的参与者主要是各事业部或子公司的经理或负责人。

公司在业务层面的战略主要包括成本领先战略、差异化战略和集中化战略。成本领先战略是指企业强调以低单位成本为用户提供低价格产品的战略。这是一种先发制人的战略,它要求企业有持续的资本投入和融资能力,生产技能在该行业处于领先地位。差异化战略也称为特色优势战略,是指企业力求在顾客广泛重视的一些方面,在该行业内独树一帜的战略。它选择许多用户重视的一种或多种特质,并赋予其独特的地位以满足顾客的要求。而集中化战略是指主攻某一特殊的客户群,或某一产品线的细分区段、某一地区市场的一种特色战略。与成本领先战略和差异化战略不同的是,集中化战略具有为某一特殊目标客户服务的特点,组织的方针、政策、职能的制定都首先要考虑到这样一个特点。考虑到集中化战略带有一定的特殊性,这里仅对成本领先战略和差异化战略的优势进行对比,如表3-3所示。

表3-3　不同业务层战略类型的优势

成本领先战略	差异化战略
①以更低的成本提供相同产品或服务;	①以低成本供应独一无二的产品或服务;
②大量大批生产的规模优势;	②产品或服务质量高;
③生产的高效率;	③提供多样化的产品或服务;
④产品设计简化;	④提供优质的客户服务;
⑤低投入成本;	⑤交易方式更加灵活;
⑥较低的分销成本;	⑥更多投资于研究开发;
⑦较少的研究开发费用或者广告费;	⑦注重产品的改革和创新。
⑧严格的成本控制系统。	

区分企业实行的具体业务战略类型可以从市场份额和利润率等财务指标进行观察,如成本领先战略的主攻方向是市场份额,而差异化战略的主攻方向是利润率。而资产周转率、存货周转率、毛利率、研发比例、销售与管理费用占比等指标可衡量企业实施这两类战略的成功与否。

3.3.3　财务战略分析

财务战略是在企业总体战略目标的统筹下,以价值管理为基础,以实现企业财务管理目标为目的,以实现企业财务资源的优化配置为衡量标准所采取的战略性思维方式、决策方式和管理方针。

财务战略实施常常要涉及整个企业财务结构的调整和配合。财务战略关注的焦点是企业资金流动,这是财务战略不同于其他各种战略的质的规定性;企业财务战略应基于企业内外环境对资金流动的影响,这是财务战略环境分析的特征所在。企业财务战略的目标是确保企业资金均衡有效流动从而最终实现企业总体战略;企业财务战略应具备战略的主要一般特征,即应注重全局性、长期性和创造性。

财务战略可以按照职能类型和综合类型进行分类,按职能可分为投资战略、筹资战略、营运战略和股利战略,按综合可分为扩张型财务战略、稳健型财务战略、防御型财务战略和收缩型财务战略。

1.按职能类型分类

(1)投资战略。投资战略是涉及企业长期、重大投资方向的战略性筹划。企业重大的投资行业、投资企业、投资项目等筹划,属于投资战略问题。

(2)筹资战略。筹资战略是涉及企业重大筹资方向的战略性筹划。企业重大的首次发行股票、增资发行股票、发行大笔债券、与银行建立长期合作关系等战略性筹划,均属于筹资战略问题。

(3)营运战略。营运战略是涉及企业营运资本的战略性筹划。企业重大的营运资本策略、与重要的供应商和客户建立长期商业信用关系等战略性筹划,属于营运战略问题。

(4)股利战略。股利战略是涉及企业长期、重大分配方向的战略性筹划。企业重大的留用利润方案、股利政策的长期安排等战略性筹划,属于股利战略问题。

2. 按综合类型分类

(1)扩张型财务战略。扩张型财务战略一般表现为长期内迅速扩大投资规模,全部或大部分保留利润,大量筹措外部资本。

(2)稳健型财务战略。稳健型财务战略一般表现为长期内保持投资规模稳定增长,保留部分利润,将内部留利与外部筹资相结合。

(3)防御型财务战略。防御型财务战略一般表现为保持现有投资规模和投资收益水平,保持或适当调整现有资产负债率和资本结构水平,维持现行的股利政策。

(4)收缩型财务战略。收缩型财务战略一般表现为维持或缩小现有投资规模,分发大量股利,减少对外筹资,甚至通过偿债和股份回购归还投资。

3.4 综合案例分析——格力电器的战略

3.4.1 公司基本情况

珠海格力电器股份有限公司(以下简称"格力电器")成立于 1991 年,1996 年 11 月在深交所挂牌上市。公司现已发展成为多元化、科技型的全球工业制造集团,产业覆盖家用消费品和工业装备两大领域,产品远销 190 多个国家和地区。公司在广东、重庆等省市以及巴西、巴基斯坦建有 77 个生产基地,同时建有长沙、郑州等 6 个再生资源基地,覆盖从上游生产到下游回收全产业链。公司现有制冷技术研究院、机电技术研究院等 16 个研究院,152 个研究所、1 411 个实验室、1 个院士工作站(电机与控制),拥有国家工程技术研究中心、国家级工业设计中心、国家认定企业技术中心、机器人工程技术研发中心各 1 个,同时也是国家通报咨询中心制冷设备研究评议基地、国家标准验证点(制冷设备节能)。长期以来,公司坚持创新驱动、质量为先和转型升级等战略,实现了绿色、循环、可持续发展。2022 年格力电器实现营业总收入 1 901.51 亿元,主营业务收入 1 531.66 亿元,归属于上市公司股东的净利润 245.07 亿元,基本每股收益 4.43 元/股。

从一个年产值不到 2 000 万元的小厂到多元化、国际化的工业集团,三十多年间,格力电器完成了一个国际化家电企业的成长蜕变。在塑造品牌形象的过程中,格力电器坚持与时俱进的品牌思路,针对不同阶段的市场需求及社会现实,给品牌不断注入新的理念,使得品牌始终保持着新鲜的生命力。回顾过往,格力电器主要进行了五次品牌理念的更新升级,如图 3-3 所示。

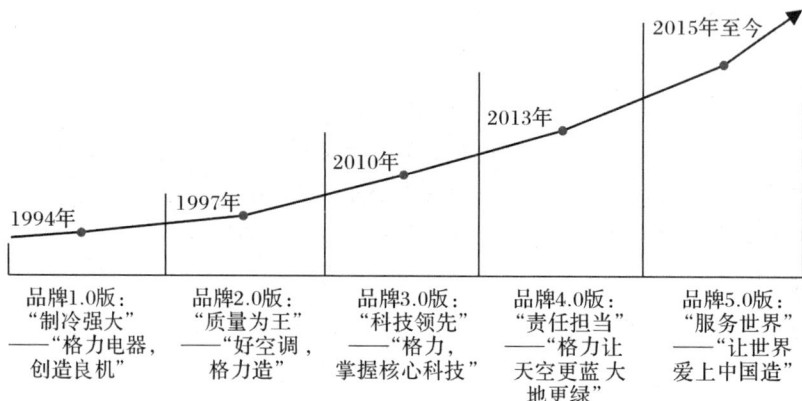

图 3-3 格力品牌发展阶段

（资料来源：格力电器公司官网）

本部分的案例分析主要聚焦品牌 5.0 版阶段的公司战略的制定实施及其对财务的影响。

3.4.2 战略分析

1.宏观环境

1）政治环境

2016 年 5 月，为做好制造业稳预期、稳信心、稳投资、稳增长工作，促进转型升级、提质增效，加快制造强国建设，国家发展改革委、工业和信息化部发布了《关于实施制造业升级改造重大工程包的通知》，强调制造业在国民经济中的重要地位，也同时指出转型升级任务十分艰巨，迫切需要组织实施升级改造重大工程包，并提出坚持创新驱动协调发展，统筹推进传统产业升级和新兴产业发展，推动制造业迈向高端化、智能化、绿色化、服务化等具体措施。2016 年 12 月，工业和信息化部、商务部与科技部颁布的《关于加快推进再生资源产业发展的指导意见》要求牢固树立并贯彻创新、协调、绿色、开放、共享的发展理念，着力推进供给侧结构性改革，以再生资源产业转型升级为主线，以创新体制机制为保障，加强法规标准建设，提升产业技术装备水平，提高再生资源产品附加值。2019 年 1 月，国家发展改革委等十部门联合印发的《进一步优化供给推动消费平稳增长促进形成强大国内市场的实施方案（2019 年）》指出，着力引导企业顺应居民消费升级大趋势，加快转型升级提升供给质量和水平，以高质量的供给催生创造新的市场需求，更好满足人民群众对美好生活的向往，促进形成强大国内市场，推动消费平稳增长，在实施措施中支持绿色、智能家电销售，促进家电产品更新换代等。2020 年 5 月 14 日，国家发展改革委等七部门印发的《关于完善废旧家电回收处理体系推动家电更新消费的实施方案》指出，应聚焦废旧家电回收处理体系的关键领域和薄弱环节，健全管理制度和支持政策，畅通家电生产、消费、回收、处理全链条，加快适应、引领、创造新需求，激发市场消费活力，增强消费支撑能力，促进形成强大国内市场。该方案还指出重点任务之一是鼓励企业加快产品创新迭代，优化产品功能款式，开展个性化定制业务，提高家电供给水平。可以看出，自 2016 年以来，国家推动制造业转型升级、再生资源产业升级以及推动居民消费增长促进国内大市场发展的战略定位为家电企业等制造业的发展提供了稳定发展预期，2020 年发布的《关于完善废旧家电回收处理体系推动家电更新消费的实施方案》则为家电企业提升供给水平奠定了良好基础，政策预期环境平稳。

2)经济环境分析

(1)经济发展水平。一个国家的GDP及增长率能够反映出其经济发展的基本情况。改革开放以来,我国GDP总量一直呈现稳定增长态势,但近年来增速逐渐放缓,2015年GDP增长率首次降至7%,但基本维持在6%左右,2020年受到疫情等全球公共卫生事件影响,GDP增长率跌至2.2%。2011—2020年我国GDP总量及增长率变化情况如表3-4所示。

表3-4 2011—2020年我国GDP总量及增长率汇总表

年份	总量/万亿元	增长率/%
2011	48.79	9.6
2012	53.86	7.9
2013	59.30	7.8
2014	64.36	7.4
2015	68.89	7.0
2016	74.64	6.8
2017	83.20	6.9
2018	91.93	6.7
2019	98.65	6.0
2020	101.36	2.2

(2)经济结构。第一、二、三产业之间的占比变化能够反映出国家经济结构的变化趋势,2011—2020年我国产业结构变化如表3-5所示。自2011年以来,我国第一产业及第二产业在经济结构中所占比重不断减少。截至2020年,第一产业所占比重为7.7%;第二产业所占比重从2011年的46.5%下降至2020年的37.8%;与此同时,第三产业所占比重从2012年开始超越第二产业,并一直保持着强劲的增长势头,2020年,第三产业所占比重已经达到54.5%。第三产业在经济总量中所占比重的稳定增长趋势伴随着生产结构的优化、市场的充分发育、就业压力的减小等优势从而促进整个经济持续、快速健康发展。

表3-5 2011—2020年产业结构变化情况 单位:%

年份	第一产业占比	第二产业占比	第三产业占比
2011	9.2	46.5	44.3
2012	9.1	45.4	45.5
2013	8.9	44.2	46.9
2014	8.6	43.1	48.3
2015	8.4	40.8	50.8
2016	8.1	39.6	52.4
2017	7.5	39.9	52.7
2018	7.0	39.7	53.3
2019	7.1	38.6	54.3
2020	7.7	37.8	54.5

数据来源:《中国统计年鉴2021》。

对于家电行业而言,房地产行业的发展状况与其发展密切相关,其中,房地产开发投资增长情况的变化与家电制造业的收入息息相关,房地产行业快速发展将带动家电市场消费需求。2011—2020 年房地产开发投资的增长速度变化如表 3-6 所示。

表 3-6　2011—2020 年房地产开发投资额增长率

| 年份 | 增长率/% | | | | | |
	房地产开发投资额	房地产开发住宅投资额	房地产开发别墅、高档公寓投资额	房地产开发办公楼投资额	房地产开发商业营业用房投资额	房地产开发其他投资额
2011	28.05	30.25	21.00	41.57	31.44	10.58
2012	16.19	11.41	0.71	31.57	25.43	30.11
2013	19.79	19.40	5.50	38.19	28.27	7.33
2014	10.49	9.16	5.69	21.25	20.10	2.20
2015	0.99	0.38	−9.45	10.08	1.82	−1.21
2016	6.88	6.36	−0.08	5.20	8.42	8.90
2017	7.04	9.38	15.43	3.50	−1.25	6.46
2018	9.44	13.28	10.05	−11.30	−9.42	21.44
2019	10.01	14.03		2.76	−6.65	5.77
2020	7.00	7.60		1594.83	−1.13	10.75

由表 3-6 可以看出,过去十多年来各类型房地产开发投资额增长率都呈现大幅度下滑,尤其在 2015 年,房地产开发投资额增速仅为 0.99%,房地产开发别墅、高档公寓投资额增速首次出现负值,房地产的库存压力较大。而 2015 年中央经济工作会议将化解房地产库存写入2016 年中央经济工作五大任务中,通过建立住房资助、税收优惠等政策,实现房地产去库存。2016 年,房地产投资逐步回暖,家电市场需求逐渐增大。

3)社会环境分析

长期以来,全国的整体社会环境良好,经济发展平稳,人口城镇化比例逐年提升,人们的消费理念和观念也在不断提升,对高质量高性能产品的需求呈现增长势头。以人口数量为例,图3-4 展示了 2011—2021 年我国人口的变化情况。可以看到我国人口数量一直呈现稳定上升的状态,但近年来增速放缓。

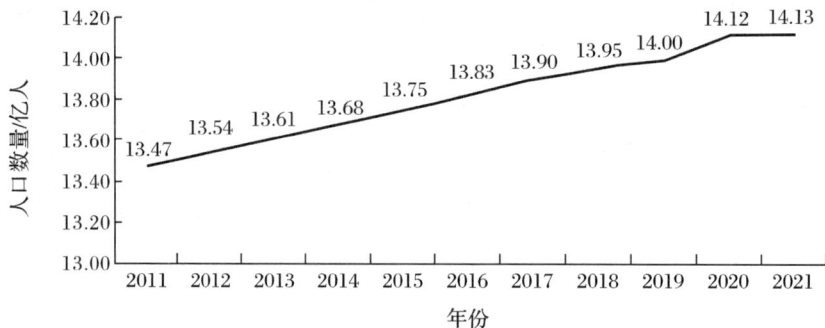

图 3-4　2011—2021 年我国人口变化图

(数据来源:2011—2019 年数据来源于《中国统计年鉴 2020》,2020 年和 2021 年数据来源于《中国统计年鉴 2022》)

图 3-5 是 2011—2021 年我国城镇人口比重。可以看出,我国城镇人口比重不断上升,截至 2021 年,城镇人口比重已经达到 64.72%。上述的人口变化情况也会对行业发展产生影响,例如城镇人口的增加就很可能预示着居民对家电的消费将会进一步加大,在该方面消费水平将会有所上升,这也十分有利于家电行业的发展。

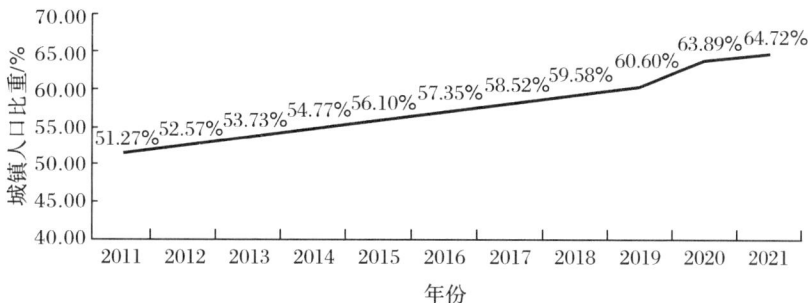

图 3-5 2011—2021 年我国城镇人口比重图

(数据来源:2011—2019 年数据来源于《中国统计年鉴 2020》,2020 年和 2021 年数据来源于《中国统计年鉴 2022》)

除此之外,消费者不断追求时尚、个性化以及社会中消费的热点,相对于价格而言,消费者更加关注产品的性能与品质。家电产品成了现代家庭的必需品进入千家万户,人们对家电产品的消费日益向着高端化、智能化方向发展,健康和绿色环保成了消费者关注的热点,且产品的品牌集中度逐渐提高。但是同时也应注意到,结婚率再触新低,新增需求的增长空间有限。

4)技术环境分析

压缩机技术是空调行业中核心的高端技术,而该核心高端技术长期由外国企业掌握,我国家电行业使用该技术需要支付较高的专利费,增加了产品的生产成本。格力电器通过自主研发打破了国外的技术垄断,研制出高效直流变频离心机组,比普通离心式冷水机组节省电量 40%,效率提高了 65%,使得格力电器在制冷技术领域处于领先地位。

另外,智能家电产品逐渐成了家电行业发展的主流。随着我国物联网技术,以及统筹硬件、软件和云计算平台的发展,智能家电产品渗透率不断上升,智能家电产品在家庭中得到广泛的应用,包括卧室家电、厨房卫浴产品、客厅家电等。近年来格力电器持续加大智能家电领域的研发投入和产品种类拓展。

2. 行业分析

20 世纪 90 年代,由于改革开放政策及人口红利等因素,中国制造业蓬勃发展,积累了大量资本,享有"世界工厂"美名。但是在很长一段时间内,我国制造业发展过于依赖人口红利、环境资源及政策扶持,忽视企业的科技创新能力、品牌溢价能力,我国家电行业也面临许多困难和挑战。然而从更为长远的角度来看,居民收入持续稳定增长,国家政策引导产业发展向绿色、智能加速前进,强制性标准的修订倒逼行业升级,加速落后产能淘汰,这些积极因素又在不断赋能家电及相关上下游产业向高质量发展全面推进。

1)行业特征

在万得(Wind)行业分类中,格力电器属于家庭耐用消费品行业中的家用电器行业。根据前文的分析已经知道,家电行业是一个比较接近完全竞争状态的行业。但经过多年稳定、快速发展,中国家电业在全行业及多个产品领域均形成了寡头垄断的市场结构。家电业存在较明显的规模经济性,如果要容纳大量企业,则每家企业都将因生产规模过小而造成很高的平均成本,而规模经济性使得大规模生产占有强大的优势,大公司不断壮大,小公司无法生存,最终形成少数企业寡头竞争的格局。家电全行业形成"三大巨头+两小巨头"格局。美的、格力、海尔三大巨头利润遥遥领先,占全行业利润过半份额;TCL、海信作为两小巨头紧紧跟上。而在各产品领域也逐渐形成了以2~3个巨头为主瓜分市场的格局。具体到空调领域,格力、美的是空调市场的寡头企业,最近五年市场份额多维持在60%左右,与其他企业的差距较大。

2)行业的经济周期

行业经济周期是了解与分析行业获利能力和竞争程度的重要方面。经过多年的快速发展,家电制造行业已经进入成熟发展阶段,2011年行业收入突破万亿元关口,同时由于受到房地产政策调控、创新驱动战略以及绿色发展理念等多重因素的影响,家电行业竞争日趋激烈。通过对2011—2020年家电行业收入增长率与GDP增长率进行对比可以发现(见表3-7),家电行业收入增长率与GDP的增长情况呈现微弱的周期性特征。从行业对经济影响的贡献程度来看,2011—2020年家电行业收入占比不断下滑,自2011年的2.21%下降到2020年的1.46%,其中,2011—2015年呈现出明显的波动特征,下降幅度相对缓慢,从2.21%下降至2.05%,维持在2%以上,但是从2016年开始,家电行业对经济的贡献明显下降,幅度扩大,2019年只有1.27%,显示出家电行业对国民经济的贡献度与重要性在持续降低。

表3-7 家电行业收入对GDP的贡献及其增长趋势

年份	家电行业收入/亿元	GDP/亿元	行业收入占比/%	家电行业收入增长率/%	GDP增长率/%
2010	8 900	412 119	2.16	—	10.6
2011	10 800	487 940	2.21	21.35	9.6
2012	11 100	538 580	2.06	2.78	7.9
2013	12 843	592 963	2.17	15.70	7.8
2014	14 139	643 563	2.20	10.09	7.4
2015	14 084	688 858	2.04	−0.39	7.0
2016	14 606	746 395	1.96	3.71	6.8
2017	15 000	832 036	1.80	2.70	6.9
2018	14 900	919 281	1.62	−0.67	6.7
2019	12 560	986 515	1.27	−15.70	6.0
2020	14 811	1 013 567	1.46	17.92	2.2

对于当今的家电行业来说,发展最为重要的是资金和技术。随着科技的发展和人民物质需求的提高,家电行业必须能够提供多元化、高质量和智能化的家电产品,因此产品的创新和升级对该行业内的企业十分重要。

3）行业价值链分析

家用电器行业一般可细分为白色家电、黑色家电和小家电三个子行业。白色家电一般指洗衣机、电冰箱、空调等，最初以其白色外观得名；黑色家电一般指彩电，起源最早来源于采用珑管显示屏的电视机；小家电一般是指除了大功率输出的电器以外的家电，通常情况下，这些小家电都占用比较小的电力资源，机身体积也比较小，一般可分为厨房小家电、家居小家电和个人生活小家电三大类。格力电器的主要产品是空调，因此，这里主要以白色家电为例进行行业价值链分析。

白色家电产业链上游为原材料与零部件供应，主要涉及压缩机、电机、电加热器、家用阀件、家电外壳材料等；中游为白色家电整机制造企业，主要为空调整机制造、冰箱整机制造及洗衣机整机制造等；下游为销售端，主要分为线上销售渠道和线下销售渠道。白色家电行业价值链分布如图 3-6 所示。

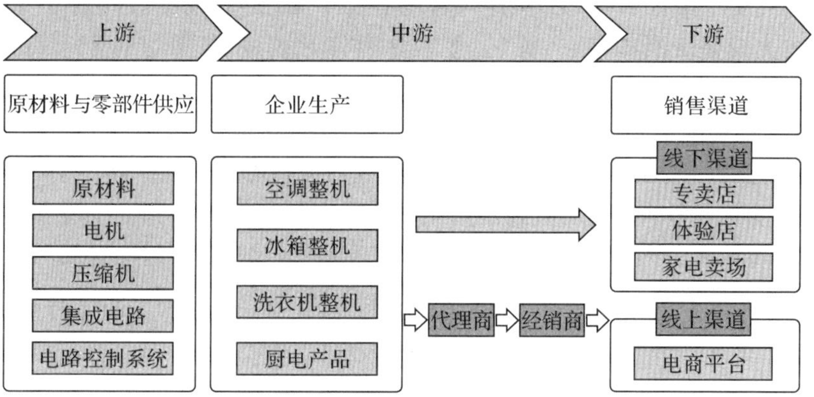

图 3-6　白色家电行业价值链示意图
（资料来源：前瞻产业研究院）

白色家电行业上游主要承担原材料与零部件供应。其中，白色家电大宗原材料主要为钢板、铜管、铝箔和塑胶原料等，以及模式化装配的零部件，包括压缩机、电机、电控组件和注塑件等。整体来看，原材料成本在白电产品中占比约 85%，因此白电企业对原材料价格波动较为敏感。目前我国白电生产企业的原材料基本可从国内采购，部分电子元器件或根据客户指定从国外采购。冰箱和空调最核心的部件是压缩机，占其生产成本分别约为 25% 和 33%；洗衣机的零部件相对多，较核心的有电机、电控组件和离合器等。目前国内企业在零部件领域已经形成一定规模，但面临"大而不强""量增利不增"的困扰。以压缩机为例，企业在技术、品牌、定价权方面离全球最强的压缩机生产商仍存在一定差距。企业代表有东方电热、三花智控、盾安环境等。

行业中游主要是家电的整机制造厂商。我国市场规模较大的白电相关企业多为整机制造厂商。以空调为例，中国为全球空调最大的生产基地，产量占全球总产量的 70% 以上，但产业垂直一体化发展程度最低。大部分整机生产企业的上游零部件主要采用外购方式，目前仅有格力电器、美的集团及格兰仕和四川长虹拥有自建压缩机生产线。整体而言，白电企业对产业链掌控能力相对较好，对上游零部件厂商具备一定的议价优势。企业代表有美的集团、格力电器、海尔智家、海信家电等。

　　行业的下游主要表现为家电的销售渠道。从目前渠道格局来看,当前家电零售渠道可细分为全国性家电连锁商、大型商超、区域家电连锁商、百货商店、乡镇家电专卖店、企业直营店和线上电商渠道等。近年来,我国家电行业线上线下呈现了"冰火两重天"的景象,一方面传统线下渠道依旧惨淡,另一方面线上市场增长飞速。《2018 年家电网购分析报告》指出,2018 年,我国 B2C(企业对顾客电子商务)家电网购市场(含移动终端)规模达到 5 765 亿元,同比增长 17.51%。其中,四大传统大家电 2018 年零售规模为 2 085 亿元(平板电视 586 亿元、空调 829 亿元、冰箱 360 亿元、洗衣机 310 亿元),同比增长 19.42%。对下游,家电企业一般先预收部分货款,同时给予家电连锁商 14 天至 1 个月不等的账期,80% 货款采用票据结算。

　　总体来看,零部件企业的盈利及获现表现较为弱势,大部分企业缺乏核心竞争力;整机制造企业盈利能力较好,占用上下游资金能力较强,在产业链中有较强话语权;销售渠道商受零售行业景气度下降等影响,近年盈利表现有所下滑,但获现能力相较于家电企业处于较好水平。线上销售渠道有淘宝、京东、苏宁易购等,线下销售渠道有苏宁易购、红星美凯龙等。

　　4)行业获利能力分析

　　本部分运用波特五力模型对格力电器所在行业的获利能力进行分析。

　　(1)现有企业的竞争。家电行业在经历了较长时间的高速增长之后,行业整体已经进入成熟期,目前面临着重大的产业变革拐点。表 3-8 列示了 2019 年家用电器品牌前十名企业的主要经营范围。总体来看,家电企业产品的同质性很高,前十强的家电企业几乎都涉足冰箱、空调、洗衣机、小家电领域,可见家电业同类产品的竞争很激烈。

表 3-8　2019 年家用电器品牌前十名的企业

品牌	企业主要经营范围
海尔	冰箱、洗衣机、空调、热水器、厨房电器
美的	空调、冰箱、洗衣机、小家电、电机
格力	空调、热水器、生活电器、工业制品
西门子	洗衣机、冰箱、厨房电器、空调、小家电、个人护理和保健器具、电机
海信	冰箱、空调、冷柜、洗衣机
三星	冰箱、洗衣机、空调、电视
松下	冰箱、洗衣机、空调、厨房电器、生活电器
创维	冰箱、洗衣机、空调、厨房电器等智能化产品
TCL	冰箱、洗衣机、空调、电视、厨卫电器
长虹	冰箱、洗衣机、空调、电视、生活电器、厨卫电器

　　从市场销售来看,头部企业的竞争非常激烈。表 3-9 是 2018 年家电行业市场占有率排行情况。

表 3 - 9　2018 年家电行业线下市场占有率排行

排名	线下			线上		
	品牌	零售额占比/%	零售量占比/%	品牌	零售额占比/%	零售量占比/%
1	格力	37.86	33.12	奥克斯	26.02	28.57
2	美的	24.59	24.53	美的	23.37	22.49
3	海尔	11.05	10.29	格力	22.12	17
4	海信	5.73	6.23	海尔	7.16	6.51
5	奥克斯	3.46	4.19	TCL	4.33	5.53
6	惠而浦	3.09	3.93	科龙	3.18	3.81
7	三菱电机	2.6	1.58	海信	2.86	3
8	志高	1.95	2.83	长虹	2.29	2.78
9	科龙	1.57	2.08	志高	2.15	2.9
10	长虹	1.51	2.08	扬子	1.56	1.72

可以看出,不管是线上还是线下市场,排名前四的公司的销售额占比合计都达到了 70%以上。其中,格力电器在线下市场的占有率遥遥领先其竞争对手美的和海尔;在线上,格力市场占有率虽不及线下,位居第三,但是与奥克斯与美的在零售额的占比上相差不是很大。

(2)新进入者的威胁。前已述及,格力、海尔、美的三家家电企业呈三足鼎立之势,在很长一段时间内市场份额超过 70%,消费者对这些品牌的忠诚度基本已经建立,因此在一段时间内几乎没有新的企业进入中国空调行业,行业整体格局比较稳定,但国外家电巨头的进入压力依然存在,如 2014 年知名电器生产商东芝就在杭州正式创建独资工厂,复制日本原装生产线和各项生产工艺生产东芝空调,这可能会带来一定程度的进入者威胁。另外,近年来智能家电的快速发展,海尔智家的成功转型、小米集团开始涉足白色家电业务预期将为家电行业的竞争注入新的动力。表 3 - 10 是 2021 年家电行业市场占有率前十名排行榜。

表 3 - 10　2021 年家电行业市场占有率前十名排行榜

公司简称	家电业务营收/亿元	家电业务营收占比/%	家电业务布局	销售渠道布局	竞争力指数
美的集团	2 738.00	19.66	空调、消费电器等	国内 60% 国外 40%	★★★★★
海尔智家	2 276.00	16.34	白色家电、智能家电	国内 50% 国外 50%	★★★★★
格力电器	1 365.82	9.81	空调、生活电器等	国内 60% 国外 40%	★★★★★
小米集团	849.80	6.10	白色家电、智能电视等	国内 50% 国外 50%	★★★★

公司简称	家电业务营收/亿元	家电业务营收占比/%	家电业务布局	销售渠道布局	竞争力指数
四川长虹	708.60	5.09	空调、冰箱、电视	国内80% 国外20%	★★★★
海信家电	607.60	4.36	空调、冰箱、洗衣机等	国内55% 国外45%	★★★★
苏泊尔	146.40	1.05	烹饪电器、食物料理电器等	国内70% 国外30%	★★★
科沃斯	130.90	0.94	服务机器人、智能生活电器	国内60% 国外40%	★★★
深康佳	109.99	0.79	彩电、白电等	国内55% 国外45%	★★★
九阳股份	105.40	0.76	豆浆机等	国内85% 国外15%	★★★

数据来源:前瞻产业研究院。

由表 3-10 可以看出,美的集团、海尔智家、格力电器三巨头得益于较为完善的国内外渠道布局,家电业务竞争能力较强,长期保持着行业前三名地位,营收规模均保持在千亿元以上,营收合计占到全行业的 45% 以上,但是排位却发生了比较大的变化。首先,美的集团成为 2021 年中国家电业务营收规模最大的上市企业,家电业务营收达到 2 738 亿元;其次,海尔智家、格力电器、小米集团、四川长虹、海信家电均超过 500 亿元;再次,海信家电、小米集团、科沃斯等近年来在智能机器人、智能家电等"新"家电产品研发、营销等领域实力提升较快,竞争力不容小觑。这些新的发展趋势和现象对于长期深耕传统家电制造且业务聚焦空调的格力电器来讲都是不小的挑战。

(3)替代品的威胁。家电行业尤其是空调行业,目前开发出多种非电力空调,但由于消费者认知度较低以及其他条件限制,并未形成规模经济,对传统产品的替代威胁还较小。

(4)购买者的议价能力。由于空调家电品牌众多,且购买者对产品的整体要求较高,购买者的可选择性较高,因此购买者的议价能力较强。近年来移动支付和互联网的快速发展,电商渠道逐渐成为企业拓展渠道的新选择,以此提高企业自身的议价能力。

(5)供应商的议价能力。上游行业供应商的控制力较强。近几年来,国际上的钢铁、铜等部分基础原材料的价格波动较大,企业对成本的控制力减弱。供应商集中度高,对关键零部件的控制力较强。

总体上看,家电行业现有竞争者数量较多,行业集中度较高,但无论是头部市场还是中低端市场,竞争都较为激烈。

3.公司战略分析

1)公司层战略分析

公司层战略主要有稳定型、成长型和收缩型三种。以成长型战略为例,企业可以通过内部资金积累来实现扩大再生产,也可以通过收购、直接投资方式来实现扩张,这些都会对公司的财务报表产生影响。观察公司层战略的财务指标主要包括总资产增长率、收入增长率、利润增长率等,表3-11报告了2016—2020年格力电器在主要增长率指标方面的表现。

表 3-11 格力电器公司层战略的特征财务指标

年份	总资产同比增长率/%	营业收入同比增长率/%	营业利润同比增长率/%	利润总额同比增长率/%	净利润同比增长率/%	资产负债率/%	营业收入合并倍数	营业成本合并倍数	长期股权投资合并倍数
2016	12.78	10.80	29.15	24.29	22.98	69.88	1.08	0.98	0.01
2017	17.89	36.92	49.67	43.63	44.98	68.90	1.11	1.00	0.01
2018	16.86	33.61	18.65	17.50	17.20	63.10	1.22	1.16	0.18
2019	12.63	0.02	−4.49	−6.14	−5.88	60.40	1.45	1.45	0.35
2020	−1.33	−15.12	−12.03	−10.37	−10.26	58.14	1.56	1.63	0.33

由表3-11可以看出,格力电器2016—2017年维持着强势增长势头,然而自2018年开始,公司增长趋势开始放缓,反映公司增长质量的营业利润增长率和利润总额增长率等业绩指标均呈现出快速下降趋势,营业利润和净利润等指标甚至在2019年出现了负增长,表明公司开始遭遇成长瓶颈期。

此外,成长型战略实施的途径主要是一体化战略,一体化战略又分为横向一体化战略和纵向一体化战略,合并倍数指标可以在一定程度上反映企业实施一体化战略的具体途径。其中,长期股权投资合并倍数是指合并报表中的长期股权投资数额与母公司报表中的长期股权投资数额的比例。在合并资产负债表编制过程中,需要抵销母公司的长期股权投资与被投资子公司的权益份额,从而导致长期股权投资项目在合并报表上的金额要小于母公司报表上的金额。长期股权投资合并倍数越小,说明两个报表间抵销掉的长期股权投资部分越多,母公司对子公司的控制程度越高。同样,在合并利润表编制过程中,由于集团内母子公司间的营业收入和成本也存在重复计算,因此需要进行集团内抵销。对于那些一体化程度高的集团公司而言,合并营业收入(或成本)就可能会随着集团内销售金额的抵销而减少,并出现小于母公司营业收入(或成本)的情形。其中,对于实施纵向一体化战略的公司而言,母子公司间的业务、产销上下游关系更加紧密,集团内营业收入(成本)的抵销额度更大,导致合并倍数较低。相反,如果公司实施的是横向一体化战略,那么由于收入和成本的抵销较少,合并倍数较高。由表3-11可以看出,2016—2020年格力电器营业收入合并倍数均大于1,2016—2017年公司营业成本合并倍数略小于1,说明格力电器当年存在横向一体化行为。而在2017年后,营业成本合并倍数也超过1,且两项合并倍数在2019—2020年都有了大幅增长,显示出格力电器在该段期间内横向一体化的特征较为明显。

2)业务层战略分析

业务层战略主要以差异化战略和成本领先战略为例进行分析。首先,利润率是观察公司业务层战略最直观的一个指标,而对比公司利润率与行业利润率大体可以观察到公司在行业内的地位和赚钱能力,其中公司利润率=归母净利润/营业收入,行业利润率=行业内所有企业的归母净利润/行业总收入。据此,2016—2020 年,格力电器及所属家电行业的利润率如表 3-12 所示。

表 3-12　2016—2020 年利润率指标对比

年份	格力电器利润率/%	家电行业利润率/%
2016	14.33	8.19
2017	15.18	4.68
2018	13.31	4.60
2019	12.53	6.04
2020	13.25	5.08

由表 3-12 可以看出,2016—2020 年家电行业利润率呈现出明显的下降趋势,尤其是 2017 年和 2018 年,行业利润率下降幅度较大,但是格力电器的利润率在 2017 年却逆势增长;之后年份虽然也有下降,但是与行业同期相比,格力电器利润率仍然处于较高水平,显示出公司较好地实行了差异化战略。

其次,我们选择与格力电器处于同一行业的美的集团对比分析其战略实施成果,两家公司的资产周转率、毛利率、研发比率指标如表 3-13 所示。

表 3-13　格力电器与美的集团相关财务比率情况

年份	格力电器			美的集团		
	资产周转率/次	毛利率/%	研发比率/%	资产周转率/次	毛利率/%	研发比率/%
2016	0.63	32.70	—	1.06	27.31	—
2017	0.75	32.86	2.44	1.15	25.03	—
2018	0.85	30.23	3.53	1.01	27.54	3.23
2019	0.74	27.58	2.97	0.98	28.86	3.46
2020	0.60	26.14	3.60	0.86	25.11	3.56

就资产周转率而言,美的集团的资产周转率均高于格力电器,说明美的集团的成本控制要更好一些。在差异化战略方面,通常情况下,高毛利率意味着公司差异化战略的成功。2016 年格力电器的毛利率高达 32.70%,美的集团的毛利率为 27.31%,表明格力电器的差异化战略具有较大优势;2020 年,格力电器的毛利率下降至 26.14%,美的集团的毛利率虽也有所降低,但是两家公司的毛利率差距在缩小。从研发投入来看,两家公司的研发比率维持在 2%～4% 的区间,说明两家公司研发投入强度基本相当,随着格力电器以空调为核心业务的战略进入成长瓶颈期而带来竞争优势地位下降,以小家电等多元业务为支撑的美的集团在成长上将会获得更多的发展机会,这必将影响两大家电企业未来公司层、业务层战略的制定及财务战略选择。

思考讨论题

1.影响企业经营活动的宏观环境主要有哪些方面？

2.行业生命周期包括哪几个阶段？各阶段在经营与财务方面的主要特征有哪些？

3.价值链是什么？行业价值链分析的关键是什么？

4.公司层面的主要战略类型有哪些？各有什么特点？

5.什么是财务战略？财务战略与公司战略之间的关系是什么？

案例

第4章 资产负债表分析

学习目标

1. 了解资产和负债项目分析的基本原理；
2. 学习资产负债表结构分析原理；
3. 掌握资产负债表质量分析的基本原理。

4.1 资产负债表结构分析

4.1.1 资产结构

资产代表企业的经济资源。资源要能最大限度地发挥功能，就必须有一个合理的配置，而资源配置是否合理，主要通过各类资产占总资产的比重，即资产结构来反映。合理的资产结构是企业高效经营和不断提高盈利能力的基础，是应对财务风险的基本保证。一般来说，企业的资产结构主要受企业所处的行业特点、经营性质、产品生产周期及宏观经济环境等因素的影响。比如，生产性企业固定资产的比重一般要大于流通性企业，而机械行业企业的存货的比重一般要高于食品行业企业。又如，产品处于成长期的企业，会添置大量机器、厂房等固定资产，为更多地占领市场而采取宽松的销售信用政策，应收账款所占的资金较多，而现金等货币性资产则相对短缺。一旦产品进入衰退期，企业则会收缩战线，大规模地回笼资金，这时，企业货币资金增多，存货等资产的比重大为减少。除此之外，国家的一些法律、行政法规和政策也会影响到企业的资产结构。

对报表结构进行分析，一个很重要的工具是共同比报表。共同比报表是一种仅显示百分比而无具体金额的财务报表。其将财务报表上的某关键项目的金额当作百分之一百，而将其余项目分别换算为对关键项目的百分比，以显示各项目的相对地位。对于资产结构分析而言，共同比报表就是将资产总额作为关键项目，然后用各资产项目金额分别除以当年度资产总额，结果就为各项目在总资产中所占的比重。我们以格力电器股份有限公司的资产负债表为例，计算2016—2020年格力电器的资产共同比报表，如表4-1所示。

表 4-1 格力电器共同比报表(资产部分)

项目	占比/%				
	2016 年	2017 年	2018 年	2019 年	2020 年
流动资产:					
货币资金	52.51	46.33	45.01	44.32	48.86
交易性金融资产				0.34	0.13
以公允价值计量且其变动计入当期损益的金融资产		0.28	0.40		
衍生金融资产	0.14	0.22	0.07	0.03	0.10
应收票据	16.43	15.00	14.29		
应收账款	1.55	2.70	3.06	3.01	3.13
应收款项融资				9.97	7.51
预付款项	1.00	1.73	0.86	0.85	1.12
其他应收款	0.71	1.01	1.02	0.06	0.05
存货	4.95	7.71	7.97	8.51	9.98
合同资产					0.03
一年内到期的非流动资产				0.16	
其他流动资产	1.09	4.81	6.81	8.16	5.59
流动资产合计	78.37	79.80	79.49	75.40	76.51
非流动资产:					
发放贷款及垫款	2.60	3.10	3.61	5.10	1.89
债权投资					
可供出售金融资产	0.76	1.01	0.88		
其他债权投资				0.10	0.18
长期股权投资	0.06	0.05	0.90	2.50	2.91
其他权益工具投资				1.64	2.79
其他非流动金融资产				0.71	0.72
投资性房地产	0.33	0.24	0.21	0.18	0.17
固定资产	9.72	8.13	7.32	6.76	6.80
在建工程	0.32	0.47	0.66	0.86	1.44
无形资产	1.84	1.68	2.07	1.87	2.11
商誉				0.02	0.12	0.07
递延所得税资产	5.30	5.04	4.52	4.43	4.14
其他非流动资产	0.72	0.47	0.31	0.34	0.28
非流动资产合计	21.64	20.20	20.51	24.60	23.49
资产总计	100.00	100.00	100.00	100.00	100.00

依据上述资产共同比报表对资产结构进行分析可以从以下几个方面来考虑。

1.内部投资资产和外部投资资产的结构分布

企业资产的取得过程即企业的投资活动过程,是企业进行的以营利为目的的资本性支出活动。企业进行投资的结果是为企业带来各种资产,并构成企业从事生产经营的物质基础。按照投资的方向和范围,企业投资可分为对内投资和对外投资两类。对内投资又称内部投资,是指把资金投向企业内部,形成各项流动资产、固定资产、无形资产和其他资产的投资;企业对外投资是相对于对内投资而言的,是企业在本身经营的主要业务以外,以现金、实物、无形资产方式,或者购买股票、债券等有价证券方式向境内外的其他单位进行投资,以期在未来获得投资收益的经济行为。

内部投资资产主要包括货币资金、应收账款、存货、固定资产、无形资产等,外部投资资产主要是指各种金融资产以及长期股权投资等。分析时,应注意分析企业的投资结构。例如,对于一般的生产性企业来说,企业的外部投资资产占总资产的比重一般应小于内部投资资产占总资产的比重。当然,企业采取什么样的投资结构受企业发展目标、企业所属行业及产品特点、企业管理能力、企业规模实力、投资风险及收益等因素的影响。

以格力电器为例,我们首先划分其内部投资资产与外部投资资产。根据定义,我们将交易性金融资产、衍生金融资产、债权投资、可供出售金融资产、其他债权投资、长期股权投资及其他权益工具投资设为外部投资资产,其余定义为内部投资资产。内、外部投资资产占比结果如表4-2所示,格力电器的内部投资资产2016—2018年一直保持在总资产的96%以上,但是从2019年开始,公司开始加大对外投资的比重,2020年对外投资占比已超过6%,结合表4-1可以看出,该部分增长主要是公司增加长期股权投资所致。

表4-2 格力电器内、外部投资资产占比情况表

年份	内部投资资产占比/%	外部投资资产占比/%
2016	99.05	0.95
2017	98.43	1.57
2018	97.75	2.25
2019	95.39	4.61
2020	93.89	6.11

2.固定资产与流动资产的结构分析

固定资产与流动资产的比例关系通常被简称为固流结构。在企业经营规模一定的情况下,如果固定资产存量过大,则正常的生产能力不能充分发挥出来,造成固定资产的部分闲置或生产能力利用不足;如果流动资产存量过大,又会造成流动资产闲置,影响企业的盈利能力。能否恰当安排固定资产和流动资产之间的比例,特别是在保证经营规模的前提下,尽量缩小流动资产的比重,提高流动资产周转速度,是使企业总资产发挥最佳经济效益的关键。

一般来说,有三种固流结构政策可供选择:①适中的固流结构政策。采取这种政策,也就是将固定资产存量与流动资产存量保持在平均水平。在这种情况下,企业的盈利水平一般,风险程度适中。②保守的固流结构政策。采取这种政策,流动资产的比例较高,而流动资产增加会增加筹资成本和利息支出,因此企业的资产报酬率降低,但风险也会因此而降低。③激进的固流结构政策。采取这种政策,固定资产的比例较高,经营风险及转型风险较大,在这种情况下,固定资产增加会导致企业资产的流动性降低,资产风险会因此提高。

企业选择何种固流结构政策,主要取决于企业对待风险的态度、企业所处行业特点以及企业经营规模等诸多因素。如果企业敢于冒险,就可能采取激进的固流结构政策;如果企业倾向于保守,则宁愿选择保守的固流结构政策而不会为追求较高的资产利润率而冒险。而且,不同的行业因其经济活动内容不同,技术装备水平也有差异,其固流结构也有较大差异。比如,高速公路、港口、机场、酒店等行业的固定资产投资规模较大,流动资产占比较低;而另外一些如房地产、设备制造、建筑施工等行业,企业的经营需要投入较多的流动资产,所生产的产品单件金额大、生产周期长,在一个营业周期内需要占用大量流动资产;还有一些行业主要依靠流动资产的快速周转来获得发展,也需要较多的流动资产,如贸易批发、金属制品、办公用品等行业,这些行业的企业需要依靠大量的流动资产的周转来获得收入和利润。一般来说,同一行业内部因生产特点、生产方式的差异较小,固流结构政策比较接近,在分析时可将行业的平均水平作为主要参考标准。我们很难从量上判断什么样的固定资产与流动资产比例即为合理比例,而应针对企业的具体情况而定。但是合理的流动资产与固定资产比例必能给企业带来销售和效益的增长,我们可结合企业资产管理效果分析对该比例做出合理性的判断。

家电制造行业的固定资产主要是企业生产家电的各种生产设备等,同时,企业资产的相当大一部分也会以存货和应收账款的形式存在,因此其固流结构相对比较稳定。从表4-3中可以看出,2016—2020年两家公司的固流结构比值都呈现出明显的下降趋势,其中,美的集团的固流结构比值下降趋势更为明显,从17.46%降至9.20%,下降幅度接近50%,而格力电器2016年的固流结构比值就只有12.40%,5年间仍然在努力降低固流结构比值。从整体上看,格力电器似乎采用了较美的集团更为保守的固流结构政策。

表4-3 格力电器与美的集团固流结构比值对比

年份	固流结构比值/%	
	格力电器	美的集团
2016	12.40	17.46
2017	10.19	13.31
2018	9.21	12.28
2019	8.96	10.01
2020	8.89	9.20

3.流动资产的内部结构分析

流动资产结构是指构成流动资产的各个项目占流动资产总额的比重。公司可通过货币资金、交易性金融资产、应收账款和存货等项目占流动资产的比重,分析流动资产各项目的变动情况,并了解流动资产的分布情况、资产的流动性及支付能力。

流动资产中各项目的变现能力各有差异,保持流动资产的合理结构有利于增强资产的流动性和应变能力,企业的偿债能力和盈利能力也会随之增强。因此,有必要对流动资产中各项目的比重及其合理性进行分析。一般来说,速动资产即货币资金、交易性金融资产、应收账款以及应收票据等资产的变现能力较强,而存货、待摊费用等流动资产的变现能力差。因此,若企业拥有合理的速动资产结构,可以适当提高企业的偿债能力。若速动资产比重过大,则企业会出现资金占用的现象;若速动资产比重过小,即存货等流动资产的比重较大,则表明企业变现能力较差,流动性下降。可见,确定适宜的流动资产内部结构,实质上就是对资产的流动性和获利性进行权衡的过程。

由表4-1可知,格力电器的流动资产占比在2016—2020年始终维持在75%以上。在流动资产中,货币资金又是流动资产的最大部分,占到总资产的50%左右;第二是应收款项(包括应收账款、应收票据或应收款项融资);制造企业通常占比较高的存货项目,在格力电器的整个资产结构中排在第三位。从所占比例来看,2016年存货占总资产的比例为4.95%,5年间该项占比持续增加,2020年占比接近10%。同时,对应收款项与存货项目结构的进一步分析说明格力电器在该期间内的存货管理水平较好。

应该注意的是,尽管我们可以对流动资产各项目的变动情况进行分析评价,但是这种结构是趋于合理还是不合理,没有一个绝对的标准。为此,企业应该选择一个标准,然后将流动资产结构的变动情况与选定的标准进行比较,以反映流动资产变动的合理性。一般来说,选择同行业的平均水平或财务计划中确定的目标为标准比较合适。此外,通常情况下,只要全部流动资产增长速度低于销售收入的增长速度,存货增长速度也低于销售收入的增长速度,应收账款的增长速度低于存货的增长速度,则说明企业以较少的流动资产完成了较多的生产经营任务,这是合理使用资金、加速资金周转的良好标志。表4-4列示了格力电器2016—2020年的流动资产内部结构变化情况。

表4-4 格力电器流动资产结构表

项目	占比/%				
	2016年	2017年	2018年	2019年	2020年
货币资金	67.00	58.06	56.62	58.77	63.85
交易性金融资产				0.45	0.17
以公允价值计量且其变动计入当期损益的金融资产		0.35	0.51		
衍生金融资产	0.18	0.28	0.09	0.04	0.13
应收票据	20.97	18.80	17.98		
应收账款	1.98	3.39	3.86	3.99	4.09
应收款项融资				13.23	9.82
预付款项	1.27	2.17	1.08	1.12	1.46
其他应收款	0.90	1.26	1.28	0.07	0.07
存货	6.31	9.66	10.02	11.29	13.05
合同资产					0.04
一年内到期的非流动资产				0.21	
其他流动资产	1.39	6.03	8.57	10.82	7.31
流动资产合计	100.00	100.00	100.00	100.00	100.00

从表4-4中可以粗略地看出变化幅度较大的项目主要是货币资金、应收票据及存货,占比较高的项目主要也是这三项。从整体上看,格力电器的速动资产占比较高,基本占到流动资产的70%及以上,说明公司的流动资产的变现能力较强。我们进一步编制表4-5来观察格力电器流动资产的各重要项目的增长速度情况来分析其内部结构的合理性。

表4-5 格力电器重点流动资产增长同收入增长对比表

项目	增长率/%				
	2016 年	2017 年	2018 年	2019 年	2020 年
流动资产	18.16	20.04	16.41	6.84	0.13
存货	−4.74	83.58	20.78	20.35	15.76
应收票据	101.37	7.65	11.33		
应收账款	−1.91	105.87	32.42	10.57	2.64
销售收入	10.80	36.92	33.61	0.02	−15.12

由表4-5可以看出,2016—2020年,格力电器在3个年份内流动资产增长速度高于销售收入的增长率,其中存货增长速度有3年高于销售收入增长速度,应收账款的增长速度有3年高于存货的增长速度。从整体上来看,格力电器生产经营任务所耗费的流动资产还是较多的,预示着企业在资金使用上可能还需要一个更合理可行的方案。

4.1.2 负债结构

债务性筹资是企业筹资的一种重要方式,主要包含借入资本和商业负债两部分。其中借入资本的来源可能是银行等金融机构(诸如长期借款、短期借款),也可能是非金融机构,甚至是自然人(如公司债券);商业负债则是企业在商业往来过程中形成的各种欠款,包括应付账款、应付票据、合同负债、预收账款等。

企业的负债分为流动负债和非流动负债两大类型。其中,流动负债也叫短期负债,是指将在一年(含一年)或者超过一年的一个营业周期内偿还的债务,包括短期借款、交易性金融负债、应付账款、预收账款、应付票据、合同负债、应付职工薪酬、应交税费、应付股利、其他应付款、一年内到期的非流动负债等。而非流动负债又称长期负债,是指偿还期在一年或者超过一年的一个营业周期以上的债务。其主要特点是债务的金额较大并可以采用分期偿还的方式,或者分期偿还利息,待一定日期后再偿还本金,或者在债务到期时一次性偿还本息。非流动负债主要有长期借款、应付债券和长期应付职工薪酬等项目。格力电器2019年与2020年各项债务的基本情况如表4-6所示。

表 4 - 6　格力电器 2019—2020 年负债情况　　　　　　　　　　单位:万元

项目	2020 年 12 月 31 日余额	2019 年 12 月 31 日余额
流动负债:		
短期借款	2 030 438.47	1 594 417.65
吸收存款及同业存放	26 100.67	35 251.23
拆入资金	30 002.02	100 044.67
应付票据	2 142 707.20	2 528 520.78
应付账款	3 160 465.92	4 165 681.58
预收账款		822 570.77
合同负债	1 167 818.04	
卖出回购金融资产款	47 503.38	207 450.00
应付职工薪酬	336 535.55	343 096.90
应交税费	230 135.56	370 377.97
其他应付款	237 939.57	271 269.30
其他流动负债	6 438 225.43	6 518 149.19
流动负债合计	15 847 871.81	16 956 830.02
非流动负债:		
长期借款	186 071.38	4 688.59
长期应付职工薪酬	14 985.98	14 102.12
递延收益	43 703.37	24 050.43
递延所得税负债	141 111.11	92 778.93
非流动负债合计	385 871.84	135 620.07
负债合计	16 233 743.65	17 092 450.09

从表 4 - 6 可以看出,短期借款和长期借款在 2020 年均比上一年有所增加,但相对于货币资金的规模而言,这些短期借款和长期借款的规模显得微乎其微,说明企业的货币资金并不是由外源融资而来的。同时,近年来长期借款等外源融资规模有所增加,可能与经营业绩上涨缓慢、应收账款以及存货周转率下降等因素有关。

总体来看,虽然格力电器一直保持着较高的资产负债率,但是这种结构不是企业迫于资金压力向金融机构借债而形成的,而是企业依托自身良好口碑、品牌形象及综合竞争优势在企业生产、销售过程中与上下游企业形成的商业性负债,不仅一定程度上体现着企业的综合实力,财务风险较低,还有助于降低融资成本,与企业财务状况形成良性的循环,保持企业资金充裕。

对公司负债结构的分析,财务报表分析者需要考虑以下几个方面。

1. 负债总体结构分析

表 4 - 7 列示了格力电器 2016—2020 年资本结构的变化情况。可以看出,2016 年至 2020

年,格力电器负债占比持续下降,权益占比不断上升。2020 年,负债占比已经降至 60％以下,显示出公司的负债水平较低。

表 4 - 7 格力电器资本结构表

项目	占比/%				
	2016 年	2017 年	2018 年	2019 年	2020 年
负债	69.88	68.90	63.10	60.40	58.14
所有者权益	30.12	31.10	36.90	39.60	41.86
合计	100.00	100.00	100.00	100.00	100.00

2.负债内部结构分析

负债的内部结构是指企业各项负债在总负债中所占的比重,反映了各项负债在总负债中的组成情况。它是由于企业采用不同的负债筹资方式所形成的,是使用负债筹资的结果。对企业负债结构的分析应结合以下相关因素进行:

(1)负债结构与负债成本。企业举债不仅要按期归还本金,还要支付利息,这是企业使用他人资金必须付出的代价,通常称为资金成本。企业在筹集资金时,总是希望付出最低的代价,对资金成本的权衡会影响到企业筹资方式的选择,进而对负债结构产生影响;反过来,负债结构的变化也会对负债成本产生影响。分析时,可以根据负债成本将负债归类,通过负债成本结构的分析判断企业的筹资方式是否合理。一般来说,企业的负债一部分是经营过程中自发形成的,如预收账款、应付账款、应付职工薪酬等,叫经营性负债,通常属于无息负债;还有一部分是企业从银行或其他机构或个人借来的,需要企业支付利息,一般称为有息负债。其中,有些负债如短期借款,属于低成本负债;长期借款、应付债券则属于高成本负债。

(2)负债结构与债务偿还期限。债务偿还期限是负债结构分析要考虑的一个极其重要的因素。企业负债按照期限长短可以划分为流动负债和非流动负债。企业在举债时应按照债务的偿还期限来安排负债结构。企业负债结构合理的一个重要标志就是使债务的偿还期与企业现金流入的时间相吻合,使债务的偿还金额与现金流入量相适应。如果企业能够根据其现金流入时间和流入量妥善安排举债时间、偿债时间和债务金额,使各种长短期债务相结合,偿还时间分布合理,企业就能及时偿还各种到期债务,维护企业信誉。否则,如果债务结构不合理,各种债务偿还期相对集中,就可能产生偿付困难,造成现金周转紧张的局面,影响企业的形象,也会加大企业今后通过负债筹资的难度。因此,在分析时,应注意从债务偿还期限的角度分析企业举债是否合理,判断企业是否存在资金周转困难的现象。

(3)负债结构与财务风险。不同类型的负债,其风险是不同的。在安排负债结构时,应考虑到这种风险。合理的负债结构能降低财务风险。一般来说,短期负债的财务风险要高于长期负债,这是因为:①企业使用长期负债筹资,在既定的债务期限内,因利率不会发生变动,其利息费用是固定的。而如果在相同期限内使用短期借款来衔接,短期借款有可能因利率调整而使利息费用发生变动,而且会产生难以保证及时取得资金的风险。②长期负债的偿还期限较长,使企业有充裕的时间为偿还债务积累资金,虽有风险,但相对较小。如果企业以多期的短期负债相衔接来满足长期资金的需要,可能因频繁的债务周转而发生一时无法偿还的情况,从而陷入财务困境,甚至导致企业破产。因此,分析时,应注意企业举债经营中存在的风险,是否存在短债长投的问题。

(4)负债结构与经济环境。企业生产经营所处的经济环境也是影响企业负债结构的重要因素之一,其中,资本市场的资金供求状况尤为重要。当国家紧缩银根时,企业取得短期借款可能就比较困难,其长期债务的比重就会高些;反之,企业较容易取得贷款时,其流动负债的比重就会高些。因此,分析时,还应关注企业所处的经济环境,从而更好地评价企业负债结构的合理性。

我们以格力电器为例,对其负债情况进行分析。

首先,我们编制表 4-8 来展示格力电器 2016—2020 年负债内部结构的变化情况。

表 4-8   格力电器 2016—2020 年负债结构分析

项目	占比/%				
	2016 年	2017 年	2018 年	2019 年	2020 年
流动负债:					
短期借款	8.40	12.59	13.92	9.33	12.51
吸收存款及同业存放	0.11	0.18	0.20	0.21	0.16
拆入资金				0.59	0.18
衍生金融负债	0.31	0.42	0.16		
卖出回购金融资产款				1.21	0.29
应付票据	7.16	6.59	6.84	14.79	13.20
应付账款	23.18	23.33	24.59	24.37	19.47
预收款项	7.86	9.55	6.18	4.81	
合同负债					7.19
应付职工薪酬	1.34	1.27	1.56	2.01	2.07
应交税费	2.45	2.64	3.06	2.17	1.42
其他应付款	1.85	1.89	2.99	1.59	1.47
其他流动负债	46.89	41.12	39.97	38.13	39.66
流动负债合计	99.55	99.57	99.47	99.21	97.62
非流动负债:					
长期借款				0.03	1.15
长期应付职工薪酬	0.09	0.08	0.08	0.08	0.09
递延收益	0.14	0.09	0.10	0.14	0.27
递延所得税负债	0.22	0.27	0.34	0.54	0.87
非流动负债合计	0.45	0.43	0.53	0.79	2.38

由表 4-8 可以看出,格力电器 2016—2020 年流动负债占比一直较为稳定,占比达到总负债的 97% 以上。2020 年底,流动负债占比达到 97.62%,流动性风险较高。

按照负债是否附息以及承担利息水平的高低,格力电器的负债可分为无息负债、低成本负债和高成本负债。其中,由于应付账款、预收款项等负债都是在商业交易中形成的交易性融资,因此,将卖出回购金融资产款、应付票据、应付账款、预收款项、合同负债、应付职工薪酬、应交税费、其他应付款、其他流动负债、长期应付职工薪酬、预计负债、递延收益、递延所得税负债及其他非流动负债划定为无息负债,将短期借款、向中央银行借款、吸收存款及同业存放、拆入资金、衍生金融负债及一年内到期的非流动负债划分为低成本负债,其余划分为高成本负债。三类负债的结构分布如表4-9所示。

表4-9 格力电器负债成本结构表

项目	占比/%				
	2016年	2017年	2018年	2019年	2020年
无成本负债	91.18	86.82	85.72	89.84	86.00
低成本负债	8.82	13.18	14.28	10.13	12.85
高成本负债	0.00	0.00	0.00	0.03	1.15

由表4-9可以看出,在格力电器的流动负债中,预收账款等无成本负债占比最大,在2016年达到91.18%,5年间虽有所下降,但仍然高达85%以上。结合表4-8可以发现,在负债的组成中占较大比例的主要是其他流动负债、应付账款、应付票据、预收款项(2020年后该项目改为合同负债)。从占比变化趋势来看,短期借款和应付票据的占比较前些年均有所上升,预收账款(合同负债)占比相对比较稳定。与此形成鲜明对比的是,其他流动负债的占比一直处于较高水平,那么其他流动负债是什么,还有待于进一步分析。

4.1.3 所有者权益结构

所有者权益是指公司资产扣除负债后由所有者享有的剩余权益,表现为资产负债表中的股东权益部分。所有者权益主要包括以下项目:

(1)股本。股本亦称实收资本,是经公司章程授权、代表公司所有权的全部股份。它是企业注册登记的法定资本总额的来源,表明了所有者对企业的基本产权关系。从数量上来讲,股本等于股票的面值与股份总数的乘积。

(2)其他权益工具。其他权益工具核算企业发行的除普通股以外的归类为权益工具的各种金融工具,如可转换债券中包含的权益工具的份额。本科目应按发行金融工具的种类等进行明细核算。

(3)资本公积。资本公积是企业收到投资者的超出其在企业注册资本(或股本)中所占份额的投资,以及直接计入所有者权益的利得和损失等。资本公积包括资本溢价(或股本溢价)和其他资本公积。

(4)库存股。库存股是指企业回购的、尚未转让或注销的本公司股份金额。库存股具有以下特征:①不享有与其他发行在外股票一样的权利,如不具有投票权、股利分配权、优先认购权等,公司解散时亦不能变现;②具有一定的库存期限,这是因为若库存期限过长,库存股可能成为公司管理层操纵的一种工具。

(5)其他综合收益。其他综合收益是指企业根据会计准则规定未在当期损益中确认的各项利得和损失,包括以后会计期间不能重分类进损益的其他综合收益和以后会计期间满足规定条件时将重分类进损益的其他综合收益两类。

(6)专项储备。专项储备是一个权益类会计科目和报表科目,适用于执行中国企业会计准则的高危行业企业。专项储备用于核算高危行业企业按照规定提取的安全生产费以及维持简单再生产费用等具有类似性质的费用。在中国境内从事矿山开采、建筑施工、危险品生产及道路交通运输的企业以及其他经济组织均应按一定比例提取专项储备。

(7)盈余公积。盈余公积又称公司储备金,是指公司为增强自身财务实力,扩大生产经营和预防意外亏损,依法从公司税后利润中提取的积累资金。该资金不参与股利分配,而主要用于弥补公司亏损、扩大公司生产经营、转增公司资本。根据盈余公积计提是否为法律强制规定,盈余公积分为法定和任意两类。

(8)一般风险准备。一般风险准备是指从事证券业务的金融企业按规定从净利润中提取,用于弥补亏损的风险准备。企业提取的一般风险准备,借记"利润分配——提取一般风险准备"科目,贷记本科目。用一般风险准备弥补亏损,借记本科目,贷记"利润分配——一般风险准备补亏"科目。

(9)未分配利润。未分配利润是企业留待以后年度进行分配的结存利润。相对于所有者权益的其他部分来讲,企业对于未分配利润的使用分配有较大的自主权。从数量上来讲,未分配利润是期初未分配利润加上本期实现的净利润,减去提取的各种盈余公积和分出利润后的余额。

(10)少数股东权益。少数股东权益是指在母公司拥有子公司股份不足 100%,即只拥有子公司净资产的部分产权时,除属于母公司所有的子公司股东权益外,其余属于外界其他股东所有的部分。按照《企业会计准则第 33 号——合并财务报表》第三十一条规定:子公司所有者权益中不属于母公司的份额,应当作为少数股东权益,在合并资产负债表中所有者权益项目下以"少数股东权益"项目列示。

专项储备、一般风险准备等项目属于特殊行业使用的报表项目,库存股、少数股东权益等项目都具有一定的特殊性,因此,下面主要以股本、资本公积、盈余公积和未分配利润四个项目作为所有者权益结构分析内容的重点,具体要考虑的因素如下:

(1)所有者权益总额。所有者权益内部结构的变化既可能是所有者权益总量的变动引起的,例如当各具体项目发生不同程度变动时,其总量会因此变动,但由于各项目变动幅度不同,其结构会随之变动,也可能是所有者权益内部各项目本身变动引起的,例如内部各项目之间相互转化(以盈余公积转增股本)等。

(2)利润分配政策。所有者权益虽然主要由股本、资本公积、盈余公积和未分配利润四个部分组成,实质上却可以分为两类——投资人投资和生产经营活动形成的积累。一般来说,投资人投资不是经常变动的,因此,由企业生产经营获得的利润积累而形成的所有者权益数量的多少就会直接影响所有者权益结构,而这完全取决于企业的生产经营业绩和利润分配政策。如果企业奉行高利润分配政策,就会把大部分利润分配给投资者,留存收益的数额就较小,所有者权益结构变动就不太明显,生产经营活动形成的所有者权益所占比重就较低;反之,其比重就会提高。

(3)企业控制权。企业的真正控制权掌握在投资人手里,特别是投资比例较大的投资人。如果企业吸收投资人追加投资来扩大企业规模,就会增加所有者权益中投入资本的比重,使股东权益结构发生变化,同时也会分散企业的控制权。如果投资人不想自己对企业的控制权被分散,就会在企业需要资金时,采取负债筹资方式,在其他条件不变时,既不会引起企业所有者权益结构发生变动,也不会分散企业控制权。

(4)权益资本成本。所有者权益结构影响股东权益资本成本的一个基本前提是所有者权益各项目的资金成本不同。事实上,在所有者权益各项目中,只有投资人投入的资本才会发生实际资金成本支出,其余各项目是一种无实际筹资成本的资金来源,其资金成本只不过是机会成本,即它们无须像投入资本那样分配企业的利润。在实务中,即使把这类资金的成本考虑进去,由于筹措这类资金既不花费时间,也无须支付筹资费用,因而其成本要低于投入资本的资金成本。基于此类资金的这一特点,在所有者权益中,这类资金的比重越大,所有者权益资金成本就越低。

(5)其他因素。企业在选择筹资渠道时,不仅取决于企业的主观意愿,还受到经济环境、金融政策、资本市场状况等因素的影响。这些因素会影响企业的筹资方式,也必然会影响企业所有者权益的结构。例如,当资金市场较宽松时,企业可能更愿意通过举债来筹集资金,这样既可以降低整个企业的资金成本,又可以获得收益;而资金市场紧张时企业则会利用产权筹资方式来筹集资金,更注意企业自身的积累,其结果就会影响到所有者权益结构。

根据格力电器 2016—2020 年的所有者权益情况,编制公司所有者权益内部结构分析表,如表4-10所示。

表 4-10 格力电器所有者权益内部结构分析表

项目	占比/%				
	2016 年	2017 年	2018 年	2019 年	2020 年
股本	10.95	9.00	6.49	5.37	5.15
资本公积	0.33	0.19	0.10	0.08	0.10
减:库存股	0.00	0.00	0.00	0.00	−4.43
其他综合收益	−0.32	−0.14	−0.59	5.59	6.33
盈余公积	6.37	5.23	3.77	3.12	2.99
一般风险准备	0.49	0.49	0.36	0.44	0.43
未分配利润	80.25	83.37	88.38	83.71	87.99
归属于母公司所有者权益合计	98.07	98.15	98.50	98.31	98.55
少数股东权益	1.93	1.85	1.50	1.69	1.45
所有者权益合计	100.00	100.00	100.00	100.00	100.00

从表 4-10 中可以看出,格力电器 2016—2020 年股本比重不断降低,未分配利润的占比逐年上升,格力电器内部积累形成的所有者权益占比已经超过 90%,显示出生产经营活动形成的积累构成公司所有者权益的主要来源。

4.2 资产负债表质量分析

4.2.1 资产质量分析

　　质量是资产负债表分析的重要内容。企业资产的质量能够通过资产周转效率、获利能力等方面来衡量。其中,衡量资产周转效率的主要指标包括总资产周转率、经营资产周转率和固定资产周转率。

　　总资产周转率是指企业一定时期内的销售收入与总资产平均余额的比率。其中,销售收入,也称为销售净额,在利润表中以营业收入项目列示,是公司在一定时期内通过资产运营所完成的业务量的综合量度;总资产则反映了企业投入的经济资源总量。因此,总资产周转率主要用来分析和说明公司全部资产的营运效率,亦即从财务角度反映公司的投入产出水平。由于总资产反映的是资产负债表某一特定时点的企业资产状况,因此通常使用期初与期末的算数平均数进行替代。资产周转率的计算公式如下:

$$总资产周转率 = \frac{销售净额}{年初与年末平均资产总额}$$

　　需要注意的是,公司或年度之间比较总资产周转率,也可能会面临不可比的问题。许多公司的资产并非仅仅投入生产经营,在有些公司甚至相当大的部分往往用于对外投资。除非子公司报表得以合并,否则被投资公司实现的销售净额并不反映到投资方的利润表中。这样就使得总资产周转率计算中的分子(销售净额)与分母(资产总额)在口径上出现不一致。如果被比较的公司或年度之间资产用于生产经营与对外投资的比例存在显著差异,那么总资产周转率在公司或年度之间事实上就是不可比的。对于那些较大比例的资产用于对外投资的公司而言,总资产周转率就会显得较低,这显然不是公司资产使用效率的真实写照。为了克服总资产周转率指标的不足,就有必要使用经营资产周转率进行补充。

　　经营资产周转率是指销售净额与平均经营资产之比。经营资产周转率旨在反映公司投入生产经营的资产的使用效率。相对于总资产周转率而言,经营资产周转率对生产经营过程中资产使用效率的反映更为准确。尤其是在生产经营性资产与对外投资性资产结构比例存在显著差异的公司或年度进行分析时使用经营资产周转率更具有可比性。经营资产周转率的不足是,由于忽略了对外投资性的资产,故不能全面地反映公司所有资产总体的使用效率。经营资产周转率的计算公式如下所示:

$$经营资产周转率 = \frac{销售净额}{年初与年末平均经营性资产总额}$$

　　固定资产周转率是指企业一定时期内的销售收入与固定资产平均余额之比,旨在反映企业固定资产的使用效率。在许多行业,诸如钢铁、电力、通信等,固定资产通常占公司总资产的比重较大。在这些公司中,固定资产周转率对总资产周转率有着举足轻重的影响。固定资产周转率的计算公式如下所示:

$$固定资产周转率 = \frac{销售净额}{年初与年末平均固定资产总额}$$

资产负债表上反映的固定资产价值是扣除了累计折旧以及减值准备后的净额。计算固定资产周转率时,固定资产指的就是其净值。这就意味着如果公司固定资产折旧过快或过慢,都会影响到固定资产周转率的计算和分析,当然也会间接影响经营资产周转率、总资产周转率的计算和分析。如果这一问题严重到一定程度,以至于固定资产周转率指标难以恰当反映固定资产的使用效率,那么就可以考虑使用非财务指标来衡量和评价固定资产的使用效率。例如对于酒店,可以用客房入住率反映固定资产的使用效率。

4.2.2　负债质量分析

对企业的负债质量的评估是通过对企业短期偿债能力的衡量来实现的。反映短期偿债能力的财务比率主要有流动比率、速动比率和现金比率,这些财务比率的共同特点是,直接将可用于偿还流动负债的流动资产或流动资产中的一部分(即速动资产或现金)与需要偿还的流动负债相比较。

1. 流动比率

流动比率是指公司在某一特定时点上的流动资产与流动负债之比。流动比率通过反映流动资产与流动负债的比例,借以说明公司所拥有的流动资产对流动负债偿还的保障程度。流动比率的计算公式如下所示:

$$流动比率 = \frac{流动资产}{流动负债}$$

理论上讲,如果流动比率为1,则表明公司的流动资产恰好能够保障流动负债的偿还;如果流动比率小于1,则表明公司的流动资产即使完全变现也难以偿还全部流动负债,从而需要出售部分非流动资产;如果流动比率大于1,则表明即使流动负债到期全部偿还,公司依然能够拥有一定的流动资产满足生产经营业务的需要。显然,从增强短期偿债能力和满足生产经营需要的角度而言,流动比率越大,公司财务越安全。但是,流动比率过高也未必于公司有利。过高的流动比率可能意味着公司极不善于适当利用短期负债融资,而是过多地使用了长期融资手段,从而增大了公司的融资成本;也可能意味着公司存在严重的流动资产(尤其是存货和应收账款等项目)积压。当然,如果流动比率过低,尤其是低于1时,意味着公司缺乏足够的短期偿债能力。

就一般的制造业公司而言,流动比率的经验值为2,即流动资产通常应该是流动负债的2倍。之所以这样,主要原因如下:①流动资产中的一定比例事实上是长期存在资金占用的,因而具有实质上的长期资产特性,即资金占用的长期性,因而应该由长期资金予以支撑,而不应该以流动负债进行融资;②流动资产如果全部由流动负债支撑,亦即流动比率等于或小于1,那么一旦发生银根紧缩、金融危机或公司信用危机,公司流动负债到期时,往往得不到延展,或者偿还旧债的同时不能借到新债,公司资金周转就会面临困难。在不同公司之间进行流动比率的比较分析时,应该尽可能与同行业公司进行比较;跨行业比较尤其要谨慎。这是因为不同行业的公司有着不尽相同的营业周期,因而对流动比率的适当水平有着不尽相同的要求。一般地,营业周期越短的行业,公司平均的流动比率通常越低;反之则越高。例如,制造业公司的营业周期通常长于商贸公司,因而前者的流动比率通常要高于后者。最后需要指出的是,由于应收账款和存货等需要计提减值准备,凡是计提了减值准备的流动资产项目,在计算流动比率时都应该取其扣除减值准备后的净值,而不应该取其总额。否则,分析者就会高估流动比率,从而高估公司的短期偿债能力。

2. 速动比率

速动比率是指公司在某时点上的速动资产与流动负债之比。速动比率的计算公式如下所示:

$$速动比率 = \frac{速动资产}{流动负债}$$

式中,速动资产是指流动资产扣除存货之后的余额。在通常情况下,流动比率是能够较好地反映公司短期偿债能力的。但是,如果流动资产中的存货面临比较严重的流动性问题,从而缺乏正常的变现能力,那么流动比率即便保持在 2 左右,公司的短期偿债能力事实上也是存在问题的。也就是说,在存货的变现能力不太正常的情况下,流动比率就不能恰当地反映公司的短期偿债能力,这时就需要用速动比率进行补充。

当存货占流动资产的比例越高时,流动比率与速动比率的差异就越大,报表分析者就越应该更多地依赖速动比率分析判断公司的短期偿债能力。速动比率的经验值为 1。与流动比率相类似,速动比率越小,表明公司短期偿债能力越弱。但是,在有些行业或公司,由于很少发生赊销业务,因而也就很少存在应收账款。在这种情况下,速动比率低于经验标准,并不一定意味着缺乏短期偿债能力。换言之,在几乎没有应收账款的情况下,只要流动比率正常,速动比率即便显著地低于经验值,也并非存在问题。速动比率的实际含义会受到应收账款变现能力的影响。计算速动比率时,应收账款应该取其扣除坏账准备后的净值,而不应该使用总额。在速动比率的计算中,还可以考虑扣除预付账款及待摊费用等,形成更为保守的速动比率。

3. 现金比率

较之于流动比率和速动比率,现金比率是更为保守的短期偿债能力比率。在通常情况下,分析者不太会主要依据这一比率分析判断公司的短期偿债能力,这是因为,如果公司预期无法依赖应收账款和存货的变现,而只能依赖目前持有的现金在未来偿还到期债务的话,意味着公司已处于财务困境。也就是说,现金比率主要适用那些已陷入财务困境情形下的短期偿债能力分析。当然,如果公司已将应收账款和存货作为抵押品抵押给其他债权人,或者分析者怀疑公司的应收账款和存货存在严重的流动性问题,而公司又没有提足相关流动资产项目的减值准备,那么以现金比率分析判断公司短期偿债能力也是比较恰当的选择。需要注意的是,在正常情况下,过高的现金比率不应该是公司的追求。这是因为,现金比率过高,可能意味着公司没有充分利用现金资源。当然,如果公司已经有了现金使用计划(如厂房扩建等),一定时点上的现金比率偏高就属于正常情况。因此,在分析该比率时,一定要注意到公司在分析时点前后的重大融资和投资活动。本书以格力电器和美的集团为例,对 2016—2020 年两家公司的上述三个指标进行对比,结果如表 4-11 所示。

表 4 - 11　格力电器与美的集团负债质量对比

年份	格力电器			美的集团		
	流动比率	速动比率	现金比率	流动比率	速动比率	现金比率
2016	1.13	1.02	0.75	1.35	0.67	0.20
2017	1.16	0.95	0.68	1.43	0.77	0.41
2018	1.27	1.02	0.72	1.40	0.57	0.21
2019	1.26	0.96	0.75	1.50	0.81	0.50
2020	1.35	1.05	0.86	1.31	0.95	0.59

数据来源:企业年报。

由表 4 - 11 中格力电器和美的集团的流动比率指标可知,两家公司 2016—2020 年流动比率基本持平。具体来看,格力电器流动比率呈现出约 20% 的涨幅,格力电器的短期偿债能力正在变强,负债质量变好。而美的集团流动比率虽有小幅波动,但基本稳定在 1.3～1.4 的区间内。因此以流动比率来看,格力电器的流动负债清偿能力略低于美的集团;但是进一步来分析速动比率和现金比率可以发现,格力电器的速动比率接近于 1,现金比率也在 0.7 左右,速动比率、现金比率的情况均好于美的集团。因此总体上看,相比于美的集团而言,格力电器在 2016—2020 年间偿还短期债务的能力较强,对短期债权人的债权保障程度更高,企业面临的财务风险较低,负债质量更好一些。

4.2.3　资本结构质量分析

资本结构是指企业资产负债表右边全部项目之间的各种比例关系,包括借入资金与自有资金之间的比例关系、短期资金来源与长期资金来源之间的比例关系、无息负债与有息负债之间的比例关系、商业信用来源与非商业信用资金来源之间的比例关系,以及按照不同的筹资渠道形成的各类资本之间的比例关系,等等。资本结构质量对公司来说意义尤为重大。

筹资结构的合理性在很大程度上影响着公司运营的效益和风险,而公司控制权结构制约了公司治理模式,决定了公司的发展方向,公司的股权结构及其控制权结构特征对公司的运行与发展具有根本性影响。因此,在更广泛、更深入的层面对公司的资本结构进行分析与考察,不仅能够反映它在公司经营层面的质量,更可以透视它在公司战略制定层面的质量——公司资本引入战略的选择与实施状况,而这一层面的质量能更好地揭示公司发展的方向、路径和特色。基于以上对资本结构所做的界定,资本结构质量分析不应局限于传统的对公司财务风险和偿债能力方面的考察,单纯强调资本结构对企业价值的影响,而应进一步深入下去,评价企业资本结构与企业当前以及未来发展战略的适应性。具体来说,企业资本结构质量分析主要应关注以下几个方面。

1.资本成本与投资效益的匹配性

一般来说,资本成本是指企业取得和使用资本所付出的代价,主要包括筹资过程中的筹资费用和使用过程中的使用费用。从成本效益的角度来分析资本结构质量,首先要关注资本成本与投资效益的匹配性问题,只有当体现企业投资效益的资产报酬率(应当为企业的利息和税前利润与企业平均总资产之比)大于企业的综合(或加权)资本成本时,企业才能在向资金提供者支付报酬以后获取适当的净利润。也就是说,从财务效应的角度而言,质量较高的资本结构一般应表现为企业在筹资后能够获得增量利润。

2.资本的期限结构与资产结构的协调性

按照财务管理相关理论,企业所筹集资金的用途决定所筹集资金的类型:企业增加永久性流动资产或增加长期资产,应当通过长期资金来源(包括所有者权益、非流动负债)解决;企业由于季节性、临时性原因造成的流动资产中的波动性资产的需求增加,则应由短期资金来源解决。从资金来源的期限构成角度来看,企业资本中的负债项目按照偿还期限长短分为流动负债与非流动负债两部分,所有者权益项目则属于企业获取的永久性资本。

如果企业存在用长期资金来源支持短期波动性较大的流动资产的情形,由于企业长期资金来源的资本成本相对较高,企业的效益将会下降;同样地,如果企业用短期资金来源支持长期资产和永久性流动资产的购置与建造,由于企业的长期资产和永久性流动资产的周转时间相对较长,企业有可能出现"短融长投"现象,从而承受较大的短期偿债压力。因此,高质量的资本结构配置均要求企业的资本结构应与资金的用途相互协调。

3.资本结构面对企业未来资金需求的财务弹性

虽然企业能够通过提高资本结构中的财务杠杆比率,获得明显的财务杠杆效应和抵税效应,从而有助于提高企业价值,但在过高的财务杠杆比率下,企业在财务上将面临两个主要压力:一是不能正常偿还到期债务的本金和利息;二是在企业发生亏损时,可能会由于所有者权益的比重相对较小而使企业的债权人受到侵害。受此影响,企业从潜在的债权人那里获得资金的难度将会大大增加。因此,一般情况下,具有过高的财务杠杆和财务风险的资本结构,会因适应企业未来资金需求的财务弹性较差而表现出相对较差的质量。

企业的财务杠杆一般可以表现为三种关系,即负债与资产的对比关系(资产负债率)、负债与所有者权益的对比关系、非流动负债与所有者权益的对比关系。实际上,上述三种关系所表现的实质内容是一致的,即表现在企业资金来源中负债所占有的相对规模。表4-12展示了格力电器与美的集团2016—2020年资产负债率的变化情况。

表4-12 2016—2020年格力电器与美的集团资产负债率对比表

年份	资产负债率/%	
	格力电器	美的集团
2016	69.88	59.57
2017	68.90	66.58
2018	63.10	64.94
2019	60.40	64.40
2020	58.14	65.53

由表4-12可以看出,2016—2017年,美的集团的资产负债率均低于格力电器。2018年之后,格力电器的资产负债率呈现下降趋势,2020年降至58.14%,与美的集团的资产负债率差距持续扩大。2020年两家公司间的资产负债率差扩大到约7%。美的集团的资产负债率从

2016 年的 59.57％提升至 2020 年的 65.53％。尽管如此，两家公司都不存在财务杠杆过高的问题，财务风险是可控的。

4．资本结构所决定的控制权结构与治理结构的合理性

资本结构是企业筹资的结果，它决定了企业的产权归属，也规定了不同投资主体的权益以及所承受的风险，它通常会受到企业控制和经营理念的影响。企业解决资金问题通常有两种途径：一是向银行举债筹资，二是由投资者追加投资（上市公司可通过增发股票的方式筹资）。在筹资决策中，资本成本问题往往并不是考虑的关键，财务风险和控制权问题相比较而言更为重要。如企业过度举债筹资，会因财务风险超过承受极限而面临"灭顶之灾"；但如果企业权益筹资过度，就可能使企业控制权旁落，从而被恶意控股股东过度干预企业的生产经营活动。

此外，资本结构还决定了投资者对企业的控制程度和干预方式。投资者对企业控制权的实施有多种方式，不同的筹资方式会影响控制权的选择。就股东的控制方式和干预方式来说，它会因股权结构不同而不同。如果股权较为集中，投资者拥有大额股份，他就会进入董事会，通过"用手投票"来控制和干预企业经营；如果股权比较分散，单个股东的股权比例很小，投资者通过在资本市场上"用脚投票"来间接实施对企业经营者行为和重大决策的控制及干预。

股权结构是公司治理结构的基础。现代公司治理理论认为，公司治理结构是用来处理不同利益相关者之间的利益关系，以实现经济目标的一整套制度安排。在这种制度安排中，股权结构是基础，它决定了股东会的权力核心，进而决定了董事会、监事会和经理人员的构成及权力归属，也决定了出资人对管理者监督的有效性。因此，资本结构决定公司治理结构，进而影响企业价值，它的质量会直接关系到企业的生存与发展。我们以格力电器 2020 年年度报告中所记载的股东持股信息为例进行说明，如表 4 - 13 所示。

表 4 - 13　2020 年格力电器持股 5％以上的股东或前十名股东持股情况

股东名称	股东性质	持股比例/％	持股数量/股
香港中央结算有限公司	境外法人	18.70	1 124 911 044
珠海明骏投资合伙企业	境内非国有法人	15.00	902 359 632
京海互联网科技发展有限公司	境内非国有法人	8.20	493 140 455
珠海格力集团有限公司	国有法人	3.22	193 895 992
中国证券金融股份有限公司	国有法人	2.99	179 870 800
中央汇金资产管理有限责任公司	国有法人	1.40	84 483 000
前海人寿保险股份有限公司-海利年年	其他	1.00	60 086 861
高华-汇丰-GOLDMAN,SACHS & CO. LLC	境外法人	0.81	49 027 500
董明珠	境内自然人	0.74	44 488 492
高瓴资本管理有限公司-HCM 中国基金	境外法人	0.72	43 396 407

表 4-13 是 2020 年末格力电器公司持股 5％以上的股东或前十名股东持股信息。与之前年度相比，本年度报告期内，公司股东持股有较大变动，其中主要的一个变动是在 2019 年 12月 2 日，格力集团与珠海明骏投资合伙企业（以下简称"珠海明骏"）签署股份转让协议，格力集

团拟以 46.17 元/股的价格向珠海明骏转让持有的公司 902 359 632 股无限售条件流通股(占公司总股本的 15%),并于 2020 年 2 月 3 日取得中国证券登记结算有限责任公司深圳分公司出具的过户登记确认书,本次协议转让的股份过户登记手续已完成,过户日期为 2020 年 1 月23 日,股份转让过户登记完成后,公司无控股股东,亦无实际控制人。总体而言,格力电器的股权是较为分散的。

表 4-14 列示了格力电器 2019—2020 年股东权益的变化情况。可以看出,2020 年公司的股东权益包括股本、资本公积、库存股、其他综合收益、盈余公积、一般风险准备、未分配利润和少数股东权益等项目。

表 4-14 格力电器 2019—2020 年股东权益

单位:万元

项目	2020 年 12 月 31 日余额	2020 年 1 月 1 日余额	2019 年 12 月 31 日余额
股本	601 573.09	601 573.09	601 573.09
资本公积	12 185.03	9 337.95	9 337.95
减:库存股	518 227.39		
其他综合收益	739 606.02	626 029.20	626 029.20
盈余公积	349 967.16	349 967.16	349 967.16
一般风险准备	49 757.58	48 985.58	48 985.58
未分配利润	10 284 159.64	9 379 464.35	9 379 464.35
归属于母公司股东权益合计	11 519 021.12	11 015 357.33	11 015 357.33
少数股东权益	169 027.59	189 408.32	189 408.32
股东权益合计	11 688 048.71	11 204 765.65	11 204 765.65

对比 2019 年至 2020 年,格力电器由国资控股转换为无实际控制人状态。2020 年在格力电器持股比例最高的境内法人为珠海明骏投资合伙企业,其是由高瓴资本联合多家投资机构创立的,但拿出 416 亿元巨资的高瓴资本,也就是年报中的珠海明骏,不仅不要实控权,而且给予了管理层更大的空间。对于珠海明骏来说,格力电器的控制权可能并不是最重要的,而只有投资是否获利才是关键。由于董事长董明珠控制的珠海格臻投资管理合伙企业也入资了珠海明骏,因此董明珠通过个人直接持股以及投资珠海明俊等间接持股格力电器多种途径,实现对公司的控制,高瓴资本等战略投资者则希望管理层稳定的经营风格能够继续延续公司辉煌。

5. 投入资本与留存收益的关系

企业的投入资本主要包括实收资本和资本公积,两者的合计数大致可以反映所有者对企业进行的累计投资规模。留存收益包括盈余公积及未分配利润,大致反映了企业从最初成立以来的自身积累规模。使用留存收益/投入资本这一比值可以在一定程度上揭示和评价企业的资本充足性、自身积累和自我发展能力。表 4-15 是格力电器与美的集团 2016—2020 年的留存收益与投入资本比。

表 4-15 2016—2020 年格力电器与美的集团的留存收益与投入资本比

年份	留存收益与投入资本比	
	格力电器	美的集团
2016	7.67	2.04
2017	9.65	2.29
2018	13.99	2.54
2019	15.93	2.97
2020	17.33	3.22

由表 4-15 可以看出,两家公司的留存收益与投入资本比均持续增加。其中,2016 年格力电器的留存收益与投入资本比是 7.67,而美的集团是 2.04,说明截至 2016 年,股东投资格力电器后获得的回报是其初始投资的 7 倍多,而美的集团股东获得的回报是其初始投资的 2 倍多。从 2016—2020 年变化趋势来看,两家公司的留存收益与投入资本比在五年间均呈现上升态势,其中美的集团的留存收益与投入资本比从 2016 年的 2.04 增长至 3.22,格力电器 2020 年的留存收益与投入资本比则高达 17.33,是 2016 年的 2.26 倍。总体来看,格力电器股东的投入资本产生了更多的留存收益,公司对股东投入资本的回报能力更高,资本充足性较强,自身积累和自我发展能力比较好,发展能力和资本结构质量也更胜一筹。

4.3 资产负债表项目分析

在了解企业资产负债表结构配置和质量高低的基础上,本节进一步阐述对资产负债表中主要项目进行分析的思路与方法。其中,与负债和所有者权益项目相比,资产项目的结构分布和质量高低是影响公司绩效的重要因素。具体而言,资产是指企业过去的交易或者事项形成的、由企业拥有或者控制的、预期会给企业带来经济利益的资源。根据流动性差异,企业的资产分为流动资产与非流动资产两大类。接下来,我们将分别介绍在财务报表分析中流动资产与非流动资产应重点关注的项目。

4.3.1 流动资产项目分析

1. 货币资金

货币资金是企业生产过程中以货币形态存在的资金,反映了公司在某一特定日期所拥有的库存现金、银行存款及其他货币资金(外埠存款、银行汇票存款、银行本票存款、信用证保证金存款、信用卡存款、存出投资款等)。货币资金是企业流动性最强、最有活力的资产,同时又是获利能力最低,或者说几乎不产生收益的资产。

对货币资金项目进行分析时,主要应从其运用质量和构成质量两个方面来进行。其中,对货币资金运用质量分析,最主要的就是分析其持有量是否合理。为维持企业经营活动的正常运转,企业必须持有一定量的货币资金。然而货币资金是一种非营利资产,持有量过多表明企业资金使用效率低,会降低企业盈利能力,在浪费投资机会的同时,还会增加筹资成本,同时造成资金浪费;而持有量过少,则又表示企业缺乏资金,不能满足企业交易性、预防性动机,甚至投机性动机的需要,将严重影响企业的正常经营活动、制约企业发展,同时增加财务风险。因此,需要结合以下因素来具体分析货币资金持有量的合理性:

(1)企业资产的规模与业务量。一般而言,资产的规模越大,业务量越大,处于货币资金形态的资产就可能越多。

(2)企业的筹资能力。如果企业有良好的信誉,融资渠道畅通,就没有必要持有大量的货币资金,其货币资金的存量与比重就可以适当降低。

(3)企业对货币资金的运用能力。如果企业运用货币资金的能力强,能灵活进行资金调度,则货币资金的存量与比重可维持较低水平。

(4)企业所在行业特征。处于不同行业中的企业,其结算规模与筹资能力等各不相同,由行业性质决定,其货币资金存量与比重会有差异。

此外,需要考虑的因素还包括企业近期偿债的资金需求(偿付能力)、企业的利润状况和带来的现金后果、所处的融资环境等。

首先,我们以格力电器和美的集团为例来分析其货币资金的运用质量,具体情况如表4-16所示。

表 4-16 2016—2020 年格力电器与美的集团货币资金持有量对比表

年份	格力电器			美的集团		
	货币资金/亿元	资产总计/亿元	货币资金占比/%	货币资金/亿元	资产总计/亿元	货币资金占比/%
2016	957.54	1 823.70	52.51	179.31	1 706.01	10.51
2017	996.11	2 149.88	46.33	482.74	2 481.07	19.46
2018	1 130.79	2 512.34	45.01	278.89	2 637.01	10.58
2019	1 254.01	2 829.72	44.32	709.17	3 019.55	23.49
2020	1 364.13	2 792.18	48.86	812.10	3 603.83	22.53

从表4-16中可以看出,两家公司2016年的资产总额相差不大,格力电器资产总额还略高于美的集团;但是从2017年开始,美的集团的资产规模呈现快速增长,2020年,美的集团的资产总额超过格力电器800多亿元。但是反观两家公司的货币持有量,2016年格力电器就拥有957.54亿元的货币资金,2020年增长至1 364.13亿元,5年间货币资金总额增加400多亿元;美的集团的货币资金则从2016年的179.31亿元增加至2020年的812.10亿元,5年间增加630多亿元。两家公司的货币资金占比表现出不同的变化趋势。其中,格力电器的货币资金占比由2016年的52.51%下降至2020年的48.86%;而美的集团的货币资金占比由2016年的10.51%增加至2020年的22.53%,在5年间翻了一倍,但是与格力电器相比,美的集团高速增长的货币资金占比仍然不及格力电器的一半。总体上看,格力电器的货币资金持有属于比较高的水平,一方面表明格力电器的现金获取能力比较强,财务风险比较小,但同时由于现金的获利能力较低,将影响公司未来给予股东的回报,因此也应注意格力电器持有大量货币资金的原因等问题。

其次,我们分析企业货币资金的构成质量。在货币资金数量一定的条件下,仍然有必要对其构成情况进行分析。一是因为现代会计的记账本位币要求。实践中企业的经济业务往往涉及多种货币,尤其是对于大型跨国企业而言,不同货币的币值会受到汇率等多种因素的影响,因此对企业所持有的不同货币进行汇率趋势分析,就可以确定企业持有货币资金的未来质量。二是因为货币资金的使用可能受到某些限制。例如,存款被冻结,存款已用于质押,借款合同要求的最低存款余额,为了开具银行本票、银行汇票或银行承兑汇票而存入的保证金,保险公司的资本金存款等限制。表 4-17 是格力电器 2018—2020 年货币资金内部的结构分布,其中,货币资金中占比较大的主要是银行存款及存放同业款项,存放同业款项(这个项目通常在金融机构才会使用)是由于格力电器有自己可以开展贷款和揽储业务的独立财务公司。

表 4-17　2018—2020 年格力电器货币资金内部变化情况表　　　　　单位:万元

项目	2018 年 12 月 31 日余额	2019 年 12 月 31 日余额	2020 年 12 月 31 日余额
现金	167.8	135.7	46.9
银行存款	6 441 841.7	6 210 534.9	7 802 237.7
其他货币资金	360 832.0	1 069 520.7	1 869 337.4
存放中央银行款项	304 751.9	301 608.7	203 999.9
存放同业款项	4 200 309.7	4 792 868.8	3 519 051.8

接下来我们进一步来看资金受限情况。在年报的财务报表附注部分,通过查阅货币资金项目附注将 2018—2020 年格力电器货币资金受限制信息归集,如表 4-18 所示。

表 4-18　2018—2020 年格力电器受限资金占比表

年份	受限资金/万元	货币资金/万元	受限资金占比/%
2018	600 578	11 307 903	5.31
2019	1 332 943	12 540 072	10.63
2020	2 033 540	13 641 314	14.91

由表 4-18 可以看出,2018—2020 年,格力电器 2018 年受限资金占比最低,为 5.31%,2019 年后格力电器的受限资金占比不断提高,2019 和 2020 年均达到 10% 以上。2020 年公司受限资金约 203 亿元,其中包括银行承兑汇票保证金、保函保证金、信用证保证金存款等在内的其他货币资金中受限制资金约 183 亿元,公司存放中央银行款项中法定存款准备金中约 20亿元。此外,仔细阅读公司年报附注可以发现,公司另有存放于有外汇管制或其他法规限制的境外国家的现金及现金等价物,这些现金可能会由于汇率的影响而产生金额的变动。

2. 应收账款

应收账款是企业因销售商品、产品或提供劳务等,应向购货单位或接受劳务单位收取的各种款项。它是企业金融资产的重要组成部分,体现了企业向客户提供的一种短期商业信用。单从资金占用角度来讲,应收账款的资金占用是一种不经济的行为,虽然这种损失往往可以通过扩大销售而得到补偿,但是应收账款规模过大,企业发生坏账的可能性也很大,因此,应收账款质量是指债权转化成货币的质量,主要取决于企业的信用政策。合理确定信用政策,在刺激销售和减少坏账间寻找赊销政策的最佳点,是企业营销策略中必须解决的问题。对应收账款的质量分析,可以从以下几方面进行。

一是应收账款规模与比重。应收账款是因为企业提供商业信用产生的,在其他条件不变时,应收账款规模会随着销售规模的增加而增加。如果企业的应收账款增长率超过销售收入、流动资产等项目的增长率,就可以初步判断其应收账款存在不合理增长的倾向,对此,应分析应收账款规模增加的具体原因。还可以将应收账款规模与企业资产规模或营业收入规模进行对比计算出相应比例后,与同行业对标企业、行业平均水平以及自身前期水平进行比较,便可以大致判断规模的合理性。从经营角度讲,应收账款的变动可能出于以下原因:①企业销售规模的增长。②企业信用政策的改变。放松信用政策将会刺激销售,扩大销售规模;反之,会缩小销售规模。③企业收账政策不当。④企业应收账款质量不高,存在长期挂账且难以收回的账款,或者因客户发生财务困难,暂时难以偿还所欠货款等。表 4-19 反映了格力电器与美的集团 2016—2020 年应收账款的占比情况。

表 4-19　格力电器与美的集团 2016—2020 年应收账款占比情况表

年份	格力电器		美的集团	
	应收账款占销售收入的比例/%	应收账款占总资产的比例/%	应收账款占销售收入的比例/%	应收账款占总资产的比例/%
2016	2.61	1.55	8.46	7.89
2017	3.92	2.70	7.28	7.06
2018	3.89	3.06	7.47	7.35
2019	4.30	3.01	6.71	6.18
2020	5.20	3.13	8.08	6.38

由表 4-19 可以看出,相较于同行业的美的集团来说,格力电器的应收账款在销售收入和总资产中的占比较低,表明格力电器在行业内的话语权较大,回款政策效果较好,但是从变化趋势来看,格力电器的应收账款占比在 2016—2020 年呈现出明显的上升状态,而美的集团的两项比率则表现较为稳定,甚至略有下降。

从整体上来看,格力电器的应收账款数额较少,但是应收账款占总资产和销售收入比例的不断增加也显示出应收账款占用公司资金的比例变得更大,企业资产的流动性变差,偿债能力减弱,同时应收账款占销售收入比例增加表明公司应收账款的增加幅度要大于销售收入的增加幅度。该指标越高,一旦应收账款发生问题无法及时足额收回,公司现金流受到的影响就越大,不利于公司偿债和投资,甚至可能危及生存发展,公司应该防患于未然,及早做出预防措施。

二是账龄与坏账准备。应收账款的账龄分析,就是对现有债权按照欠款期的长短进行分类。一般来说,未过信用期或已过信用期但拖欠时间短的债权与已过信用期且拖欠时间长的债权相比,出现坏账的可能性小。根据中国证监会要求,上市公司将应收账款的账龄划分为四段,即 1 年以内、1~2 年、2~3 年和 3 年以上。一般来说,1 年以内的应收账款在企业信用期限范围;1~2 年的应收账款有一定逾期,但仍属正常;2~3 年的应收账款风险较大;而 3 年以上的因经营活动形成的应收账款已经与企业的信用状态无关,其可回收性极小,可能的解决办法只能是债务重组。

坏账准备作为应收款项的备抵项目,也被经常用来进行费用调整,从而对资产负债表和利润表产生影响。对坏账准备进行分析应注意:首先,分析坏账准备的提取方法、提取比例的合理性。企业会计准则规定,企业可以自行确定计提坏账准备的方法和计提的比例,这可能导致一些企业出于某种动机,利用会计估计的随意性选择提取比例,随意选择计提方法,人为地调节应收账款净额和当期利润。其次,比较企业前后会计期间坏账准备提取方法、提取比例是否改变。一般来说,企业坏账准备的提取方法和提取比例一经确定,就不能随意变更。企业随意变更坏账准备的提取方法和提取比例,往往隐藏着一些不可告人的目的。分析时应先查明当企业坏账准备提取方法和提取比例变更时,企业是否按照信息披露制度的规定,对其变更原因予以说明,然后分析这种变更的理由是否充分合理,是正常的会计估计变更还是为了调节利润。最后,区别坏账准备提取数变动的原因。坏账准备提取数发生变动,既可能是因为应收款项变动引起的,也可能是由会计政策或会计估计变更引起的,分析时应加以区别。表 4-20 是格力电器 2016—2020 年应收账款账龄分布。

表 4-20 格力电器 2016—2020 年应收账款账龄分布占比表

账龄	占比/%				
	2016 年	2017 年	2018 年	2019 年	2020 年
1 年以内	96.58	98.73	98.97	83.26	83.59
1~2 年	3.29	1.10	0.65	10.02	6.36
2~3 年	0.05	0.11	0.28	3.85	5.43
3 年以上	0.08	0.06	0.10	2.87	4.62
合计	100.00	100.00	100.00	100.00	100.00

如表 4-20 所示,格力电器的应收账款大多属于 1 年以内可以收回的账款,且在 2016—2018 年,1 年以内的应收账款占比呈现出微增趋势但基本稳定,表明格力电器回款情况整体向好;但是从 2019 年开始,公司的账龄分布出现较大的变化,2 年以上应收账款的占比达到 6.72%,2020 年该比值增加至 10%以上,显示出公司的应收账款的收款风险加大,值得注意。另外,通过对公司年度报告附注的分析,2016—2020 年格力电器没有改变过坏账准备的计提方法,不存在随意选择计提方法、人为地调节应收账款净额和当期利润的行为,因此,有必要对公司账龄分布结构变化的原因进行更加深入的分析。公司计提坏账准备的方法如表 4-21 所示。

表 4-21 格力电器坏账准备计提比例

账龄	计提比例/%
1 年以内	5
1~2 年	20
2~3 年	50
3 年以上	100

企业债权的质量不仅与账龄有关,更与债务人的构成有关。所以,通过对债务人的构成分析,也可以对债权整体评价做出贡献。债务人的构成情况分析应从债务人的所有权性质、债务人的区域构成、稳定程度以及与债权人的关联密切程度等几个方面综合评价。

(1)债务人的所有权性质。不同所有制的企业,对其自身债务的偿还意愿以及偿还能力有较大差异。

(2)债务人的区域构成。不同地区的债务人,由于经济发展水平、法治建设以及营商环境等方面的差异,对企业自身债务的偿还心态以及偿还能力有相当大的差异。经济发展水平较高、法治建设条件较好以及营商环境较好的地区,债务人一般具有较好的清偿心理,债务的可收回性强;反之,债务人的还款能力较差。

(3)债务人的稳定程度。一般来说,具有稳定业务往来关系的债务人可靠性较强,偿债能力一般较好把握;而临时性或不稳定的债务人的偿债能力一般较难把握。

(4)债权人与债务人的关联关系。债权人对非关联方债务人的债务求偿的主动性较强,回款的可能性大;此外,由于关联方之间在债权债务方面可能存在人为操纵,分析时应对关联方之间的债权债务予以高度重视。

以格力电器为例,公司自 2017 年开始披露应收关联方账款的相关信息,2017—2020 年相关信息如表 4-22 所示。可以看出,应收关联方账款占应收账款总额的比例在 2017 年高达30.68%,此后该比值持续下降,2020 年该比值降至 3.22%,显示出 2017—2020 年格力电器同非关联方企业交易形成的应收账款占比持续增长,公司的回款能力和应收账款质量不断提升。

表 4-22 2017—2020 年格力电器关联方应收账款占比情况表

年份	应收关联方账面余额/万元	应收账款总计/万元	应收关联方占比/%
2017	161 415	526 202	30.68
2018	121 708	717 626	16.96
2019	63 695	924 502	6.89
2020	30 580	949 135	3.22

3. 存货

存货是指企业在日常活动中持有以备出售的产成品或商品、处在生产过程中的在产品、在生产过程或提供劳务过程中耗用的材料和物料等。存货项目在流动性资产中占比较大,是影响企业流动性的最主要因素之一。除此之外,存货的成本会直接计入利润表的销售成本,对利润具有直接的影响。因此,在对流动资产项目的分析中,应特别重视对存货项目的分析,应重点关注各项存货的盈利性、变现能力、周转性,即进行存货分析的目的在于了解企业存货的占用总额是否合理、各项存货所占比例是否恰当、能否为企业带来收益、能否顺利变现等。对不合理的因素需要查明原因,控制存货储备量,降低存货额,加速存货的周转。对存货质量的具体分析,可以从以下几个方面进行。

(1)存货品种构成与比重。存货主要分为库存材料、在产品、产成品等项目。各种存货资产在企业再生产过程中的作用是不同的,其中,产成品存货是存在于流通领域的存货,它不是保证再生产过程不间断进行的必要条件,必须压缩到最低限度。材料存货是维持再生产活动的必要物质基础,然而它只是生产的潜在因素,所以应把它限制在能够保证再生产正常进行的最低水平上。在产品存货是保证生产过程连续性的存货,企业的生产规模和生产周期决定了在产品存货的存量,在企业正常经营条件下,在产品存货应保持一个稳定的比例。

企业生产经营的特点决定了企业存货中各项目的结构,在正常情况下,存货资产结构应保持相对稳定性。分析时,应特别注意对变动较大的项目进行重点分析,任何存货内部结构比重的剧烈变动,都表明企业生产经营过程中有异常情况发生,应深入分析其原因,以便判断存货结构的合理性。

(2)存货计价方法选择。存货计价包括购买存货计价、在产品存货计价以及发出存货计价等多个方面,其中,购买存货计价和在产品存货计价主要涉及相关成本的核算与管理,在会计核算中已经进行过比较详细的阐述,因此,在财务报表分析中主要关注的是发出存货计价问题。发出存货计价方法具有双重的影响,一方面决定本期已出售商品的销售成本,另一方面影响尚未出售存货资产的价值。因此,存货计价方法的选择会同时影响本期资产负债表和利润表的准确性,也就是说,不同的存货发出计价方法会同时影响企业的财务状况和盈利水平。由于存货价格会发生变动,不同的计价方法就会导致不同的结果。

发出存货计价方法作为一项会计政策,企业应结合自身的生产经营特点、存货实物流转特点合理地确定,一经确定则不得随意变更。由于选择不同的存货计价方法会产生重大的差异,因此实务中要特别注意企业利用存货计价方法的变更来调节利润的行为。分析时,首先,应结合会计报表附注,查明企业是否对存货计价方法的变更予以说明;其次,应分析变更是否合理,是正常的会计政策变更还是为了调节利润;最后,应对不合理因素所引起的会计信息失真问题进行更正与调整。

(3)存货跌价准备。企业会计准则规定,存货的期末计价采用成本与可变现净值孰低法,对于可变现净值低于成本的部分,应当计提存货跌价准备。在现实中,由于企业对存货可变现净值的确定具有一定的弹性,这也使得期末存货的价值和当期损益常常受到人为因素的影响。分析时,需要关注财务报表附注,了解企业计提存货跌价准备的会计政策、可变现净值确定的合理性、期末存货数量的准确性,并结合减值明细表判断企业是否存在前后会计期间存货跌价准备确定标准不一致的情况。通过对比企业存货跌价准备历年的变化也可以判断企业存货质量的高低。

下面以格力电器2016—2020年年度报告为例对公司存货项目进行示例分析,存货项目分布情况如表4-23所示。

表4-23　格力电器2016—2020年存货项目分布表　　　　　　单位:%

年份	原材料	在产品	产成品	开发成本	合计
2016	35.54	10.74	53.71	—	100.00
2017	25.35	17.14	57.51	—	100.00
2018	42.67	9.16	48.17	—	100.00
2019	41.96	7.61	45.97	4.46	100.00
2020	30.74	7.34	56.15	5.77	100.00

首先,通过查阅格力电器 2016—2020 年年度报告发现,格力电器的存货主要包括原材料、在产品、产成品、开发成本等项目。其中,2019 年,在传统原材料、在产品和产成品三大存货项目基础上,新增了开发成本项目,按照公司年报中对开发成本的定义,开发成本是指尚未建成、以出售为目的之物业;同时,公司将购入且用于商品房开发的土地使用权也作为开发成本核算。这一新增项目说明格力电器已从传统的电器制造与销售业务向商品房开发领域拓展。但是根据财务报表附注中的解释,2019 年新出现的开发成本是公司基于员工住房需求而开发建设的洛阳基地地产配套项目。这似乎又说明格力电器启动的房地产业务拓展是有限调整,并不会改变公司继续深耕电器制造的初心。

在总体结构分布上,2016—2020 年格力电器存货项目占比从高到低依次为产成品、原材料和在产品(2019 年之后新增的开发成本占比还比较低,处于第四位。同时,因为开发项目是属于公司战略的有限调整,在此不做过多的分析)。从变动趋势来看,2017 年的存货结构分布变动较大,其中原材料占比较上一年显著下降,在产品占比显著增加,预示着公司在 2017 年生产管理环节可能存在较大幅度的调整。2018 年,在产品和产成品占比明显下降,表明公司在产品制造和销售环节的资金占用较低,体现出公司生产流程的优化,管理效率较高;原材料占比上升,可能主要是由于国际供应链环境的变化促使公司提升了原材料的库存水平;然而,2020 年一个非常大的变化是期末产成品占比明显上升,可能较往年相比公司的存货销售存在一定的滞缓从而导致存货积压,但是通过与同行业的美的集团对比发现,56.15% 的产成品占比似乎也不算太高。

其次,关于存货计价方法。根据格力电器 2016—2020 年年度报告,公司存货发出的计价方法使用计划成本法,月末按当月成本差异将计划成本调整为实际成本,且格力电器 2016—2020 年未曾变更过存货的计价方法。

最后,关于存货跌价准备计提。查阅 2016—2020 年格力电器年度报告可以发现,存货跌价准备计提比例较低,格力电器的存货保值性较好。表 4 - 24 列示的是格力电器 2016—2020 年的存货跌价准备计提情况。从计提比例上来看,2017 年存货跌价准备余额较上一年有大幅度增加,结合表 4 - 23 可知,这一年在产品和产成品在存货总额中的占比均有大幅提升,进一步提醒我们原材料和产成品可能存在管理不善问题;2019 年经过短暂的下降之后,2020 年存货跌价准备计提比例突破 1%,存货账面总额和跌价准备计提金额均较往年有大幅度的增长,这一变化对于投资者而言需要引起足够的重视。

表 4 - 24 格力电器 2016—2020 年存货跌价准备计提情况表

年份	存货跌价准备/百万元	存货账面价值/百万元	计提比例/%
2016	14.99	9 024.91	0.17
2017	92.26	16 568.35	0.55
2018	113.40	20 011.52	0.57
2019	56.55	24 084.85	0.23
2020	336.64	27 879.51	1.21

4.应收款项融资

伴随着 2017 年修订的《企业会计准则第 22 号——金融工具确认和计量》在中国上市公司中全面实施,2019 年,应收款项融资成为企业财务报表中的一个新项目。在 2018 年之前,除应收账款之外,企业涉及较多的应收款项还有应收票据,即企业因赊销产品、提供劳务等在采用商业汇票结算方式下收到的商业汇票(目前主要是银行承兑汇票)而形成的债权。

应收票据在确认时,由于依据的是赊销业务中债权人或债务人签发的表明债务人在约定时日应偿付约定金额的书面文件,并具有法律效力,因而受到法律的保护,具有较强的变现性。商业汇票是商品经济高度发达的产物,其本身是一种有价证券,其实质是一种商业信用行为。在到期之前,企业如果需要资金,可将持有的商业汇票背书后向银行或其他金融机构办理贴现,取得现金,因而也从另一个方面保证其具有较强的变现性。对于格力电器来说,相比于应收账款,应收项目中占比更大、在财务分析中更显重要性的是应收票据项目。表 4-25 是格力电器(母公司报表)2016—2020 年应收款项的构成情况。可以看出,在 2018 年之前,应收票据占到格力电器全部应收款项的 90% 以上。因此对于应收票据的质量分析是对公司应收款项质量进行全面评价的重要部分。

表 4-25　2016—2020 年格力电器应收款项的构成　　　单位:万元

年份	应收票据与应收账款	应收票据	应收账款	应收款项融资
2016	2 971 102	2 868 140	102 962	—
2017	2 943 107	2 804 628	138 479	—
2018	3 504 738	3 251 621	253 117	—
2019	387 327	—	387 327	2 459 914
2020	354 879	—	354 879	1 864 220

在分析应收票据的质量特征时,在强调其具有较强的变现性的同时,必须关注其可能给企业的财务状况造成的负面影响。我国票据法规定,票据贴现具有追索权,即如果票据承兑人到期不能兑付,背书人负有连带付款责任。这样,对企业而言,已贴现的商业汇票就是一种"或有负债",若已贴现的应收票据金额过大,也可能对企业的财务状况带来较大影响。因此,在分析该项目时,应结合财务报表附注中的相关披露,了解企业是否存在已贴现的商业汇票,据以判断其是否会影响企业未来的偿债能力。另外,对于到期的应收票据,因付款人无力支付或其他原因而发生拒付,企业要按应收票据的账面余额将其转入"应收账款"账户,从而将企业的商业债权由"有期"转为"无期"加以核算,这样一来,会在一定程度上影响该项目的变现性和周转性。

2019 年,应收票据项目不再适用,新的报表项目"应收款项融资"启用,企业需要将分类为以公允价值计量且其变动计入其他综合收益的应收票据和应收账款,自取得起期限在一年内(含一年)的部分,列示为应收款项融资。在进行财务报表分析时,除遵循应收账款项目分析的一般性原则外,分析应收款项融资项目需要特别注意以下两点:

第一,注意应收款项融资项目与传统的应收票据项目的区别。2018 年之前的应收票据项目里面归集和反映的是企业持有的、表明债务人在约定时日应偿付约定金额的信用,而应收款项融资归集的则是以公允价值计量且其变动计入其他综合收益的,且自取得起期限在一年内(含一年)的应收票据和应收账款,包含的内容更宽泛一些。

第二,报表里该项目金额的含义。按照《企业会计准则第22号——金融工具确认和计量》的相关要求,该项目属于以公允价值计量且其变动计入其他综合收益的金融资产,因此期末应以公允价值进行计量,这样,资产负债表中该项目金额的变动并不直接意味着公司持有的应收票据和应收账款数额增加或减少了,而是可能会受到市场利率、公司声誉等多重因素的影响从而引发的公允价值变动。

4.3.2 非流动资产项目分析

1. 长期股权投资

长期股权投资是企业按照《企业会计准则第2号——长期股权投资》进行确认、计量和相关信息披露的项目,主要是指投资方对被投资企业实施控制、重大影响的权益性投资。长期股权投资形成的方式(同一控制下的企业合并、非同一控制下的企业合并)、投资目的既包括有控制的投资,也包括有共同控制或重大影响的投资等多种形态,导致其初始成本的计量、后续计量以及会计核算的要求均有较大差别,因此对该项目进行分析,需要首先搞清楚该项目核算的内容是否恰当。在此基础上,分析企业的长期股权投资项目质量,则重点从其盈利性、保值性以及资产的撬动效应三个维度着手。

1)盈利性分析

长期股权投资项目的盈利性往往呈现出较大的波动性特征,具体要依据其投资目的和方向、年内所发生的重大变化、投资所运用的资产种类、投资收益确认方法等诸多因素来分析判断。

(1)投资目的和方向对盈利性的影响。企业进行长期股权投资的目的是多种多样的:有的是建立和维持与被投资企业之间稳定的业务关系,理顺上下游供销渠道;有的是实现横向联合,以此来提高市场占有率和行业内的竞争力;有的是增强企业多元化经营的能力,提高企业抗风险的能力或创造新的利润源泉;有的则单纯是进行资本运作,获取高额收益。无论采用哪种方式、出于什么目的,对于大部分企业来说,进行长期股权投资的最终目的都是将其作为自身经营活动的有力补充,从而提升企业业绩的总体水平。

在投资方在某个行业有核心竞争力的条件下,如果对外投资与自身的核心竞争力一致,则除了对被投资方有财务贡献以外,投资方会在技术、管理、市场等方面对被投资方有实质性贡献。在业绩方面,投资方与被投资方所在行业极有可能一致,因此,双方的业绩经常会呈现出同方向变化。反之,如果对外投资与自身的核心竞争力不一致,则可能是投资方在努力通过对外投资实现其多元化战略,寻求行业外的新发展契机。

(2)长期股权投资年度内的重大变化对盈利性的影响。长期股权投资年度内的重大变化有以下几种情况:第一,收回或者转让某些长期股权投资而导致长期股权投资减少;第二,增加新的长期股权投资而导致长期股权投资增加;第三,因权益法确认投资收益而导致长期股权投资增加。在第一种情况下,收回或者转让某些长期股权投资而导致长期股权投资减少,可能是企业试图优化自身的投资结构而进行的投资结构调整,也可能是企业为了变现而进行的股权投资的出售活动,还有可能是为了按照某些约定收回投资。在第二种情况下,增加新的长期股权投资而导致长期股权投资增加,可能是企业继续其对外扩张的态势而进行的扩张努力,也可能是为了实现业绩的增长而进行的投资组合调整,还有可能是为了利用表内表外的非货币资源而进行的资产重组活动。在第三种情况下,因权益法确认投资收益而导致长期股权投资增加,一般应该认为是一种"泡沫"资产的增加,对企业难以产生实质性正面贡献。

(3)长期股权投资所运用的资产种类对盈利性的影响。就长期股权投资所运用的资产种类而言,企业既可以通过货币资金对外投资、以表内的非货币资源对外投资,还可以利用表外的无形资产对外投资。在企业以货币资金对外投资的条件下,由于货币资金具有投资方向不受限制的特点,企业的对外投资在方向上应该具有选择性强的特点,因而此类投资可以对投资方向的多元化形成直接贡献;在企业以表内的非货币资源对外投资的条件下,企业有可能是在实施资产重组等战略,但其投资方向受原有资产结构和质量的影响较大,在投资结构上可能与企业的原有经营活动联系较为紧密;在企业以表外的无形资产对外投资的条件下,这种投资的安排应该被认为是企业表外资源价值实现的一种方式。

(4)长期股权投资收益确认方法对盈利性的影响。长期股权投资收益的确认,因其具有一定的特殊性而对企业长期股权投资的盈利性分析有着重要影响。

投资方能够对被投资单位实施控制的长期股权投资(即对子公司的长期股权投资),应当采用成本法核算。在成本法下,企业的"长期股权投资"项目通常仅反映投资的初始投资成本(历史成本)。追加或收回投资应当调整长期股权投资的成本。只有在投资发生重大持久性不可逆转的贬值时,才对"长期股权投资"项目做减值处理,并确认投资损失。当收到被投资单位分发的股利(或被投资单位宣布发放现金股利)时,在会计上确认投资收益。这就是说,成本法下的投资收益确认与货币资金的流入有直接关系,即成本法下的投资收益能够带来实实在在的现金流入,而不会引起利润(投资收益)和长期股权投资的"泡沫"。

投资方对联营企业和合营企业的长期股权投资,应当采用权益法核算。在权益法下,被投资方被投资以后有利润时,不论被投资方是否分配现金股利,投资方均按照被投资方的新增净利润的持股份额确认投资收益,同时确认长期股权投资金额的增加。在被投资方分配现金股利时,则相应冲减长期投资的金额。因此,权益法确认投资收益会不可避免地出现长期股权投资的"泡沫"成分。"泡沫"成分的大小,取决于被投资方分派现金股利的程度。因此,考虑到成本法和权益法下对投资收益的确认、现金股利分派等相关会计处理上的差异,对企业长期股权投资项目进行分析时有必要对企业采用的会计核算方法的适当性进行评价和分析。

2)保值性分析

对长期股权投资而言,在被投资企业为有限责任公司的情况下,投资方的股权投资一般不能从被投资方撤出。投资方如果期望将手中持有的股权投资收回,就只能转让其股权。而转让投资不仅取决于转出方的意志,还取决于转入方(购买转出方的投资的企业)的意愿与双方的讨价还价能力。也就是说,企业的长期股权投资要么不能收回,要么以不确定的价格转让。这就使得投资方在股权转让中的损益难以预料。因此,该项目的账面金额与其可收回的金额之间有可能出现一定的差距,这使得长期股权投资的保值性也有可能出现一定程度的不确定性。

此外,通过分析长期股权投资减值准备计提的情况,也可在一定程度上反映该项目的保值性。长期股权投资减值准备是针对长期股权投资账面价值而言的,在期末时按账面价值与可收回金额孰低的原则来计量,对可收回金额低于账面价值的差额计提减值准备,即长期股权投资减值准备。而可收回金额一般是依据核算日前后的相关信息确定的。相对而言,长期股权投资减值的估算是事后的,客观地讲,不同时间计提的减值准备金额确实具有一定的不确定性,因此,减值准备在什么时间计提、计提多少等均存在主观人为因素,为企业利润操纵提供了一定的空间。

　　一般情况下,在被投资企业出现下列情况之一时,投资方对长期股权投资应当计提减值准备:①市价持续2年低于账面价值;②该项投资暂停交易1年或1年以上;③被投资企业当年发生严重亏损;④被投资企业持续2年发生亏损;⑤被投资企业进行清理整顿、清算或出现其他不能持续经营的迹象。无论哪种情形,都意味着投资方的长期股权投资要么无法按照预期收益水平带来收益,要么无法按照账面价值收回投资成本。总之,计提了减值准备的长期股权投资项目的保值性堪忧,是否会继续发生减值,则需要对被投资企业的持续经营能力和盈利能力做进一步的分析与判断。值得注意的是,为防止企业利用该项目调节利润,即防止企业在利润高时计提减值准备,在没有利润时再冲回减值准备而增加利润,我国的企业会计准则要求长期股权投资资产减值准备不得转回,即便今后被投资企业的市价翻几番,也不得再转回减值准备。

3)关于长期股权投资产生的撬动效应分析

　　企业对外控制性投资的目的有很多。在以扩张为目的形成控制性投资的情况下,控制性投资的资产扩张效果是评价扩张质量的重要方面。因此,除了针对长期股权投资的盈利性和保值性两个方面进行分析以外,我们还可以通过对比分析合并资产负债表和母公司资产负债表中该项目数额,分析控制性投资所占用的资源规模,观察长期股权投资所产生的撬动效应的大小。

　　首先,我们需要在母公司资产负债表的资产中找出可能"隐藏"控制性投资所占用资源的相关项目。除了直接反映控制性投资所占用资源的长期股权投资项目之外,预付款项、其他应收款、其他流动资产和其他非流动资产等项目都有可能间接地反映出控制性投资所占用的资源。从目前企业的集团管理实践以及企业编制报表的实际情况来看,母公司除了通过支付现金或发行股票等方式获得子公司的控制权外,也可能直接通过其他应收款向子公司提供资金,甚至通过预付货款的方式向子公司提供资金,还有可能将支持子公司的资金"隐藏"于其他流动资产和其他非流动资产项目之中。

　　从合并财务报表的编制原理来看,如果上述项目中存在越合并越小的情况,则两者之间的差额基本上可以列入母公司对子公司投资(即企业的控制性投资)所占用的资源范围。需要强调的是,我们仅是直接利用报表数据进行比较分析,受减值准备、母公司与子公司之间的债权债务往来等各种因素的影响,还不能十分精准地计算母公司对其子公司所投入资源的全部数额。但是,这种分析可以基本满足我们衡量企业控制性投资效果的要求。

　　我们以格力电器2020年报为例,对公司控制性投资占用的资源及撬动效应进行分析,相关项目的信息如表4-26所示。可以看出,格力电器对其子公司投资的基本规模约为165亿元,此外,还在其他应收款中向子公司提供了约22亿元资金,预付款项中向子公司间接提供148亿元资金。可以看出,控制性投资所撬动的增值资源约为396亿元,这意味着公司以约170亿元的资金投入,实现了约396亿元的扩张效应。

表 4-26 格力电器 2020 年控制性投资占用的资源及撬动效应分析表 单位：万元

项目	合并报表数	母公司报表数	控制性投资占用资源的基本规模
长期股权投资	811 984	2 461 936	1 649 952
其他应收款	14 734	230 715	215 981
预付款项	312 920	1 796 361	1 483 441
资产合计	27 921 792	23 962 699	3 959 093

2. 固定资产

固定资产，是指同时具有下列特征的有形资产：①为生产商品、提供劳务、出租或经营管理而持有的；②使用寿命超过一个会计年度。固定资产的计量包括初始计量和后续计量两个环节，其中固定资产的初始计量是指确定固定资产的取得成本。取得成本包括企业为购建某固定资产达到预定可使用状态前所发生的一切合理的、必要的支出。在实务中，企业取得固定资产的方式是多种多样的，包括外购、自行建造、投资者投入以及非货币性资产交换、债务重组、企业合并和租赁等，取得的方式不同，其成本的具体构成内容及确定方法也不尽相同。

固定资产的后续计量主要包括固定资产折旧的计提、减值损失的确定，以及后续支出的计量。其中，折旧的计提属于最为常见的一项业务，涉及的方法较多，而固定资产减值的计提不仅会导致资产的大幅缩水，也会对利润产生巨大冲击，因此在进行财务报表分析时，应对固定资产折旧计提政策、固定资产减值准备计提等问题进行重点关注。

折旧是指在固定资产的使用寿命内，按照确定的方法对应计折旧额进行系统分摊。应计折旧额，是指应当计提折旧的固定资产的原价扣除其预计净残值后的金额。如果已对固定资产计提减值准备，还应当扣除已计提的固定资产减值准备累计金额。影响固定资产折旧的因素主要有以下几个方面：①固定资产原价，指固定资产的成本。②固定资产的使用寿命，指企业使用固定资产的预计期间，或者该固定资产所能生产产品或提供劳务的数量。③预计净残值，指假定固定资产预计使用寿命已满并处于使用寿命终了时的预期状态，企业目前从该项资产处置中获得的扣除预计处置费用后的金额。④固定资产减值准备，指固定资产已计提的固定资产减值准备累计金额。

企业应当根据与固定资产有关的经济利益的预期消耗方式，合理选择折旧方法。可选用的折旧方法包括年限平均法、工作量法、双倍余额递减法和年数总和法等。企业选用不同的固定资产折旧方法，将影响固定资产使用寿命期间内不同时期的折旧费用，因此，固定资产的折旧方法一经确定，不得随意变更。如需变更应当符合固定资产准则的规定，至少于每年年度终了对固定资产的使用寿命、预计净残值和折旧方法进行复核。对固定资产折旧进行分析应重点关注以下事项：

第一，与同行业竞争对手相比，该公司的折旧方法是更为激进还是保守。

第二，折旧会计政策是否发生变更，变更的理由是否合理充分，折旧政策变更对本期及未来期间财务绩效有哪些潜在影响。

第三，折旧政策与公司战略的匹配关系。比如，两家航空公司 A 和 B，主力机型都是经济使用年限为 20 年的 Y 型飞机,A 公司确定折旧年限为 10 年,B 公司将折旧年限确定为 25 年,那么哪家公司的折旧政策更为合理呢? 很显然,财务报表分析者难以回答这个问题。但是如果结合两家公司的经营战略,报表分析者就很容易回答该问题了。其中 A 公司采用差异化战略,主要是为高端乘客提供高质、安全的服务,因此,缩短飞机使用年限、及时重置或更新飞机,保证服务质量与公司战略相匹配。因此,对 A 公司而言,确定 10 年的折旧年限是合理的。B 公司实施低成本战略,主要客户群体是对服务和安全的要求相对较低的中低端乘客,因此通过延长飞机的使用年限来降低成本,同样是与其战略相匹配的,25 年的折旧年限对于 B 公司而言也是合理的。总体上看,在一些固定资产占比较高的行业,折旧政策不仅仅是公司的一项会计政策选择,而是与公司战略密切相关的重要决策,有必要结合企业的战略综合考量公司折旧政策的合理性。

4.4　综合案例分析——贵州茅台的资产负债表

4.4.1　企业基本情况

贵州茅台酒股份有限公司(下文简称为"贵州茅台")是由中国贵州茅台酒厂有限责任公司、贵州茅台酒厂技术开发公司、贵州省轻纺集体工业联社、深圳清华大学研究院、中国食品发酵工业研究所、北京糖业烟酒公司、江苏省糖烟酒总公司、上海捷强烟草糖酒(集团)有限公司等八家公司共同发起,并经过贵州省人民政府(黔府函字〔1999〕291 号文件)批准设立的股份有限公司,是国内白酒行业的标志性企业,总部位于贵州省仁怀市茅台镇,主要生产销售世界三大名酒之一的茅台酒,同时进行饮料、食品、包装材料的生产和销售,防伪技术开发,信息产业相关产品的研制开发。

2016—2020 年,贵州茅台的合并资产负债表如表 4-27 所示。请对公司资产负债表进行分析。

表 4-27　2016—2020 年贵州茅台合并资产负债表　　　　　　　　单位:百万元

项目	期末余额				
	2016 年	2017 年	2018 年	2019 年	2020 年
流动资产:					
货币资金	66 854.96	87 868.87	112 074.79	13 251.82	36 091.09
应收票据	817.63	1 221.71	563.74	1 463.00	1 532.73
预付款项	1 046.10	790.81	1 182.38	1 549.48	898.44
应收利息	140.90	241.46	343.89	—	—
其他应收款	77.23	31.32	50.00	76.54	34.49
存货	20 622.25	22 057.48	23 506.95	25 284.92	28 869.09
其他流动资产	231.47	37.54	140.08	20.90	26.74
其他金融类流动资产	390.00	—	—	117 377.81	118 199.59
流动资产合计	90 180.55	112 249.19	137 861.84	159 024.47	185 652.15

项目	期末余额				
	2016 年	2017 年	2018 年	2019 年	2020 年
非流动资产：					
发放贷款和垫款	60.83	33.15	36.08	48.75	2 953.04
债权投资	—	—	—	—	20.14
可供出售金融资产	29.00	29.00	29.00	—	—
其他非流动金融资产	—	—	—	319.77	9.83
固定资产	14 453.18	15 244.10	15 248.56	15 144.18	16 225.08
在建工程	2 745.58	2 016.41	1 954.32	2 518.94	2 447.44
无形资产	3 531.74	3 458.62	3 499.18	4 728.03	4 817.17
长期待摊费用	188.12	177.86	168.41	158.28	147.72
递延所得税资产	1 745.54	1 401.80	1 049.29	1 099.95	1 123.23
非流动资产合计	22 753.99	22 360.93	21 984.84	24 017.90	27 743.66
资产总计	112 934.54	134 610.12	159 846.67	183 042.37	213 395.81
流动负债：					
应付账款	1 040.61	992.06	1 178.30	1 513.68	1 342.27
预收款项	17 541.08	14 429.11	13 576.52	13 740.33	—
合同负债	—	—	—	—	13 321.55
应付职工薪酬	1 628.51	1 901.64	2 034.51	2 445.07	2 981.13
应交税费	4 272.29	7 726.14	10 771.08	8 755.95	8 919.82
应付利息	34.48	23.41	42.77	0.01	—
应付股利	—	—	—	446.88	—
其他应付款	1 724.64	3 039.95	3 362.00	3 142.63	3 257.25
其他流动负债	—	—	—	—	1 609.80
其他金融类流动负债	10 778.82	10 462.61	11 473.01	11 048.76	14 241.86
流动负债合计	37 020.43	38 574.92	42 438.19	41 093.30	45 673.67
非流动负债：					
专项应付款	15.57	15.57	—	—	—
递延所得税负债	—	—	—	72.69	1.46
非流动负债合计	15.57	15.57	—	72.69	1.46
负债合计	37 036.00	38 590.49	42 438.19	41 165.99	45 675.13
所有者权益(或股东权益)：					
实收资本(或股本)	1 256.20	1 256.20	1 256.20	1 256.20	1 256.20
资本公积	1 374.96	1 374.96	1 374.96	1 374.96	1 374.96
其他综合收益	−11.24	−7.40	−7.07	−7.20	−5.33
盈余公积	7 135.65	8 215.60	13 444.22	16 595.70	20 174.92
一般风险准备	420.76	600.86	788.30	898.35	927.58
未分配利润	62 717.81	80 011.31	95 981.94	115 892.34	137 594.40

项目	期末余额				
	2016 年	2017 年	2018 年	2019 年	2020 年
归属于母公司所有者权益合计	72 894.14	91 451.52	112 838.56	136 010.35	161 322.74
少数股东权益	3 004.41	4 568.10	4 569.92	5 866.03	6 397.95
所有者权益合计	75 898.54	96 019.63	117 408.49	141 876.38	167 720.68
负债和所有者权益总计	112 934.54	134 610.12	159 846.67	183 042.37	213 395.81

4.4.2 结构分析

1.资产结构分析

贵州茅台的资产结构如图 4-1 和 4-2 所示。可以看出,在总资产中,流动资产所占比重较大,2016 年接近 80% 且保持稳定的上升趋势;非流动资产占比由 2016 年的 20.15% 下降到 2020 年的 13.00%,其中以固定资产、在建工程和无形资产为主,企业没有长期股权投资。从资产结构上来看,贵州茅台的资产流动性强,资产结构弹性大,企业面临的经营风险较低。

图 4-1 贵州茅台流动资产总额及占比

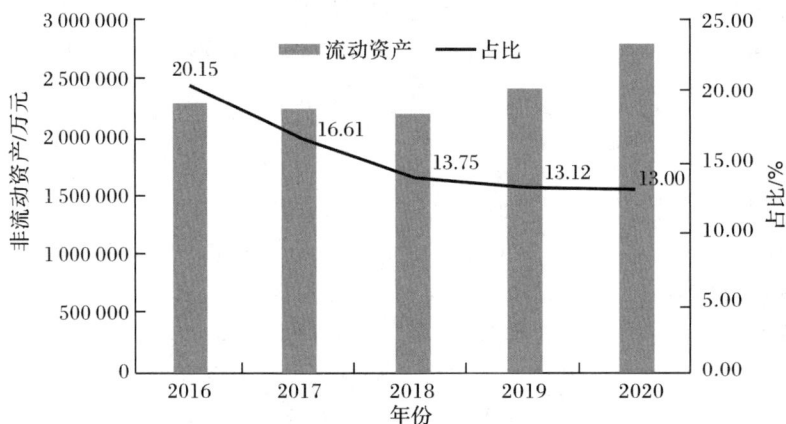

图 4-2 贵州茅台非流动资产总额及占比

2.负债结构分析

贵州茅台 2016—2020 年的负债结构如表 4-28 所示。

表 4-28　贵州茅台负债共同比表

项目	占比/%				
	2016 年	2017 年	2018 年	2019 年	2020 年
流动负债:					
应付账款	2.81	2.57	2.78	3.68	2.94
预收账款	47.36	37.39	31.99	33.38	—
合同负债	—	—	—	—	29.17
应付职工薪酬	4.40	4.93	4.79	5.94	6.53
应交税费	11.54	20.02	25.38	21.27	19.53
应付利息	0.09	0.06	0.10	0.00	—
应付股利				1.09	—
其他应付款	4.66	7.88	7.92	7.63	7.13
其他流动负债	—	—	—	—	3.52
其他金融类流动负债	29.10	27.11	27.03	26.84	31.18
流动负债合计	99.96	99.96	100.00	99.82	100.00
非流动负债:					
专项应付款	0.04	0.04	—	—	—
递延所得税负债	—	—	—	0.18	0.00
非流动负债合计	0.04	0.04	—	0.18	0.00
负债合计	100.00	100.00	100.00	100.00	100.00

从负债结构来看,贵州茅台最明显的特征有以下三点:第一,2016—2020 年,公司负债几乎全部为流动负债,非流动负债则体现在专项应付款与递延所得税负债两项,占比不及总负债的 1%;第二,茅台负债中没有长、短期借款,占比很高、占据负债绝大部分比例的流动负债以无息的商业信用负债为主;第三,从趋势看,流动负债中的应付账款、预收账款(2020 年后改为合同负债)这些商业性负债的占比稍有下降,保持在 33% 左右,同时,其他金融类流动负债占总负债比例则由 2016 年的 29.10% 上升到 2020 年的 31.18%。

3.股权结构分析

依据表 4-29 所提供的茅台 2020 年前十大股东名单和持股比例统计,前十大股东共持有公司 70% 以上的股份,其中,最大股东——中国贵州茅台酒厂(集团)有限责任公司由贵州省人民政府国有资产监督管理委员会实际控股,是国有控股的有限责任公司,持有茅台 54.00% 的股份,是茅台的最大控股股东和实际控制人。从股权结构来看,茅台属于国有控股的企业,股权结构稳定。私募基金和机构投资者占据了第 6—10 名的股东地位,排名和持股数量虽有一些动态变化,但是对公司经营的影响甚微。

表 4-29 2020 年贵州茅台股权结构

排名	股东名称	股东性质	股本比例/%
1	中国贵州茅台酒厂(集团)有限责任公司	国有法人	54.00
2	香港中央结算有限公司	未知	8.31
3	贵州省国有资本运营有限责任公司	国有法人	4.68
4	贵州茅台酒厂集团技术开发公司	国有法人	2.21
5	中央汇金资产管理有限责任公司	国有法人	0.86
6	中国证券金融股份有限公司	未知	0.64
7	深圳市金汇荣盛财富管理有限公司-金汇荣盛三号私募证券投资基金	未知	0.40
8	珠海市瑞丰汇邦资产管理有限公司-瑞丰汇邦三号私募证券投资基金	未知	0.33
9	中国人寿保险股份有限公司-传统-普通保险产品-005L-CT001 沪	未知	0.31
10	中国工商银行-上证 50 交易型开放式指数证券投资基金	未知	0.30
合计	—	—	70.64

4.4.3 质量分析

1.资产质量分析

对质量的分析,我们既要看公司自身,也要看同行竞争对手,才能对公司资产质量做出全面评价。图 4-3 是贵州茅台与五粮液、泸州老窖的总资产周转率对比图。总体上看,三家公司的总资产周转率差异不大,因此有必要对固定资产和存货等资产质量做进一步分析。

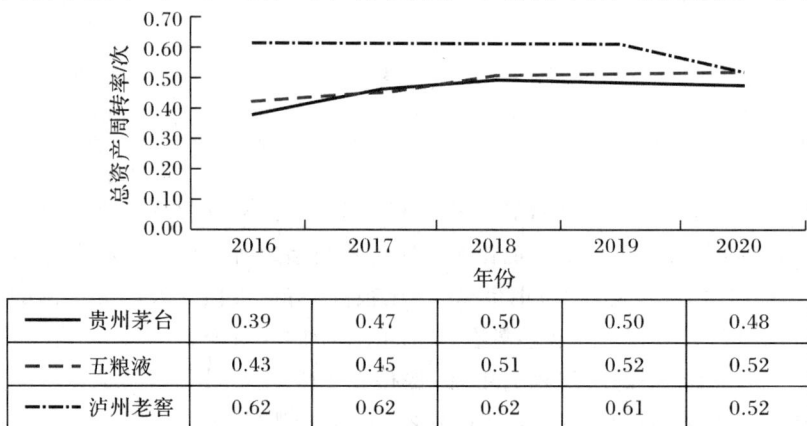

	2016	2017	2018	2019	2020
贵州茅台	0.39	0.47	0.50	0.50	0.48
五粮液	0.43	0.45	0.51	0.52	0.52
泸州老窖	0.62	0.62	0.62	0.61	0.52

图 4-3 贵州茅台总资产周转率及同行对比

首先是固定资产周转率分析。2016—2019 年,贵州茅台的固定资产周转率保持着持续增长,但是如果和五粮液与泸州老窖相比,贵州茅台的固定资产周转率是偏低的,原因可能在于其固定资产比重较高,固定资产在总资产中的占比达到 8%,相反,五粮液和泸州老窖的固定资产占比仅有 5%。至于 2020 年泸州老窖固定资产周转率大幅下降,主要是其固定资产较上一年增加了近 3 倍,导致固定资产周转率大幅度降低。贵州茅台固定资产周转率及同行对比图,如图 4-4 所示。

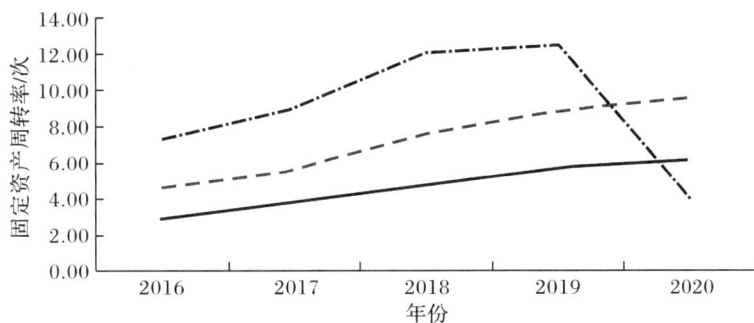

	2016	2017	2018	2019	2020
—— 贵州茅台	3.00	3.92	4.83	5.62	6.05
- - - 五粮液	4.55	5.63	7.59	8.82	9.57
-·- 泸州老窖	7.25	9.01	12.09	12.41	3.96

图 4-4　贵州茅台固定资产周转率及同行对比图

其次是存货周转率。图 4-5 是关于贵州茅台及两家同行业公司的存货周转天数对比图。贵州茅台的存货周转天数有以下三个特征：一是在研究期间，不同于泸州老窖的存货周转天数持续增加，贵州茅台与五粮液均呈现明显的下降趋势，其中，贵州茅台从 2016 年的 2067.68 天缩短为 2020 年的 1212.06 天，5 年间缩短了 800 多天，五粮液的存货周转天数则从 2016 年的 441.93 天缩短为 2020 年的 327.01 天。二是酿酒工艺的影响。由于五粮液主要是浓香型酒，而贵州茅台酒是酱香型酒，贵州茅台酒从酿造到销售的时间周期远远比五粮液要长，因此贵州茅台整体存货的周转时间要长于五粮液。三是贵州茅台对经销商实施单一的经营政策，其应收账款长期处于"洁表"状态，应收票据也为数不多，标志着贵州茅台无论是流动性资产还是固定资产，流动性都强，资产整体质量好。

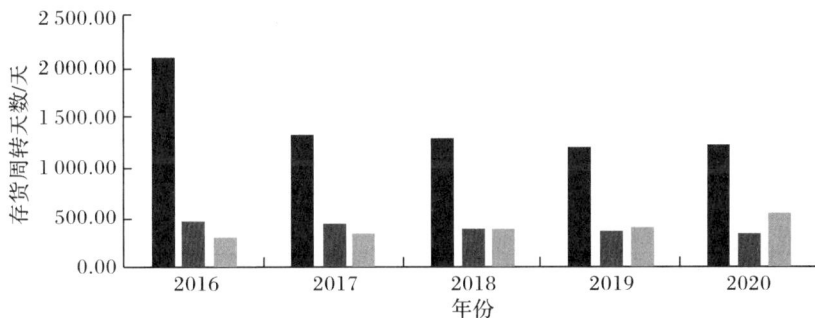

	2016	2017	2018	2019	2020
■ 贵州茅台	2 067.68	1 311.19	1 274.81	1 198.45	1 212.06
■ 五粮液	441.93	422.09	383.67	358.17	327.01
■ 泸州老窖	308.59	326.98	370.68	403.50	531.52

图 4-5　贵州茅台存货周转天数及同行对比图

2.负债质量分析

在前面的负债结构分析中，我们已经知道贵州茅台的负债主要是流动性负债，因此，对其负债质量的分析主要关注其短期偿债能力的一些指标。相关指标计算结果如表 4-30 所示。

表4-30 贵州茅台偿债能力比率

年份	流动比率	速动比率	保守速动比率	现金比率	有形资产/负债合计	有形资产/带息债务	经营活动产生的现金流量净额/负债合计	经营活动产生的现金流量净额/带息债务	经营活动产生的现金流量净额/流动负债
2016	2.44	1.88	1.83	1.83	1.82	6.26	1.01	3.47	1.01
2017	2.91	2.34	2.32	2.31	2.24	8.26	0.57	2.12	0.57
2018	3.25	2.69	2.66	2.65	2.55	9.42	0.98	3.61	0.98
2019	3.87	3.25	0.36	0.36	3.16	11.77	1.10	4.09	1.10
2020	4.06	3.43	0.82	0.82	3.40	10.90	1.13	3.63	1.13

由表4-30可以看出,公司的流动比率、速动比率等指标远远高于经验值;2020年有形资产偿还负债与带息债务的能力达到3.4倍和10倍以上;无论是现金比率指标,还是经营活动产生的现金流量,对带息债务的偿付能力都足以应对公司负债偿付需求。总的来看,贵州茅台的短期偿债能力较强,公司面临的财务风险也比较低。

如果和同行业的五粮液、泸州老窖的短期偿债能力指标做进一步的对比分析,可以发现,随着贵州茅台流动比率和速动比率在2016年以来的稳步增长,2020年贵州茅台的流动比率和速动比率高于泸州老窖,与五粮液大致相当(见图4-6),短期偿债能力优异,企业的短期偿债风险仍较低。

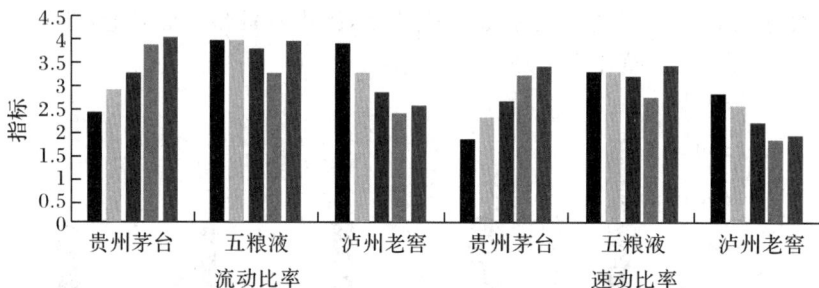

	贵州茅台 流动比率	五粮液	泸州老窖	贵州茅台 速动比率	五粮液	泸州老窖
2016	2.44	3.98	3.93	1.84	3.29	2.82
2017	2.91	3.97	3.27	2.32	3.29	2.56
2018	3.25	3.77	2.86	2.66	3.19	2.2
2019	3.87	3.21	2.4	3.22	2.75	1.82
2020	4.06	3.96	2.57	3.41	3.43	1.93

图4-6 三个公司的流动比率与速动比率对比图

3.资本结构质量分析

关于公司的资本结构质量,这里主要考察两个指标:一是资产负债率,二是留存收益与投入资本比,结果如表4-31所示。

表 4-31 贵州茅台 2016—2020 年的资本结构质量

年份	资产负债率/%	留存收益与投入资本比
2016	32.79	26.55
2017	28.67	33.53
2018	26.55	41.59
2019	22.49	50.35
2020	21.40	59.96

贵州茅台的资产负债率较低,资金来源以自有资金为主,从留存收益与投入资本的比例关系可以看出,企业盈利能力较强,有很强的自身积累能力。同时,考虑到贵州茅台的股利支付率也保持在50%以上,可以得出结论,贵州茅台的资本结构是稳健的。

4.4.4 项目分析

通过前面的结构和质量分析,我们已经了解到贵州茅台的资产负债表整体状况,无论是资本结构还是资产的配置结构都比较清晰,财务风险小,因此,在项目分析中,我们选择其货币资金、存货和固定资产项目进行示例性分析。

1.货币资金

2016—2018 年,贵州茅台的现金总额和在总资产中的占比都在持续上升,2018 年达到约1 120 亿元和70.11%后,2019 年公司增加了金融类资产的配置,导致货币资金存量大幅下降,现金占比也随之降至 7.24%,2020 年货币资金总量和占比均有所回升。结合货币资金的具体构成,除了大约15%的货币资金是属于限制性的法定存款准备金外,货币资金的流动性是有充分保障的,充足的现金也给企业带来稳定的利息收入,企业的财务费用多年持续保持负值。

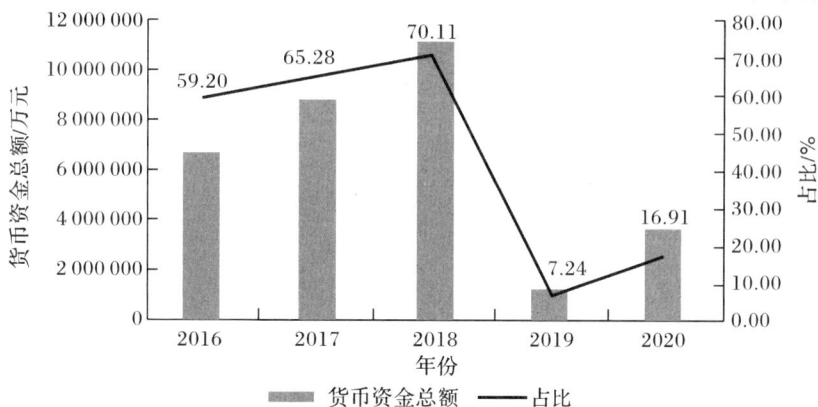

图 4-7 贵州茅台货币资金总额及占比

2.存货

图 4-8 是贵州茅台 2016—2020 年存货及其占比的变动趋势。可以看出,2016 年以来贵州茅台的存货绝对数值是持续增加的,但是在总资产中的占比有所下降,由 2016 年的18.26%下降到了 2020 年的 13.53%。这是因为近年来公司持续深化营销体制改革,积极丰富和拓展

营销渠道,规范社会渠道管理,形成多渠道协同发展的良好格局,提升了综合效益。2020 年的营业收入较 2019 年提升了 11%。

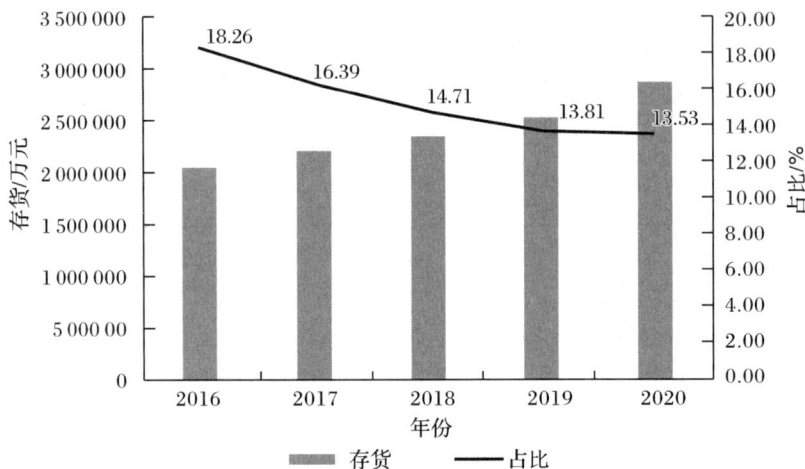

图 4-8 贵州茅台存货总额及占比

从产品构成上看,公司产品由茅台酒和其他系列酒构成,存货也均为与酒相关的原材料、在产品、产成品和自制半成品,更好地保证了公司存货质量。首先,从盈利性来看,茅台酒的毛利率高达 93.99%,其他系列酒的毛利率也在 70% 以上,存货的盈利能力较好;其次,从变现性来分析,茅台酒在市场上长期以来处于供不应求状态,结合金额较低的减值准备来看,贵州茅台存货的变现性是有保障的。

同时,通过与同行业的五粮液和泸州老窖两家公司的存货周转率进行对比可以发现(如图 4-9 所示),相比五粮液和泸州老窖相比,贵州茅台的存货周转率要更低一些。这一方面是茅台产品的工艺要求所致,由于茅台酒是酱香型白酒,需要更久的储存时间;另一方面也说明企业对自身产品的信心,充足的库存反而可以保证企业根据销售政策灵活调整调度。

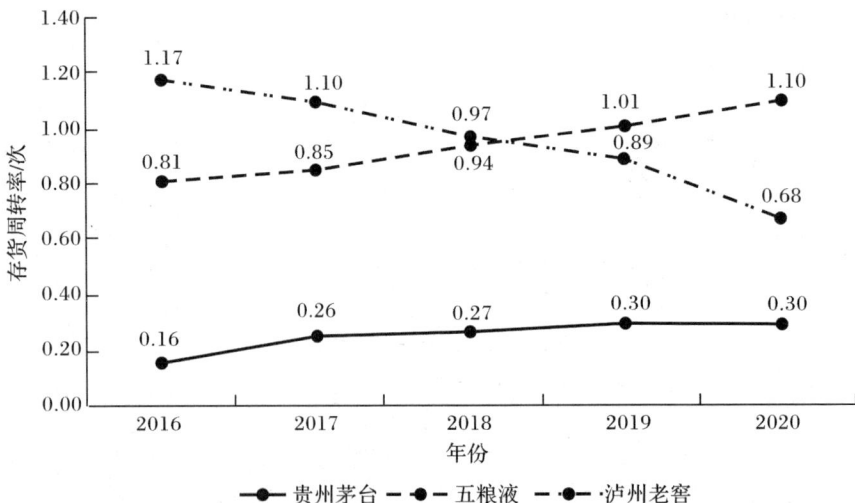

图 4-9 三家公司的存货周转率趋势图

3.固定资产、在建工程与无形资产

由表4－27可知,2016—2020年,贵州茅台没有进行任何的长期股权投资,债券投资和其他非流动资产占比也极低,说明贵州茅台的主要投资方向不是金融性资产。贵州茅台属于典型的经营主导型企业,在长期资产的投资决策上,主要体现为固定资产、在建工程等资产配置。相关长期资产的变化趋势如图4－10所示。总体上看,贵州茅台的长期资产主要特征表现为:无形资产投入在2019年有较大幅度的增长,在建工程在2016—2020年相对稳定,固定资产的投资规模呈现稳定增长趋势。

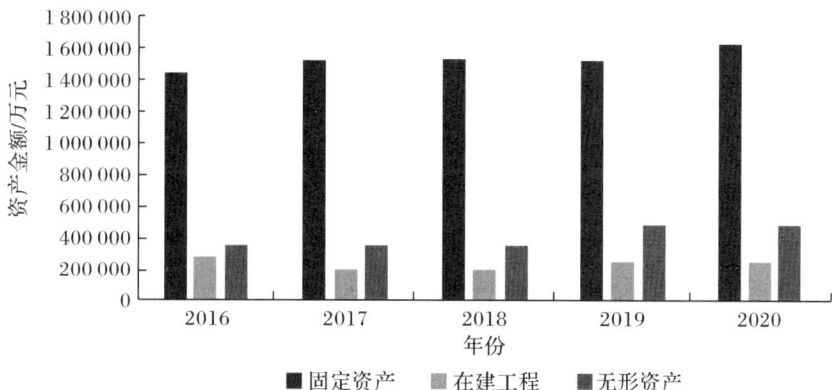

图4－10 贵州茅台非流动资产构成

稳定增长的固定资产投资代表了公司的战略投向,即贵州茅台通过扩大投资,提高生产能力、增加产能来满足不断增长的市场需求,通过加大对生产线技术改造资金的投入,促进企业不断研发创新,改进产品工艺,降低能耗,创造企业价值。这些活动与公司投资现金流的主要去向相一致,符合企业在保证已有优势的同时开发新市场的适度多元化的投资战略。

思考讨论题

1.什么是资产负债表?资产负债表的作用有哪些?

2.如何理解资产质量?资产按照质量可以分为几类?

3.如何对流动资产以及其中的货币资金、应收账款和存货项目进行质量分析?

4.如何对非流动资产中的固定资产进行质量分析?

5.流动负债和非流动负债的主要区别是什么?如何对负债进行质量分析?

6.说明共同比资产负债表的编制方法及作用。

7.如何对资产负债表进行结构分析?

案例

第5章
利润表分析

学习目标

1.了解利润表关键项目分析的基本原理；

2.了解利润表结构分析的基本思路；

3.学习利润表质量分析的基本原理。

企业是以营利为目的的经济实体，企业的投资者之所以要投资，最根本的目的是要营利。在一定程度上，企业的投资者更关心企业的盈利情况，比如经过一段时间的经营，企业是盈利还是亏损，公司的盈利质量如何，是否具有可持续性。本章将讨论利润表编制的基本原理以及利润表分析的基本思路。

5.1 利润表的项目

5.1.1 利润表编制的基本原则

从投资者的角度看，他们是从企业编制的利润表来获得企业盈利的相关信息的，因此，在进行利润表分析之前，有必要了解利润表编制过程所涉及的一些特殊的原则。

1. 收入确认原则——实现原则

依据权责发生制的基本要求，在确定一笔收入是否应该计入某一会计期间时，并不以是否收到现金为标准，而是以是否实现为判断依据。那么什么是实现原则？

实现原则是一个高度概括的要求，任何收入确认都需要满足两个基本要求：已实现或者可实现(to be realized or realizable)、已取得(to be earned)。已实现或可实现的标志是已经收回现金或者很可能收回现金；已取得的标志是完成了盈利过程，并不再承担与产品销售或提供劳务相关的义务。以产品销售收入为例，2006年颁布的《企业会计准则第14号——收入》中规定，只有同时具备了以下几个条件，收入才算是实现了，才可以反映在利润表中：①企业已将商品所有权上的主要风险和报酬转移给购货方；②企业既没有保留通常与所有权相联系的继续管理权，也没有对已售出的商品实施有效控制；③收入的金额能够可靠地计量；④相关的经济利益很可能流入企业；⑤相关的已发生或将发生的成本能够可靠地计量。

在这里，前两项①、②是关于取得的要求，后三项③、④、⑤是关于实现的要求。

客观地讲，上述几个标准是非常原则化的。事实上，收入核算或报告的最为关键、最为核心的地方是确定收入何时实现。现实中符合已实现或可实现和已取得的业务很多，具体到不同的行业、不同的交易方式需要不同的判别方法,比如依据交货时间可以分为交货前确认收入、交货时确认收入以及交货后确认收入等多种形式。

为消除会计实践中收入要求的不一致性和为提供应对收入问题的更完善的框架,国际会计准则理事会(IASB)于 2014 年 5 月 28 日发布了《国际财务报告准则第 15 号——与客户之间的合同产生的收入》(IFRS15),取代了之前使用多年的《国际会计准则第 18 号——收入》等六个与收入确认相关的准则和解释公告。IFRS15 确立了向财务报表使用者报告企业因与客户签订合同而产生的收入和现金流量的性质、金额、时间和不确定性的原则等与收入相关问题的更完善的一个框架,即按照"①识别与客户签订的合同;②识别合同中的履约义务;③确定交易价格;④将交易价格分摊至合同中的履约义务;⑤在主体满足履约义务时确认收入"五个步骤确认收入。在这里,"五步骤"模型强调确认收入的核心要求是完成履约义务,并强调识别控制权转移给客户的时点,其中履约义务是关于取得的要求,控制权转移时点是实现的要求。2017 年修订后的《企业会计准则第 14 号——收入》也全面采纳"五步骤"模型,为准确贯彻收入确认的实现原则提供了基本的判断框架。

2.成本、费用的确认原则——配比原则

1)配比原则的基本内涵

在利润表中,利润是用收入减去各种成本、费用等项目而得到的。在按照实现原则确认收入后,还需要按照特定的原则来确定费用,该原则就是配比原则。配比原则要求,当期确定的费用必须是为取得一定收入而发生的费用;换句话说,一旦确认了收入,就要把与这些收入相联系的费用都算出来,与当期收入有联系的费用算当期的,与以后期间有联系的算以后各期的。

在运用配比原则时,应考虑收入和费用的因果关系:

(1)存在直接因果关系的。在此种情况下,可直接根据本期收入确认本期费用。最典型的就是销售成本与销货收入。如销售一辆汽车的成本就很容易直接认定。

(2)存在因果关系但不直接的。制造企业在生产过程中使用的固定资产,其购置成本一般是一次发生的。虽然这些固定资产与利用其生产出来的产品有因果关系,但为产生这些收入而消耗的资产的成本的数额却不容易确定。在这种情况下,就必须采用合理而系统的方法,将使用资产的成本与使用资产产生的收入进行配比。如我们在会计实践中广泛使用的直线折旧法或加速折旧法。

(3)因果关系不明确的。管理部门使用的固定资产的消耗、管理人员的工资、广告费用、员工培训费用等,虽然与收入有关系,但因果关系不明确。这类费用一般称为期间费用,具体包括管理费用、销售费用、研发费用和财务费用。对于这类费用,在会计上直接计入当期的利润表,而不进行分摊。

2)配比原则使用中需要注意的问题——区分收益性支出和资本性支出

企业经营活动中发生的所有支出都会与收入有或多或少的联系。在使用配比原则时,还必须注意区分两种不同性质的支出:收益性支出和资本性支出。

(1)收益性支出。支出的效益仅与本会计年度相关的,就是收益性支出。收益性支出,要么形成企业的存货,在形成时体现在资产负债表的资产项目中,但随着存货的销售而体现在利润表的销售成本中(即会计报表中的"营业成本"项目中);要么就体现为企业的各类期间费用,直接反映在利润表中,如企业的办公费、邮电费等。

（2）资本性支出。凡支出的效益与几个会计年度相关的，就是资本性支出。如企业固定资产的购置支出、开办费以及购置无形资产的支出等就是资本性支出。此类支出不能直接在利润表中反映，而必须先资本化，即作为资产项目反映在资产负债表的资产项目中，然后随着资产的使用逐步摊销而进入利润表。企业购置、改良固定资产的支出均属于资本性支出。

很显然，如果不能正确区分收益性支出和资本性支出，必然导致企业的费用反映不正确，最后会影响企业当期的经营成果。

5.1.2　要素构成

利润表是反映企业在一定时期内的经营成果的报表，主要包含收入、费用和利润三个要素。

1. 收入

1）收入的概念及其分类

收入是指企业在日常活动中形成的、会导致所有者权益增加的、与所有者投入资本无关的经济利益的总流入。其中，日常活动是指企业为完成其经营目标所从事的经常性活动以及与之相关的其他活动。根据业务活动的性质，收入主要包括销售商品收入、提供劳务收入、让渡资产使用权收入等类型。

2）利润表中的收入项目

在利润表中，收入是指"营业收入"项目，反映企业经营主要业务和其他业务所确认的收入总额。其中，反映企业经营主要业务所确认的收入为主营业务收入，而反映其他业务的则为其他业务收入。

主营业务收入是企业主要经营活动产生的收入。这些收入的特点是经常重复发生。总的来说，主营业务收入就是企业因销售商品或提供劳务而取得的收入，如制造业的主营业务收入就是产品销售收入，商品流通企业的主营业务收入就是商品销售收入，软件公司的主营业务收入就是为客户开发软件而实现的收入，而商业银行的主营业务收入就是为客户提供贷款而赚得的利息收入等。

其他业务收入是指企业从非主要经营活动中取得的收入。这些收入也是营业收入的组成部分，如企业销售原材料的收入、固定资产的租金收入、无形资产的转让收入，等等。

收入的分类对分析企业的经营成果是非常有用的，企业的收入主要来自营业收入，营业收入又主要是主营业务收入，这说明企业的经营是稳定的；如果企业的利润大多来自非营业收入，即使当年利润再多，企业的经营可能都是不稳定的。

格力电器 2019 年和 2020 年营业收入组成如表 5-1 所示，其中，其他业务收入是公司开展的一些其他类金融业务收入。

表 5-1　格力电器 2019 年和 2020 年营业收入　　　　单位：百万元

年份	主营业务收入	其他业务收入	合计
2019	198 153.03	2 355.31	200 508.34
2020	168 199.20	2 298.21	170 497.41

2.费用

1)费用的定义

费用是指企业在日常活动中发生的、会导致所有者权益减少的、与向所有者分配利润无关的经济利益的总流出。费用有狭义和广义之分。广义的费用除日常活动中发生的耗费外，还包括了损失；狭义的费用是与收入相对应的概念；而损失则是与利得相对应的概念，是企业非日常活动的、非主观能够控制的、非主观意想到的边缘性、偶发性损益，是企业被动发生的事项。费用采用狭义的概念为宜，但无论是狭义还是广义的概念，都表明了费用具有如下两个特征：一是费用最终将导致企业经济资源的减少；二是费用最终会减少所有者权益。

2)费用与成本的关系辨别

与费用经常联系在一起的一个会计术语是成本，这是企业为获得一项资产或一项劳务而付出代价的量度，是费用的一种特殊形式。成本也有广义和狭义之分。其中，狭义的成本仅指企业为生产产品而发生的各种耗费，即产品生产成本或劳务成本。而广义的成本概念是企业为获得一项资产或一项劳务而付出代价的量度，除了产品生产成本或劳务成本外，还包括固定资产成本、材料采购成本、投资成本等。在实践工作中，成本和费用可能会有所混淆，表5-2汇总了两者的区别与联系。

表 5-2 成本和费用的区别与联系

项目	成本	费用
区别	成本是企业为获得一项资产或一项劳务而付出代价的量度，是取得资产的代价，是相对于资产而言的	费用是企业在日常活动中发生的、会导致所有者权益减少的、与向所有者分配利润无关的经济利益的总流出，是相对于收入而言的
联系	①一般情况下，成本可以经过一定的过程转化为费用，但费用不可能转化为成本。②成本若要转化为费用，只能通过"资产化"间接转化为费用	

费用应按照权责发生制和配比原则确认，凡应属于本期发生的费用，不论其款项是否支付，均确认为本期费用；反之，不属于本期发生的费用，即使其款项已在本期支付，也不确认为本期费用。

在确认费用时，首先应当划分生产费用与非生产费用的界限。生产费用是指与企业日常生产经营活动有关的费用，如生产产品所发生的原材料费用、人工费用等；非生产费用是指不属于生产费用的费用，如用于购建固定资产所发生的费用，不属于生产费用。其次，应当分清生产费用与产品成本的界限。生产费用与一定的期间相联系，而与生产的产品无关；产品成本与一定品种和数量的产品相联系，而不论发生在哪一期。最后，应当分清生产费用与期间费用的界限。生产费用应当计入产品成本，而期间费用直接计入当期损益。在确认费用时，确认为期间费用的费用，必须进一步划分为管理费用、销售费用、研发费用和财务费用；确认为生产费用的费用，必须根据该费用发生的实际情况分别不同的费用性质将其确认为不同产品所负担的费用；对于几种产品共同发生的费用，必须按受益原则，采用一定方法和程序将其分配计入相关产品的生产成本。

3.利润

1)利润的一般概念

企业赚取收入的最终目的是赚取利润。利润是指企业在一定会计期间的经营成果。企业作为独立的经济实体,应当以自己的经营收入抵补其成本费用,并且实现盈利。企业盈利的大小在很大程度上反映企业生产经营的经济效益,表明企业在每一会计期间的最终经营成果。

利润包括收入减去费用后的净额、直接计入当期利润的利得和损失等。其中,直接计入当期的利得和损失,是指应当计入当期损益、会导致所有者权益发生增减变动的、与所有者投入资本或者向所有者分配利润无关的利得或者损失。利润的反面是亏损。如果企业在一定期间实现的收入不能抵补费用和支出等,则利润为负,即出现了亏损。

利润用公式表示为

$$利润 = 收入 - 费用 + 利得 - 损失$$

2)利润表中的利润项目

利润表不仅体现企业当期的经营成果(利润或亏损),还体现了经营成果的计算过程。在计算经营成果时,有单步式和多步式两种。同样,利润表也就分为单步式和多步式两种。

利润的单步式计算过程如下:

$$
\begin{array}{l}
营业收入 \\
- 营业成本 \\
- 各种费用、税金、损失(减利得)等 \\
- 所得税 \\
\hline
净利润
\end{array}
$$

可见,单步式利润表一般是一步给出净利润,而多步式利润表则在给出净利润前,还给出营业利润、利润总额等指标,以便财务报表使用者从不同角度评价企业的盈利能力。通常情况下,企业编制的利润表都是多步式利润表。按照我国企业会计准则及解释所提供的利润表格式,利润表中使用到的利润概念主要有以下三个:

(1)营业利润。营业利润是企业从生产经营活动中取得的全部利润。其计算公式为

$$营业利润 = 营业总收入 - 营业总成本 + 公允价值变动净收益 + 投资净收益$$

式中

$$营业总收入 = 营业收入 + 利息收入 + 已赚保费 + 手续费及佣金收入$$
$$营业总成本 = 营业成本 + 利息支出 + 手续费及佣金支出 + 退保金 +$$
$$赔付支出净额 + 提取保险合同准备金净额 + 保单红利支出 +$$
$$分保费用 + 税金及附加 + 销售费用 + 管理费用 + 研发费用 +$$
$$财务费用 + 资产减值损失$$

如果企业没有经营商业银行、保险、证券期货等业务,则营业总收入、营业总成本的计算公式为

$$营业总收入 = 营业收入$$
$$营业总成本 = 营业成本 + 税金及附加 + 销售费用 + 管理费用 +$$
$$研发费用 + 财务费用 + 资产减值损失$$

(2)利润总额。利润总额是企业当期取得的全部利润之和。它的计算公式是

$$利润总额 = 营业利润 + 营业外收入 - 营业外支出$$

（3）净利润。净利润是扣除所得税后的净利润，是企业最终的财务成果。它的计算公式是

$$净利润＝利润总额－所得税费用$$

如果企业需要编制合并报表，则在合并利润表中，还需要计算归属于母公司股东的净利润，它的计算公式是

$$归属于母公司股东的净利润＝利润总额－所得税费用－少数股东损益$$

区分利润项目是评价利润质量的需要。很显然，利润总额的质量高低，主要取决于营业利润的多少，营业利润越大越好。如果一个企业的营业利润为负，正的利润总额完全来自营业外收入、营业外支出等项目，表明其前景不容乐观。

5.2 利润表质量分析

利润表是反映公司一定期间内经营成果的报表，是投资者获得企业盈利相关信息的重要来源，因此，利润质量是财务报表分析者进行利润表分析的关键和重点。

5.2.1 利润质量的基本特征

国际财务报告准则与美国通用会计准则在概念框架中均将相关性和可靠性作为会计信息最基本的质量特征。利润作为会计报表的基本要素，当然应满足这些质量的特征要求，但同时考虑到会计利润在公司估值等方面的作用，学者们也对利润质量做出了更有针对性的要求，公司的利润应具有持续性、可预测性、价值相关性及平稳性等特征。其中，平稳性和持续性好的盈余不仅可以提升其预测价值，也有助于提高其价值相关性，是财务报表分析者关注利润质量的重要方面。

1. 平稳性

波动越小的盈余越平稳。因为公司管理者运用他们对未来收入的私人信息来平滑盈余短时间内的波动，并且报告了一个更为有用的信息，因此平稳的收益通常被认为是高质量的。

2. 持续性

持续性是国际会计准则理事会发布的概念框架中信息质量相关性的组成部分之一。因为持续的盈余会再次发生，持续性越好的利润，质量越高。可预测的盈余被准则制定者认为是高质量的，同时也被分析师认为是进行价值评估的一个重要部分。其中，可预测性是指盈余预测自己的能力，如在当期盈余和后期盈余回归模型中，当期盈余的斜率作为盈余持续性的标准，斜率越大，说明持续性越好。在利润表中，由于不同项目的持续性是不同的，因此持续性是财务报表分析的关键。

3. 成长性

利润是否具有成长性是判断公司未来价值的重要标准。公司能够盈利或在未来能盈利，企业才能够给股东带来价值。利润的成长性代表着公司未来预期的盈利能力，投资者主要使用净利润的增长率等指标了解公司未来的成长性，通过公司目前的情况和未来的预判做出投资决策，买入或者卖出上市公司股票，对上市公司的市值具有很大的影响。

5.2.2 利润平稳性分析

平稳性是对利润波动状态的要求,波动越小,利润就越平稳,质量也越高。结构分析是分析利润平稳性的主要工具,就是通过计算利润表中各主要项目与营业收入的百分比,揭示企业营业利润、利润总额及净利润水平,分析企业盈利的稳定性和持续性,判断企业盈利趋势。

对利润表进行结构分析,首先应编制利润结构分析表,即利润表的共同比报表。对于利润表的共同比分析,一般情况下应遵循与资产负债表一致的原则,即选取表中最大的数字(营业收入)为基数,然后将表内其他项目与该"营业收入"数相比计算出相应的百分比;但是在公司业务多元的情况下,公司的营业总收入既包括主营业务收入,也包括其他业务收入,在这种情况下,共同比报表可以选择营业总收入为基数,也可以选择主营业务收入为基数,然后将其余项目与该基数相比计算出相应的百分比,形成利润结构分析表。

以格力电器2016—2020年利润表为基础编制公司的利润结构分析表。由于格力电器利润表中营业总收入包含了营业收入、其他类金融业务收入两大类,为了简便,在成本中我们把公司的其他类金融业务相关成本项目进行了删除。简化后的格力电器2016—2020年利润结构表如表5-3所示。

表5-3 格力电器2016—2020年的利润结构表

项目	占比/%				
	2016年	2017年	2018年	2019年	2020年
一、营业总收入	101.67	101.17	100.96	101.19	101.37
营业收入	100.00	100.00	100.00	100.00	100.00
其他业务收入	1.67	1.17	0.96	1.19	1.37
二、营业总成本	84.51	84.09	85.60	86.16	86.96
营业成本	67.30	67.14	69.77	72.42	73.86
利息支出	0.09	0.13	0.02	0.06	0.18
税金及附加	1.32	1.02	0.88	0.78	0.57
销售费用	15.21	11.24	9.54	9.24	7.75
管理费用	5.07	1.65	2.20	1.92	2.14
研发费用	0.00	2.44	3.53	2.97	3.60
财务费用	−4.47	0.29	−0.48	−1.22	−1.15
加:其他收益	0.00	0.27	0.21	0.47	0.69
投资收益	−2.05	0.27	0.05	−0.11	0.42
其中:对联营企业和合营企业的投资收益	0.01	0.00	0.00	−0.01	0.02
公允价值变动收益	1.01	0.01	0.02	0.12	0.12
信用减值损失	—	—	—	−0.14	0.11
资产减值损失	0.00	0.18	0.13	−0.43	−0.28
三、营业利润	15.49	15.91	14.40	13.84	13.04
加:营业外收入	1.01	0.34	0.16	0.17	0.17
减:营业外支出	0.02	0.01	0.02	0.30	0.01
四、利润总额	16.52	16.26	14.58	14.31	13.22

从利润表的结构来看,构成利润的主体是营业利润和投资收益两个部分,据此可以将企业的盈利结构归纳为以下几种:①经营活动主导型——以经营活动为主要内容。该类型以消耗经营性资产为基础,以产生核心利润和经营活动产生的净现金流为主要业绩表现。在企业以产品经营为主体的情况下,企业的营业利润成为其利润总额的主体。②对外投资主导型——以对外投资活动为主要内容,即以投资性资产为基础,以产生投资收益和投资活动引起的净现金流为主要业绩表现。③资产重组型——以对企业的经营资产或者投资资产进行重组为内容,以优化公司经营资产或投资资产为基础,以产生利润和相应的现金流为主要业绩表现。资产重组成功后企业的盈利模式又可以重新归于经营活动主导型和对外投资主导型。

显然,经营主导型是为企业所普遍采用并能促使企业健康发展的一种盈利结构;对外投资主导型说明企业投资资产的盈利能力较强,但这并不是一种最佳结构,因为对一般企业而言投资活动不应该是企业的主要盈利活动;资产重组型对企业而言只能是一种过渡型的盈利结构,并非长久之计,良性发展的结果就是归于经营主导型。那么,格力电器的盈利模式属于哪一种呢?

首先,格力电器的盈利结构属于典型的经营主导型盈利结构。在营业总收入中,利息收入等其他类金融业务收入占营业收入的比重只在1%左右,投资收益占比较低,说明公司主要业务仍然以家电制造为主。

其次,营业总成本占营业收入的比重在观察期内呈现增长态势,导致公司的营业利润空间受到挤压。观察表5-3可以发现,2016年,格力电器的营业总成本与营业收入的比值是84.51%,2020年,该比值提高至86.96%,增加近3个百分点,导致公司的营业利润占营业收入的比重在5年内从15.49%降至13.04%。对于成本内部结构的进一步分析还发现,营业成本是导致公司营业总成本增加的重要因素,占比从67.30%增加至73.86%,增长近7个百分点;在期间费用的管控方面,研发费用在2020年已经占到公司营业收入的3.60%;但与此同时,公司在销售费用和管理费用方面的管控效果比较明显,两项费用在5年内下降了约50%。

最后,公司的利润结构稳定,可持续性高。在全部的利润总额中,营业外收支和投资收益占比都较低,不构成企业盈利的主要来源,相反,营业利润是公司利润的主要来源,显示出格力电器的利润结构具有较好的稳定性和持续性。

5.2.3　利润成长性分析

利润质量除了结构的稳定性和持续性之外,报表分析者也会关注公司利润的成长性。以归属于母公司股东的净利润(以下简称为"净利润")指标为例,绘制格力电器和美的集团2016—2020年净利润的成长性趋势图,如图5-1所示。

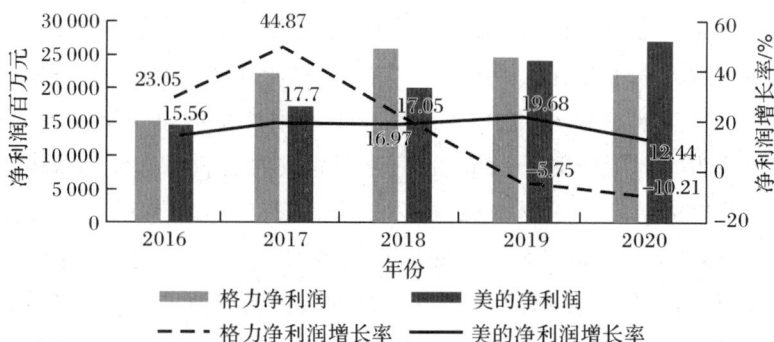

图 5-1 2016—2020 年格力电器与美的集团的利润成长性趋势图

如果以 5 年为观察期,格力电器和美的集团在 5 年内净利润均实现了增长,格力电器归属于母公司股东的净利润从 2016 年的 154 亿元增长至 2020 年的 221 亿元,美的集团则从 147 亿元增长至 272 亿元。但是在 5 年内,两家公司成长的稳定性却完全不同,其中,格力电器在 2017 年快速增长,当年的净利润较上一年增长了 44.87%,2018 年增速开始放缓,2019 年和 2020 年甚至表现为负增长。但是对于美的集团而言,首先公司在 5 年内每年均实现正的增长;其次,从增速来看,公司年均增速维持在 10% 以上,其中,前面 2 年相比格力电器显得增长较缓慢,但是也更加稳健、平稳。显然,美的集团在观察期间内的利润成长性质量更好一些。

5.3 利润表项目分析

通过前面的结构分析、对比分析等方法,我们已经对公司的利润质量有了一个基本的判断和评价。然而,无论是利润的平稳性和持续性,还是成长性,这些特征都建立在会计信息最基本的信息质量特征要求,即信息真实的基础之上。由于企业的管理层或控股股东为了自身的利益(如管理层的薪酬契约安排、股票增发和再融资计划等),在法律和准则允许的情况下,总是趋于选择有利于自己的盈余数字,以获得自身利益的最大化。因此,财务报表分析者通过利润表对企业经营业绩进行评价和分析时,不仅要关注利润数额的大小、成长性等维度,更应重视利润的真实性质量。已有研究表明,2010—2021 年,中国 A 股上市公司中共有 179 家公司因财务舞弊被证监会处罚,而财务舞弊又主要集中于利润表的粉饰和操纵。根据前面的介绍,我们已经知道利润由收入减去费用后的净额、直接计入当期利润的利得和损失等构成,因此,利润的真实性主要取决于以上构成项目的真实性,我们将重点分析营业收入、营业成本和期间费用的质量。

5.3.1 营业收入

对一个企业来说,营业利润的比例越高,总体利润的质量越高;营业利润中经常性业务利润和非经常性损益之间的比例越大,总体利润的质量则越高。而组成营业利润的最重要的一个项目就是营业收入。

营业收入反映的是企业在一定期间内销售商品、提供劳务及让渡资产使用权等日常活动所产生的收入。叶钦华等的研究表明,在 2010—2021 年中国 A 股上市公司财务舞弊样本中,收入舞弊是财务舞弊的“重灾区”,占到全部舞弊样本的 64.25%。这与美国反虚假财务报告委员会下属的发起人委员会(The Committee of Sponsoring Organizations of the Treadway Commission,简称COSO)的《1998—2007年舞弊性财务报告》的发现如出一辙,即在此期间,涉及收入舞弊的美国上市公司占全部样本公司的60%以上。因此,收入的真实性问题直接关系着整个财务信息质量。财务报表分析者在对收入质量进行分析时应注意以下四点:

(1)收入确认是否正确。例如收入确认时间的合法性、特殊情况下企业收入的确认以及收入确认方法的合理性。

(2)营业收入的构成。在分析时需要关注企业主营业务收入和其他业务收入间的比例,同时重点分析主营业务收入的构成。对一个企业来说,如果它的主营业务收入的比例不断下降,那么它的发展潜力和前景是值得让人怀疑的。如果其他业务收入比例过高,应关注其财务报表附注,观察企业是否存在关联方交易,并分析关联交易的真实性和合理性。另外,还需要关注和分析营业收入的品种构成及变化趋势、收入的地区构成和发展情况以及关联方交易收入占总收入的比重。关联方交易不同于单纯的市场交易,存在着因关联方之间地位上的不平等而产生交易上的不平等。

(3)与应收账款及销售商品、提供劳务收到的现金等报表项目进行配比。通过将营业收入与应收账款相配比,由此观察企业的收账政策是以赊销为主,还是以现金销售为主,了解和掌握企业的产品适销程度及其战略选择,分析判断其合理性。过宽的信用政策,尽管会给企业带来营业收入的增长,但也会给企业带来未来发生坏账的风险。一般而言,我们可以通过现金流量表中"销售商品、提供劳务收到的现金"与企业营业收入相比较,确定企业的赊销收入,如果赊销比重较大,应进一步将其与本期预算、企业往年同期实际、行业水平进行比较,评价企业营业收入的质量。

(4)关注部门或地区对企业营业收入的影响。一般来说,对于一些新兴产业,在其发展初期是很需要部门或地区行政手段进行支持的,但在企业处于稳定发展阶段,或者企业所处行业发展十分成熟的情况下,部门或地区的作用应当逐渐淡化。如果部门或地区对企业业务收入的影响较大,其形成的利润即使过去是好的,未来发展前景也不一定好。

叶钦华等将2010—2021年中国A股公司实施收入舞弊的手法分为两大类:一类是会计操纵类,包括提前确认收入、净额法按总额法确认收入、期后销售退回未调减收入、确认已停工或合同取消项目的收入、通过内部关联交易虚增利润、确认预计无法回款的客户收入、会计政策操纵虚增收入以及将以前年度计提费用转为当年收入等方式;另一类是交易造假类,如关联方/隐性关联方客户协助虚构业务及收入、虚构非关联方协助完成收入造假、真实非关联方协助虚构业务及收入,以及人为调高合同单价虚增收入等方式。表5-4汇总了收入操纵的一些主要手法及主要表现。

表5-4　常见收入操纵手法

操纵手法	主要表现
寅吃卯粮,透支未来收入	利用补充协议,隐瞒风险和报酬尚未转移的事实;填塞分销渠道,刺激经销商提前购货;借助开票持有协议,提前确认销售收入
以丰补歉,储备当期收入	将本应在当期确认的收入推迟至以后期间确认,并将当期储备的收入在经营陷入困境的年份予以释放

操纵手法	主要表现
鱼目混珠,伪装收入性质	将投资收益、补贴收入和营业外收入等收益项目包装成主营业务收入,歪曲了利润结构,夸大了企业创造经营收入和经营性现金流量的能力
张冠李戴,歪曲分部收入	为掩盖某些经营分部经营收入的下降趋势,不惜采用张冠李戴的操纵伎俩,将其他分部的收入挪借给收入不足的经营分部
借鸡生蛋,夸大收入规模	混淆净额法和总额法的使用。对于非买断式的代理代销业务,代理方或受托方应当按代理代销可望收取的净额(如代理佣金)确认收入。为了夸大收入,一些公司将本应采用净额法反映的业务,改按总额法反映
瞒天过海,虚构经营收入	采用瞒天过海的招数,策划一系列不合乎商业逻辑的交易,人为地通过"应收票据""应收账款"等账户虚构经营收入
里应外合,相互抬高收入	借助循环交易虚构收入规模,即卖方在向买方出售商品或提供劳务的同时,又按与售价完全一致或十分接近的价格向买方购入资产。出售的商品或提供的劳务立即确认为收入,而向对方买入的资产一般则作为资本性支出,列为固定资产或无形资产,从而达到加速确认收入和利润的目标
六亲不认,隐瞒关联收入	一些上市公司蓄意隐瞒关联关系暗度陈仓,将关联交易所产生的收入包装成独立交易的收入,以获得证券市场的青睐
随心所欲,篡改收入分配	以捆绑销售的方式进行交易时,一些上市公司随意改变收入分配所运用的假设,低估融资收入和服务收入,夸大产品销售收入,以达到分析师的盈利预期

从财务报表分析者的角度看,当注意到企业的报表有以下情况时,应警惕其是否有操纵收入的嫌疑:①应收账款的增幅高于销售收入的增幅;②计提巨额的坏账准备;③收购日前后毛利率发生大幅波动;④销售收入与生产能力比例失调;⑤发生大量退货;⑥与客户发生循环交易;⑦收入主要来自关联销售;⑧销售收入同经营性现金流量背离。

以格力电器的收入项目为例,编制格力电器的营业收入结构表,如表5-5所示,探讨公司的收入质量。

表5-5　2016—2020年格力电器营业收入分项目结构表

项目	占比/%				
	2016年	2017年	2018年	2019年	2020年
主营业务收入					
空调	81.33	83.22	78.58	69.98	70.08
生活电器	1.59	1.55	1.92	2.81	2.69
智能装备	0.00	1.43	1.57	1.08	0.47
其他主营	3.13	2.94	4.04	5.30	4.30
其他业务收入	13.96	10.86	13.90	20.82	22.46
合计	100.00	100.00	100.00	100.00	100.00
其中:关联方交易	13.13	17.12	15.67	10.52	7.98

首先,从产品构成看,格力电器拥有空调、生活电器、智能装备、其他主营为主要支柱的四大业务领域,但空调业务仍然是公司营业收入的最重要的来源,占到全部营收的70%以上,包括家用空调、商用空调、冷冻冷藏设备、核电空调、轨道交通空调、光伏空调等。

其次,生活电器的营收贡献占比在逐渐提高,智能装备和其他通信设备产品的收入占比也呈现上升的趋势,显示出格力电器的业务在原有聚焦空调和小家电业务的基础上,进一步向更多样化业务探索的尝试。

最后,从关联方交易占营业收入的比重数额来看,格力电器的关联方交易在2016—2020年显著下降,这一迹象表明公司收入质量的提升。

为进一步考察格力电器营业收入的质量,将营业收入与应收账款、经营性现金流等指标进行配比分析,其中,现金流入是指"销售商品、提供劳务收到的现金",同时,为更好理解数据的经济实质,选择美的集团的同期数据进行对比分析,结果如表5-6所示。

表5-6 2016—2020年格力电器与美的集团的收入配比情况表　　　　单位:%

年份	格力电器		美的集团	
	应收账款/营业收入	现金流入/营业收入	应收账款/营业收入	现金流入/营业收入
2016	2.61	64.54	8.46	96.40
2017	3.92	72.56	7.28	81.35
2018	3.89	68.15	7.47	81.35
2019	4.30	83.97	6.71	85.84
2020	5.20	92.68	8.08	84.46

由表5-6可以看出,格力电器应收账款占营业收入的比重逐年上升,说明公司赊销政策所采用的信用期限可能有所延长,但结合现金流入占营业收入的比重数据可以发现,公司现金流入占比的增长远远快于应收账款占比的增长;同时对比美的集团的同期数据也可以发现,美的集团的应收账款占营业收入比重处于6%~8.5%之间,高于格力电器在观察期间内的最高值5.20%,说明格力电器的营业收入质量受到信用政策变化影响的风险较小,质量是有保证的。

5.3.2 营业成本

营业成本是指与营业收入相关的、已经确认了归属期和归属对象的成本,主要反映企业资源的耗费情况。根据收入与费用配比原则,企业应在确认收入的同一会计期间,结转相关的成本。

然而必须指出,企业营业成本水平的高低,既有企业可以控制的因素(如在一定的市场价格水平条件下,企业可以通过选择供货渠道、采购批量等来控制成本水平),也有企业不可控的因素(如受市场因素的影响而引起的价格波动),还有通过成本会计系统的会计核算对企业制造成本的处理因素等。因此,对企业营业成本质量进行分析和评价应结合多种因素进行。

(1)了解企业总的营业成本占比及毛利实现情况。从利润的形成过程来看,毛利是指企业的营业收入减去营业成本后的余额,亦称销售毛利。具体到某一单位商品时,毛利指的是该商品销售价格和单位成本之间的差额。具体来讲,销售毛利指标可以对企业某一主要产品或主要业务的盈利状况进行分析,也更为接近企业经营的客观情况,有助于合理预测企业的核心竞争力,对判断企业核心竞争力的变化趋势及企业成长性极有帮助。同时,由于销售毛利不受期间费用的影响,更把营业外收支项目排除在外,故被人为操纵的可能性更低,能给投资者传递更为有用的会计信息。

　　企业必须有毛利,才有可能形成营业利润,毛利额的大小在一定程度上决定了企业的利润空间。因此,追求一定规模的毛利和较高的毛利率是企业的普遍心态,也是关注企业的投资者的普遍心理期望。表5-7列示的是格力电器与美的集团2016—2020年的毛利率实现情况。

表5-7　格力电器与美的集团2016—2020年的毛利对比表

年份	格力电器				美的集团			
	营业收入/百万元	营业成本/百万元	毛利/百万元	毛利率/%	营业收入/百万元	营业成本/百万元	毛利/百万元	毛利率/%
2016	108 303	72 886	35 417	32.70	159 044	115 615	43 429	27.31
2017	148 286	99 563	48 723	32.86	240 712	180 461	60 251	25.03
2018	198 123	138 234	59 889	30.23	259 665	188 165	71 500	27.54
2019	198 153	143 499	54 654	27.58	278 216	197 914	80 302	28.86
2020	168 199	124 229	43 970	26.14	284 221	212 840	71 381	25.11

　　由表5-7可以看出,从收入规模上来看,美的集团的营业收入自2016年以来一直领先于格力电器,但是从毛利率指标来看,格力电器的毛利率水平高于美的集团,2016年两家公司的毛利率分别为32.70%和27.31%,说明每100元的销售收入,格力电器要比美的集团多赚约5元。从变化趋势来看,格力电器的毛利率持续呈下滑态势,5年间毛利率下降了约6个百分点;相比较而言,美的集团的毛利率则表现得更为平稳,波动更小,因此有必要对公司毛利率变化情况做更深入的分析。

　　(2)关注企业营业成本的品种和区域构成。与营业收入的分析相同,对营业成本进行分析时,应该关注企业营业成本的品种和区域构成,通过分析企业的各种产品、各个地区的成本情况,并与营业收入进行配比,来分析每一项目的利润以及变动情况,观察和发现企业在各个环节和部门成本管理中存在的问题。表5-8是格力电器四大类主营业务产品2016—2020年的毛利率情况。

表5-8　格力电器2016—2020年毛利率分项目情况表

项目	毛利率/%				
	2016年	2017年	2018年	2019年	2020年
空调	38.54	37.07	36.48	37.12	34.32
生活电器	22.11	20.65	18.23	23.40	31.81
智能装备	—	5.85	6.48	5.94	23.70
其他主营	8.74	22.43	6.28	2.67	5.94

　　由表5-8可以看出,在四大主营业务板块中,格力的支柱业务——空调业务板块的毛利率最高,说明格力近年在空调的智能、舒适、节能方面的重大突破给公司业绩产生了正面积极

的影响,新风空调、AI(人工智能)语音空调、恒暖除霜空调、高端艺术空调等产品的盈利效果明显,但由于国内产业结构调整和市场容量收缩等因素的影响,空调板块的毛利率呈现出逐年下降的趋势,空调业务的赚钱能力在逐渐下降。生活电器和智能装备的毛利率均呈现快速增长趋势,小家电等生活电器的毛利率已经从2016年的22.11%提高到了2020年的31.81%,智能装备的毛利率则从入市初期的约6%提升到23.70%,这与格力电器在智能装备方面拥有多项自主研发技术如人脸识别技术、视觉检测技术、音频分析技术、工艺动作分析技术等技术的先进性密不可分,说明这些新业务板块的赚钱能力已经逐渐形成,但同时也说明,由于小家电品类众多,市场竞争激烈,这两类业务的市场规模还极为有限,这两类业务增加的利润空间尚无法有效对冲空调业务毛利下降对整体毛利的负面影响,企业未来仍需在小家电和智能装备等业务上进行更多的投入,不断提升创新水平。

(3)分析企业营业成本的结构分布。即借鉴共同比报表编制的思路,以公司营业成本为基数,计算原材料等主要产品成本占营业成本的比重。表5-9是格力电器2016—2020年产品成本结构表。可以看出,格力电器的产品成本占营业成本的比重在2016—2020年不断下降,从75.72%下降至66.50%,其中,原材料是产品成本和营业成本的最大部分,呈现出逐年下降的趋势,这一趋势与产品成本的变化趋势一致,而原材料成本下降的原因可能与公司在各个基地建设压缩机、电机、电容、漆包线等上游原材料工厂,增强公司对上下游供应链的控制能力有关。

表5-9 格力电器2016—2020年产品成本结构表

项目	占比/%				
	2016 年	2017 年	2018 年	2019 年	2020 年
原材料	69.54	72.18	69.09	61.41	61.08
人工工资	4.18	4.50	3.61	3.44	3.43
折旧	1.22	1.00	1.05	1.09	1.36
能源	0.78	0.72	0.63	0.58	0.63
合计	75.72	78.41	74.39	66.53	66.50

5.3.3 期间费用

期间费用是指企业日常活动发生的不能计入特定核算对象的成本,而应计入发生当前损益的费用。这主要包含两种情况:一是企业发生的支出不产生经济利益,或者即使产生经济利益但不符合或者不再符合资产确认条件的,应当在发生时确认为费用,计入当期损益。二是企业发生的交易或者事项导致其承担了一项负债,而又不确认为一项资产的,应当在发生时确认为费用计入当期损益。期间费用主要包括销售费用、管理费用、研发费用及财务费用四类。

1.销售费用

销售费用是指企业在销售商品或提供劳务的过程中发生的费用,包括应由企业负担的运输费、装卸费、包装费、保险费、销售佣金、差旅费、展览费、广告费、租赁费(不包括融资租赁费用)、销售人员的薪酬以及专设销售机构的经常性费用等。

从销售费用的基本构成来看,有的与企业的业务活动规模有关,如运输费、装卸费、整理费、包装费、保险费、销售佣金、差旅费、展览费、委托代销手续费、检验费等;有的与企业从事销售活动人员的待遇有关,如营销人员的薪酬;也有的与企业的未来发展、开拓市场、扩大企业品牌的知名度等有关,如广告费、促销费等。从企业管理层对上述各项费用的有效控制来看,尽管管理层可以对诸如广告费、营销人员的薪酬等项目采取控制措施来降低其规模,但是这种做法要么对企业的长期发展不利,要么会影响有关人员的工作积极性。因此,在企业业务得到发展的情况下,企业的销售费用不应盲目降低。

对销售费用的质量分析应着重考察以下几个方面:

(1)计算销售费用与营业收入比率,通过同行业比较和前后期比较,结合行业竞争状况和企业在销售费用控制方面的举措,考察销售费用支出的有效性。

(2)分析销售费用中诸如广告费、促销费、展览费、销售网点业务费等与企业营销策略有关的项目所占比重的变化情况,关注这些项目对企业长期销售能力改善、企业长期发展可能做出的贡献,考察销售费用的长期效应。

(3)在销售费用存在异常波动的情况下,结合行业竞争态势和竞争格局的变化、企业营销策略的变化以及相关会计政策的变化等因素,判断销售费用波动的合理性,关注是否有人为主观操纵的迹象。

表5-10为格力电器与美的集团两个公司2016—2020年的销售费用数据。作为家用电器企业,格力电器和美的集团的销售费用内容主要包括产品的安装与维修费用、职工薪酬及租赁费、宣传促销费、销售返利、运输及仓储费等,这些费用大约占到公司销售费用总额的80%以上。从销售费用的绝对数额来看,美的集团的年度销售费用总额均高于格力电器。从销售费用变化趋势来看,两家公司销售费用均呈现出先增后降的趋势。其中,格力电器的"拐点"出现在2019年,较上一年费用降低了5亿多元;美的集团的"拐点"出现在2020年,下降幅度达到70多亿元。

表5-10   2016—2020年格力电器和美的集团销售费用对比表

年份	格力电器			美的集团		
	销售费用/百万元	营业收入/百万元	销售费用/营业收入/%	销售费用/百万元	营业收入/百万元	销售费用/营业收入/%
2016	16 477	108 303	15.21	17 678	159 044	11.12
2017	16 660	148 286	11.24	26 739	240 712	11.11
2018	18 900	198 123	9.54	31 086	259 665	11.97
2019	18 310	198 153	9.24	34 611	278 216	12.44
2020	13 043	168 199	7.75	27 522	284 221	9.68

正如前文所言,分析销售费用仅仅看绝对数及其趋势是不够的,需要结合企业营收的实现状况及其变动趋势一起进行分析。结合前面表5-7中所列示的两家公司的营业收入信息计算销售费用率可知,2016年,尽管格力电器的销售费用总额低于美的集团,但是其销售费用与营业收入的比率却高达15.21%,美的集团的销售费用率仅为11.12%,说明格力电器每百元

销售收入占用的费用要比美的集团高出约 4 元钱,在之后的几年时间里,格力电器的销售费用率持续下降,2018 年该指标已控制在 10％ 以内,明显低于美的集团,每百元销售收入所占用的资源比美的集团低约 2 元,这一优势延续至 2020 年。

2. 管理费用

管理费用是指企业行政管理部门为组织和管理生产经营活动而发生的各种费用。管理费用包括的具体项目有:企业董事会和行政管理部门在企业经营管理中发生的,或者应当由企业统一负担的公司经费、工会经费、待业保险费、劳动保险费、董事会费、聘请中介机构费、咨询费、诉讼费、业务招待费、办公费、差旅费、邮电费、绿化费、管理人员工资及福利费等。管理费用属于期间费用,在发生的当期就计入当期利润表。

尽管企业管理层可以对管理费用采取控制或降低其规模的措施,但是这种控制或降低,有可能对企业的未来发展不利,也有可能降低有关人员的积极性;此外,折旧费、摊销费等是企业以前各个会计期间已经支出的费用,不存在控制其规模的问题,这类费用更多地受会计政策的影响。因此,在企业业务发展正常的条件下,在企业的组织结构、管理风格、管理手段、业务规模等方面变化不大的情况下,企业的管理费用与销售费用一样,变动不会太大。

对管理费用的分析应结合企业的总资产规模和营业收入进行。销售的增长会使相应的应收款项和存货规模扩大;资产规模的扩大会增加企业的管理要求,如设备的增加、人员的扩充等,从而增加管理费用。因此,管理费用和营业收入存在一定的比例关系,如果营业收入增长而管理费用下降,应注意企业是否存在利润操纵的嫌疑。分析时,可以通过分析管理费用的规模、变动情况及其与营业收入的比率来考察其合理性,而不应单纯强调数额的大小。

下面以格力电器和美的集团为例对管理费用项目质量进行分析。作为家电制造企业,两家公司的管理费用主要包括职工薪酬、物耗、折旧及摊销、技术维护费、行政办公费、租赁及物业管理费等内容,这些项目占到全部管理费用总额的 70％～80％。如前文所言,对管理费用进行分析仅仅看其绝对数额没有太大的意义,我们需要结合营业收入、资产总额等项目一起进行分析。两家公司的管理费用及变动趋势如表 5 - 11 所示。

表 5 - 11　格力电器和美的集团的管理费用汇总表

年份	格力电器				美的集团			
	管理费用/百万元	管理费用增长率/％	营业收入/百万元	管理费用/营业收入/％	管理费用/百万元	管理费用增长率/％	营业收入/百万元	管理费用/营业收入/％
2016	5 489	8.72	108 303	5.07	9 621	29.28	159 044	6.05
2017	6 071	10.61	148 286	4.09	14 780	53.63	240 712	6.14
2018	4 366	−28.09	198 123	2.20	9 572	−35.24	259 665	3.69
2019	3 796	−13.06	198 153	1.92	9 531	−0.42	278 216	3.43
2020	3 604	−5.05	168 199	2.14	9 264	−2.80	284 221	3.26

由表 5 - 11 可以看出,伴随着两家公司 2017 年营业收入的大幅增长,管理费用在 2017 年均有一个较大幅度的增长,其中格力电器较上年增长了 10.61％,美的集团的增幅达到 50％ 以

上。2018 年之后,两家公司管理费用发生额均得到有效控制,费用额和费用率呈现出明显的下降趋势。总体而言,格力电器的管理费用率均低于美的集团,显示出公司在管理运营方面具有更好的管控能力。

3. 财务费用

财务费用是指企业为筹集生产经营所需资金而发生的费用。其内容主要包括企业生产经营期间发生的利息净支出(减利息收入)、汇兑净损失、金融机构手续费以及筹资发生的其他财务费用等。其中,经营期间发生的利息支出构成了企业财务费用的主体。

在分析财务费用时,应注意几个问题:一是财务费用与营业收入的比率以及财务费用与贷款规模的比率。企业财务费用的规模变化反映企业的理财情况,可以通过与历史水平、行业平均水平比较,并结合企业自身政策、资产规模情况评价其规模的合理性与合法性。当然,在财务费用与企业的经营活动难以表现出正相关关系的情况下,将财务费用与营业收入比较显得意义不大,在企业的贷款融资主要用于补充流动资产和拓展企业经营活动的条件下,财务费用与营业收入的比率也可以说明企业的产品经营活动对贷款使用的有效性。二是汇率风险。对于有大量外汇业务的企业,可以通过分析汇兑损益掌握外汇市场风险对企业的影响程度。三是财务费用赤字的问题。对于大多数企业而言,财务费用不会出现赤字,如果赤字较大,应引起注意。四是企业财务费用的确认问题。有些企业通过借款费用资本化来操纵利润,例如,将某些已达到预定使用状态的资产推迟结转,将利息费用资本化,虚增资产价值和当期利润。

观察格力电器 2018—2020 年有关财务费用的汇总信息(如表 5 - 12 所示)可以发现,公司的财务费用 3 年内均为负值,进一步分析发现,公司每年的利息收入都远高于利息费用总额,说明公司的附息债务较少,现金储备充裕,这与前文进行的资产负债表分析中有关公司债务结构分布和货币资金的分析结论是一致的。

表 5 - 12　格力电器 2018—2020 年财务费用信息

项目	期末余额/百万元		
	2018 年	2019 年	2020 年
财务费用	−948	−2 426	−1 938
其中:利息费用	1 068	1 598	1 088
减:利息收入	2 384	3 698	3 708

4. 研发费用

研发费用,即研究与开发费用,也称为 R&D 费用,是企业在进行新产品、新技术或新服务的研究、开发和改进过程中所产生的各种费用。这些费用包括了人力资源成本、原材料成本、试验设备成本、专利申请费用等。研发费用是企业为了提高自身竞争力、创新能力以及市场份额而投入的资金,对企业的长期发展具有重要意义。

近年来,为推动企业的创新研发,财政部和证监会发布了一系列旨在助力公司研究与开发活动开展的会计准则与信息披露规则,其中主要的有以下三个:

一是 2007 年实施的《企业会计准则第 6 号——无形资产》。依照该准则,研发支出是核算企业研究阶段、开发阶段的总支出。其中,研究阶段是探索、革新的过程,具有较大的不确定性,旨在为后续的研究开发提供构思与准备;开发阶段则以具备新技术与新产品的基本生产条件为前提,将研究成果具体应用于商业生产中的某项设计或创意,生产出全新的或在实际应用中有所突破的材料、产品与装置。企业应当对研究阶段和开发阶段产生的费用进行分别核算,下设资本化支出和费用化支出两个明细科目。研究阶段的所有支出均费用化处理,计入"研发支出——费用化支出",开发阶段符合资本化条件的支出进行资本化处理,计入"研发支出——资本化支出"科目,不符合资本化条件的研发支出仍然费用化,计入"研发支出——费用化支出"科目。在财务报表列报时,资本化金额中已达到预定用途形成无形资产的部分,从"研发支出——资本化支出"转入无形资产,未形成无形资产的部分计入资产负债表的"开发支出"项目。这个计入资产负债表的过程也被简称为"研发支出资本化"阶段。

二是 2014 年证监会修订的《公开发行证券的公司信息披露编报规则第 15 号——财务报告的一般规定》。该规定要求对"开发支出"分项目披露期初余额、期末余额和本期变动数,以及资本化的时间、具体依据和研发进度等,并要求在"经营情况讨论与分析"章节中披露研发投入占营收比例的增减情况。

三是 2018 年财政部修订的《一般企业财务报表格式》。报表格式要求"研发费用"从"管理费用"中脱离,在利润表表内单独披露。自此,企业利润中包含的"三大期间费"(管理费用、销售费用及财务费用)转为"四费"(即管理费用、销售费用、财务费用及研发费用)。

图 5-2 是关于我国 R&D 会计核算与披露规则变化示意图。

图 5-2 我国 R&D 会计规则变化示意图

研发费用代表着一个公司研发投入的水平。研发费用金额越高,与营业收入的比率越大,说明公司研发投入力度越大,未来创新潜力越大。因此,在对研发费用进行财务报表项目的分析时,可以关注研发投入绝对数的变化趋势以及研发费用与营业收入的比率大小。当然由于各个行业、企业所处的生命周期阶段不同以及战略定位等差异对研发投入的要求各不相同,可结合行业均值、竞争对手等的相关信息进行对比分析。

表 5-13 是格力电器与美的集团 2018—2020 年研发费用信息。可以看出,两家公司的研发费用率都维持在 3% 左右的水平,但是从绝对数额来看,美的集团的研发投入金额更大,而且三年内持续增加。对比 2019 年,美的集团的研发费用是保持 15.05% 的增长;同年格力电器的研发投入却下降了 15.7%,2020 年这一比率虽然增长 2.73%,但是研发费用总额仍未恢复至 2018 年的水平,因此研发投入的不足将有可能成为格力电器未来业绩增长的掣肘,需要引起投资者和公司的高度关注。

表 5-13　格力电器与美的集团 2018—2020 年研发费用信息

年份	格力电器				美的集团			
	研发费用/百万元	研发费用增长率/%	营业收入/百万元	研发费用率/%	研发费用/百万元	研发费用增长率/%	营业收入/百万元	研发费用率/%
2018	6 988	—	198 123	3.53	8 377	—	259 665	3.23
2019	5 891	−15.70	198 153	2.97	9 638	15.05	278 216	3.46
2020	6 053	2.75	168 199	3.60	10 119	4.99	284 221	3.56

5.3.4　营业外收支

营业外收支是指企业发生的与日常经营活动无直接关系的各项收支。营业外收支虽然与企业生产经营活动没有多大的关系,但是从企业主体来考虑,同样会形成企业的收益或支出,也是增加或减少利润的因素,对企业的利润总额及净利润产生较大的影响。

1. 营业外收入

营业外收入是指企业发生的与日常活动无直接关系的各项利得。营业外收入并不是由企业耗费经营资金所产生的,不可能也不需要与有关费用进行配比,是一种企业的纯收益。因此,在会计处理上,要严格区分营业外收入与营业收入的记录项目。营业外收入主要包括非流动资产毁损报废利得、债务重组利得、企业从政府无偿取得货币性资产或非货币性资产形成的政府补助利得、企业对现金等资产清查盘点中盘盈的资产、报经批准后计入营业外收入的盘盈利得和企业接受捐赠产生的利得等项目。

2. 营业外支出

营业外支出是指企业发生的与日常活动无直接关系的各项损失,营业外支出主要包括非流动资产毁损报废损失、债务重组损失、公益性捐赠支出、非常损失以及盘亏损失等项目。

对于财务报表分析者而言,营业外收支项目在进行分析时应注意以下几个方面:一是营业外收支核算的恰当性。按照企业会计准则规定,会计核算时,不得以营业外支出冲抵营业外收入,也不得以营业外收入冲减营业外支出,应当区别营业外收入和营业外支出分别核算。二是营业外收支项目确认的合理性。观察企业是否存在将营业外收支事项错误地计入营业范围内,从而达到调整经营利润额并影响报表使用者判断公司盈余可持续性及成长性的目的。

5.4　综合案例分析——宁德时代

5.4.1　公司基本情况

宁德时代新能源科技股份有限公司(以下简称为"宁德时代")成立于 2011 年 11 月,2018 年 6 月 11 日登录科创板。宁德时代专注于新能源汽车动力电池系统、储能系统的研发、生产和销售,致力于为全球新能源应用提供一流解决方案,是全球领先的动力电池系统提供商。公司业务分为动力电池系统、储能系统和锂电池材料三大板块,在电池材料、电池系统、电池回收等产业链关键领域拥有核心技术优势及可持续研发能力,形成了全面、完善的生产服务体系。公司拥有国际一流的研发团队,承担了国家火炬计划产业化示范项目等国家级项目,为首批符合工业和信息化部《汽车动力蓄电池行业规范条件》目录的十家动力电池企业之一、《锂离子电池行业规范条件》目录的八家锂离子电池企业之一。公司曾获得中国化学与物理电源行业协会"中国动力和储能用锂离子电池前 10 强企业"、中国储能网"中国储能产业最具影响力企业"、工业和信息化部与财政部认定的"2017 年国家技术创新示范企业"等多项荣誉。客户包括宝马、奔驰及大众等国际龙头汽车企业以及宇通集团、北汽集团、上汽集团、东风集团等国内知名品牌车企。

2018 年公司 IPO(首次公开募股)时,宁德时代市值约 800 亿元,2021 年,公司市值达到 1.6 万亿元,翻了近 20 倍,那么,支撑宁德时代股价狂奔的业绩究竟如何呢?本部分主要对公司利润表进行分析。

5.4.2 利润质量分析

在利润表中,营业利润、利润总额和净利润三个层次可以反映公司的利润信息。表 5 - 14 汇总了 2018—2021 年宁德时代的利润及其增长率信息。从绝对数额和增长率指标来看,自 2018 年上市以后,宁德时代的营业利润、利润总额和净利润等指标均呈现增长势头,尤其是 2021 年,各个利润指标较上一年增长近两倍。总体上看,2018—2021 年,宁德时代的业绩表现是非常优秀的。

表 5 - 14   2018—2021 年宁德时代利润项目信息汇总表

年份	营业利润/百万元	利润总额/百万元	净利润/百万元	营业利润增长率/%	利润总额增长率/%	净利润增长率/%
2018	4 168	4 205	3 736	—	—	—
2019	5 759	5 761	5 013	38.17	37.00	34.18
2020	6 959	6 983	6 104	20.84	21.21	21.77
2021	19 824	19 887	17 861	184.87	184.79	192.61

从利润表内部结构可以观察公司利润的稳定性。表 5 - 15 是关于公司利润表的共同比报表。从表 5 - 15 可以看出:第一,4 年间公司的利润率均稳中有增,对公司业绩起到了重要的支撑。第二,营业总成本稳中有降。其中,营业成本占比持续增加,2018 年营业成本占营业收入的比重为 67.21%,2021 年,该比例接近 74%,增加近 7 个百分点,但是在四大期间费用中,管理费用和销售费用占比均有所下降,维持了总营业成本的稳定。第三,研发费用占比相对稳定,表明公司业绩有较强劲的研发投资支撑。

表 5－15　宁德时代 2018—2021 年利润表的共同比报表

项目	占比/%			
	2018 年	2019 年	2020 年	2021 年
营业总成本	86.89	85.08	86.42	85.43
营业成本	67.21	70.94	72.24	73.72
税金及附加	0.58	0.59	0.59	0.37
销售费用	4.66	4.71	4.41	3.35
管理费用	5.37	4.00	3.51	2.58
研发费用	6.72	6.53	7.09	5.90
财务费用	−0.94	−1.71	−1.42	−0.49
营业利润	14.08	12.58	13.83	15.21
利润总额	14.20	12.58	13.88	15.26
净利润	12.62	10.95	12.13	13.70

5.4.3　关键项目分析

1. 收入

1）总体情况

公司利润的持续增长依赖于持续稳定的收入增长。表 5－16 汇总了宁德时代 2018—2021 年的营业收入信息。

表 5－16　2018—2021 年宁德时代营业收入及增长率汇总表

年份	营业收入/百万元	营业收入增长率/%
2018	29 611	48.08
2019	45 788	54.63
2020	50 319	9.90
2021	130 356	159.06

由表 5－16 可以看出，2018 年至 2021 年，宁德时代的营业收入持续增长，其中 2020 年增长速度有所放缓，但是 2021 年收入大幅增加，为 2021 年利润的增长及市场股价反弹提供了强有力的支撑。这主要得益于公司依靠与国内外汽车公司的强合作关系，装机量和全球市场占有率持续上涨，多元化的客户结构为收入的持续增长提供了坚实保障。

2）收入构成

首先，从公司营收的地区分布来看，公司海外布局卓有成效，境外收入占比快速提升。2018 年和 2019 年，公司营业收入的 95% 以上均来自中国市场，但是 2020 年之后，国际市场业务收入占比快速增加，2021 年已突破 20%，这主要得益于动力电池产品的高能量密度和高安全性保证，宁德时代凭借着过硬的技术研发实力获得了大批量的海外订单；同时欧洲政策利好,欧盟委员会提出了更为积极的绿色减碳举措,汽车排放要求更为激进。欧盟各国如法国、德国等也纷纷出台了新的新能源汽车支持政策或调整已有新能源补贴政策,延长补贴期限。公司在 2018 年获得宝马、戴姆勒、现代起亚等多家海外主机厂的订单,境外业务取得实质性进展。2020 年公司与特斯拉签署动力电池框架协议,2021 年特斯拉成为公司第一大客户,而公司也正式取代 LG 新能源,成为特斯拉第一大动力电池供应商。

其次,从产品分布看,三大板块产品营收更加均衡和多元。根据产品分类,宁德时代的收入构成主要包括动力电池系统、储能系统和锂电池材料三块。其中,2018 年公司的动力电池业务占到全部营业收入的 80% 以上,2020 年之后,该产品营收占比逐渐下降,2021 年已降至 70.19%;相反,储能系统和其他业务的营收占比快速增长,公司储能系统营收绝对值及其占比快速提升,2021 年储能营收占总营收的比重已突破两位数。2018—2021 年宁德时代营业收入的地区和产品结构分布如表 5-17 所示。

表 5-17　宁德时代 2018—2021 年营业收入结构分布表

分布		占比/%			
		2018 年	2019 年	2020 年	2021 年
地区	境内	96.47	95.63	84.29	78.62
	境外	3.53	4.37	15.71	21.38
产品	动力电池系统	82.79	84.27	78.35	70.19
	储能系统	0.64	1.33	3.86	10.45
	锂电池材料	13.04	9.40	6.81	11.86
	其他业务	3.53	5.00	10.97	7.51

如果进一步结合各业务模块的毛利率(如表 5-18 所示),可以发现公司整体的毛利率呈下降趋势,这可能与公司主要业务板块——动力电池系统的毛利率下降有直接关系,但同时我们也可以发现,其他三个板块的毛利率大多是增加的,尤其是其他业务的毛利率增长非常迅速,这些新变化都为公司的良好业绩提供了很好的支撑。

表 5-18　宁德时代 2018—2021 年毛利率

项目	毛利率/%			
	2018 年	2019 年	2020 年	2021 年
全部产品	32.79	29.06	27.76	26.28
动力电池系统	34.10	28.45	26.56	22.00
储能系统	19.01	37.87	36.03	28.52
锂电池材料	23.05	24.40	20.45	25.12
其他业务	40.45	45.65	38.01	65.06

3)收入真实性

在公司赊销和信用政策保持稳定的情况下,营业收入与应收款项的增长率指标可以在一定程度上反映出公司收入的真实性。表 5-19 反映了宁德时代的营业收入与应收款项关系。

表 5 - 19　宁德时代营业收入与应收票据及账款的关系

年份	营业收入/百万元	营业收入增长率/%	应收票据及应收账款/百万元	应收账款增长率/%	应收账款周转率/次	行业平均应收账款周转率/次
2017	19 997	34.40	12 377	57	2.81	7.5
2018	29 611	48.08	15 968	29	4.51	6.92
2019	45 788	54.63	17 988	13	6.29	7.12
2020	50 319	9.90	21 171	18	5.12	7.11
2021	130 356	159.06	25 217	19	7.44	—

从表 5 - 19 可以看出,伴随着宁德时代营业收入的逐年增长,应收款项也呈现出增长趋势,但是从增长幅度来看,自 2018 年上市以后,应收款项的增长幅度在大部分年份内均远低于营业收入的增长率,且相对比较稳定;再看应收账款周转率指标,2018 年以后,公司的应收账款周转率在不断提高,表明宁德时代通过并购价值链上、下游的企业,在产业链当中的地位愈发强势,使得企业能够加速销售收入的回款速度。从整体上看,宁德时代收入呈现出增长稳定、结构均匀和具有现金保障的主要特性,为支撑宁德时代的股价持续上涨提供了强大的信心支持。

2. 研发费用

1)研发费用投入

宁德时代身处技术快速更新迭代的新能源行业,不断提升的研发费用将是宁德时代未来技术领先优势的保障之一。近年来公司一直致力于锂离子电池的研发,其技术和研发水平处于行业领先地位,这与公司每年高研发投入密切相关。表 5 - 20 是宁德时代 2018—2021 年的研发费用汇总表。

表 5 - 20　宁德时代 2018—2021 年的研发费用汇总表

年份	研发费用/百万元	研发费用占营业收入比重/%	研发费用增长率/%
2018	1 991	6.72	—
2019	2 992	6.53	50.27
2020	3 569	7.09	19.28
2021	7 691	5.90	115.49

从表 5 - 20 可以看出,宁德时代投入于技术研发上的资金逐年增加。2019 年到 2021 年,宁德时代研发费用分别达到 29.92 亿元、35.69 亿元和 76.91 亿元,研发费用占当期营业收入的比重分别为 6.53%、7.09%、5.90%,增长率在 2021 年更是达到了 115.49%,这与宁德时代一直将研发作为企业发展的核心、坚持依靠自主创新的战略是一致的。

进一步选取与宁德时代同一行业、营业收入排名前四的亿纬锂能、璞泰来、国轩高科、科达利四家企业计算研发费用行业均值进行比较,结果如表 5 - 21 所示。首先,从绝对数值来看,宁德时代投入于研发的绝对数额在每一年度内均比同行业平均水平高出数倍,说明公司为应对宏观经济波动风险、市场竞争加剧风险、新产品和新技术开发风险,加大了对研发项目的投入力度,这不仅可以让公司的核心竞争力得以持续保持,也在一定程度上说明了营业收入增长是确保公司有充分的资源投入于研发的基础和保障。然而,从研发投入占比来看,观察期间内宁德时代的研发投入占比保持在7%左右,略低于行业平均水平,表明公司在研发投入方面还有较大的增长空间,研发力度仍有待于增强。

表5-21 2018—2020年宁德时代与行业研发投入对比

年份	研发投入金额/百万元		研发投入占比/%	
	宁德时代	行业平均	宁德时代	行业平均
2018	1 991	285	6.72	7.10
2019	2 992	352	6.53	7.39
2020	3 569	454	7.09	7.72

2)研发人员数量与专利

对于高科技企业而言,人才储备是企业获得持续竞争力的重要前提。根据公司年报等信息,宁德时代的管理层与研发团队均来自公司前身——消费锂电池龙头新能源科技有限公司(ATL)的动力电池事业部,在电池领域深耕多年,对行业理解深刻,坚持以技术创新作为核心竞争力,同时构建材料、系统结构、极限制造、商业模式四大全新创新体系。

截至2020年底,宁德时代拥有研发技术人员5 592名。其中,博士127名,占研发总人数的2.27%;硕士1 382名,占研发总人数的24.71%。对比同行业其他公司,整体研发团队规模和实力在行业内均处于领先地位。完善的研发体系、强大的研发团队推动公司研发技术水平持续提升。宁德时代及其子公司共拥有2 969项境内专利和348项境外专利,正在申请的境内和境外专利合计3 454项。对比同行业其他企业,宁德时代的专利数量远高于同业其他公司(如图5-3所示)。在研发费用和研发人员上的持续投入能够保证宁德时代在新能源领域保持竞争力,这也是投资者对股价充满信心的支撑。

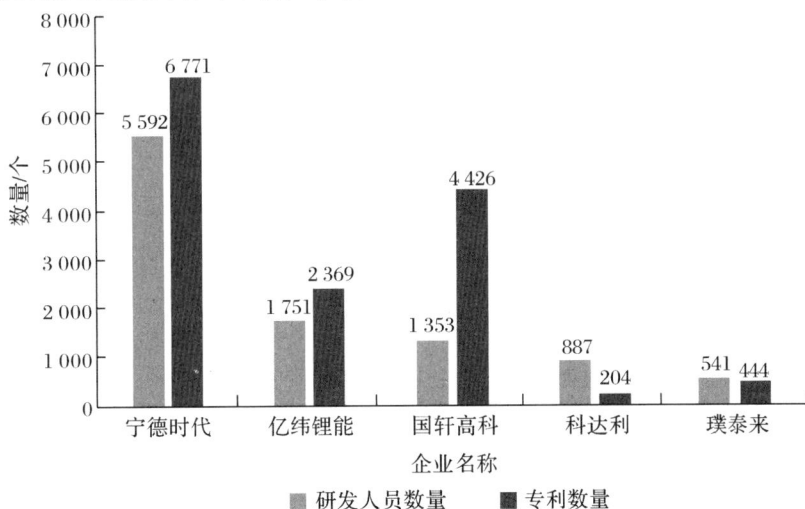

图5-3 2020年电池行业5家主要公司的研发人员与专利数量对比图

3) 运营效率

销售费用与营业收入的变动关系是观察公司运营效率的重要方式,表5-22汇总了宁德时代2018—2021年销售费用变化趋势。可以发现,在公司营业收入增长的同时,销售费用绝对数额虽然持续增加,但是对比营业收入与销售费用的同比增长数据后可以发现,销售费用的增长速度低于公司营业收入增长速度;进一步分析销售费用的构成发现,销售费用中主要是职工薪酬、运输费用等项目的列支,且基本没有广告费用的支出。

表5-22 宁德时代2018—2021年销售费用情况

报告期	营业收入/百万元	营业收入增长率/%	销售费用/百万元	销售费用增长率/%
2018	29 611	48.08	1 378.87	73.28
2019	45 788	54.63	2 156.56	56.40
2020	50 319	9.90	2 216.71	2.79
2021	130 355	159.06	4 367.87	97.04

如果再进一步综合观察三大期间费用指标(如表5-23所示),可以发现,宁德时代的销售费用基本稳定在营业收入的4%,管理费用率四年间则下降了近一半,财务费用率多年来持续为负,表明公司现金流充裕,且无论是销售费用率,还是管理费用率,公司近年来都呈现出一个稳定下降的趋势,说明公司整体期间费用的管控效率较好。

表5-23 宁德时代的管理运营效率

年份	销售费用率/%	管理费用率/%	财务费用率/%
2018	4.66	5.37	−0.94
2019	4.71	4.00	−1.71
2020	4.41	3.51	−1.42
2021	3.35	2.58	−0.49

总之,通过以上分析可以看出,宁德时代的收入和利润结构较稳定、质量高,为公司股价的持续上涨提供了坚实的保障和支持。

当然,需要注意的是,宁德时代自2018年登录科创板以来,受益于客户优势、品牌优势及规模效应、技术优势带来的成本竞争力,公司毛利率处于行业较高水平,公司股价持续上涨,市盈率已远高于同行业平均水平,但公司总毛利率从2016年的44%下降至2021年的约27%,其中对收入影响超过80%的动力电池系统业务受到动力电池原材料价格波动、成本降幅不及售价降幅等因素的影响毛利率从45%下降至22%,且公司研发投入大,资产周转率等指标相对较低。市盈率的虚高和盈利能力下降,加之由于蔚来和广汽都选择扶持新型新能源企业,实现对供应链上游的直接控制,市场对宁德时代的发展出现信心动摇,宁德时代股价在2022年出现持续下降,"宁王"光环受到冲击,公司需要注意通过良好的成本控制,伴随储能业务占比继续提升的拉动,实现公司整体毛利率的提升,保证研发能力,维护好与客户的关系。投资者需要综合考虑市盈率、盈利能力和质量等多个方面,从而为科学制定投资决策提供依据。

思考讨论题

1. 什么是利润表？利润表的作用如何？

2. 成本与费用有何区别？

3. 如何理解利润表质量概念？

4. 如何对营业收入项目进行质量分析？

5. 如何对期间费用进行质量分析？

6. 说明共同比利润表的编制方法及作用。

7. 如何对利润表进行结构分析？

案例

第6章
现金流量表分析

学习目标

1. 掌握现金流量表科目的项目和结构分析原理；
2. 应用相关原理对案例企业展开现金流量表分析。

投资者分析会计报表的目的在于帮助其有效地决策，分析的内容一般包括盈利能力、资产运营能力、短期偿债能力、长期偿债能力、增长能力等。由于资产负债表、利润表均是按照权责发生制来编制的，容易受到操纵（一般称为盈余管理或者会计报表粉饰），而现金流量表的编制基础是现金及现金等价物，该表是从现金视角对资产负债表和利润表所报告信息的另外一种呈现。有人说，"利润表是皮囊，资产负债表是灵魂，现金流量表是血液"。在"现金为王"的时代，现金流量不仅决定企业的价值创造，也反映企业的盈利质量和风险状况。因此，现金流量表的分析就至关重要。现金流量表的分析方法主要有结构分析、比率分析和趋势分析。

6.1 现金流量表格式

6.1.1 现金流量表的概念及作用

现金流量表是反映企业在某一特定时期内现金流入和流出信息的报表。也就是说，与利润表一样，现金流量表是一个时期报表。

我们已经知道，就某一会计期间而言，资产负债表反映企业在该期间末的财务状况，利润表反映企业在该期间所产生的经营成果，那么经过这一期间的经营，期末的财务状况较期初有什么变化呢？通过比较式资产负债表（把期末、期初的资产负债情况反映在一张资产负债表上），我们固然可以了解一些变化，但系统地反映期末与期初财务状况变化的，则是现金流量表。现金流量表抓住了企业财务状况变化的最为关键的因素——现金的变化，以现金流入和现金流出的方式反映企业在某一会计期间现金的变化。该表因而成为连接和沟通期末和期初资产负债表与利润表的桥梁，不仅对解读资产负债表和利润表大有帮助，而且该表提供的现金流量信息也是会计报表使用者非常关注的信息。

现金流量表的作用表现在以下四个方面：

第一，有助于分析企业净利润与现金净流量的关系。净利润很高的企业有可能净现金流量很少，甚至为负，导致企业并无足够的现金偿还到期债务、支付股利，甚至无法满足正常经营活动的需要；而净利润为负的企业的净现金流量可能出现相反的情形。利润表是按照权责发生制原则编制的,它虽然计算出了净利润指标,但是不能反映净利润与净现金流量的关系。由于净利润可能受到企业在会计估计、会计政策上的操纵,因此,通过分析净现金流量与净利润的关系来评价企业利润的质量就成为财务报表分析的一种很重要的方法。通常认为,有现金流量支撑的净利润是高质量的;反之,则是低质量的。

第二,有助于评价企业取得和运用现金的能力。以权责发生制为基础编制的资产负债表和利润表并不能直接帮助会计报表使用者有效地评估企业取得和运用现金的能力。现金流量表则可以反映企业经营活动、投资活动、筹资活动取得和运用现金的能力。在市场竞争日趋激烈的情况下,现金流量表的这个作用尤其重要。

第三,有助于评价企业支付到期债务和股利的能力。债权人非常关心企业能否按期支付利息和本金,而股东则关心企业能否支付股利。资产负债表和利润表难以直接提供这样的信息,而现金流量表则提供了企业在某一会计期间支付债务和股利的信息,有助于债权人和股东分析企业支付到期债务和股利的能力。

第四,预测未来经营活动、投资活动、筹资活动产生或耗费的现金流量。对投资者和债权人而言,财务报表的真正目的是帮助其预测企业的未来,以便做出正确的投资决策。与以权责发生制为基础编制的资产负债表和利润表相比较,现金流量表提供的经营活动、投资活动、筹资活动产生的现金流量可以为预测企业的未来提供更可靠的基础。通过现金流量表所反映的现金流量以及企业的其他财务指标,可以了解企业各类活动的现金来源和用途是否合理,从而可以预测企业未来现金流量,编制现金流量计划。

6.1.2 现金流量表的格式及分类

1. 格 式

按照财政部 2006 年 2 月 15 日发布的《企业会计准则第 31 号——现金流量表》,A 股份有限公司的现金流量表及现金流量表补充资料分别如表 6-1 和表 6-2 所示。

表 6-1 现金流量表

编制单位:A 股份有限公司　　　　　　　　2020 年度　　　　　　　　单位:百万元

项目	本期金额	上期金额
一、经营活动产生的现金流量		
销售商品、提供劳务收到的现金	155 890.38	166 387.70
客户存款和同业存放款项净增加额	−92.51	31.90
向中央银行借款净增加额		
向其他金融机构拆入资金净增加额	−700.00	1 000.00
收取利息、手续费及佣金的现金	1 137.27	1 051.39
拆入资金净增加额		
回购业务资金净增加额	475.00	2 074.50
收到的税费返还	2 484.29	1 854.37
收到其他与经营活动有关的现金	4 698.33	2 796.06
经营活动现金流入小计	163 892.76	175 195.92

项目	本期金额	上期金额
购买商品、接受劳务支付的现金	121 793.12	94 214.77
客户贷款及垫款净增加额	−9 091.38	7 529.47
存放中央银行和同业款项净增加额	−976.19	−31.34
拆出资金净增加额		
支付利息、手续费及佣金的现金	312.75	103.33
支付给职工以及为职工支付的现金	8 901.28	8 831.21
支付的各项税费	8 184.05	15 128.31
支付其他与经营活动有关的现金	15 530.49	21 526.45
经营活动现金流出小计	144 654.13	147 302.21
经营活动产生的现金流量净额	19 238.64	27 893.71
二、投资活动产生的现金流量		
收回投资收到的现金	9 520.64	3 130.97
取得投资收益收到的现金	305.41	426.92
处置固定资产、无形资产和其他长期资产收回的现金净额	6.63	9.61
处置子公司及其他营业单位收到的现金净额		
收到其他与投资活动有关的现金	4 322.65	4 878.03
投资活动现金流入小计	14 155.33	8 445.53
购建固定资产、无形资产和其他长期资产支付的现金	4 528.65	4 713.19
投资支付的现金	3 561.06	7 192.76
取得子公司及其他营业单位支付的现金净额	425.88	774.18
支付其他与投资活动有关的现金	5 542.02	7 040.45
投资活动现金流出小计	14 057.60	19 720.58
投资活动产生的现金流量净额	97.73	−11 275.05
三、筹资活动产生的现金流量		
吸收投资收到的现金	14.67	326.85
其中:子公司吸收少数股东投资收到的现金	14.67	326.85
取得借款收到的现金	37 599.79	21 268.26
收到其他与筹资活动有关的现金		
筹资活动现金流入小计	37 614.46	21 595.11
偿还债务支付的现金	29 475.43	27 657.70
分配股利、利润或偿付利息支付的现金	14 236.01	13 159.38
其中:子公司支付给少数股东的股利、利润	411.61	

续表

项目	本期金额	上期金额
支付其他与筹资活动有关的现金	15 014.51	
筹资活动现金流出小计	58 725.96	40 817.08
筹资活动产生的现金流量净额	−21 111.50	−19 221.98
四、汇率变动对现金及现金等价物的影响	−372.39	203.76
五、现金及现金等价物净增加额	−2 147.52	−2 399.55
加:期初现金及现金等价物余额	26 372.57	28 772.12
六、期末现金及现金等价物余额	24 225.05	26 372.57

表6-2 现金流量表补充资料

编制单位:A股份有限公司　　　　　　　2020年度　　　　　　　　单位:百万元

补充资料	本期金额	上期金额
1.将净利润调节为经营活动现金流量		
净利润	22 279.24	24 827.24
加:资产减值准备	273.45	1 122.34
固定资产折旧、油气资产折耗、生产性生物资产折旧	3 377.38	2 977.10
无形资产摊销	211.33	215.80
处置固定资产、无形资产和其他长期资产的损失(收益以"−"号填列)	−2.95	−4.91
固定资产报废损失(收益以"−"号填列)	7.92	14.21
公允价值变动损失(收益以"−"号填列)	−200.15	−228.26
财务费用(收益以"−"号填列)	−3 117.12	−4 096.87
投资损失(收益以"−"号填列)	−713.01	226.63
递延所得税资产减少(增加以"−"号填列)	993.66	−1 267.87
递延所得税负债增加(减少以"−"号填列)	290.14	77.75
存货的减少(增加以"−"号填列)	−3 734.23	−4 049.89
经营性应收项目的减少(增加以"−"号填列)	15 242.83	−3 656.03
经营性应付项目的增加(减少以"−"号填列)	−18 480.94	19 086.28
其他【注】	2 811.10	−7 349.81
经营活动产生的现金流量净额	19 238.64	27 893.71
2.不涉及现金收支的重大投资和筹资活动		
债务转为资本		
一年内到期的可转换公司债券		
融资租入固定资产		

续表

补充资料	本期金额	上期金额
3.现金及现金等价物净变动情况		
现金的期末余额	24 225.05	26 372.57
减:现金的期初余额	26 372.57	28 772.12
加:现金等价物的期末余额		
减:现金等价物的期初余额		
现金及现金等价物净增加额	-2 147.52	-2 399.55

【注】"其他"包括法定存款准备金减少976.19百万元,票据保证金等净减少额1 834.91百万元。

2.现金流量的分类

1)按照流动形态分类

现金流量是企业现金和现金等价物的流入和流出的总称。企业从各种经济业务中收到现金,称为现金流入;为各种经济业务付出现金,称为现金流出。从现金流量表可以看出,现金和现金等价物流入的情形主要包括销售商品、提供劳务收到的现金,收回投资收到的现金,取得投资收益收到的现金,取得借款收到的现金,等等;现金和现金等价物流出的情形则包括购买商品、提供劳务支付的现金,购建固定资产、无形资产和其他长期资产支付的现金等。

净现金流量是指现金流入与流出间的差额,也可以称为现金净流量、现金流量净额。净现金流量可能是正数,也可能是负数。如果是正数,则为净流入;如果是负数,则为净流出。

2)按照业务类型分类

按照企业业务的性质和现金流量的来源,现金流量可以分为三类,即经营活动产生的现金流量、投资活动产生的现金流量、筹资活动产生的现金流量。

(1)经营活动产生的现金流量。经营活动是指企业投资和筹资活动以外的所有交易和事项。就一般的工商企业而言,经营活动包括购买存货、生产产品、销售商品、提供劳务、接受劳务、缴纳税费等。由于行业特点不同,各企业经营活动的具体内容也不尽相同,因此在编制现金流量表时,应当根据企业的实际情况对经营活动进行合理的界定。经营活动是企业最主要的营业活动,也是影响企业现金流量变动的主要原因。从经营活动中取得的现金,是企业现金的内部来源。据此可以判断企业在不依靠外部筹资的情况下,通过自身经营活动产生的现金流量是否能够维持正常的生产经营活动,并满足偿还债务、支付股利和对外投资的需要。根据企业经营活动现金流量的历史数据,并结合其他资料,可以预测其未来经营活动的现金流量。

我国现金流量表准则规定,经营活动产生的现金流量至少应当单独列示反映下列信息的项目:①销售商品、提供劳务收到现金;②收到的税费返还;③收到其他与经营活动有关的现金;④购买商品、接受劳务支付的现金;⑤支付给职工以及为职工支付的现金;⑥支付的各项税费;⑦支付其他与经营活动有关的现金。

通过经营活动产生的现金流量,报表使用者可以了解企业在投资和筹资活动以外的经济活动中现金的收支情况。将经营活动现金净流量与净利润比较,可以评价企业净利润的质量。

(2)投资活动产生的现金流量。投资活动是指企业购建非流动资产和不包括在现金等价物范围内的对外投资事项。这里的投资是广义的概念,包括对内和对外两部分。对内投资是指购入或处置企业在生产经营过程中所使用的固定资产、无形资产以及科研支出等。对外投资是企业在其本身经营的主要业务以外,以现金、实物、无形资产方式,或者以购买股票、债券等有价证券方式向境内外的其他单位进行投资,以期在未来获得投资收益的经济行为。

我国现金流量表准则规定,投资活动产生的现金流量至少应当单独列示反映下列信息的项目:①收回投资收到的现金;②取得投资收益收到的现金;③处置固定资产、无形资产及其他长期资产收回的现金净额;④处置子公司及其他营业单位收到的现金净额;⑤收到其他与投资活动有关的现金;⑥购建固定资产、无形资产和其他长期资产支付的现金;⑦投资支付的现金;⑧取得子公司及其他营业单位支付的现金净额;⑨支付其他与投资活动有关的现金。

通过投资活动产生的现金流量,报表使用者可以了解企业与投资业务相关的现金收支情况,以及投资活动产生的现金流量对企业现金流量净额的影响程度。

(3)筹资活动产生的现金流量。筹资活动是指导致企业资本及债务规模和构成发生变动的活动。筹资活动是企业开展经营活动的基础和前提,有效的筹资活动应当能够及时为企业提供可靠和低成本的资金,增强企业的财务应变能力,降低财务风险。因此,筹资活动产生的现金流量应当单独反映。

我国现金流量表准则规定,筹资活动产生的现金流量至少应当单独列示反映下列信息的项目:①吸收投资收到的现金;②取得借款收到的现金;③收到其他与筹资活动有关的现金;④偿还债务支付的现金;⑤分配股利、利润或偿付利息支付的现金;⑥支付其他与筹资活动有关的现金。

通过筹资活动产生的现金流量,报表使用者可以分析企业的筹资能力、企业对外部筹资的依赖程度,以及筹资活动产生的现金流量对企业现金流量净额的影响程度。

6.2　现金流量表质量分析

现金流量表分析是指对现金流量表上的有关数据进行比较、分析和研究,从而了解企业的财务状况,发现企业在财务方面存在的问题,预测企业未来的财务状况,为报表使用者科学决策提供依据。其中,现金流量表的质量是指企业的现金流量按照企业的预期目标进行顺畅运转的质量。具有良好质量的现金流量应该具有以下特征:

(1)企业现金流的结构与状态体现了企业发展战略的要求。

(2)在稳定发展阶段,企业经营活动的现金流量应当与企业经营活动所赚取的利润有一定的对应关系,并能为企业的扩张发展提供现金流量的支持。

(3)筹资活动的现金流量能够适应经营活动、投资活动对现金流量的需求,且无不当融资行为。

6.2.1　经营活动现金流量质量分析

我们知道,无论采用直接法还是间接法编制现金流量表,都要确定当期期末与期初的现金流量净变化量,即"经营活动产生的现金流量净额"。对于任何企业来说,结果无外乎以下三种情况。

1. 经营活动产生的现金流量净额大于零

这里面又分三种情形：

一是经营活动产生的现金流量大于零并在补偿当期的非现金消耗性成本后仍有剩余。

这意味着企业通过正常的商品购、产、销所带来的现金流入量,不但能够支付因经营活动而引起的现金流出、补偿全部当期的非现金消耗性成本(如固定资产折旧、无形资产摊销等),而且有余力为企业的扩张提供支持,即在稳定发展的条件下,良性发展的企业经营活动产生的现金流量应该远远大于零。

应该看到,在这种情况下,企业经营活动产生的现金流量已经处于良好的运转状态。如果这种状态一直持续,则企业经营活动产生的现金流量将对企业经营活动的稳定与发展、企业投资规模的扩大起到重要作用。

二是经营活动产生的现金流量大于零并恰好能补偿当期的非现金消耗性成本。

这意味着企业通过正常的商品购、产、销所带来的现金流入量,不但能够支付因经营活动而引起的现金流出,而且正好补偿当期全部的非现金消耗性成本。在这种状态下,企业在经营活动方面的现金流量的压力已经解除。

如果这种状态持续,则企业经营活动产生的现金流量从长期来看,正好能够维持企业经营活动的货币"简单再生产"。但从总体上看,维持这种"简单再生产"的状态,仍然不能为企业扩大投资等发展提供货币支持,只能依赖于企业经营活动产生的现金流量的规模不断加大。

三是经营活动产生的现金流量大于零但不足以补偿当期的非现金消耗性成本。

这意味着企业通过正常的商品购、产、销所带来的现金流入量,不但能够支付因经营活动而引起的现金流出,而且有余力补偿一部分当期的非现金消耗性成本。

如果这种状态持续,则企业经营活动产生的现金流量从长期来看不可能维持企业经营活动的货币"简单再生产"。因此,企业在正常生产经营期间若持续出现这种状态,则表明企业经营活动的现金流量的质量不高。

2. 经营活动产生的现金流量净额小于零

这意味着企业通过正常的商品购、产、销所带来的现金净流入量,不足以支付因经营活动而引起的现金流出。此时,企业正常经营活动所需要的现金支付,只能通过以下几种方式得到解决:

(1)消耗企业现存的货币积累;

(2)挤占本来用于投资活动的现金,推迟投资活动;

(3)在不能挤占用于投资活动的现金时,可进行额外贷款融资,以支持经营活动的现金需要;

(4)在没有贷款融资渠道时,只能采用拖延债务支付或加大经营活动引起的负债规模来解决。

从企业的成长过程进行分析,在企业开始从事经营活动的初期,由于产品还没有被市场广泛接受,而且生产经营活动还没有步入正轨,设备、人力资源的利用率相对较低,材料的消耗量相对较高,因而企业的成本消耗较高。同时,为了尽快扩展市场,企业有可能投入大量资金,采用各种手段进行产品促销,导致企业在这一时期经营活动产生的现金流量为入不敷出的状态。

如果是上述原因导致企业经营活动产生的现金流量为负,则可以认为这是企业在发展过程中不可避免的正常状态。但是,如果企业在正常生产期间仍然出现这种情况,那就应判断企业经营活动现金流量的质量不高。

3. 经营活动产生的现金流量净额等于零

该情形意味着企业通过正常的商品购、产、销所带来的现金净流入量,正好能够支付因经营活动而引起的现金流出。

若企业经营活动产生的现金流量等于零,则说明企业经营活动现金流量正好处于收支平衡的状态。企业正常经营活动不需要额外补充流动资金,企业的经营活动也不能为企业的投资活动以及融资活动贡献现金。

应该注意的是,当企业的经营活动产生的现金流量净额等于零时,企业经营活动产生的现金流量是不可能为企业的非现金消耗性成本的资源消耗提供货币补充的,因此,从长远来看,经营活动现金流量等于零的状态,根本不可能维持企业经营活动的货币"简单再生产"。如果企业在正常生产期间持续出现这种状况,那就此可以判断企业经营活动现金流量的质量不高。

6.2.2 投资活动现金流量质量分析

对投资活动产生的现金流量的分析,主要关注投资活动的现金流量与企业发展战略之间的吻合程度及其效益。

1. 投资活动产生的现金流量大于零

这意味着企业在收回投资、分得股利或利润、取得债券利息收入以及处置固定资产、无形资产和其他长期资产而收回的现金净额之和大于企业在购建固定资产、无形资产和其他长期资产以及权益性投资、债权性投资等方面所支付的现金之和。

一般而言,企业有正的投资活动现金流量,几乎可以排除企业处于创业阶段的可能,而且从正的投资活动现金流量中也可以看出,企业并非正在寻找新的业务领域。正的投资活动现金流量或者来自已经成熟的新业务,也可能来自对旧业务的经营资产的处置。如果是前者,表明企业实际上已经实现了转型,这样的企业一般都有比较光明的前景。如果投资活动的现金流量主要来自投资收益,特别是实体项目的投资收益,则说明公司有一定的多元化经营,而且已经取得了较好的效果。当然如果是后者,这样的企业还远远没有为自己的未来找到一条出路,其前景反而具有相当大的不确定性。

2. 投资活动产生的现金流量小于零

这意味着企业在购建固定资产、无形资产和其他长期资产以及权益性投资、债权性投资等方面所支付的现金之和大于收回投资、分得股利或利润、取得债券利息收入以及处置固定资产、无形资产和其他长期资产而收回的现金净额之和,企业投资活动的现金流量处于入不敷出的状态。

企业投资活动需要资金的缺口,可以通过以下几种方式来解决:

(1)消耗企业现存的货币资金;

(2)挤占本来可用于经营活动的现金,消减经营活动的现金消耗;

(3)利用经营活动积累的现金进行补充;

(4)在不能挤占可用于经营活动的现金时,进行额外贷款融资,以支持经营活动的现金需要;

(5)在没有贷款融资渠道的条件下,只能采用拖延债务支付或加大投资活动引起的负债规模来解决。

一般来说,投资活动产生的现金流出量大于流入量,表明企业处于扩张时期。这种企业往往有良好的主营业务,企业为适当扩大规模,增强在原有产业上的竞争力,可能会集中各方面的资金进行投资活动。因此,投资的方向和前景就会成为投资者需要格外关注的问题。如报表使用者需要了解企业的投资是属于为企业正常生产经营活动奠定基础,还是为企业对外扩张和其他发展性目的进行权益性投资和债权性投资,抑或是利用企业暂时闲置的货币资金进行短期投资,以求得较好的投资收益。

6.2.3 筹资活动现金流量质量分析

对筹资活动产生的现金流量的质量进行分析,主要应关注筹资活动现金流量与经营活动、投资活动现金流量之和的适应程度等。

1. 筹资活动产生的现金流量大于零

这意味着企业在吸收权益性投资、发行债券以及借款等方面所收到的现金之和大于企业在偿还债务、支付筹资费用、分配股利或利润、偿付利息、融资租赁等方面所支付的现金以及减少注册资本等方面所支付的现金之和。

在起步阶段,企业往往需要投入大量资金,在企业经营活动的现金流量小于零的情况下,企业对现金流量的需求主要通过筹资活动来解决。因此,分析企业筹资活动产生的现金流量大于零是否正常,关键要看企业的筹资活动是否已经纳入企业的发展规划,是企业管理层以扩大投资和经营活动为目标的主动行动,还是企业因投资活动和经营活动现金流出时迫不得已而为之的被动行动。有的企业并不是因为有了明确的投资计划而去融资,而仅仅是因为有融资条件就去融资,在我国这样一个患有"资金饥渴症"的环境下,这样的企业不在少数。分析时要注意,如果资金进来之后没有确实的用途,就会造成资金的闲置,从而影响企业的资金利用效率,将企业目前的盈利稀释。表面上看,企业有良好的融资能力,但实际上因为任何资金都是有成本的,所以盲目的融资行为必然对企业未来的盈利能力造成不利影响。

2. 筹资活动产生的现金流量小于零

这意味着企业在吸收权益性投资、发行债券以及借款等方面所收到的现金之和小于企业在偿还债务、支付筹资费用、分配股利或利润、偿付利息、融资租赁等方面所支付的现金以及减少注册资本等方面所支付的现金之和。

出现这种情况,或者是由于企业在本会计期间集中发生偿还债务、支付筹资费用、分配股利或利润、偿付利息、融资租赁等业务,或者是因为企业经营活动与投资活动在现金流量方面运转较好、有能力完成上述各项支付。在成熟阶段,企业对资金的需求下降,通过偿还银行借款,有助于企业适当控制经营风险,还可能有助于提高企业的资产周转率。如果是向股东支付红利,则说明企业当期找不到更好的投资项目,与其把资金投入效益不好的项目上去,还不如把钱还给股东,让他们自己去寻找更好的投资机会,因此,这样做对股东来说是有意义的。从这个角度说,这种现金流模式是大多数成熟阶段企业的理想模式。

当然,企业筹资活动产生的现金流量小于零,也可能是企业在投资和企业扩张方面没有更多作为的一种表现。若企业筹资活动净现金流为正数,说明足以应付企业偿还债务的需要,而且该企业已经在为企业未来的发展寻找新的盈利模式,这说明企业面对市场的变化具有比较好的应变能力,前景是光明的。但一旦企业经营环境发生意外改变,是否能够在短期内得到必要的资金支持,帮助企业渡过难关,就可能成为决定企业生死存亡的一件大事。因为对于企业来说,最终解决问题的不是靠融资继续维持经营,而是要从根本上扭转企业的主营业务情况,要让主营业务能够为企业带来丰富的现金流量。

6.2.4　现金流量表附注中的现金流量质量分析

1. 将净利润调节为经营活动现金流量

企业的净利润是以权责发生制为基础编制的,这就使得企业的盈余与现金流量不等,这是正常的商业行为的结果。高质量的盈余是有现金流量支持的。如果盈余不能持续地保持一定的现金含量,盈余质量就会受到影响。

将净利润调节为经营活动现金流量揭示的是采用间接法列示经营活动产生的现金流量净额,即通过加减不影响现金流量的经济业务将净利润调整为现金流量。具体计算时,需要考虑两大类项目:一是不影响现金的损益项目,如折旧费用、资产减值损失、权益法确认的投资收益等,这些项目是利润表中的内容,但并没有支付或收到现金;二是营运资本的增减变化,如应收账款和存货等流动资产的增加会占用现金,应付账款等流动负债的增加相当于增加现金流入。因此,采用间接法调整时,还需要加减营运资本的增减变化。

在分析盈余的现金质量时,需要具体分析净利润与经营活动现金净流量的差异,而不能简单地比较两个结果。我们可以从以下现金流量角度分析企业的盈余质量。

(1)企业净利润与经营活动现金流量的差距有多少,是否能够明确这些差距的原因,什么会计政策促成了这样的差距,是否是一次性、偶发性的事件促成了这些差距。

(2)一定时期现金流量与净利润的关系是否发生了变化,是经验条件的变化还是企业会计政策和预算的变化。

(3)收入和费用的确认与现金收支之间为什么有时间性递延,相互间需要解决哪些不确定因素。

(4)应收账款、存货和应付账款的变化是否正常。

由于净利润与现金流量的差异主要体现在非现金性损益和营运资金占有两个方面,因此,具体分析时可通过非现金性损益的具体项目和应收应付项目的构成以及稳定性来分析。

2. 不涉及现金收支的重大投资和筹资活动

企业当期取得或处置子公司及其他营业单位的有关信息,实际上反映了企业在年度(或会计期间)内对控制性投资的变动以及所消耗资源的情况。这些信息的重要性在于:第一,企业的变化可能意味着企业的投资与经营战略在发生变化,企业可能通过对子公司的增减调整来改变企业的投资和经营方向,从而在很大程度上改变企业未来的盈利模式;第二,企业的某些非现金投资活动可能在一定程度上反映企业利用非现金资产进行投资活动的努力。例如,企业用固定资产、无形资产等对外投资,或者反映了企业盘活本企业不良资产,或者是企业充分利用现有资源、提升其利用价值的努力。

3. 现金及现金等价物净变动情况

现金及现金等价物净变动情况,反映了企业现金资产的结构变化。显然,具有不同活力的现金资产,其用于周转的质量会有明显差异。

6.3 现金流量表结构分析

现金流量表结构分析是指将现金流量表中某一项目的数字作为基数,再计算出该项目各个组成部分占总体的百分比,逐一分析各项目的具体构成,使各个组成部分的相对重要性明显地表现出来,从而揭示现金流量表中各个项目的相对地位和总体结构关系,用以分析现金流量的增减变动情况和发展趋势。现金流量表结构分析通常是对使用直接法编制的现金流量表进行分析,主要包括现金流入量结构分析、现金流出量结构分析、现金流入量与现金流出量之比分析。为了掌握现金流量表结构的变动情况,也可将不同时期的现金流量结构进行对比分析。

6.3.1 现金流入量结构分析

现金流入量结构分析又具体分为总流入结构和三项活动(经营活动、投资活动、筹资活动)收入的内部结构分析。总流入结构反映企业经营活动的现金流入量、投资活动的现金流入量和筹资活动的现金流入量分别占现金总流入量的比重。内部流入结构反映的是经营活动、投资活动和筹资活动等各项业务活动现金流入中具体项目的构成情况。现金流入结构可明确企业的现金来自何方,增加现金流入应在哪些方面采取措施等。格力电器股份 2020 年度现金流入结构分析表如表 6-3 所示。

表 6-3 格力电器 2020 年度现金流入量结构分析表

项目	金额/万元	总体结构/%	分项结构/%
一、经营活动产生的现金流入量	16 389 276.43	76.00	100.00
销售商品、提供劳务收到的现金	15 589 038.43		95.12
客户存款和同业存放款项净增加额	−9 250.68		−0.06
向其他金融机构拆入资金净增加额	−70 000.00		−0.43
收取利息、手续费及佣金的现金	113 726.56		0.69
回购业务资金净增加额	47 500.00		0.29
收到的税费返还	248 429.31		1.52
收到其他与经营活动有关的现金	469 832.80		2.87
二、投资活动产生的现金流入量	1 415 533.28	6.56	100.00
收回投资收到的现金	952 063.98		67.26
取得投资收益收到的现金	30 541.17		2.16
处置固定资产、无形资产和其他长期资产收回的现金净额	663.18		0.05
收到其他与投资活动有关的现金	432 264.94		30.54

项目	金额/万元	总体结构/%	分项结构/%
三、筹资活动产生的现金流入量	3 761 446.15	17.44	100.00
吸收投资收到的现金	1 467.00		0.04
取得借款收到的现金	3 759 979.15		99.96
现金流入量合计	21 566 255.86	100.00	

从现金流入量总体结构看,在格力电器 2020 年度的现金总流入量中,经营活动现金流入量占 76.00%,投资活动现金流入量 6.56%,筹资活动现金流入量占 17.44%。这说明经营活动提供了主要的现金来源,反映出企业经营状况良好,收现能力较强且坏账风险较小,现金流入结构较为合理。

具体从现金流入量分项结构看,格力电器 2020 年度经营活动现金流入量主要来自销售商品、提供劳务,占比 95.12%,说明企业主营业务比较正常;投资活动现金流入量主要来自收回投资收到的现金(占 67.26%),取得投资收益收到的现金占比较低,仅为 2.16%,处置固定资产、无形资产和其他长期资产收回的现金净额占比仅为 0.05%,值得投资者关注;筹资活动现金流入量主要来自取得借款收到的现金(占 99.96%),说明公司本年度开展了借款等筹资活动。

6.3.2 现金流出量结构分析

现金流出量结构分为总流出结构和三项活动现金流出的分项结构分析。现金总流出结构反映企业经营活动的现金流出量、投资活动的现金流出量和筹资活动的现金流出量分别在全部现金流出量中所占的比重。现金分项流出结构反映的是企业经营活动、投资活动、筹资活动等各项业务活动现金流出中具体项目的构成情况。现金流出结构可以表明企业的现金究竟流向了何方,未来要节约开支应从哪方面入手。格力电器 2020 年度的现金流出结构分析表如表 6-4 所示。

表 6-4　格力电器 2020 年度现金流出量结构分析表

项目	金额/万元	总体结构/%	分项结构/%
一、经营活动产生的现金流出量	14 465 412.70	66.53	100.00
购买商品、接受劳务支付的现金	12 179 312.13		84.20
客户贷款及垫款净增加额	−909 137.74		−6.28
存放中央银行和同业款项净增加额	−97 619.25		−0.67
支付利息、手续费及佣金的现金	31 275.34		0.22
支付给职工以及为职工支付的现金	890 127.71		6.15
支付的各项税费	818 405.29		5.66
支付其他与经营活动有关的现金	1 553 049.21		10.74

续表

项目	金额/万元	总体结构/%	分项结构/%
二、投资活动产生的现金流出量	1 405 760.26	6.47	100.00
购建固定资产、无形资产和其他长期资产支付的现金	452 864.68		32.21
投资支付的现金	356 105.60		25.33
取得子公司及其他营业单位支付的现金净额	42 587.54		3.03
支付其他与投资活动有关的现金	554 202.45		39.42
三、筹资活动产生的现金流出量	5 872 595.90	27.01	100.00
偿还债务支付的现金	2 947 543.11		50.19
分配股利、利润或偿付利息支付的现金	1 423 601.44		24.24
其中:子公司支付给少数股东的股利、利润	41 160.71		0.70
支付其他与筹资活动有关的现金	1 501 451.35		25.57
现金流出量合计	21 743 768.86	100.00	

从表 6-4 可以看出,在格力电器 2020 年度的现金流出量总体结构中,经营活动现金流出量占 66.53%,投资活动现金流出量占 6.47%,筹资活动现金流出量占 27.01%。这说明该企业现金支出主要用于经营活动,说明企业生产经营状况正常,现金支出结构较为合理。

从现金流出量分项结构看,格力电器 2020 年度经营活动现金流出量主要用于购买商品、接受劳务的支出,占比 84.20%;投资活动的现金流出量中购建固定资产、无形资产和其他长期资产支付的现金占比 32.21%;筹资活动的现金流出量用于偿还债务的支出占比为 50.19%。一般情况下,购买商品、接受劳务支付现金往往要占到较大比重,投资活动和筹资活动的现金流出量比重则会因企业的投资政策和筹资政策的不同而存在较大差异。从总体上看,格力电器的现金流出结构合理,大部分现金支出用于经营活动。

6.3.3 现金流入量与现金流出量之比分析

现金流入量与现金流出量之比分析是指经营活动、投资活动和筹资活动以及汇率变动影响的现金收支净额占全部现金净流量的比例,以此来判断企业的各项活动是否正常,以及有无异常情况等。现金流入流出之比不存在绝对的判断标准,这需要结合企业所处的成长周期和企业的经营战略进行针对性分析。

1. 经营活动现金流量分析

通过查阅经营活动现金净流量的正负,大致可以判断企业的经营活动是否正常。现金流量净额为正数,表明企业现金流入较多,资金充足,企业有更多的资金用于扩大规模或偿还债务。但现金流量净额并不是越大越好,若太大,则可能是企业现有的生产能力不能充分吸收现有的资产,使资产过多地停留在盈利能力较低的现金上,从而影响到企业的获利能力。若经营活动现金流量净额出现负数,则需要严肃对待。若长期为负,表明企业经营活动存在较大问题,企业难以维持正常的经营活动,持续经营能力将受到严重考验。

2.投资活动现金流量分析

企业进行投资是扩大规模、增强产业竞争力的重要举措。例如,企业扩大规模或开发新的利润增长点时,需要大量的现金投资,投资活动产生的现金流入量满足不了流出量的需求,投资活动现金净流量则表现为负数。这说明企业应对市场变化具有较好的应变能力,前景是光明的。只要企业投资决策正确,就会在未来产生现金净流入用于偿还债务、创造收益,企业不会有偿债困难。

3.筹资活动现金流量分析

一般而言,企业本年度筹资活动现金流量净额越大,则企业未来的偿债压力就越大,表现为筹资年度现金流量为正数,偿还年度现金流量为负数,即正负相间的态势。但若现金净流入主要来自企业吸收的权益性资本,则企业不仅不会面临偿债压力,资金实力反而越强,但要关注资金的使用效果。因此,财务报表分析者分析时要注意企业的筹资能力和筹资政策,以及筹资组合与筹资方式是否合理。

综上所述,一般情况下,企业经营活动现金流量净额是大多数企业期望的最主要的现金来源,这是企业主营业务突出、收入稳定、企业运营状况良好的主要标志。进行分析时,财务报表分析者应关注经营活动现金流量净额是否是正数以及占企业全部现金流量净额的比重。处于初创期或成长期的企业,投资活动现金流量净额通常为负数;成熟期的企业,投资活动现金流量净额是正负相间的;处于衰退期的企业,投资活动现金流量净额通常是正数。筹资活动现金流量净额变化规律与投资活动正好相反,即处于初创期或成长期的企业,筹资活动现金流量净额通常是正数;处于成熟期的企业,投资活动现金流量净额是正负相间的;处于衰退期的企业,投资活动现金流量净额通常是负数。格力电器2020年度现金流入流出比分析表如表6-5所示。

表6-5 格力电器2020年度现金流入流出比分析表

指标	数值
经营活动现金流入量与流出量之比	1.13
经营活动现金流入量小计/万元	16 389 276.43
经营活动现金流出量小计/万元	14 465 412.70
投资活动现金流入量与流出量之比	1.01
投资活动现金流入量小计/万元	1 415 533.28
投资活动现金流出量小计/万元	1 405 760.26
筹资活动现金流入量与流出量之比	0.64
筹资活动现金流入量小计/万元	3 761 446.15
筹资活动现金流出量小计/万元	5 872 595.90
总现金流入量与流出量之比	0.99
现金流入量合计/万元	21 566 255.86
现金流出量合计/万元	21 743 768.86

从总体上看,格力电器2020年度现金流入量与现金流出量之比为0.99。从分项目上看,格力电器2020年度经营活动现金流入量与现金流出量之比为1.13。这表明格力电器单位现金流出量可换回1.13元现金流入量。一般而言,该比值越大越好。投资活动现金流入量与现

金流出量之比为1.01。该比值较大，表明公司处在成熟的稳定时期，投资机会比较缺乏。筹资活动现金流入量与现金流出量之比为0.64，表明格力电器2020年度借款数额小于还款数额，这与格力电器发展成熟、资金充足的现状是基本吻合的。

6.3.4 现金流量与企业生命周期

1. 生命周期理论

一个产业或企业如同人的生命一样，要经历导入期、成长期、成熟期、衰退期四个阶段。当行业处于不同产业生命周期阶段时，行业内的增长率、产品品种、产品销量、企业数量、竞争壁垒、面临的风险等方面均呈现不同特征。在图形表现上，产业生命周期一般呈现如图6-1中所示的"S"形曲线的特征，其中横轴为时间(t)，竖轴为产品数量(q)。

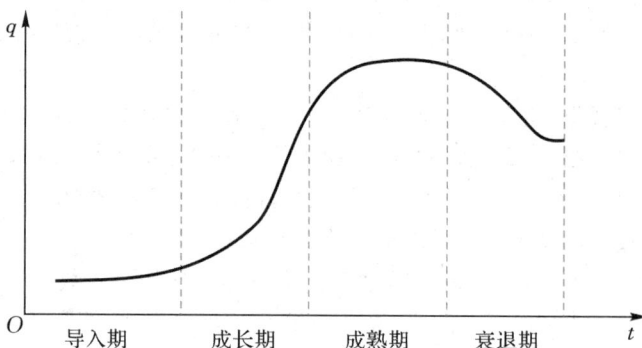

图6-1 产业生命周期示意图

当行业处于导入期时，一个新的产品刚开始被市场关注到，但设计还未成熟，市场空间、技术存在较大不确定性，同时行业规模较小导致产品价格昂贵，产品质量较低且不稳定，市场认可度比较低，但因为在技术路线或商业模式上存在一定可行性，有少量企业以及消费者仍愿意去尝试。这个阶段，行业内的企业数量较少，进入壁垒较低，企业大多亏损或微利。这个阶段的风险主要来自未来的技术风险或市场风险。在行业增长上，因为市场空白基数很低，行业规模可能会呈现较高的增速。

当行业处于成长期时，相关产品的形态开始逐渐成形，技术也逐渐成熟，产品品类开始多样化，产品质量提高，因此可以满足消费者的大部分需要。随着大量消费者的认可，市场需求和规模迅速增长，企业盈利能力快速上升，同时开始有大量的企业进入行业发展，产业集中度较低。此时，因为市场需求的确定性开始增强，行业整体风险降低，主要风险表现在企业层面的管理风险。

当行业处于成熟期时，产品设计和技术走向成熟，产品形态开始标准化，产品品类数量开始下降。此时，行业经过成长期的快速增长后，市场空间已经达到一定高位，行业增长速度开始放缓。随着成长期大量企业的进入，行业内供给开始过剩，此时行业竞争开始加剧，主要表现形式为价格竞争，行业竞争壁垒开始增强，可能存在一定的垄断情况，新的企业较难获得进入机会。

一个行业的衰退期不是必然发生的，一般是在有新的替代品出现或者消费习惯变化时开始出现。此时对行业现有产品的需求开始大幅下降，行业内产能开始明显过剩，如果产能不能及时切换于其他可盈利产品的生产，企业将面对营业收入和盈利能力的大幅下降，此时新的投入也失去了意义。

2.企业生命周期与现金流量

目前关于企业生命周期的相关研究已较为丰富,但因为企业生命周期从本质上来讲是一种抽象层面的定性理论,不同行业因为各自的特点和发展历程不一,其成长路径会存在差异,并且在同一产业阶段可能会呈现出不一样的特征或划分指标,因此识别具体行业的产业生命周期并不那么容易。目前学术界仍缺乏一个统一且详细的标准,不同学者之间采用的方法以及具体指标差异也很大,如有学者采用管理层风格、组织结构等定性信息进行划分,也有学者采用营业收入、净利润增长率等指标进行识别。维多利亚·迪金森(Victoria Dickinson)根据公司经营、投资和融资现金流量净额的正负变化特征将公司所处周期进行归类,具体划分标准如表6-6所示。

表6-6　基于现金流组合的公司阶段划分标准

阶段	经营活动现金流	投资活动现金流	融资活动现金流
投入期	负	负	正
成长期	正	负	正
成熟期	正	负	负
淘汰期Ⅰ	负	负	负
淘汰期Ⅱ	正	正	正
淘汰期Ⅲ	正	正	负
衰退期Ⅰ	负	正	正
衰退期Ⅱ	负	正	负

这种方式的好处如下:一是简单实用;二是它使用运营、投资和融资现金流中包含的全部财务信息集,而非以一个单一指标来确定企业的生命周期。如果仅仅以投入期、成长期、成熟期和衰退期为企业生命周期的划分,生命周期不同阶段的现金流量特征如图6-2所示。

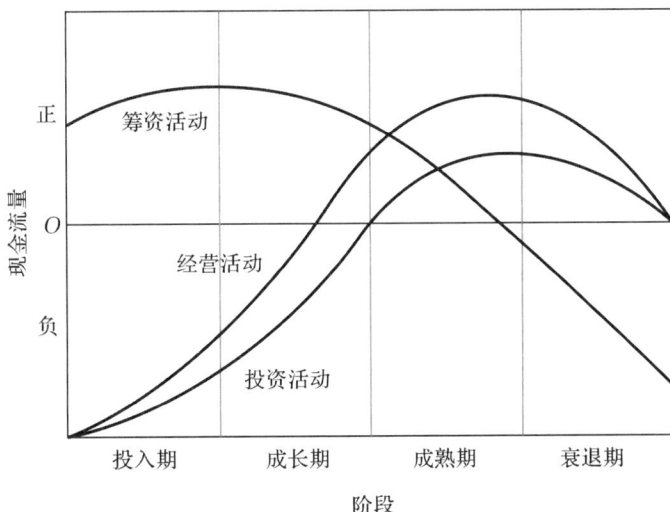

图6-2　生命周期不同阶段现金流量表的特征

6.4　综合案例分析——歌尔股份

歌尔股份有限公司(以下简称为"歌尔股份")成立于2001年,是一家主要从事声光电精密零组件及精密结构件、智能整机、高端装备的研发、制造和销售的龙头企业。2008年5月歌尔股份在深交所上市,属于计算机、通信和其他电子设备制造业。依靠着声学业务起家,歌尔股份早期的业务主要聚焦在电声零组件领域,2010年进入苹果供应链合作阵营,业绩在2010—2014年迎来一轮高成长期;2018年,歌尔股份又切入苹果AirPods代工业务;2019年7月,歌尔股份在越南的工厂开始生产第二代AirPods。受益于AirPods的放量,歌尔股份TWS耳机业务在2019年实现业绩爆发,使得包括TWS耳机在内的智能声学整机业务一举超越精密零件组件业务成为歌尔股份最大的营收来源,也使得2020年苹果关联业务占到了歌尔股份近半的销售收入(48.08%)。本案例主要对公司的现金流量表进行分析。

6.4.1　现金流量质量分析

观察经营活动现金流量净额的变动趋势是了解公司现金流质量的重要手段。为了更好地理解该变化趋势,本部分选取歌尔股份的竞争对手瑞声科技、立讯精密进行对比分析,2016—2020年三家公司的经营活动现金流量净额如表6-7所示。

表6-7　歌尔股份及其竞争对手2016—2020年经营活动产生的现金流量净额

公司名称	现金流量净额/百万元				
	2016年	2017年	2018年	2019年	2020年
歌尔股份	2 269	3 531	2 276	5 451	7 682
瑞声科技	4 812	5 287	6 789	3 843	3 593
立讯精密	1 310	169	3 142	7 466	6 873

由表6-7可以看出,在观察期内歌尔股份的经营活动产生的现金流量净额均稳定为正数,且呈现出快速上升趋势,2020年的经营活动现金流量净额达到了2016年的3.4倍,虽然在2018年由于新业务拓展,公司经营活动现金流有所下降,但在经历了短暂转型的痛苦之后,2019年伴随着公司进入苹果AirPods的供应链,经营活动现金流增长迅猛,同年超越其主要竞争对手瑞声科技,实现经营活动现金流量净额54.51亿元。2020年,歌尔股份实现的经营活动现金流量净额达到76.82亿元,超越竞争对手立讯精密。

除了直接观察经营活动现金流量净额的变动趋势之外,净利润现金含量也是洞察一个企业经营活动现金流量质量的重要指标,用于衡量公司盈利能力和现金流量之间的关系,计算公式为:经营活动产生的现金流量净额/净利润,其经济含义为公司所获取的每一元净利润所带来的经营活动现金净流量。通常情况下,该值越大,表明净利润的现金含量越高,净利润质量越好。歌尔股份与其竞争对手的净利润现金含量对比如表6-8所示。

表 6 - 8　净利润现金含量比较表

公司名称	净利润现金含量/百万元				
	2016 年	2017 年	2018 年	2019 年	2020 年
歌尔股份	1.41	1.68	2.7	4.26	2.69
瑞声科技	1.2	0.99	1.79	1.73	2.39
立讯精密	1.11	0.1	1.12	1.52	0.92

由表 6 - 8 可以看出,2016—2020 年歌尔股份的净利润现金含量均大于 1,其中,2019 年公司的净利润现金含量达到 4.26,表明公司的销售回款能力强,成本费用低,财务压力小。且该指标在 5 年中均明显高于其竞争对手。这种财务上的成功与公司多年来在产品线的"整机＋零组件"协同战略与市场端的大客户战略的成功实施密不可分。一方面,公司"整机＋零组件"的协同战略取得了显著成效。公司依靠多年在行业的研发和经验积累,形成了较强的壁垒,具有非常清晰的战略布局和很强的技术卡位优势。这不仅推动了公司在整机方面的能力和份额提升,也为零组件带来了更好的订单,促进公司盈利能力提升。另一方面,公司实施大客户战略,聚焦行业领先客户,以全球化的研发、制造和销售服务能力,满足客户的需求,与客户合作共赢、共同成长。大客户为优质客户,坏账呆账比率较低,在贡献超强盈利能力的同时,也保障了盈利的高质量。

6.4.2　现金流量结构分析

1. 投资活动现金流量质量

长久以来,歌尔股份扮演的一直是苹果产业链上的"代工厂"角色,而"代工厂"缺乏重量级的技术支撑正是我国电子企业在世界所处地位的一个缩影。面对宿命般的困境,歌尔股份的积极求变意义深远。基于新兴智能硬件产品市场增长的大环境,歌尔股份积极布局智能手机之外的智能硬件业务领域,推动了与之相关的精密零组件业务、智能声学整机业务的健康成长,也带来了现金流量表上的巨大变化。以 2016—2020 年为观察期,歌尔股份投资活动现金流量信息如表 6 - 9 所示。

表 6 - 9　歌尔股份 2016—2020 年投资活动现金流量信息

年份	投资活动现金流入小计/百万元	投资活动现金流出小计/百万元	投资活动产生的现金流量净额/百万元	购建固定资产、无形资产和其他长期资产支付的现金/百万元	固定资产支付现金占比/%
2016	27	3 497	−3 470	3 340	95.51
2017	50	3 826	−3 776	3 546	92.68
2018	234	4 497	−4 263	4 240	94.29
2019	446	3 484	−3 038	3 177	91.18
2020	506	5 807	−5 301	5 599	96.42

2016—2020 年,歌尔股份在投资活动现金流量上的一个重要特征是现金流出量远远大于现金流入量,投资活动现金净流量持续为负。进一步分析现金流出项目可以发现,90%以上的现金支付均是用于固定资产、无形资产等长期资产的购置。以 2020 年为例,在现金流量表中,2020 年投资活动产生的现金流量净额为－53.01 亿元,同比流出增加约 23 亿元,达到 58.07 亿元,其中购建固定资产、无形资产等长期资产支付的现金占全部投资活动流出总额的 96.42%。公司在 2020 年年报附注中提到,2020 年固定资产增加的数额比较巨大,固定资产比年初数增长 27.58%,主要原因是报告期内公司持续加大在固定资产等项目上的投资力度,重视对生产设备及重要项目的投资。由此可见,公司为拓展业务而购买新设备等固定资产以及其他长期资产是投资活动产生的现金流出量增加的主要原因。

2.现金流量与生命周期

本部分尝试运用现金流量表数据对歌尔股份的生命周期进行分析。歌尔股份 2016—2020 年的三大类活动的现金流量数据汇总如表 6－10 所示。

表 6－10　2016—2020 年歌尔股份现金流量情况

年份	经营活动产生的现金流量净额/百万元	投资活动产生的现金流量净额/百万元	筹资活动产生的现金流量净额/百万元	现金及现金等价物净增加额/百万元
2016	2 269	－3 470	473	－728
2017	3 531	－3 776	551	306
2018	2 276	－4 263	630	－1 356
2019	5 451	－3 038	－1 337	1 077
2020	7 682	－5 301	1 642	4 024

从三类活动的现金流量分布模式看,除 2019 年公司的现金流量表现为经营活动为正、投资活动和筹资活动同时为负的特征外,其余 4 年公司基本维持着经营活动与筹资活动现金流量净额为正、投资活动现金流量净额为负的模式,其中,5 年间公司经营活动现金净流入和投资活动现金净流出都呈现上涨趋势。经营性现金流量代表了企业"造血功能",投资活动产生的现金流量净额连续五年小于零则表明公司为积极布局和拓展新的产品而进行大规模投资,可以看出公司的生命周期在由高速增长期向成熟期过渡。公司主要业务收入涉及 VR(虚拟现实)行业,由于电子产品更新速度快,和消费者之间的连接密切,伴随着新的行业发展阶段到来和新兴智能硬件产品兴起,行业竞争格局也在发生着深刻的变化,如随着下游消费电子、汽车、工业、医疗等领域市场需求不断提高,以及新应用场景不断出现,歌尔股份所处的 MEMS(微机电系统)行业发展迅速,行业市场竞争日趋激烈。因此,歌尔股份需要坚持自主研发和技术创新,持续进行研发投入,不断提升公司在声学、光学、微电子、精密制造、自动化、信息技术、软件算法等领域内的技术水平核心竞争力,紧跟消费者需求,维护好自身竞争优势。

思考讨论题

1.什么是现金流量表？现金流量表的作用有哪些？

2.简要说明现金流量的分类。

3.直接法和间接法编制的现金流量表有什么不同？试评价直接法和间接法的优缺点。

4.如何对经营、投资和筹资活动现金流量进行分析？

5.如何对现金流入结构进行分析？

6.如何对现金流出结构进行分析？

7.现金流量表与利润表之间有什么关联？为什么要通过编制现金流量表来弥补利润表的一些缺陷？

案例

第7章

财务分析

学习目标

1.掌握对企业偿债能力、盈利能力、营运能力和发展能力分析的相关原理；

2.应用相关原理对案例企业开展针对性的专题分析。

7.1 偿债能力分析

7.1.1 偿债能力分析的目的与内容

1.偿债能力分析的目的

偿债能力是指企业对其到期债务清偿的能力和对现金的保证程度,包括短期偿债能力和长期偿债能力。企业日常经营或购置资产都需要资金的支持,而企业的资金来源不外乎自有资金和外来资金两个方面。自有资金代表企业权益投资人投入企业的资金;外来资金则代表企业债权人投入的资金,形成企业的负债,具有一定的偿还期限。如果企业无法按期偿还债务,可能会陷入财务危机的境地。企业的经营通常不可能完全依赖所有者的投资,而实现所谓的"无负债经营"。当企业的资本利润率高于借入款项的利率时,举债经营就能够通过财务杠杆作用获得杠杆收益即通过负债融资获取高收益。然而债务是需要到期偿还的,它在给企业带来杠杆收益的同时,也会给企业带来一定的财务风险。因此,分析企业的偿债能力具有十分重要的意义。

任何一家企业要想维持正常的生产经营活动,必须持有足够的现金或者随时变现的流动资产,以支付各种到期的费用账单和其他债务。在市场经济条件下,企业的生产经营面临着极大的不确定性。当企业无力偿还到期债务时,就会被起诉,甚至面临破产的风险。因此,企业能否按期偿还债务,直接关系着企业能否持续经营和健康发展,并直接或间接地影响着企业投资人、债权人、政府部门、经营者乃至企业员工的切身利益。对企业偿债能力分析的目的主要包括以下方面:

(1)了解企业的财务状况。企业的财务状况可以从三个方面来定义:①偿债能力;②企业发展的稳定性;③企业近期增长状况。企业偿债能力的强弱是反映企业财务状况的标志。对于小规模企业而言,投资者和经营者对企业的财务状况可以做到了如指掌,而银行和其他债权人则需要分析企业的财务资料,了解企业的偿债能力,判断企业的财务状况。大规模企业由于经营业务面较广,就更加突出了偿债能力分析的重要性。

（2）揭示企业所承担的财务风险程度。企业承担的财务风险与负债筹资直接相关。任何企业，只要通过举债筹集资金，不管企业的经营是盈是亏，其义务必须履行。这就是说，当企业举债时，就可能会出现债务到期不能按期偿付的可能，这就是财务风险的实质所在。企业的负债比率越高，到期不能按时偿付的可能性越大，企业所承担的财务风险越大。如果企业有足够的现金或随时可以变现的资产，即企业的偿债能力强时，其财务风险相对较低；反之，其财务风险相对较高。

（3）预测企业筹资前景。企业生产经营所需的资金，通常需要从不同渠道以各种方式取得。企业偿债能力较强，说明企业财务状况较好、信誉较高，债权人就愿意将资金借给企业；企业偿债能力较弱，说明企业筹资前景不容乐观，企业只有付出较高的代价，才有可能筹措到生产经营所需的资金，但这样做的后果是会使企业承担更高的财务风险。

（4）为企业进行各种理财活动提供重要参考。企业的理财活动集中体现在筹资、投资和资金分配三个方面。企业在什么时候取得资金、其数额多少，取决于生产经营活动的需要，这里也包括偿还债务的需要。如果企业的偿债能力不强，特别是近期内存在需要偿付的债务时，企业就必须及早地筹措资金，以便在债务到期时能够偿付，使企业信誉得以维护。如果企业的偿债能力较强，则可能表明企业有充裕的现金或其他能随时变现的资产，在这种情况下，企业就可以利用暂时闲置的资金进行其他投资活动，以提高资产的利用效率。

2. 偿债能力分析的内容

在有限责任制企业中，投资人以出资额为限承担债务，企业以资产为限承担债务。根据负债的偿还期限，企业负债分为流动负债和长期负债。根据资产的变现能力，企业的资产分为流动资产和长期资产。不同的负债应该匹配不同的资产偿还，因此企业的资产与负债存在一定的对比关系。从静态角度看，企业偿债能力是用资产清偿企业短期债务和长期债务的能力，表现为资产与负债之间的数量关系；从动态角度看，企业偿债能力是用企业在生产经营过程中创造的收益清偿短期债务和长期债务的能力，表现为企业经营收益与负债之间的数量关系。此外，企业是否拥有充足的现金也直接影响企业的偿债能力，因此偿债能力也可以表现为企业现金流入净额与负债的数量关系。

根据负债的偿还期限，企业偿债能力分析主要包括两方面的内容：一是短期偿债能力分析，主要了解企业偿还一年内或一个营业周期内到期债务的能力，判断企业的财务风险；二是长期偿债能力分析，主要了解企业偿还全部债务的能力，判断企业整体的财务状况、债务负担和企业偿还债务的保障程度。

7.1.2　短期偿债能力分析

1. 短期偿债能力分析的重要性

短期偿债能力是指企业以其流动资产偿还流动负债的能力，反映企业偿付一年内到期债务的实力。在市场经济环境中，企业作为一个独立的经济实体，能否偿还到期或即将到期的债务，直接影响到企业的信誉、信用、支付能力及能否再融资等一系列问题，甚至会影响企业的持续经营能力。因此，短期偿债能力是企业各方利益相关者关注的重要问题。

第一，从企业自身角度看，短期偿债能力是企业支付能力和承担财务风险能力高低的体现。一个企业如果缺乏短期偿债能力，可能无法取得有利的现金折扣，或者失去有利的交易机会。当企业无力清偿到期债务的情况比较严重时，可能会被判出售长期资产抵债，甚至陷于破产或倒闭的危险状态。

第二，从债权人角度看，短期偿债能力反映债权人能否按时收回借贷本金和利息。企业如果缺乏短期偿债能力，则债权人收回本金和利息的时间将会被延长，甚至无法收回，从而使债权人蒙受损失。为了保证本息的安全收回，当债权人在决定是否向企业提供信贷时，必须审慎评估企业的短期偿债能力。

第三，从权益投资者角度看，企业如果缺乏短期偿债能力会直接影响企业的信誉，增加企业借款的难度，或无法取得有利的商业信用，增加企业资金成本，错过有利的交易机会或投资机会，进而影响企业的盈利能力，导致股票价格下降，股东蒙受损失。

第四，从客户和供应商角度看，短期偿债能力预示着企业履行合约的能力。企业如果缺乏短期偿债能力，将直接影响企业的支付能力，导致企业无法正常经营，无法完成客户的订单，或者无法如期偿还供应商的货款。即一方面影响客户订单和供应商货款收回，另一方面导致企业失去信誉、丢失业务。

第五，从员工角度看，企业如果缺乏短期偿债能力，可能导致其无法按期支付员工工资，或降低员工的工资和福利。如果情况严重到影响企业的持续经营能力，企业可能会裁员，员工则因此失去工作的机会。

2．影响企业短期偿债能力的主要因素

1）资产的流动性

资产的流动性是指流动资产转换为现金的能力和所需要的时间。企业的债务一般需要流动资产来偿还，不仅短期债务需要用流动资产偿还，长期债务最后也要转化为短期债务，需要用流动资产来偿还。除非企业中止经营或破产清算，否则一般不会通过出售固定资产来偿还短期债务。因此，企业资产的流动性越强，或变现能力较强的资产所占比重越大，企业的短期偿债能力越强。

企业流动资产主要由货币资金、交易性金融资产、应收票据、应收账款、预付款项、存货等项目组成。其中，货币资金可直接用于各种支付，交易性金融资产可以随时转化为现金，应收票据的变现时间一般不超过 6 个月，因此这三类资产都属于变现能力较强的资产。应收账款和存货在流动资产中所占比重较大，其变现能力是影响流动资产变现能力的主要因素。应收账款可能因各种原因导致无法收回而变成坏账，存货可能会因品种、质量等原因造成积压，这将会使企业流动资产的变现能力大大下降，影响其短期偿债能力。预付款项是流动资产中变现能力最差的资产，一般数额较小，在流动资产中所占比重也比较低。如果该项目数额较大，会直接影响流动资产的变现能力。

2）流动负债的结构

流动负债代表需要承担的现时债务。企业流动负债数额越大，企业的债务负担就越重，就需要配备更多的可随时变现的流动资产以供偿还需要。

企业的流动负债主要由短期借款、应付票据、应付账款、预收款项、应交税费等组成。不同形态的流动负债，其偿还方式和紧迫性也有所不同。短期借款、应付票据、应付账款、应交税费等需要用现金偿还，而预收款项则需要用商品或劳务偿还。如果需要用现金偿还的流动负债比重较大，则企业需要拥有足够的现金才能保证其偿债能力；如果流动负债中预收款项的比重较大，则企业只要准备足够的、符合合同要求的存货就可以保证其偿还能力。流动负债也有"质量"问题。一般来说，企业的所有债务都是需要偿还的，但是并非所有债务都需要在到期时

立即偿还,债务偿还的强制程度和紧迫性被视为负债的质量。因此,流动负债的偿还时间是否集中,以及偿还时间能否与流动资产的变现时间相匹配,也会直接影响企业的短期偿债能力。企业应当将流动负债的偿还时间尽量错开,并与企业流动资产的变现时间相匹配,合理安排资金的流出和流入,以提高企业的短期偿债能力。

3)企业的经营业绩

企业偿还短期债务的现金主要来自两个方面:一是企业经营活动;二是企业外部融资。其中,企业经营活动所取得的现金主要来源于企业经营的净利润。在正常情况下,企业净利润与经营活动现金净流量应该趋于一致。如果企业经营业绩好,其净利润就高,企业就可能有持续和稳定的现金流入,从根本上保障债权人的利益。如果企业经营业绩差,净利润下降甚至企业出现亏损,就会使经营活动现金流入不足以抵补现金的流出,造成现金短缺,使短期偿债能力下降。企业外部融资能力也取决于企业的经营业绩,当经营业绩良好时,企业才可能及时从外部筹集资金用于偿还到期债务。

3. 衡量企业短期偿债能力的指标

一个企业短期偿债能力的大小,主要是看流动资产和流动负债的多少及质量状况,即流动资产对流动负债在数额上的保障程度和时间上的匹配程度。数额上的保障程度是指流动资产与流动负债的数量关系,这里主要考量的是流动资产的"变现能力",即资产能否很容易地、不受损失地转换为现金。如果企业的流动资产远远高于流动负债,说明企业拥有较多的流动资产作为偿还流动负债的来源,企业的短期偿债能力强;反之,如果企业的流动资产与流动负债数额相差不大,甚至流动资产低于流动负债,则说明企业没有足够的流动资产作为偿还流动负债的来源,企业的短期偿债能力就弱。时间上的配合程度是指企业是否有足够的现金用来偿还到期债务,也就是流动资产转换为现金所需要的时间能否配合流动负债的到期时间。换言之,就是企业现金流入与现金流出的配合程度,即"流动性"。因此,企业短期偿债能力的强弱直接表现为流动资产与流动负债的比例和流动资产的变现速度。

衡量企业短期偿债能力的指标分为绝对数指标和相对数(比率)指标两大类。其中,营运资金是绝对数指标;相对数指标主要是指反映企业用现有资产偿还短期债务的能力的比率,也就是分析企业目前是否存在不能偿还短期债务的风险。传统上,短期偿债能力比率主要包括流动比率和速动比率。

1)营运资金

营运资金是指企业流动资产减去流动负债后的余额,是衡量企业短期偿债能力的绝对数指标。营运资金代表企业在短期内可供营运周转使用的资金,可说明企业对短期债权人的保障程度。营运资金的计算公式是

$$营运资金 = 流动资产 - 流动负债$$

式中,计算营运资金所用的"流动资产"和"流动负债"直接选用资产负债表中的期末数。

当流动资产大于流动负债时,营运资金为正数,表明企业长期资本的数额大于长期资产,超出部分被用于流动资产,从而增强了企业财务状况的稳定性。营运资金越多,企业的财务状况越稳定,短期偿债能力越强。反之,当流动资产小于流动负债时,营运资金为负数,表明企业长期资本的数额小于长期资产,有部分长期资产是由流动负债提供的。由于流动负债需要在一年内偿还,而长期资产一年以后才能变现,因此企业必须设法另外筹集资金,用于偿还流动负债,此时企

业的财务状况不稳定,短期偿债能力较差。即使企业的流动资产等于流动负债,也并不能保证按期偿债,因为债务的到期日与流动资产中的现金生成不可能同步和等量,因此企业必须保持一定数额的营运资金作为缓冲,此时流动资产中的一部分来源于长期资本,不需要在一年内偿还。

从偿债角度看,营运资金越多,说明企业可用于偿付短期债务的流动资产越多,企业的财务状况越稳定,企业的短期偿债能力越强。如果营运资金很少,甚至出现负数,则表明企业资金周转比较困难,短期偿债能力较弱。但从企业理财角度看,营运资金并不是越多越好。营运资金过多,意味着企业流动资产占用资金过多,可能存在积压的存货或长期收不回来的应收账款,说明企业没能有效地利用资金,失去了获取更多利润的机会。在财务报表分析时,可以将营运资金与以前年度的数额进行比较,如果出现异常偏低或偏高现象,除了考虑企业规模变化以外,应对流动资产和流动负债进行逐项分析,确定变动的原因。由于营运资金受企业规模影响较大,因此该指标无法直接在同一企业不同时期或不同企业之间进行对比。

【例7-1】格力电器2020年的流动资产为213 633百万元,流动负债为158 479百万元,据此计算公司2020年的营运资金为

营运资金＝213 633－158 479百万元＝55 154百万元

应该说明的是,不同行业营运资金的结构有很大区别。一般来说,商品零售业因其资产中流动资产比重较大,其营运资金也比较多;制造业因存货和应收账款比较多,营运资金大约占流动资产的30%～50%;餐饮服务业则因存货和应收账款较少,其营运资金也比较少,有时甚至是负数。

此外,在进行营运资金分析时,还可以根据流动资产、流动负债、营运资金的环比变动额和环比变动率来分析企业短期偿债能力的发展趋势。如格力电器2018—2020年的营运资金数据如表7-1所示,可以看出,公司的营运资金在三年内均呈现出稳定增长趋势,说明公司的营运资金比较充裕,具有较强的短期债务清偿能力。

表7-1　格力电器2018—2020年营运资金比较表　　　　单位:百万元

年份	流动资产	流动负债	营运资金
2018	199 711	157 686	42 025
2019	213 364	169 568	43 796
2020	213 633	158 479	55 154

由于营运资金是一个绝对数,不便于不同的企业之间进行比较,因此在实际工作中较少使用营运资金作为衡量偿债能力的指标。假设有A和B两家公司,其营运资金的资料如表7-2所示。

表7-2　A和B两家公司营运资金比较　　　　单位:万元

公司	流动资产	流动负债	营运资金
A公司	5 000	4 000	1 000
B公司	15 000	14 000	1 000

从表 7-2 可以看出,A、B 两家公司的营运资金均为 1 000 万元,但是由于它们的规模不同,因此其偿债能力完全不同。比较流动资产和流动负债可以看出,A 公司的偿债能力远远高于 B 公司。

由于营运资金本身的局限性,因此在财务报表分析中经常使用流动比率等相对数指标,它们可以很好地消除规模效应的影响。

2)流动比率

流动比率是流动资产与流动负债的比率,可以显示企业每一元流动负债有多少流动资产作为偿还的保障,反映企业运用其流动资产偿还流动负债的能力。其计算公式为

$$流动比率 = \frac{流动资产}{流动负债}$$

流动比率的值越大,表明企业可用于抵债的流动资产越多,企业的短期偿债能力越强,债权人的利益越有保障;反之,则说明企业的短期偿债能力越弱。因为流动负债具有偿还期较短的特点,而流动资产具有较容易变现的特点,正好可以满足流动负债的偿还需要,所以流动比率是分析短期偿债能力的最主要的指标。

但是流动比率达到多少算合适呢?传统教科书认为,制造业企业的流动比率保持在 2 左右是比较适宜的。其理由是,制造业企业的变现能力最差的存货通常占流动资产的一半左右,剩下的变现能力较强的流动资产至少要等于流动负债,这样才能保证企业具有较强的短期偿债能力。或者换个角度说,即使流动资产的清算价值缩水一半,仍可偿还流动负债。尽管流动比率为 2 代表企业有更多的流动资产来保障流动负债,但同时也反映了资产使用的效率较低,用经验数据来评价流动比率,其可信度比较模糊,因此这个标准在实践中并不具有普遍意义。

首先,不同国家或地区的金融环境和资本市场不同,使得企业的资产结构和资本结构差异较大,企业流动比率也有所不同。其次,同一国家或地区不同行业的流动比率也有明显差别,存货周转速度慢、赊销比重大或赊销期限长的行业或企业,必须持有较多的流动资产,因此其流动比率就比较高;相反,存货周转速度快、赊销比重小或期限短的行业或企业,持有的流动资产较少,流动比率就比较低。一般而言,营业周期越短,对流动比率的要求越低;营业周期越长,对流动比率的要求越高。例如,饮食行业的正常流动比率远远低于制造业和商业企业,原因就在于饮食行业的存货周转速度快而且大部分为现金销售。最后,行业受季节性因素的影响程度不同或者企业处在不同的发展阶段,流动比率数据也会有很大的差别。因此,运用流动比率来评价企业的短期偿债能力,通常只能在行业内进行对比,同时必须与企业的资产结构、资产变现速度及行业特点结合起来进行综合考虑,这样才能得出正确的分析结论。

无论如何,流动比率作为一个相对数指标,考虑了流动资产规模与流动负债规模之间的关系,受企业规模的影响较小,因此扩大了指标的可比范围,是实际工作中普遍采用的短期偿债能力衡量指标。

虽然流动比率没有通用的衡量标准,但是可以肯定的是,如果制造业企业的流动比率小于 1,表明企业的流动资产不足以抵偿流动负债,短期内可能会陷入资金周转失灵、无力偿还到期债务的困境。实际上即使流动比率等于 1,一般也无法满足短期偿债的要求,因为虽然此时流

財務报表分析

动资产等于流动负债,但是并不能保证每一笔债务到期时,流动资产都可以适时地转化为现金,也就是说,流动比率为1时,只说明流动资产与流动负债在数量上是配合的,但是并不能确保现金流入和流出的时间能相应配合。但是流动比率也不能过高,如果流动比率过高,说明企业未能有效利用流动资产。比如,企业应收账款或现金过多,或者积压了过量的存货等;当然也可能是企业过于保守,不愿通过举债扩大经营规模等原因。

【例7-2】根据表7-1所列示的格力电器2018—2020年财务数据,计算格力电器的流动比率如下:

2018年流动比率＝199 711/157 686＝1.27

2019年流动比率＝213 364/169 568＝1.26

2020年流动比率＝213 633/158 479＝1.35

计算结果表明,格力电器从2018年到2019年,流动比率略有下降,2020年有大幅度上升,2020年相较于2018年短期偿债能力变强。

将上述计算结果与同行业平均水平或先进水平进行对比,可以确定该公司在本行业的地位。通过对流动资产和流动负债的构成项目进行逐项分析,可以找出影响流动比率变动的主要原因。

流动比率指标的优点是计算简单,资料容易取得,概念清晰,易于理解,因此被广泛应用于衡量企业的短期偿债能力。但是该指标也存在一定的局限性。

第一,流动比率只反映流动资产与流动负债之间的数量关系,没有考虑流动资产的流动性和内部结构。如果流动资产中含有大量的积压存货、预付账款或长期收不回来的应收账款,即使流动比率大于2,也并不表示其偿债能力强;反之,如果流动资产中多为变现能力很强的资产,即使流动比率小于2,其偿债能力依然很强。例如,甲、乙两家公司的流动比率均为2,但是甲公司的流动资产以货币资金、交易性金融资产、应收账款为主,而乙公司的流动资产以存货和预付款项为主,则两家公司偿还短期债务的能力显然不同。因此,在计算该指标时,还需要进一步分析资产结构,并借助存货周转率、应收账款周转率等指标,对资产的流动性进行评价,以补充流动比率对偿债能力反映的不足。

第二,流动比率是静态指标,根据期末的报表数字计算得出,只能反映报告期末时点流动资产与流动负债的比率关系,不能代表企业整个期间的偿债能力。

3)速动比率

速动比率,也称为酸性测试比率,是指速动资产与流动负债的比值,通常用来衡量企业流动资产中可立即用于偿还短期债务的能力。其计算公式为

$$速动比率＝\frac{速动资产}{流动负债}$$

式中,速动资产是指可以及时、不贬值地转换为可以直接偿债的货币资金的流动资产,包括货币资金、交易性金融资产、应收票据、应收账款及其他应收款等。在实践中一般是将存货从流动资产中剔除而得到速动资产。其原因是,由于存货需要经过生产、销售和收款等环节才能转变为现金,属于流动性较差、变现所需时间较长的资产,特别是当存货中包含积压和滞销产品或必须经过较长时间储备才能销售的产品,或者部分存货已经抵押给债权人时,其变现能力更差。此外,由于对存货估价具有一定的主观判断因素,可能存在账面价值与实际价值差异较大

的情况,因此把存货从流动资产中扣除后计算的速动比率是企业现实的短期偿债能力,比流动比率反映的短期偿债能力更准确,可信性也更高。

通常情况下,企业的速动比率越高,表明企业在短时间内将资产变现以偿还短期债务的能力越强;反之,则说明企业短期偿债能力较差。传统教科书将企业的速动比率经验值设定为1,表明企业每一元短期债务都有一元易于变现的速冻资产作保障,换言之,即便所有的流动负债都要求同时偿还,也有足够的资产维持企业正常经营。但在实践中,速动比率在不同行业和企业应有所区别。采用速动比率指标评价企业短期偿债能力时,也必须根据行业特性来进行分析,不能一概而论。例如,零售企业通常为现金销售,应收账款很少,这类企业的速动比率一般明显低于1,但仍然有很强的短期偿债能力。

应该说明的是,如果速动比率过低,表明企业将可能依赖出售存货或举借新债以偿还旧债,企业的短期偿债能力存在问题。但是,如果速动比率过高,在说明企业短期偿债能力较强的同时,也说明企业拥有较多不能盈利的货币资金和应收账款,可能会降低企业的盈利能力,也可能失去一些有利的投资机会。

【例7-3】根据格力电器2018—2020年年报数据,计算速动比率如下:

2018 年速动比率＝(199 711－20 012)/157 686＝1.14

2019 年速动比率＝(213 364－24 085)/169 568＝1.12

2020 年速动比率＝(213 633－27 880)/158 479＝1.17

计算结果表明,格力电器的速动比率和流动比率变化趋势大致相同,2018—2020 年速动比率先小幅下降再上升。2020 年格力电器的短期偿债能力比 2018 年有所增强。结合资产负债表进行分析可以看出,该公司存货逐年增长,且幅度较大,使速动比率产生波动。

速动比率的优点是计算简单,容易理解。该指标是假设企业一旦面临财务危机或办理清算时,在存货无法变现情况下,以速动资产偿还债务的能力,是比流动比率更严格、更谨慎地衡量企业短期偿债能力的指标。但是速动比率也有一定的局限性。

第一,速动比率只反映速动资产与流动负债之间的数量关系,没有考虑速动资产的结构和流动性。当速动资产中包含大量不良应收账款时,即使速动比率大于1,也并不表示其偿债能力强,因此根据速动比率分析企业的短期偿债能力时,还应注意速动资产中应收账款的比例以及应收账款账龄和可收回性。在速动比率相同的情况下,应收账款所占比例越低,账龄越短,说明速动资产的质量越好,变现能力越强,反之则较弱。分析时可借助应收账款周转率来了解应收账款的质量,以便对企业的短期偿债能力做出正确评价。

第二,如果速动资产中的预付账款、预付费用项目金额较大,建议使用保守的速动比率。保守的速动比率是指保守速动资产与流动负债的比值,其中保守速动资产一般包括货币资金、交易性金融资产、应收票据和应收账款,也可以在流动资产的基础上减去存货、预付账款和预付费用计算。其理论依据是,由于预付账款的变现速度比存货还慢,很难在当期带来现金流量,而预付费用则属于企业未来应分摊的费用,实际上无法为企业带来现金流入,将这两个项目扣除后计算的速动比率可以更真实地反映企业的短期偿债能力。

第三,速动比率是静态指标,只反映期末时点上速动资产与流动负债的比率关系,不能代表企业整个期间的偿债能力。

以上两个比率都是用来衡量一个企业的短期偿债能力的,但需要注意的是,这两个比率在某种程度上还反映企业的管理经营能力、企业的经营风格和竞争力。将这两个比率当年的水平与往年的水平进行比较或者与行业的平均水平进行比较,看是否有较大的变动,并分析这一变动的原因,有利于了解企业的战略和经营风格。

4)现金比率

现金比率,也称为超速动比率,指企业的现金类资产与流动负债的比值。该比率只保留了随时可以提现或随时可以变现的现金类资产(主要包括货币资金和交易性金融资产),反映了企业随时偿还债务的能力。其计算公式为

$$现金比率 = \frac{货币资金 + 交易性金融资产}{流动负债}$$

现金比率是最严格、最稳健的短期偿债能力衡量指标。在评价企业偿债能力时,一般来说,现金比率并不是很重要,因为不可能要求企业用现金和交易性金融资产来偿付全部流动负债,企业也没有必要总是保持足够还债的现金和交易性金融资产。但是,当发现企业的应收账款和存货的变现能力存在严重问题或企业陷入财务困境时,现金比率就显得十分重要了。从这个意义上讲,现金比率是表明企业在最坏的情况下偿付流动负债的能力。

【例 7 - 4】根据格力电器 2018—2020 年年报,计算公司的现金比率如下:

2018 年现金比率 =(113 079 + 1 012)/157 686 = 0.72

2019 年现金比率 =(125 401 + 955)/169 568 = 0.75

2020 年现金比率 =(136 413 + 371)/158 479 = 0.86

计算结果表明,2018 年到 2020 年,格力电器的现金比率呈逐年上升趋势,说明企业使用现金类资产随时偿付流动负债的能力越来越强。

使用现金比率衡量企业偿债能力时应注意以下问题:

第一,企业现金的使用是否受到限制。例如,上市公司发行股票筹集的资金必须严格按照招股说明书中承诺的用途和进度使用,或者公司的银行存款可能被法院冻结,或者企业可能有特别的计划需要使用现金,如集资用于扩大生产力的建设等,因此这些公司可能现金余额和现金比率都很高,但是企业可用于偿债的现金并不多。

第二,企业的现金管理制度是否健全有效。企业的现金管理更有效,会降低现金的存量和现金比率。

第三,企业是否有尚未使用的银行授信额度。如果企业有尚未使用的银行授信额度,就可以随时从银行借出资金,此时企业可能会降低现金存量和现金比率。

第四,交易性金融资产的市价变化。如果股价波动过大,该比率无法反映企业真实的偿债能力。

总之,债权人在企业其他主要流动资产质量状况不佳时,可以依据现金比率判断企业支付能力来做出相应决策。过高的现金比率可能反映企业通过负债方式筹集的流动资金未得到充分利用,所以并不鼓励企业保留更多的现金类资产。

上述四个指标都是根据某一时点上的资产和负债数额计算的,属于静态指标,只能反映企业在报告期末的状况,不能反映企业某一时期内动态的偿债能力。为了解决这一问题,下面引入现金流量表相关数据进行短期偿债能力的分析。

5）现金流量比率

现金流量比率是指企业经营活动产生的现金流量净额与流动负债之间的比率,用来衡量企业本期经营活动产生的现金量是否足以抵付即将到期债务的能力,是从现金流量角度反映企业偿还短期债务的能力的。其计算公式如下

$$现金流量比率=\frac{经营活动净现金流量}{流动负债平均余额}$$

$$流动负债平均余额=(年初流动负债+年末流动负债)/2$$

式中,分子"经营活动净现金流量"是动态指标,来自现金流量表中的"经营活动产生的现金流量净额",反映企业当年生产经营活动带来的净现金流量,是偿还企业短期债务的基本资金来源。流动负债可以从资产负债表中取得,由于分子是动态、时期指标,这里的流动负债最好使用全年平均占用数,代表年度内企业平均每天持有的流动负债数额,等于年初余额加上年末余额除以2。

需要说明的是,分子之所以选择经营活动产生的现金流量净额,而没有选择企业所有活动产生的现金流量净额,是因为经营活动在各个期间具有一定的稳定性,而各个期间的投资活动和筹资活动则相差较大,不易预测。理论上,对于下一年即将到期的负债应该是用下一年的现金流量来偿还,因此,用下一年预计的经营活动净现金流量与年末流动负债相比更加合理。但是要准确地预测下一年经营活动净现金流量还是较为困难的。而各年度的经营活动现金流量有一定的稳定性,因此,在公式中就用当年的经营活动净现金流量代替下一年预计的经营活动净现金流量。使用该指标时,需要考虑下一年影响经营活动现金流量变动的因素。

【例7-5】格力电器2020年经营活动现金流量净额为192亿元,2019年和2020年的流动负债余额分别为1 696亿元和1 585亿元,格力电器2020年的现金流量比率为

$$现金流量比率=\frac{192}{(1\ 696+1\ 585)/2}=0.12$$

现金流量比率从现金流入、流出的动态角度考察企业的实际偿债能力。该指标表明每一元流动负债的经营活动现金流量保障程度。如果该指标等于或大于1,表示企业有足够的能力以生产经营活动产生的现金来偿还期短期债务;反之,则表示企业生产经营活动产生的现金不足以偿还到期债务,企业需要采取对外筹资或出售资产措施才能偿还债务。根据经验,该指标保持在0.4以上时较好,说明企业的短期偿债能力较强。

由于利润与现金流量的计算基础不同,采用现金流量而不是利润来评价企业偿债能力将更加谨慎、可靠。但如果经营活动净现金流量为负数,那么计算该指标没有意义。

7.1.3　长期偿债能力分析

1.长期偿债能力分析的重要性

长期偿债能力是指企业对债务的承担能力和对偿还债务的保障能力。上文介绍的企业短期偿债能力主要考虑流动资产结构、流动负债结构、企业变现能力以及流动资产与流动负债的对比关系,从资产变现角度来进行分析。而长期偿债能力分析由于衡量的时间较长,对未来较长时间的资金流量很难做出可靠的预测,而且所包含的因素更加复杂,所以难以通过资产变现情况做出判断。

2. 长期偿债能力的影响因素

长期偿债能力是指从长期视角来看企业偿还全部债务本金和利息的能力,是反映企业财务安全和稳定程度的重要标志。资产是偿还债务的物质基础,所有者权益是偿还债务的基本保障,企业利润则是偿还债务的最终来源。在持续经营会计假设下,只有能够长期稳定盈利的企业才能为偿还债务本金和利息提供最可靠的资金来源,而不可能通过出售资产和破产清算来偿还到期债务。因此,影响企业长期偿债能力的因素主要有三个方面,即企业的资产结构、企业的资本结构、企业的盈利能力。

1)企业的资产结构

资产结构反映企业各项资产成分和比重关系,通常以资产负债表中各种资产占总资产的百分比来表示。不同类型资产的流动性和盈利能力也不尽相同。对于流动性越大的资产,变现的风险比较小,但是盈利能力相对低,对企业盈利和偿还长期债务不利;反之,流动性越小的资产,盈利能力相对高,有助于提高企业的盈利能力和长期偿债能力,但是变现的风险比较大,对短期偿债不利。因此资产配置适当性十分重要。企业的资金来源应当和资金用途合理配合。对于固定资产而言,周转速度慢,转变为现金的周期较长。而短期借款的本息偿还期很短,负债可能已经到期,但是长期资产还未转变为现金,导致企业资金链断裂。因此还款期限较长的长期借款适合作为长期周转的资金来源;利率比较低的短期借款适合应付短期的资金需求,以免造成资金浪费,降低企业的盈利能力。但是在企业实践过程中,两者通常无法完全适配。

2)企业的资本结构

企业的资本结构是指企业负债和所有者权益之间的比例关系。负债和所有者权益构成企业资金的两大来源。负债来自债权人投资,有一定的偿还期限,企业必须根据和债权人的合约到期偿还本金并支付利息。所有者权益来自股东投资,代表企业的自有资金,企业可以长期使用。股东无权随意收回投资,也不能强制支付股息。资本结构则代表二者之间的比例关系,如果所有者权益比例高,则企业面临的偿债压力就比较小,债权人被违约的风险也相对小。如果负债比例高,则企业会面对较高的利息支出,到期无法支付本金的风险就越大。因此,资本结构是评价企业长期偿债能力的重要因素。

3)企业的盈利能力

从长期来看,稳定的盈利能力是企业良好财务实力的来源。越强的盈利能力意味着企业内部产生未来现金流入的能力越强,可以较好地支付债务本金和利息,同时可以吸引潜在的投资者和债权人,扩大融资来源。因此,长期偿债能力与企业盈利能力密切相关。企业盈利能力越强,长期偿债能力越强,反之则比较弱。

3. 衡量企业长期偿债能力的指标

由于企业资产结构、企业资本结构和盈利能力影响企业长期偿债能力,因此相应产生了利用资产负债表和利润表来分析长期偿债能力的两大类方法和指标。在资产负债表下分析企业长期偿债能力,主要从资本结构和资产结构出发,包括资产负债率、产权比率等指标。在利润表下分析长期偿债能力,主要将收益和负债进行对比分析,包括利息保障倍数等指标。此外,还可以从现金流量表角度考察企业的长期偿债能力,包括经营现金流量与负债总额之比等指标。

1）资产负债率

资产负债率是指企业负债总额与资产总额之间的比例关系，也被称为举债经营比率或者债务比率。该指标代表企业的资产总额中有多少比例是依靠债务筹集的，它是衡量企业负债水平和风险程度的重要指标，可以用于衡量企业利用债权人资金的能力，也可反映企业在清算时对债权人利益的保护程度。其计算公式为

$$资产负债率 = \frac{负债总额}{资产总额} \times 100\%$$

式中，负债总额和资产总额直接选用资产负债表中的期末数。

不同的分析主体会从不同利益出发点对资产负债率有所评价。对于债权人而言，是否能够如期收回借贷本金和利息是重中之重。过高的资产负债率意味着企业的大部分资产由债权人提供，需要承担过多的经营风险。而较低的资产负债率表明企业可以用于抵债的资产较多，即使企业破产清算，债权人拥有优先清偿权，也有一定的收回保障。因此从债权人的利益角度出发，该比率越低越有利。

对于权益投资人而言，一方面凭借固定金额的权益投资额，可以撬动比权益金额更大的债务融资，分散经营风险，发挥杠杆效应。另一方面支付给债权人的利息可以在计算所得税时扣除，带来一定的节税作用，提高投资者的回报，同时保持股东对企业的控制权。因此从权益投资人角度出发，只要债务成本率低于资产回报率，资产负债率就越高越好。

对于企业管理者而言，一方面债务越多意味着企业支付本金和利息的负担越重，资金链断裂和企业破产清算的风险越大；另一方面，债务是企业的重要融资来源，可以满足企业扩大经营规模和投资的需求。因此从企业管理者角度出发，需要凭借自身的能力和眼界，根据企业盈利能力和经营活动现金流量是否稳定等情况，为企业确定一个适合自身发展的资产负债率水平。

【例7-6】根据格力电器2018—2020年的年度报告，计算公司的资产负债率如下：

2018年资产负债率＝158 519/251 234×100%＝63.10%

2019年资产负债率＝170 925/282 972×100%＝60.40%

2020年资产负债率＝162 337/279 218×100%＝58.14%

计算结果表明格力电器的资产负债率从2018年到2020年不断下降，说明企业负债占比不断降低，长期偿债能力增强，财务风险降低。

2）产权比率

产权比率是指企业的负债总额与所有者权益总额之间的比值，反映债务资本和权益资本的对比关系。产权比率又称权益负债率。其计算公式为

$$产权比率 = \frac{负债总额}{所有者权益总额} \times 100\%$$

式中，负债总额和所有者权益总额直接选用资产负债表中的期末数。

产权比率和资产负债率的经济意义基本相同，因此对产权比率的分析可以参照资产负债率，但是产权比率更加侧重于对所有者权益投资的评价。

对债权投资人而言，该指标反映企业能够按时偿还利息和本金的能力。产权比率越

低,意味着企业的自有资本越雄厚,企业发生违约的可能性越小,债权人越有安全感。反之,企业无法按时偿还本息的风险越大,发生资金链断裂和破产清算的可能性就越大,债权人的利益得不到保障。对企业本身而言,该指标的高低意味着财务结构风险程度不同。债务资本大于权益资本时,意味着企业的财务结构相对激进,财务风险较大,但是也意味着企业充分发挥了财务杠杆效应。对权益投资人而言,经济繁荣时期可以增加债务融资,获得财务杠杆优势;经济萧条时期可以减少债务融资以减少利息负担。通货膨胀时期可以多借债以分散经营风险,获得货币购买力收益。因此不同的利益相关者看待产权比率的视角和出发点不同。

【例7-7】根据格力电器2018—2020年的年度报告,计算公司的产权比率如下:

2018年产权比率=158 519/92 715×100%=170.98%

2019年产权比率=170 925/112 048×100%=152.55%

2020年产权比率=162 337/116 880×100%=138.89%

计算结果表明格力电器2018—2020年的产权比率不断下降,所有者权益数额呈现上升的趋势,长期偿债能力有所增强。

3)长期资本负债率

长期资本负债率是指长期负债占长期资本的比例。这里的长期资本是指企业可以长期使用的资金,通常以所有者权益和长期负债之和为计算依据。长期资本负债率的计算公式为

$$长期资本负债率=\frac{长期负债}{所有者权益+长期负债}\times100\%$$

长期资本负债率反映了负债占可供企业长期使用资金的比例。该指标越大,意味着负债占比越大,债权人的风险越大;反之,风险则比较小。该指标通常是债权人在和企业签订长期贷款合同时必须考虑的因素。

【例7-8】根据格力电器2018—2020年的年度报告,计算公司的长期资本负债率如下:

2018年长期资本负债率=833/(92 715+833)×100%=0.89%

2019年长期资本负债率=1 356/(112 048+1 356)×100%=1.20%

2020年长期资本负债率=3 859/(116 880+3 859)×100%=3.20%

可以看出2018—2020年格力电器的长期资本负债率连续上升,长期负债所占比例逐年增加,债务负担增大,财务风险有所增加,但是联系资产负债表分析可以发现,格力电器的负债主要是短期负债,长期负债占比较小,总体上看长期负债偿付风险较低,因此在实践中应同时结合公司的发展战略和筹资决策做进一步分析。

4)利息保障倍数

利息保障倍数是指企业经营收益与利息费用之间的比值,也被称为已获利息倍数。该指标反映了企业的经营收益相当于利息费用的多少倍,可以衡量企业用其经营收益偿付借款利息的能力。如果经营收益不足以偿还利息,则表明企业利息支付困难,面临资金链断裂的风险。其计算公式为

$$利息保障倍数=\frac{息税前利润}{利息费用}=\frac{利润总额+利息费用}{利息费用}$$

由于不论利息费用是否资本化,企业都负有偿还的义务,因此公式中的利息费用是指企业实际发生的全部利息,不仅包括计入利润表中本期财务费用的费用化利息,也包括列入资产负债表中资产成本的资本化利息。其理由是,不论利息费用是否列入利润表,都是企业需要实际偿还的费用。而利润表中"财务费用"项目下的利息费用是指本期发生的费用化利息。根据我国企业会计准则,利润表"财务费用"项目下既包括企业向债权人借款所承担的利息费用,也包括企业存放在银行的款项所获取的利息收入,因此,不能简单使用"财务费用"替代"利息费用",准确地讲,需要对财务费用项目进行分析后选取数据进行计算分析。

利息保障倍数反映了企业使用经营收益偿还利息的能力。该指标越高,意味着企业偿付利息的能力就越强,债权人收回本金和利息就越有保障。实际上,企业还可以通过借新债还旧债的方式来偿还债务本金,缓解企业偿还本息的财务压力。但是这样的方式要求企业一直保持良好的信用记录,及时足额地偿还债务的利息和本金。

一般来讲,利息保障倍数应当至少大于1。如果利息保障倍数小于1,意味着企业的经营收益已经不足以偿还债务的利息,本金将面对更大的违约风险。因此债权人在面对陷入这样财务困境的企业时,将会尤其谨慎保守。如果利息保障倍数等于1,说明企业的经营收益刚好足以偿还利息,但是还需要看企业的现金流量是否足够偿还。根据西方成熟市场的经验和相关研究,利息保障倍数应当保持在3以上,大多数企业维持在3~6的水平。

在使用利息保障倍数作为评价企业长期偿债能力的指标时,通常需要计算连续几个年度的指标,从中选取最低年度的数值与同行业进行比较,以判断企业的偿债能力。尤其是对于周期性较强的企业,不论当年度经营成果好坏,企业均需要支付约定的利息。在利润较低的年度,利息保障倍数就会较低;反之,利息保障倍数就会较高。用低年度的指标作为判断企业偿债能力的标准,可以保障最低的偿债能力,也更符合谨慎原则。

【例7-9】根据格力电器2018—2020年的年度报告,计算公司的利息保障倍数如下:
2018年利息保障倍数=(31 274+1 068)/1 068=30.28
2019年利息保障倍数=(29 353+1 598)/1 598=19.37
2020年利息保障倍数=(26 309+1 088)/1 088=25.18

从计算结果可以看出格力电器2018—2020年利息保障倍数先大幅下降后小幅上升,2020年格力电器的长期偿债能力比2018年有所下降,偿还利息的保障程度有所减弱,但基本正常。

值得一提的是,在使用利息保障倍数评价企业长期偿债能力时,企业的经营活动净现金流量应当被纳入考虑的因素。同时,固定资产折旧费用和无形资产摊销费用需要在计算利润时被扣除,使得利息保障倍数较低,但是实际上其并不造成企业实际的现金流出,所以也应一并考虑其影响。

5)经营现金流量与负债总额之比

经营现金流量与负债总额之比是指企业每年的经营活动现金净流入量用于偿付所有债务总额的能力。计算公式为

$$经营现金流量与负债总额之比=\frac{经营活动现金净流入量}{全部负债平均余额}\times100\%$$

式中　　　　经营活动现金净流入量=经营活动现金流入-经营活动现金流出
　　　　　　全部负债平均余额=(年初全部负债+年末全部负债)/2

经营活动现金流入包括销售商品、提供劳务收到的现金,收到的税费返还和政府财政补贴,收到的其他与经营活动有关的现金等。经营活动现金流出包括购买商品、接受劳务支付的现金,支付给职工以及为职工支付的现金,支付的各项税费,支付的其他与经营活动有关的现金等项目。经营活动净现金流入量是动态、时期指标,而负债总额作为时点指标,最好使用全年平均占用数,代表年度内企业平均每天持有的负债数额,等于年初余额加上年末余额除以 2。

经营现金流量与负债总额之比越高,说明企业偿付债务总额的能力越强。根据相关经验,该比率保持在 20％左右比较好。

【例 7-10】根据格力电器 2018—2020 年的年度报告,计算公司的经营现金流量与负债总额之比如下:

$$2018 \text{ 年经营现金流量与负债总额之比} = \frac{26\ 941}{(148\ 133 + 158\ 519)/2} \times 100\% = 17.57\%$$

$$2019 \text{ 年经营现金流量与负债总额之比} = \frac{27\ 894}{(158\ 519 + 170\ 925)/2} \times 100\% = 16.93\%$$

$$2020 \text{ 年经营现金流量与负债总额之比} = \frac{19\ 239}{(170\ 925 + 162\ 337)/2} \times 100\% = 11.55\%$$

计算结果表明,格力电器 2018—2020 年经营现金流量与负债总额之比持续下降,偿债能力不断减弱。将该指标与市场利率或企业的实际负债利率对比,可以了解企业的最大付息能力。以 2020 年为例,即使市场利率高达 11.55％,格力电器仍然能够按期支付利息,而只要能够按期付息,就能够借新债还旧债,维持现有的负债规模,不存在偿还本金的压力。

7.2 盈利能力分析

7.2.1 盈利能力分析的目的与内容

1.盈利能力分析的目的

盈利能力是指企业在一定时期内获取利润的能力,通常表现为一定时期内企业在一定的收入和耗费水平下赚取利润额的多少及其水平的高低。对投资者而言,企业赚取利润是经营的最终目的,是投资者创办企业的最大初衷,也是企业实现持续稳定发展的根本保障。因此,对企业的投资者、债权人和经营管理者而言,盈利能力是非常值得关注的。

盈利能力分析是企业财务分析的重点。盈利能力是营运能力分析的目的和归宿,也是偿债能力分析和发展能力分析的结果与表现。财务结构分析、偿债能力分析等的根本目的是通过分析发现问题,改善企业财务结构,提高企业营运能力、偿债能力,最终提高企业的盈利能力,促进企业持续稳定的发展。

对权益投资者而言,获得收益有两个来源。其一是持有股票获得股利;其二是卖出股票,获得资本增值。而良好的盈利水平对这二者都有好处。企业创造的利润是发放股利的唯一来源,并且较高的盈利水平容易获得市场认同,使得股票价格上涨,从而股东可以获得资本增值收益。对债权投资者而言,利润是企业偿还债务和本金的根本保障,当企业能够保持稳定增长的盈利水平和现金流入量时,即使在负债率偏高的情况下,债务本息的偿还依然有保障。对企业内部经营管理者而言,利润是考核企业经营管理水平的综合指标,也是衡量经营管理者业绩的主要标准。此外,盈利能力往往能够揭示企业管理和经营过程中存在的问题和缺陷,经营管理者需要发现和进一步解决这些问题和缺陷。对其他利益相关者,比如政府部门,企业的盈利直接关系到年度的税收和市场的稳定,因此,企业的盈利能力直接影响国家财政收入和国民经济能否健康发展。

2. 影响企业盈利能力的主要因素

盈利能力能够综合反映企业的经营管理水平,是综合性的评价指标。分析影响企业盈利水平的主要因素对客观评价企业的盈利水平十分重要。

(1)营销能力。营销能力是指企业扩大销售收入和市场占有率的能力,是扩大企业经营规模、增加营业收入和提高利润的基本保证。较强的营销能力能够带来较高的营业收入,从而增加企业的盈利,因此企业的营销策略和对市场的把握能力对分析盈利能力十分重要。

(2)收现能力。收现能力是指企业能够收回应收账款的程度和能力。企业通常会采取提供赊销的方式来增加产品的竞争力,作为扩大销售收入的手段,因此大量的营业收入以应收账款的形式存在。收现能力的高低便成了影响企业盈利水平的重要因素之一。如果企业变现能力较弱,催收不利或者应付款单位出现财务困难,就会形成坏账,盈利水平就会受到损害。

(3)成本费用控制能力。成本费用作为收入的抵减项,其金额越小,企业的利润越高。因此控制成本费用水平对提高企业盈利能力和抗风险能力显得尤为重要。在销售价格和销售量一定的情况下,企业提高利润最有效的方式就是降低成本。

(4)资产管理水平。资产是指企业拥有和控制的,能够为企业带来未来经济利益流入的资源。企业资产结构是否合理、资产规模是否适度、资产使用效率高低等都将直接影响企业的盈利能力。因此,加强资产管理,合理安排资产结构,提高资产使用效率,是提高企业盈利能力的重要手段。

(5)资本结构及其风险。资本结构是指企业负债与权益之间的比例关系。适度举债可以充分利用财务费用的抵税效应和财务杠杆作用来提高股东的投资回报;但是过度举债会增加企业财务负担,直接减少利润,降低企业的盈利能力,同时增加企业的偿债压力。因此资本结构是否合理和稳定,直接影响企业的盈利能力。

(6)会计政策的选择和变更。不同会计政策和会计方法的选择,会造成会计核算的差异,形成不同的财务成果。因此在评价企业的盈利能力时,应当考虑企业选择的会计政策和方法,分析其对指标计算的影响。

比如,不同的存货计价方法会对企业当期的利润产生较大的影响。在持续通货膨胀的情况下,先进先出法计算的当期存货成本比较低,利润较高;而后进先出法计算的当期存货成本就比较高,利润比较低。当物价比较稳定时,企业会计准则规定的几种存货计价方法差别不大。再比如,企业计提的资产减值准备同样也会对企业的利润产生影响。虽然企业会计准则对减值的确认、计量有所规定,但是减值准备的确定十分复杂,实际情况中企业计提资产减值准备的数额很大程度上取决于管理层对当年业绩的期望和对待减值的态度,存在一定盈余管理的空间。如果企业希望适当提高当年的业绩,则计提的减值准备就会减少,相应的企业利润就会较高。此外,企业的固定资产折旧方法和折旧年限、收入确认等核算方法,都会对企业的当期利润产生影响。因此,在评价企业的盈利能力时,应广泛、综合地考虑公司会计政策和方法选择等事项并给予足够的关注。

3.盈利能力分析的内容

盈利能力分析是财务分析的重点和关键。营利性经济组织的终极目标是在合法经营的前提下获取最大的利润,即通过经营活动获得收入,产生成本耗费,最终创造利润。因此,对盈利能力进行分析,主要是计算各种利润率指标。在实践过程中,评价企业盈利能力的指标有很多,包括以销售业务为基础计算的销售利润率、成本费用利润率指标,以企业占有或消耗资源为基础计算的资产报酬率指标,以投资为基础计算的净资产收益率指标等,也有从营业收入和成本费用两个角度分别对经营活动获利能力进行分析。为了便于理解和应用,本章阐述的盈利能力主要从业务、资产和盈利质量三个角度进行分析,在业务层面分别从收入和费用两个方面进行分析。

值得一提的是,盈利能力的分析应当是在企业正常经营情况下的盈利状况和盈利水平的分析。如果一些非正常收益和损失等因素对利润的影响过大,应当将其剔除。

7.2.2 以营业收入为基础的盈利能力分析

以营业收入为基础的盈利能力分析,是指将企业利润与营业收入进行对比,分析营业收入创造利润的能力。这是进行企业盈利能力分析的常用方法,主要包括营业毛利率、营业利润率、税前利润率、息税前利润率、营业净利率等指标。这些指标的区别在于选择的利润指标不同,由此揭示的收入和盈利之间的关系也不同,在财务分析中所起的作用也有所不一样。

1.营业毛利率

营业毛利率是指企业一定时期内的毛利润和营业收入之间的比率,又称销售毛利率。所谓毛利润,是指营业收入与营业成本之间的差额,它可以在一定程度上反映企业生产环节效率的高低。营业收入是企业利润的初始源泉,只有营业收入扣除营业成本后仍有余额,才能进一步抵补企业的各项费用,最终形成净利润,因此毛利润是企业获得最终利润的基础。

营业毛利率计算公式为

$$营业毛利率=\frac{毛利润}{营业收入}\times100\%$$

式中,毛利润是指企业营业收入和营业成本之差。营业收入是指企业日常经营活动所取得的收入,包括主营业务收入和其他业务收入。营业成本是指企业日常经营活动中所发生的与营业收入具有因果关系的已售产品或者已提供劳务的成本。

营业毛利率表明企业每获得一个单位的营业收入可以创造多少的毛利润,代表企业进行经营活动的原始盈利能力。企业经营活动产生的收入在弥补其对应的生产成本后,还要扣除期间费用和相应的税金,余下的部分才是企业最终获得的利润。因此,作为最终利润的基础,营业毛利润越高,代表企业负担间接费用的能力越强,营业成本占营业收入的比例就越低。反之,则代表企业负担间接费用的能力较弱,后续产生的最终利润也会相对薄弱。

【例7-11】根据格力电器2018—2020年的年度报告,计算公司的营业毛利率如下:

2018年营业毛利率=(198 123-138 234)/198 123×100%=30.23%

2019 年营业毛利率＝(198 153－143 499)/198 153×100％＝27.58％

2020 年营业毛利率＝(168 199－124 229)/168 199×100％＝26.14％

从上述数据可以看出格力电器此三年的营业毛利率呈现出下降趋势,盈利能力不断削弱。

对营业毛利率的分析应注意以下几点:

第一,营业毛利率有明显的行业特点,会随着行业的不同而高低各异。一般而言,营业周期短、固定费用低的行业,如零售业,营业毛利率通常比较低;反之,生产周期长、期间费用高的行业,如造船业,营业毛利率则较高。因此在使用营业毛利率衡量企业的盈利能力时,不仅需要将报告期的毛利率和企业自身的历史指标或者预算指标进行纵向比较,还需要和行业内竞争对手和行业内平均水平进行横向比较,以评价企业的盈利能力在同行业中所处的位置,分析差距形成的原因,以找出提高盈利能力的途径。

第二,营业毛利率的变动是产品或劳务的价格、原材料购买成本和产品生产成本、产品经营的品种结构等各种变动的综合结果。因此,对营业毛利率的分析应建立在战略分析的基础上。比如,实行产品差异化战略的公司往往定高价,实行低成本战略的公司往往以低于竞争对手的成本购入原材料或能够更有效地组织生产,这些因素将对营业毛利率有重大影响。

另外,分析营业毛利率的高低,要把影响企业营业毛利率的外部因素和内部因素结合起来考虑。其中,外部因素主要是指外界经济环境的变动,而内部因素主要包括开拓市场的意识和能力、成本管理水平如存货管理水平、产品构成决策、企业战略要求、企业会计政策等方面。

2. 营业利润率

营业利润率是指企业利润表中营业利润和营业收入的比率,反映企业经营活动本身的获利能力。其计算公式为

$$营业利润率＝\frac{营业利润}{营业收入}×100％$$

式中,营业利润是指企业正常生产经营业务带来的未扣除利息和所得税的利润。但在实务中,通常扣除利息,即直接用利润表上的"营业利润"数据。

营业利润率表示企业每获得一单位的营业收入可以创造多少的营业利润。该指标反映了营业收入和扣除了全部经营活动成本和费用后的营业利润之间的关系。营业利润率越高,代表企业的经营活动的盈利能力越强;反之,则代表企业经营活动的盈利能力较弱。它揭示了企业正常经营活动创造利润的能力,这样的能力才是企业持续健康发展的动力。

【例 7－12】根据格力电器 2018—2020 年的年度报告,计算公司的营业利润率如下:

2018 年营业利润率＝30 997/198 123×100％＝15.65％

2019 年营业利润率＝29 605/198 153×100％＝14.94％

2020 年营业利润率＝26 044/168 199×100％＝15.48％

由以上结果可以看出,格力电器 2018—2020 年的营业利润率是相对比较平稳的,盈利能力处于一个基本稳定的状态。

从分子、分母的口径来看,营业利润指标仅涉及企业营业活动,不涉及营业外收支活动,有

利于说明企业的增产增收活动的获利水平。作为考核企业盈利能力的指标,营业利润率比销售毛利率更全面,能考察全部业务收入与其直接相关的成本、费用之间的关系,这一比率的意义在于能够更为恰当地分析企业经营过程的获利水平,以此说明企业盈利能力的稳定性和可靠性。

3. 税前利润率

税前利润率也被称为销售利润率,是指企业利润总额和营业收入的比率。其计算公式为

$$税前利润率 = \frac{利润总额}{营业收入} \times 100\%$$

式中,利润总额包括企业的经营活动和营业外活动产生的所有利润,是企业在缴纳所得税之前算得的利润,是企业税前利润的完整体现。因此,政府部门经常使用税前利润率来考核企业的盈利能力。

税前利润率和营业利润率的主要差别在于是否纳入非生产经营活动产生的损益。因此两者通常差别不大,如果存在较大差异,意味着企业的利润总额中有相当一部分来自非生产经营活动,需要辨别原因。

【例7-13】根据格力电器2018—2020年的年度报告,计算公司的税前利润率如下:

2018年税前利润率 = 31 274/198 123 × 100% = 15.79%

2019年税前利润率 = 29 353/198 153 × 100% = 14.81%

2020年税前利润率 = 26 309/168 199 × 100% = 15.64%

从计算结果可以看出,格力电器每百元营业收入可获得的税前利润,2018年为15.79元,2019年为14.81元,2020年为15.64元,说明格力电器的盈利能力较为稳定。

值得一提的是,由于税前利润率的分子利润总额包括企业的经营活动和非经营活动产生的收益,但是分母只包括经营活动产生的营业收入,因此分子和分母的计算口径并不匹配。当企业营业外收支较大时,税前利润率并不纯粹,不能说明企业真正的盈利能力。相比之下,营业利润率只包括正常经营产生的利润,计算公式中分子和分母的口径也相匹配,更能真实地反映企业生产经营活动的盈利能力。

4. 息税前利润率

息税前利润率是指企业扣除所得税和利息费用之前的利润与营业收入的比率。其计算公式为

$$息税前利润率 = \frac{息税前利润}{营业收入} \times 100\%$$

式中 $息税前利润 = 利润总额 + 利息费用$

息税前利润是指不考虑资本结构和税收因素的利润,使用息税前利润率来评价企业的盈利能力更加客观。如果两家企业的盈利能力完全相同,但是其中一家的负债较多,则产生的利息费用也会较多,利润则会比较低。但是实际上两家企业的盈利能力并无本质差异,只是资本结构不同造成的。因此使用息税前利润率可以有效排除资本结构和税收因素对盈利能力的影响。

【例 7-14】根据格力电器 2018—2020 年的年度报告,计算公司的息税前利润率如下:

2018 年息税前利润率＝(31 274＋1 068)/198 123×100％＝16.32％

2019 年息税前利润率＝(29 353＋1 598)/198 153×100％＝15.62％

2020 年息税前利润率＝(26 309＋1 088)/168 199×100％＝16.29％

计算结果表明,如果没有借款利息,该公司每百元营业收入可获得的税前利润,2018 年为 16.32 元,2019 年为 15.62 元,2020 年为 16.29 元。总体上看,格力电器三年的息税前利润率平稳,与营业利润率和税前利润率变化趋势较为一致。

5. 营业净利率

营业净利率是指企业净利润和营业收入的比率,反映企业单位营业收入带来的净利润的多少。它是反映企业销售经营获利能力的最终指标。其计算公式为

$$营业净利率＝\frac{净利润}{营业收入}×100％$$

营业净利率的大小主要受营业收入和净利润的影响,这两个项目分别是利润表中的第一项和最后一项。从利润的源泉到最终的净利润,中间要经过营业成本、税金及附加、四项期间费用、资产减值损失、公允价值变动损益、投资收益、营业外收入、营业外支出及所得税费用等多个环节。因此,这些项目的变化都会影响到营业净利率的大小。净利润代表了企业扣除利息费用和当期所得税后的属于权益投资者的利润。营业净利率代表每获得一单位的营业收入创造了多少最终盈利,与权益投资者最终的收益挂钩。因此企业股东十分关注这个指标。

【例 7-15】根据格力电器 2018—2020 年的年度报告,计算公司的营业净利率如下:

2018 年营业净利率＝26 379/198 123×100％＝13.31％

2019 年营业净利率＝24 827/198 153×100％＝12.53％

2020 年营业净利率＝22 279/168 199×100％＝13.25％

计算结果表明,格力电器 2018—2020 年的净利润率小幅波动,每百元营业收入可获得的净利润,从 2018 年的 13.31 元,到 2019 年的 12.53 元,再到 2020 年的 13.25 元,变化趋势较为平稳。

此外,营业净利率的变动原因可以分部门、分产品、分顾客群、分销售区域进行分析,根据不同的分析目的及可以取得的资料而定。通常,财务费用、资产减值损失、公允价值变动损益、投资收益和营业外收入的明细资料,在报表附注中均有较为详细的披露,可以为进一步分析提供所需要的信息。而销售费用和管理费用公开披露的信息十分有限,外部分析人员很难将其深入下去。

7.2.3 以成本费用为基础的盈利能力分析

以成本费用为基础的盈利能力分析是指通过对比企业的营业成本和期间费用与利润的比例,分析生产经营活动耗费所创造利润的能力。这是进行盈利能力分析的常用方法,主要包括营业费用率、营业成本费用利润率、全部成本费用利润率等指标。这些指标的区别在于选择的成本费用口径不同,由此揭示的成本费用和盈利之间的关系也不同。

1.营业费用率

营业费用率是指从事营业活动所需花费的各项费用在营业收入中的比重,可以评估企业在实现销售收入过程中所耗费的期间费用情况。其计算公式如下:

$$营业费用率=\frac{营业费用}{营业收入}\times100\%$$

通常情况下,公式中营业费用不包括财务费用,仅包含销售费用和管理费用。该项指标越低说明营业过程中的费用支出越小,获利水平越高。

【例7-16】根据格力电器2018—2020年的年度报告,计算公司的营业费用率如下:

2018年营业费用率=(18 900+4 366)/198 123×100%=11.74%

2019年营业费用率=(18 310+3 796)/198 153×100%=11.16%

2020年营业费用率=(13 043+3 604)/168 199×100%=9.90%

从计算结果可以看出,格力电器2018—2020年的营业费用率逐步下降,每获得一百元收入需要耗费的期间费用,2018年为11.74元,2019年为11.16元,2020年为9.90元,说明期间费用在营业收入中的占比在降低,获利水平提升。

在分析过程中,分析者也可以用上述各项费用单独同营业收入对比,形成不同的费用率指标,用来分析各费用项目占总收入的比重及发展趋势。分析者可以将这个比率同以前期间的水平进行比较,找出企业成本控制的变化情况,进一步了解企业的经营战略;还可以同企业所在行业的平均值或相似企业的水平比较,了解企业所在行业的情况和企业在该行业的地位。

2.营业成本费用利润率

营业成本费用利润率是指企业的利润总额与经营成本和期间费用的比率,反映企业投入产出的效率。其计算公式为

$$营业成本费用利润率=\frac{利润总额}{营业成本+期间费用}\times100\%$$

这里的期间费用是指企业发生的直接计入当期损益的费用,是企业主要经营活动中必定要发生,但与营业收入的取得并不存在明显的直接因果关系的费用。期间费用主要包括销售费用、管理费用、财务费用和研发费用。销售费用是企业在销售商品和材料、提供劳务的过程中发生的各种费用。财务费用是企业为筹集生产经营所需资金而发生的费用。管理费用是指企业行政管理部门为组织和管理经营活动所发生的各种费用。为了更加直观反映企业研发状况,2018年财政部修订财务报表格式后要求在报表中单独列示"研发费用"科目,不再将其列入"管理费用"科目中统一核算,因此研发费用同样属于期间费用的范畴。具体地讲,研发费用是指研究与开发某项目所支付的费用。

利润总额是指企业缴纳所得税前的利润,它包括企业在一定时期内经营活动和非经营活动所产生的全部利润,是企业税前利润的完整体现。

营业成本费用利润率表示企业每耗费一单位的营业成本和期间费用所能创造的利润额。该指标越高,代表企业的盈利能力越强,因为耗费同样的营业成本和期间费用但是能产生更多的利润收益,经济效益越好;反之,则代表投入产出比较低,需要耗费更多的营业成本和期间费

用才能获得相同的利润。通过横向和纵向比较企业的营业成本费用利润率,可以评价企业盈利能力在行业中的水平和发展趋势。

【例 7-17】根据格力电器 2018—2020 年的年度报告,计算公司的营业成本费用利润率如下:

$$2018\ 年营业成本费用利润率 = \frac{31\ 274}{138\ 234 + 18\ 900 + 4\ 366 - 948 + 6\ 988} \times 100\% = 18.67\%$$

$$2019\ 年营业成本费用利润率 = \frac{29\ 353}{143\ 499 + 18\ 310 + 3\ 796 - 2\ 427 + 5\ 891} \times 100\% = 17.36\%$$

$$2020\ 年营业成本费用利润率 = \frac{26\ 309}{124\ 229 + 13\ 043 + 3\ 604 - 1\ 938 + 6\ 053} \times 100\% = 18.15\%$$

计算结果表明,格力电器每消耗一百元成本费用可获得的利润额在 2018 年为 18.67 元,2019 年为 17.36 元,2020 年为 18.15 元。公司 2020 年投入产出比低于 2018 年,盈利能力略有下降,但波动幅度不大。

3.全部成本费用利润率

全部成本费用利润率是指企业利润总额与营业成本、期间费用和营业外支出的比率,反映企业全部投入和产出的关系。其计算公式为

$$全部成本费用利润率 = \frac{利润总额}{营业成本 + 期间费用 + 营业外支出} \times 100\%$$

式中,分母代表企业所有支出,包括经营活动支出和非经营性活动支出;分子的利润总额包括经营活动和非经营活动产生的收益。二者计算口径一致,结果也更有意义。

全部成本费用利润率反映了企业每消耗一个单位的成本费用或者损失所能创造的利润。该指标越高,代表企业盈利能力越强,投入产出比越高;反之,则代表企业盈利能力较弱。

【例 7-18】根据格力电器 2018—2020 年的年度报告,计算公司的全部成本费用利润率如下:

$$2018\ 年全部成本费用利润率 = \frac{31\ 274}{138\ 234 + 18\ 900 + 4\ 366 - 948 + 6\ 988 + 41} \times 100\% = 18.66\%$$

$$2019\ 年全部成本费用利润率 = \frac{29\ 353}{143\ 499 + 18\ 310 + 3\ 796 - 2\ 427 + 5\ 891 + 598} \times 100\% = 17.30\%$$

$$2020\ 年全部成本费用利润率 = \frac{26\ 309}{124\ 229 + 13\ 043 + 3\ 604 - 1\ 938 + 6\ 053 + 22} \times 100\% = 18.14\%$$

计算结果表明,格力电器每发生一百元成本费用和损失所创造的利润,从 2018 年的18.66元,下降到 2019 年的 17.30 元,2020 年小幅度上升到 18.14 元。该指标由于考虑了非经营性活动对企业盈利能力的影响,全部成本费用利润率略低于营业成本费用利润率,但变动趋势整体比较稳定。

值得一提的是,如果企业非经营活动产生的收益和损失数额较大,对利润产生的影响较为显著时,应当关注非经营活动的内容和产生的原因,以便做进一步的分析。

7.2.4 资产获利能力分析

资产获利能力是投资者在企业中所投资金产生收益的能力。根据资产产生利润的不同层次以及相互之间的因果关系,资产获利能力指标主要有总资产报酬率和股东权益报酬率。

1. 总资产报酬率

总资产报酬率,又称总资产回报率,是企业息税前利润与企业全部资产平均余额的比率,反映企业在一定时期内(通常为一年)每单位资产可获得的息税前利润。该指标评价企业运用全部资产的获取利润的能力,可以综合评价企业资产的综合利用效果和企业盈利能力。其计算公式为

$$总资产报酬率 = \frac{息税前利润}{平均资产总额} \times 100\%$$

式中
$$息税前利润 = 利润总额 + 利息费用$$
$$平均资产总额 = (年初资产总额 + 年末资产总额)/2$$

总资产报酬率指标计算公式中分子采用息税前利润主要有两个原因:一是企业资产来自股东和债权人,以资产为基础计算的投资报酬,应该包括股东报酬和债权人报酬两部分。利息费用作为债权人获得的报酬,应当考虑在总报酬范围内,因此选用息税前利润来反映企业利用资产获得的总报酬。二是利息费用的高低主要受企业资本结构的影响,与企业的经营管理水平没有直接关系。当企业负债发生增减变动时,利息费用也会随之发生增减变动,从而使利润总额相应地减少或增加,但这种增减变动与企业的实际盈利能力并无直接关系。为了排除不同的资本结构对利润的影响,客观反映企业的盈利水平,同时增强资产报酬率指标的可比性,使用息税前利润作为资产报酬率指标的分子,可以使计算结果更合理。与净资产收益率(ROE)相比,总资产报酬率规避了资本结构的影响,无法通过调节负债和杠杆水平而影响指标的大小。

值得一提的是,公式中分子息税前利润来自利润表,为企业某一会计期间的数据,分母资产总额来自资产负债表,为企业在会计期末的数据,为了使分子、分母在算术逻辑上相配合,我们需要将资产总额转换为年度平均数,表示在一年内企业平均每天占用的资产数额,即资产的年初余额和年末余额的平均数。

总资产报酬率是一个综合性指标,能够反映企业资产利用效率和经营管理水平。该指标越高,说明企业资产利用的效率越高,盈利能力越强;反之,则说明企业资产利用的效率较低,盈利能力较差。在市场经济比较发达、行业之间竞争比较公平的条件下,各行业的资产报酬率差别基本不大。如果某个企业的资产报酬率偏低,说明该企业的资产使用效率、资产结构或经营管理中存在问题。

【例 7 - 19】根据格力电器 2018—2020 年的年度报告,计算公司的总资产报酬率如下:

$$2018 年总资产报酬率 = \frac{31\ 274 + 1\ 068}{(214\ 968 + 251\ 234)/2} \times 100\% = 13.87\%$$

$$2019 年总资产报酬率 = \frac{29\ 353 + 1\ 598}{(251\ 234 + 282\ 972)/2} \times 100\% = 11.59\%$$

$$2020\ 年总资产报酬率=\frac{26\ 309+1\ 088}{(282\ 972+279\ 218)/2}\times100\%=9.75\%$$

计算结果表明,从 2018 年到 2020 年三年中格力电器的总资产报酬率持续下降,股东和债权投资者获得的回报有所降低。企业管理者需要从资产使用效率、资产结构或经营管理等角度寻找并解决问题。

2.股东权益报酬率

股东权益报酬率,又称净资产收益率,是净利润与股东权益平均总额的百分比。该指标反映股东权益的收益水平,是衡量公司盈利能力的重要指标,体现公司对资本的使用效率。其计算公式为

$$股东权益报酬率=\frac{净利润}{股东权益平均总额}\times100\%$$

式中　　　　股东权益平均总额=(年初股东权益总额+年末股东权益总额)/2

净资产收益率是企业盈利能力的核心指标,也是杜邦财务分析体系的核心指标,更是投资人做投资决策时关注的重点。一般来说,净资产收益率越高,股东和债权人的权益保障程度越高。如果企业的净资产收益率在一段时间内持续增长,说明权益资本盈利能力稳定上升。同时净资产收益率最能直观体现公司经营业绩和对股东的投资回报,是股东财富最大化的保证。该指标越高,说明投资给股东带来的收益越高。但净资产收益率不是一个越高越好的概念,因为净资产收益率越高,也可能同时伴随着公司财务风险增强的可能性。

【例 7-20】根据格力电器 2018—2020 年的年度报告,计算公司的股东权益报酬率如下:

$$2018\ 年:股东权益报酬率=\frac{26\ 379}{(66\ 835+92\ 715)/2}\times100\%=33.07\%$$

$$2019\ 年:股东权益报酬率=\frac{24\ 827}{(92\ 715+112\ 048)/2}\times100\%=24.25\%$$

$$2020\ 年:股东权益报酬率=\frac{22\ 279}{(112\ 048+116\ 880)/2}\times100\%=19.46\%$$

计算结果表明,格力电器 2018—2020 年中净资产收益率呈急剧下滑趋势,权益投资者获得的回报下降明显。结合总资产报酬率进行分析,可以看出,在 2018—2020 年中,公司的综合盈利能力有所削弱,股东投资回报率的下降趋势令人担忧。

7.2.5　盈利质量分析

企业财务报表中的收入或利润,都是依据权责发生制核算确认的数据,因而存在企业实现收入或利润时,并不一定对应产生等额的现金流量。企业实现的收入,可能以应收账款、应收票据等具有回收风险的资产形式存在,由此产生的净利润,同样可能是应收账款、应收票据等形式;也有可能以存货等因困境而产生积压的资产形式存在。对于一个运行良好的企业而言,如果没有大规模地追加投资,其每期经营活动收回的现金与收入和净利润应该较为接近。因此,盈利质量主要考察企业收入或利润与企业经营活动现金流之间的配比关系,评价指标主要有收入现金比率、营业现金比率和盈利现金比率等指标。

1. 收入现金比率

收入现金比率是指企业销售商品、提供劳务收到的现金与营业总收入之间的比率,代表企业产生每单位的主营业务收入中当期能收回多少的现金流量,反映了企业盈利质量和收款能力的高低。其计算公式为

$$收入现金比=\frac{经营活动现金流量净额}{营业总收入}$$

该比率可以告诉我们公司能否快速地收回其销售货物或提供服务的投资成本。一般情况下,收入现金比率越高,则意味着公司收款能力越强,盈利质量越高。收入现金比率越低,则意味着公司收款能力越弱,盈利质量越低。

较高的收入现金比率可以反映企业盈利质量的稳定性和可靠性,因为它表明企业的盈利并非仅仅基于应收账款等形式,而是以实际现金收入为基础。需要注意的是,收入现金比率的理想范围因行业和企业特点而异。不同行业和规模的企业可能需要不同的收入现金比率来满足其经营需求和特定市场环境。

【例7-21】根据格力电器2018—2020年的年度报告,计算公司的收入现金比率如下:

2018年收入现金比率=26 941/200 024=0.13

2019年收入现金比率=27 894/200 508=0.14

2020年收入现金比率=19 239/170 497=0.11

计算结果表明,2018—2020年格力电器收入现金比率在基本保持稳定的情况下略有下降。收入现金比率从2018年的0.13小幅度上升到2019年的0.14,2020年下降为0.11,表明营业总收入产生的营业现金流变少,盈利质量变低。在实践中,还应将该指标与同行业平均水平或先进水平进行对比,以便对该公司的盈利质量做出更客观的评价。

2. 营业现金比率

营业现金比率是反映收益质量的主要指标之一,也是间接评价销售所得现金的一个重要指标。其计算公式为

$$营业现金比率=\frac{经营活动现金流量净额}{营业收入}$$

该指标反映企业年度内每一个单位营业收入实际获得的净现金流量,数值越大代表企业现金获取能力越强。其中,经营活动现金流量净额指企业经营活动产生的现金流入扣除流出后的净额,可直接从现金流量表获取;营业收入则取自利润表中的主营业务收入与其他业务收入总和。公式计算结果越大,说明营业收入产生的经营活动现金流量净额越多,企业的应收账款积压风险越小;反之,说明营业收入产生的经营活动现金流量净额越少,企业的应收账款积压风险越大。

营业现金比率指标的作用主要体现在两个方面:一是反映企业盈利质量。若企业营收高但现金流低,可能存在应收账款回收问题或虚增收入风险。二是能够衡量经营的稳健性。充足的现金流能保障企业偿还债务、扩大再生产的能力。

【例7-22】根据格力电器2018—2020年的年度报告,计算公司的营业现金比率如下:

2018年营业现金比率＝26 941/198 123＝0.14

2019年营业现金比率＝27 894/198 153＝0.14

2020年营业现金比率＝19 239/168 199＝0.11

计算结果表明,2018—2020年格力电器营业现金比率呈现出一定的下降趋势。每一百个单位的营业收入2018年和2019年能产生14个单位的经营活动现金流量净额,2020年能产生11个单位经营活动现金流量净额。这说明格力电器的收款能力有所下降,盈利质量降低。还应将该指标与同行业平均水平或先进水平进行对比,以便对该公司的盈利质量做出更客观的评价。

值得注意的是,在2024年12月召开的中央企业负责人会议上,国务院国资委在保持"一利五率"经营指标体系总体稳定的基础上,对个别指标进行了优化,其中主要的优化就是将"营业现金比率"指标替换为"营业收现率",其计算公式为实际收到的现金收入/营业收入。该指标强调企业不要为了规模拼命内卷,而是要高内涵、高质量发展。在经营指标上,企业不仅要利润中的现金,更要重视收入中的现金含量,着力实现以价值创造为中心的内涵式发展。

3.盈利现金比率

盈利现金比率是指企业年度经营现金净流量与年度净利润之间的比例关系,可以衡量公司的实际现金盈利情况,体现净利润的质量。其计算公式为

$$盈利现金比率＝\frac{经营活动现金流量净额}{净利润}$$

盈利现金比率指标的计算和使用,是假定净利润主要来自经营活动。由于折旧和摊销会减少利润,但不影响经营现金流,因此,在通常情况下,经营现金净流量会大于净利润。也就是说,净利润现金含量大于1是常见情形。重资产企业尤其如此。如果该比率小于1,意味着其净利润并不是全部转化为现金流量,往往是应收账款和存货的过度增长导致企业形成账面利润却不能带来相应的现金流入,进而可能对公司的偿债和发展造成一定的风险。

盈利现金比率表示净利润的现金含量,它用企业生产经营过程中产生的现金净流量与净利润相比,比值越高,说明企业的销售回款能力越强,那么用于生产经营投入的成本费用占比越低,则企业的财务压力越小。

【例7-23】根据格力电器2018—2020年的年度报告,计算公司的盈利现金比率如下:

2018年盈利现金比率＝26 941/26 379＝1.02

2019年盈利现金比率＝27 894/24 827＝1.12

2020年盈利现金比率＝19 239/22 279＝0.86

计算结果表明,格力电器盈利现金比率从2018年的1.02上升到2019年的1.12,2020年下降至0.86,小于1。这表明盈利产生的营业现金流变少,盈利质量在观察期三年间有一定的下降。当然,在分析中应进一步将该指标与同行业平均水平或先进水平进行对比,以便对该公司的盈利质量做出更客观的评价。

7.3 营运能力分析

7.3.1 营运能力分析的目的与内容

1. 营运能力分析的目的

营运能力是指企业对资产的使用效率,直接表现为企业利用资产支撑经营活动、创造营业收入的能力。营运能力强的企业,表现为企业支撑同样规模的经营活动使用的资产更少,或者用同样的资产可以支撑更大规模的营业收入。企业营运资产的使用状态及其能力如何,可以反映企业资产的质量、结构和运行状态,以及企业对资产的管理水平,决定着企业的经营状况和经济效益。不同的报表使用者分析营运能力的目的也各不相同。

(1)企业管理者借助营运能力分析能改进企业管理和优化资源配置。对企业内部管理人员而言,营运能力不仅是股东考核业绩和评价其工作质量的重要指标之一,也是判断企业是否存在资产配置和资产管理问题的重要标准之一。企业占用的资产是创造收入和取得利润的基础,并且不同特征的资产在创造收益方面的表现不同,对企业偿债能力和盈利能力的影响也不同。企业的营运资产主体是流动资产和固定资产。对类似于固定资产的流动性较小的资产而言,变现能力较差,变现周期比较长,但是盈利能力较强,创造了企业收入和利润的主体部分。但是对类似于流动资产的流动性较大的资产而言,变现能力较强,变现周期短,但是盈利能力较弱。如果这类资产占比过多,则企业的盈利能力会受到一定的负面影响。因此,企业的资产需要合理配置和利用,如果某一类资产占比过多或者质量差的资产过多,就会出现资产挤压,影响资产使用效率。企业管理者需要在保证资产具有一定流动性的同时,保证盈利性。营运能力分析可以帮助企业管理者发现资产管理中的问题和资产结构的失衡,以便及时采取措施,改进企业管理,优化资产配置。

(2)对权益投资者而言,营运能力分析有助于评估企业财务的稳健性。从企业权益投资者角度来看,企业营运能力越强,说明企业对资产的利用程度越高,资产的质量越好。企业运用较少的资产就可以创造较多的收入和收益,说明资产的变现能力和收益能力较强,同时还可以为企业提供较为充裕的资金,提高财务安全性和稳健性。反之,则说明企业的资产质量欠佳,财务的安全性较差。因此通过分析企业的营运能力,权益投资者可以及时了解企业的资产质量和创造收益的能力,评估企业财务的稳健性。

(3)对企业债权人而言,营运能力分析有助于其衡量债权的安全性。企业是否可以按时并如数将债务的利息和本金偿还是债权人尤为关切的事项。企业营运能力代表资产创造收入和收益的能力,资产的周转速度越快,说明债务的偿还越有保障,债权人越有安全感。反之,债权人则会考虑企业违约的可能性。因此,债权人可以通过分析营运能力来评估企业按时偿还债务的可能性,以便做出相应的信贷决策。

(4)营运能力分析可以帮助政府、供应商等利益相关者获取自己所需的信息。政府、供应商等其他报表使用者也需要分析企业营运能力以得到自己需要的信息。例如,企业上下游的客户和供应商需要分析企业营运能力,判断企业是否有足够的合格产品生产能力或者足够的现金支付能力,以确定是否与其建立长期稳定的业务关系。国家宏观经济管理部门需要分析企业营运能力,了解企业经营是否稳定,财务状况是否正常,以确定企业是否可以进入公开的资本市场筹集资金等。

2.营运能力分析的内容

营运能力主要指企业营运资产的效率与效益,反映企业的资产管理水平和资产周转情况。营运资产的效率通常是指资产的周转速度。营运资产的效益则指营运资产的利用效果,它通过资产的投入与其产出相比较来体现。因此评价企业营运能力主要是为了评价企业运用各种资产创造收入和利润的能力。营运能力越强,代表企业单位资产创造收入的能力越强,资产的使用效率越高;反之,则代表企业资产的使用效率较低。企业在取得收入的过程中,资金状态不断进行转换。从现金变成存货,存货出售形成应收账款,应收账款最终收回从而获得更多资金,然后再次循环往复,不断实现营业收入。在这个过程中,每一个环节的资产如果能尽快转化到下一个环节,则会大大缩短从投资到回收和获利的时间,使企业在同样时间内能够多创造几次营业收入,从而提高企业获得利润的效率。

企业资产的营运能力使用周转期或周转率来衡量。周转期,是指每种资产或负债从发生到收回或支付的天数;周转率,则是指每种资产或负债在一年内从发生到收回循环往复的次数,也称为周转次数。周转期或周转率指标的构建均采用一定期间内实现的业务量与资产金额对比的方式。计算时,一般选取一年的业务量计算年周转率或周转天数;选取的资产金额则是该项资产年初和年末的平均额。在实践中,如果企业的经营具有明显的季节性,如冬季的资产金额与夏季的资产金额具有明显的差异,使用年末和年初的资产平均额显然无法代表企业全年实际占用资金的情况。因此,对这种类型企业进行营运能力分析时可以将四个季度的报表中的资产金额加总取平均数。

营运能力有广义和狭义之分。广义的营运能力,是指企业所有要素所能发挥的营运作用,即企业各项经济资源,包括人力资源、财力资源、物力资源、技术信息资源和管理资源等,通过配置、组合与相互作用而生成推动企业运行的物质能量。狭义的营运能力,则是指企业资产的利用效率。本书主要关注狭义的营运能力,反映企业的资产管理水平和资产周转情况。在企业的整个经营过程中,营运能力的强弱还会影响到偿债能力和盈利能力,因此营运能力的财务比率也是分析企业偿债能力和盈利能力的补充指标。

企业的经营资产分为流动资产和非流动资产两大类。二者在企业经营活动中起的作用不同,对企业偿债能力和盈利能力的影响也不同。因此在分析营运能力的过程中,通常从流动资产营运能力和非流动资产营运能力两个角度进行分析评价。以应收账款、存货等代表的流动资产具有较强的变现能力,分析流动资产营运能力着重分析应收账款周转率、存货周转率、流动资产周转率等,以评价企业在生产经营过程中运用流动资产的利用效率。以固定资产为代表的非流动资产是企业产生收入和利润的主要来源,也是企业开展生产经营活动的基础。分析非流动资产营运能力着重分析固定资产周转情况和使用情况,以评价企业对固定资产的投资效果。此外,企业对资产的使用效率,最终体现为企业在一定时期内利用现有资产创造多少营业收入的能力,因此,还可以通过将营业收入与资产占用总额进行对比的方式从整体性视角来评价企业对所有资产的利用情况。

7.3.2　流动资产营运能力分析

企业的流动资产主要包括货币资金、交易性金融资产、应收账款、应收票据、预付款项、存货等资产。流动资产具有周转速度快、变现速度强等特点。企业对流动资产的营运能力直接影响着企业的短期偿债能力,因此对流动资产营运能力的分析和评价具有十分重要的财务意义。

对流动资产营运能力的分析主要从两个角度进行：一是计算流动资产中各个主要项目的营运能力，如应收账款周转率、存货周转率等；二是从流动资产整体出发，计算流动资产周转率。

1. 应收账款周转能力

应收账款周转率是指企业在一定时期内（通常为一年）营业收入和应收账款平均余额的比值，用来衡量企业应收账款变现速度。应收账款周转率表示企业应收账款在一定时期内的周转次数，反映应收账款的收款频率。其计算公式为

$$应收账款周转率（周转次数）= \frac{营业收入}{应收账款平均余额}$$

式中

$$应收账款平均余额 = \frac{期初应收账款余额 + 期末应收账款余额}{2}$$

应收账款是企业在某一时点的数据，可以使用期初和期末的应收账款余额之和除以 2 来代表企业报告期内每天应收账款占用的金额。对经营业务季节性比较强的企业来说，不同月份之间的业务数据差别较大，可能使用年初和年末的数据无法代表企业整年的平均水平，则可以先计算出每月月初应收账款余额和每月月末应收账款余额的平均数，再将各月的平均余额除以 12，以获得全年应收账款余额的平均数。

应收账款周转能力除了使用周转次数表示，还可以使用周转天数表示。应收账款周转天数是指应收账款周转一次需要的时间，即企业销售商品取得收回应收账款的权利，再到收回应收账款转换为现金需要的天数。假设一年 360 天，应收账款周转天数的计算公式为

$$应收账款周转天数 = \frac{360}{应收账款周转次数} = \frac{应收账款平均余额 \times 360}{营业收入}$$

应收账款周转天数和应收账款周转率成反比例变动，应收账款周转天数越长，代表周转率越低，应收账款变现速度越慢，流动性越弱，资产利用效率不高。该项指标是企业制定信用政策的重要依据之一。

在市场经济条件下，由于商业信用的普遍应用，应收账款成为企业一项重要的流动资产，应收账款的变现能力直接影响资产的流动性。应收账款周转率越高，说明企业收回应收账款的速度越快，应收账款管理效率越高，可以相应地降低收账费用和坏账损失，提高资产的收益能力和流动性，从而企业的短期偿债能力也会得到增强。如果企业的应收账款周转率过低，则说明企业收回应收账款的效率低，或者信用政策过于宽松，这样的情况会导致应收账款占用资金数量过多，影响企业资金利用率和资金的正常周转，企业需要加强对应收账款的管理水平和催收工作，加强审查客户信誉，检查企业的信用政策是否合理。应收账款周转率过高，也可能是因为企业奉行了比较严格的信用政策，制定的信用标准和信用条件过于苛刻。这样会限制企业扩大销售量，从而影响企业的盈利水平，这种情况往往表现为存货周转率同时偏低，因此应收账款周转率不是越高越好。

此外，应收账款周转率可以作为企业分析短期偿债能力的补充。从静态角度看，应收账款是短期债务的保障，应收账款数额越大，企业短期债务获得的保障越多。但实际上，企业的应收账款只有收回变成现金，才能够用来偿债。因此从动态角度看，应收账款周转速度影响企业的支付能力。应收账款周转率越高，说明应收账款的流动性越强，现金流越充沛，短期偿债能

力越强;反之,则意味着企业短期偿债能力较弱。但是,应收账款同时还受到企业发展战略、销售政策、信用政策和收账政策等多重因素的影响。如果企业处于快速扩张阶段,企业可能会放宽信用政策以占领市场,应收账款余额会很高,我们不能就此简单认为企业短期偿债有保障,应结合具体问题具体分析。

【例 7-24】根据格力电器 2018—2020 年的年度报告,计算公司的应收账款周转率如下:

$$2018\ 年应收账款周转率(周转次数) = \frac{198\ 123}{(5\ 814 + 7\ 700)/2} = 29.32(次)$$

$$2019\ 年应收账款周转率(周转次数) = \frac{198\ 153}{(7\ 700 + 8\ 513)/2} = 24.44(次)$$

$$2020\ 年应收账款周转率(周转次数) = \frac{168\ 199}{(8\ 513 + 8\ 738)/2} = 19.50(次)$$

计算结果表明,从 2018 年到 2020 年,格力电器的应收账款周转率持续下降,应收账款周转次数从 2018 年的 29.32 次下降到 2020 年的 19.50 次。这说明格力电器的应收账款流动性变弱,资产利用效率变低。企业需要查明应收账款管理出现的问题,还需要将该指标与前几期实际数据或行业平均水平或先进水平进行对比,才能对该公司应收账款管理水平做出更客观的评价。

在计算和使用应收账款周转率评价企业营运能力时,应当注意以下问题:

第一,企业赊销在全部营业收入中的比重问题。从理论上讲,应收账款是来源于商业信用的应用从而产生的赊销收入。在计算应收账款周转率时,为了保持分子和分母的相关性和一致性,分子应该使用赊销收入而不是营业收入。但是由于利润表只反映营业收入,因此该指标的分子用营业收入代替。实际情况中,如果企业的赊销部分占比较大或者现金销售部分比例较为稳定,计算结果仍有意义。从另一个角度看,计算应收账款周转率时使用营业收入,也相当于把现金销售视为收款时间为零的应收账款。总之,只要保持该指标计算的一致性,其结果并不影响应收账款周转率指标的分析和利用价值。

第二,应收账款坏账准备的提取情况。在计算过程中,如果企业提取的应收账款坏账准备数额过大,在计算应收账款周转率时应进行调整,将未扣除坏账准备的应收账款平均余额作为计算基础。当营业收入一定时,应收账款周转率的高低取决于应收账款平均余额的大小。由于资产负债表上列示的应收账款是提取坏账准备后的净额,因此企业提取的坏账准备数额将直接影响应收账款周转率。提取的坏账准备数额越大,应收账款平均余额就越小,应收账款周转率就越高。但是这种高周转并不是管理层苦心经营的结果,而是说明应收账款管理不善,坏账金额过多。

第三,企业的应收票据与其他应收款项目问题。应收票据是由赊销业务引起的另外一种流动资产,实际上是应收账款的另一种表现形式。根据我国对应收票据的规定,付款时间一般不得超过 6 个月。因其收回时间较短,因此在计算年度的应收账款周转率时,一般不考虑。但是如果出于全面考察企业赊销收入的平均收款期的目的,可以将应收票据的平均余额纳入计算公式。但是"其他应收款"项目不应考虑在内,因为其与企业的销售活动没有直接关系。

2. 存货周转能力

存货包括企业的原材料、在产品、产成品和低值易耗品等,是企业流动资产中所占比重最大的资产,通常占流动资产数额的一半甚至更多。存货周转率是指企业一定时期内的销售成本和存货平均余额的比率,又称为存货利用率,是用来衡量企业购入存货、投入生产到销售完成等各环节管理状况的综合指标,直接反映企业的销售能力和存货流动性。其计算公式为

$$存货周转率(周转次数) = \frac{营业成本}{存货平均余额}$$

式中,存货平均余额代表企业在报告期内平均每天存货占用的资金,可以使用期初余额加上期末余额除以 2 计算得出。对经营业务季节性比较强的企业来说,不同月份之间的业务数据差别较大,使用年初和年末的数据无法代表企业整年的平均水平,可以计算出每月月初存货余额和每月月末存货余额的平均数,再将各月的平均余额除以 12,以获得全年存货余额的平均数。

存货周转能力也可以使用周转天数表示,代表企业购入存货、投入生产到销售出去需要的平均天数,假设一年 360 天,存款周转天数的计算公式为

$$存货周转天数 = \frac{360}{存货周转次数} = \frac{存货平均余额 \times 360}{营业成本}$$

存货周转能力说明了一定时期内企业存货周转的次数或者周转的天数,可以反映企业存货的变现速度,衡量企业的销售能力及存货是否过量。存货周转能力反映了企业的销售效率和存货使用效率。在正常经营情况下,存货周转次数越多或者周转天数越短,说明存货周转速度越快,企业的销售能力越强,营运资本占用在存货上的金额越少,表明企业的资产流动性较好,资金利用效率较高;反之,存货周转次数过少或者需要的周转天数越多,说明存货进出企业次数少,可能的原因是库存管理不利、销售状况不好等,从而造成存货积压,说明企业在产品销售方面存在一定的问题,应当采取积极的销售策略,加快存货的周转速度。销售存货是为了获得利润,所以一般情况下,存货周转速度和毛利润成正比。存货周转越快,给企业带来的经济效益就越多,同时也能相应提高企业的偿债能力和盈利能力。

但是,有时企业出于特殊的原因会增大存货储备量,如在通货膨胀比较严重的情况下,企业为了降低存货采购成本,可能会提高存货储备量,这种情况导致的存货周转率降低是一种正常现象。一般来说,存货周转率越高越好,但存货周转率过高,也可能说明企业存货管理方面存在一些问题,如存货水平太低,甚至经常缺货,或者采购次数过于频繁,批量太小等。因此,对存货周转率应当结合企业的实际情况,具体问题具体分析。

此外,存货的周转速度也将影响企业短期偿债能力。存货周转率越高,意味着存货流动性越强,存货转变为现金或者应收账款的速度越快,短期偿债能力越强;反之,则短期偿债能力较弱。

【例 7-25】根据格力电器 2018—2020 年的年度报告,计算公司的存货周转率如下:

2018 年存货周转率(周转次数) $= \frac{138\ 234}{(16\ 568 + 20\ 012)/2} = 7.56(次)$

2019 年存货周转率(周转次数) $= \frac{143\ 499}{(20\ 012 + 24\ 085)/2} = 6.51(次)$

2020 年存货周转率(周转次数) $= \frac{124\ 229}{(24\ 085 + 27\ 880)/2} = 4.78(次)$

计算结果表明,从 2018 年到 2020 年,格力电器的存货周转率持续下降,周转次数从 7.56 次下降到 4.78 次。这说明该公司存货管理中可能存在产品销售不佳,或者存在滞销或积压现

象。同时还需要将该指标与前几期实际数据或行业平均水平或先进水平进行对比,才能对该公司存货的使用效率和管理水平做出更客观的评价。

在计算和使用存货周转率评价企业营运能力时,应当注意以下问题:

(1)发出存货计价方法选择的影响。会计准则规定存货可以使用先进先出法、个别计价法、一次加权平均法、多次加权平均法进行计量。不同的计价方法对存货平均余额的影响较大,因此在进行存货周转率横向或者纵向比较时,应注意不同时期、不同企业间存货的计价方法是否一致。

(2)存货储备政策的影响问题。存货属于低增值或不增值的资产,因此企业应尽量减少存货占用,提高存货周转率。如果存货周转率过低,说明企业对存货的运用效率欠佳,但是存货周转率也并非越高越好。一方面,增加存货的采购批量和生产批量会造成存货订货成本和存货准备成本上升;另一方面,如果存货周转率过低,可能是存货储备过低导致影响生产和销售,造成丢失潜在客户的风险,损失商业信誉。因此,企业需要在保持足够的存货储备但可能造成存货资金积压与减少存货储备但有可能丢失潜在客户之间进行权衡,采用适时管理系统(just in time)可以较好地解决这个问题。

(3)存货内部单个项目的周转率问题。存货管理是企业管理活动的重要部分,通常企业需要进一步分析存货的构成以及各部分的周转情况,这时企业可以分别计算原材料周转率、在产品周转率、产成品周转率,以分析存货结构对存货周转率的影响,还可以计算各部门存货周转率,分析各部门的存货管理水平,以便从不同角度和环节找出存货管理中存在的问题,使企业在保证生产经营连续性的同时,尽可能减少存货占用的资金,提高资金的使用效率。

3. 流动资产周转能力

流动资产周转率是指企业一定时期内(通常为一年)营业收入与全部流动资产平均余额的比值,表示企业在一定时期内流动资产周转的效率或者次数,反映企业对全部流动资产的利用效率。其计算公式为

$$流动资产周转率(周转次数) = \frac{营业收入}{流动资产平均余额}$$

式中

$$流动资产平均余额 = \frac{期初流动资产余额 + 期末流动资产余额}{2}$$

同应收账款和存货的处理方式一致,公式中流动资产平均余额代表企业在报告期内平均每天流动资产占用的资金,可以使用期初余额加上期末余额除以2计算得出。对经营业务季节性比较强的企业来说,不同月份之间的业务数据差别较大,使用年初和年末的数据无法代表企业整年的平均水平,可以计算出每月月初流动资产余额和每月月末流动资产余额的平均数,再将各月的平均余额除以12,以获得全年流动资产余额的平均数。

流动资产周转能力也可以使用周转天数表示,表示流动资产周转一次需要的天数,假设一年360天,流动资产周转天数的计算公式为

$$流动资产周转天数 = \frac{360}{流动资产周转次数} = \frac{流动资产平均余额 \times 360}{营业收入}$$

流动资产周转能力表明在一个会计年度内企业流动资产周转的次数或者周转一次需要的

天数,它反映了流动资产周转的速度。周转次数越多,说明企业以相同的流动资产实现了更多的营业收入,流动资产的利用效率越高,企业的盈利能力越强;反之,则代表流动资产周转较慢,企业需要补充流动资产参加生产经营周转,造成资金浪费,降低企业的盈利能力。

【例7-26】根据格力电器2018—2020年的年度报告,计算公司的流动资产周转率如下:

$$2018\ 年流动资产周转率(周转次数)=\frac{198\ 123}{(171\ 535+199\ 711)/2}=1.07(次)$$

$$2019\ 年流动资产周转率(周转次数)=\frac{198\ 153}{(199\ 711+213\ 364)/2}=0.96(次)$$

$$2020\ 年流动资产周转率(周转次数)=\frac{168\ 199}{(213\ 364+213\ 633)/2}=0.79(次)$$

计算结果表明,从2018年到2020年,格力电器流动资产周转率逐年降低,说明周转一次所需要的平均天数逐年上升。同时应收账款周转率和存货周转率均降低,说明公司流动资产使用效率在变低,这一变化应引起管理层的重视。

流动资产周转率是分析流动资产周转情况的一个综合指标,流动资产周转得快,有助于节约流动资金,提高资金的利用效率。但是究竟流动资产周转率为多少才算好,并没有一个确定的标准,因此,在分析流动资产周转率时应结合企业历年的数据以及行业特点进行综合考虑。在此基础上,还应该与行业平均水平或先进水平进行对比,以便对公司流动资产营运能力做出更客观的评价。

4. 应付账款周转能力

应付账款是企业的一项流动负债,通常产生于企业购买存货环节,当企业采用赊购政策时,就会导致企业在确认存货的同时确认应付账款。因此在考察企业流动资产营运能力的过程中,应将应付账款的周转能力一并考虑。应付账款周转能力代表和反映了企业利用应付账款节约投入资本,从而提高投入资本的盈利能力和使用效率,包括应付账款周转率和应付账款偿付期两个指标。其中,应付账款周转率计算指标如下:

$$应付账款周转率(周转次数)=\frac{营业成本}{应付账款平均余额}$$

式中

$$应付账款平均余额=\frac{期初应付账款余额+期末应付账款余额}{2}$$

应付账款偿付期的计算公式为

$$应付账款偿付期(周转天数)=\frac{360}{应付账款周转次数}=\frac{应付账款平均余额\times360}{营业成本}$$

企业的应付账款周转率越低,或者应付账款偿付期越长,说明企业支撑同样业务量占用的供应商的资金越多,企业的现金周转期就越短,经营用的资金投入就可以越少,投资的效率越高。一些大型企业通过供应商先行供货,然后等货物出售后才支付供应商货款的方式,大大减少了企业的资金占用。所以,对于企业应付账款周转率的突然变动或者与行业内其他企业相比具有明显差异,应该首先判断企业与供应商之间的供货模式是否出现改变,或者是否存在与行业企业明显不同的供货模式。

此外,与应收账款周转天数和周转率的计算类似,企业在赊购中也可能采用应付票据方式。因此,应付票据与应付账款一样,能够减少投资者对流动资产的投入金额。所以,应付账款周转率和周转期的计算中,既包括应付账款,也包括赊购中产生的应付票据。

【例 7-27】根据格力电器 2018—2020 年的年度报告,计算公司的应付账款周转率如下:

$$2018 年应付账款周转率(周转次数) = \frac{138\ 234}{(44\ 320 + 49\ 823)/2} = 2.94(次)$$

$$2019 年应付账款周转率(周转次数) = \frac{143\ 499}{(49\ 823 + 66\ 942)/2} = 2.46(次)$$

$$2020 年应付账款周转率(周转次数) = \frac{124\ 229}{(66\ 942 + 53\ 032)/2} = 2.07(次)$$

计算结果表明,2018—2020 年,格力电器的应付账款周转率逐年降低,说明周转一次所需要的平均天数逐年上升,说明该公司支撑同样业务量占用的供应商的资金变多,自行投入经营用的资金变少,有利于提高资金使用效率。在此基础上,还应该与行业平均水平或先进水平进行对比,以便对该公司流动资产营运能力做出更客观的评价。

7.3.3 非流动资产营运能力分析

非流动资产也称为长期资产,是指流动资产以外的资产,包括债权投资、其他债权(或权益)投资、长期股权投资、固定资产、无形资产、在建工程等。非流动资产是企业创造利润的主要来源和依据,企业对非流动资产的营运能力直接影响着公司的盈利能力,因此对非流动资产营运能力的分析也是财务分析的主要内容之一。

非流动资产营运能力分析主要从两个方面进行:一是计算衡量固定资产营运能力的指标,如固定资产周转率等;二是计算衡量全部非流动资产营运能力的指标,如非流动资产周转率。应该说明的是,由于非流动资产主要是为企业提供生产经营的基础条件,其使用效率的好与差,主要体现在单位非流动资产占用可以为企业创造多少营业收入和利润,因此将其称为周转率似乎并不是特别恰当,本书只是为了保持与流动资产营运能力分析的一致性,故采用了约定俗成的做法,也称其为周转率。同时,考虑到非流动资产代表使用年限均在一年(或一个营业周期)以上的长期资产,非流动资产的营运能力指标也不再计算周转期。

1.固定资产周转率

企业的营运资产,主体是流动资产和固定资产。其中,固定资产是企业的主要劳动资料,一般在非流动资产中占比最大,是企业营业收入的主要来源,从这个意义上来说,企业固定资产的利用效率及其能力如何,将从根本上决定企业的经营状况和经济效益。尽管无形资产也是企业资产的重要组成部分,并随着工业经济时代向知识经济时代的转化,在企业资产中所占比重越来越高,而且在提高企业经济效益方面发挥巨大的作用,但无形资产的作用必须通过或依附于有形资产才能发挥出来。因此,固定资产利用效率直接影响营业收入,十分值得关注。

固定资产周转率也称固定资产利用率,是指企业在一定会计期间的营业收入与固定资产平均余额之间的比率,反映固定资产的运用状况,用于衡量固定资产的利用效率。其计算公式为

$$固定资产周转率(周转次数)=\frac{营业收入}{固定资产平均余额}$$

式中,固定资产平均余额是指资产负债表中列示的固定资产余额的年初值和年末值的平均数,即固定资产原始价值减去累计折旧和固定资产减值准备后的金额(也就是固定资产净值),表示固定资产实际占用的资金数额,可以更加准确地评价固定资产的使用效率和盈利能力。

固定资产周转率主要用于分析企业对厂房、设备等固定资产的利用效率。通常而言,固定资产的周转率越高,说明固定资产的利用率越高,企业的冗余资产越少,每单位固定资产创造的营业收入越多,企业管理水平越高;反之,则意味着企业的销售情况较差,或者是企业存在低效利用甚至闲置的固定资产,表明企业对资产的使用效率较低,影响企业的盈利能力。

【例 7-28】根据格力电器 2018—2020 年的年度报告,计算公司的固定资产周转率如下:

$$2018\ 年固定资产周转率(周转次数)=\frac{198\ 123}{(17\ 482+18\ 386)/2}=11.05(次)$$

$$2019\ 年固定资产周转率(周转次数)=\frac{198\ 153}{(18\ 386+19\ 122)/2}=10.57(次)$$

$$2020\ 年固定资产周转率(周转次数)=\frac{168\ 199}{(19\ 122+18\ 991)/2}=8.83(次)$$

计算结果表明,2018 年,格力电器在每一元固定资产上占用的资金可以为企业创造 11.05 元的营业收入,2019 年下降到 10.57 元,2020 年继续下降到 8.83 元,说明格力电器 2018—2020 年的固定资产周转率连续下降,固定资产的使用效率不佳,如果不及时改善可能影响企业盈利能力。

在计算使用固定资产周转率时,需要注意以下问题:

(1)固定资产折旧方法和减值准备的影响。在计算固定资产周转率时,使用的是固定资产净额,即原值扣除折旧和减值准备之后的金额。企业采用不同的折旧方法、折旧年限以及不同的计提减值准备的方法,会导致固定资产账面净值的差异。如果采用快速折旧法或者计提减值准备的数额较大,则会导致固定资产账面净值的减少,从而使得计算出的固定资产周转率下降。因此必要时,需要对固定资产减值项目进行调整,尽可能公允客观地反映固定资产周转率。

(2)固定资产更新改造的影响。固定资产的更新改造会使固定资产的账面价值突然增加,从而导致固定资产周转率的突然降低。但是这并不能说明企业对固定资产的使用效率降低,而应结合具体情况来判断企业的固定资产更新是否合理。一般来说,企业增加生产设备,生产规模和生产能力也相应地增长,这样才能保证固定资产使用的经济效益。如果是非生产用固定资产,也应考虑企业的经济承受能力。同时这也能体现出企业对固定资产的投资在营业收入上的反映往往具有一定的滞后性。因此,需要在固定资产更新改造需求与追求高周转率需求之间进行权衡与协调。在进行财务分析时,应结合企业固定资产更新改造水平判断固定资产的实际周转速度,不能因为某一时期固定资产周转率的上升或者下降,来简单认定企业固定资产的使用效率提高或降低。

(3)使用固定资产净额和固定资产不同来源的影响。在财务分析实务中,为了更加方便地收集数据和简便计算,通常会选择采用资产负债表中的固定资产净额来评价固定资产周转率。

但是事实上,如果采用固定资产原值来评价周转率,可以反映企业在现有生产规模下创造营业收入的能力,评价固定资产使用效率也更为客观。此外,在进行固定资产比较时,固定资产的不同来源将对该指标的大小产生重要的影响。如果一家企业的厂房或生产设备是通过经营性租赁获得的,而另一家企业的固定资产均是自有的,那么对这两家固定资产周转率进行比较就会产生误导。这种情况下,可以选择资产结构类似的企业或同一企业不同时期的历史数据进行比较,这样才有意义。

(4)行业特点、生命周期和宏观经济形势对资产周转率产生的影响。固定资产周转率在很大程度上与企业所在行业的资产特点与所处生命周期密切相关,如资本密集型行业通常有大量的固定资产,因此固定资产周转率较低;而劳动密集型行业,则通常具有较高的固定资产周转率。在财务分析过程中,应重视固定资产周转率在行业间的差异。同时,由于固定资产周期较长,其增加或减少均需要较长的时间,因此,在周期性非常明显的行业内,企业在周期不同阶段的固定资产周转率会表现出巨大的差异。当行业周期处于上行阶段时,固定资产周转因营业收入的快速增长而加快,固定资产周转率提高;当行业周期处于下行阶段时,固定资产周转因营业收入的快速下滑而放缓,固定资产周转率降低。这种周转率的大幅度变化,会给企业和投资人带来较高风险。此外,宏观经济形势也会对固定资产周转率产生影响。企业的固定资产一般采用历史成本计量,因此在固定资产、销售情况都未发生变化的条件下,也可能由于通货膨胀因素导致物价上涨而使得营业收入虚增,从而使固定资产周转率提高,但固定资产的实际营运效率并未增加。因此,应将计算结果与同行业平均水平或先进水平进行对比,并结合企业生产经营活动的实际情况进行综合判断,以便对公司的固定资产营运能力做出更客观的评价。

(5)固定资产周转率不是固定资产的实际周转速度。严格地讲,企业的营业收入并不是固定资产的周转价值带来的。企业的营业收入只能直接来自流动资产的周转,而且固定资产要完成一次周转必须经过整个折旧周期。因此,如果用营业收入除以固定资产平均占用额来反映固定资产的周转速度具有很大的缺陷,即它并非固定资产的实际周转速度。但如果从固定资产对推动流动资产周转速度和周转额的作用来看,固定资产又与企业的营业收入有着必然的联系,即流动资产规模、周转额的大小及周转速度的快慢在很大程度上取决于固定资产的生产能力及利用效率。

2. 非流动资产周转率

非流动资产周转率是指企业在一定时期内(通常为一年)的营业收入和非流动资产平均额之间的比值,反映企业对非流动资产的管理情况和使用效率。其计算公式为

$$非流动资产周转率(周转次数)=\frac{营业收入}{非流动资产平均余额}$$

式中
$$非流动资产平均余额=\frac{期初非流动资产余额+期末非流动资产余额}{2}$$

非流动资产周转率公式中的分子是指企业经营活动取得的营业收入,分母则是企业经营性长期资产和非经营性长期资产的总和。经营性长期资产包括固定资产、无形资产等,非经营性长期资产包括企业购买的其他公司股票、债券和直接参股形式的投资等。非经营性长期资产形成的投资损益,不计入营业收入。因此如果企业的非流动资产中存在较多的非经营性长

期资产,则该指标会偏离分析企业经营活动投资的使用效率的目标,这也是该指标的不足之处。

非流动资产周转率反映企业在一定时期内非流动资产周转的次数,即企业在一定时期内占用每单位非流动资产所能实现的营业收入。非流动资产周转越快,代表企业使用相同的非流动资产所能产生的收入越多,非流动资产的使用效率越高;反之,则意味着公司对非流动资产利用效率不高。在使用非流动资产周转率分析企业营运能力时,可以结合企业的发展战略和长期投资预算进行,分析投资项目是否和企业战略目标一致。

【例 7-29】根据格力电器 2018—2020 年的年度报告,计算公司的非流动资产周转率如下:

$$2018 \text{ 年非流动资产周转率(周转次数)} = \frac{198\ 123}{(43\ 433 + 51\ 523)/2} = 4.17(\text{次})$$

$$2019 \text{ 年非流动资产周转率(周转次数)} = \frac{198\ 153}{(51\ 523 + 69\ 608)/2} = 3.27(\text{次})$$

$$2020 \text{ 年非流动资产周转率(周转次数)} = \frac{168\ 199}{(69\ 608 + 65\ 585)/2} = 2.49(\text{次})$$

计算结果表明,格力电器的非流动资产周转率从 2018 年的 4.17 次,降低到 2019 年的 3.27 次,2020 年继续降低至 2.49 次,表明该公司的非流动资产的使用效率即非流动资产创造营业收入的能力不断降低。

7.3.4 总资产营运能力分析

总资产营运能力分析是对企业全部资产的使用效率的一个总体评价,指企业全部资产使用的效率和效益,用总资产周转率指标来表示。

总资产周转率是指企业一定时期内的营业收入与总资产平均余额的比率。该指标反映了企业全部资产的周转速度,用于衡量全部资产的管理水平和利用效率。其计算公式为

$$总资产周转率(周转次数) = \frac{营业收入}{全部资产平均余额}$$

式中:
$$全部资产平均余额 = \frac{期初全部资产余额 + 期末全部资产余额}{2}$$

值得一提的是,类似于非流动资产指标,总资产中的非经营性资产产生的收益不计入营业收入的范围,因此分子和分母的计算口径并不一致。此外,总资产周转率是企业对总资产的利用效率,即单位资产可以产生多少的营业收入和利润,因此称该指标为总资产收入率更为准确,但为了保持运营能力指标的一致性,本书中仍称之为总资产周转率。

总资产周转率综合反映了企业整体资产的营运效率。它是企业的全部资产价值在一定时期内完成周转的次数,该指标反映的是每单位资产赚取收入的能力。企业对资产的营运能力不仅反映资产的管理水平和使用效率,而且直接影响企业的盈利能力。因此,总资产周转率可以同其他反映盈利能力的指标一起使用,全面评价企业的盈利能力。该比率越高,意味着企业对资产的利用程度越高;反之,则意味着企业对资产的利用程度较低。如果企业的总资产周转率长期保持较低的水平,则企业应当积极采取措施,处置闲置和效率低下的资产,扩大销售,提高总资产周转率。如果企业的总资产周转率前期较为稳定,但是某

个时期突然上升,营业收入却无多大变化,则意味着企业可能当期处置了大量固定资产,而与企业的固定资产利用效率关系不大。

【例7-30】根据格力电器2018—2020年的年度报告,计算公司的总资产周转率如下:

$$2018年总资产周转率(周转次数)=\frac{198\ 123}{(214\ 968+251\ 234)/2}=0.85(次)$$

$$2019年总资产周转率(周转次数)=\frac{198\ 153}{(251\ 234+282\ 972)/2}=0.74(次)$$

$$2020年总资产周转率(周转次数)=\frac{168\ 199}{(282\ 972+279\ 218)/2}=0.60(次)$$

计算结果表明,格力电器2018—2020年总资产周转率呈现连续下降的趋势。格力电器的总资产周转次数2018年为0.85次,2019年下降为0.74次,2020年继续下降为0.60次。从发展趋势看,该公司对全部资产的使用效率,即全部资产创造营业收入的能力有所下降,需要引起报表分析者的关注。

由于不同行业的资产结构和周转速度有很大不同,因此还应将该指标与同行业平均水平或先进水平进行对比,以便对该公司的资产营运能力做出更客观的评价。此外,对总资产周转率的分析评价还要考虑公司的行业特征和公司的经营战略综合衡量。对同行业的总资产周转率的分析,要结合公司的销售净利率来综合衡量,因为企业的资产带来较高的收入不意味着能取得较高的利润值。

7.4 发展能力分析

企业的发展能力也称增长能力,是指企业在生存的基础上,在生产经营活动过程中表现出的未来扩大规模、壮大实力的发展趋势和发展潜能。从其形成来看,企业的发展能力主要是企业通过自身经营活动,不断扩大积累形成的。从其结果来看,发展能力强的企业,应该是资产规模不断增加,能够不断为股东创造财富,能够不断增加企业价值的企业。从财务角度看,发展能力是提高企业盈利能力最基本的前提,也是实现企业价值最大化的基本保证。

7.4.1 发展能力分析的目的和内容

1.发展能力分析的目的

传统的财务分析是从静态角度出发来分析企业的财务状况和经营成果,强调对企业的盈利能力、偿债能力和营运能力进行分析,这在日益激烈的市场竞争中显然不够充分。对企业发展能力进行分析的重要性和目的具体体现在以下几个方面:

(1)衡量和评价企业的发展潜力,为企业调整战略目标提供信息。通过计算和分析资产、销售、所有者权益、利润等增长率指标,可以衡量和判断企业拥有资源的服务潜力和未来变化趋势;通过现有发展潜力与本企业不同时期发展潜力的纵向比较,可以评价企业发展潜力的变化,进而为企业调整战略目标、制定经营战略和财务战略提供信息。

(2)确定企业未来的发展速度和经营政策。在企业市场份额和行业水平既定的情况下,企业经营策略和财务策略的不同组合与安排能够影响企业未来的发展能力。因此,在正确评价企业目前盈利能力、偿债能力、营运能力的基础上,进一步分析企业发展能力及其影响因素,为制定企业未来发展速度及其相应经营策略和财务策略提供必要的依据,包括未来盈利能力、变现能力、未来需要追加投入数额、技术先进性及其未来更新改造等情况。

(3)判断企业未来一定时期融资变化趋势,进而分析企业再融资能力。企业再融资能力除了取决于企业资产优良程度及其未来一定时期的盈利能力外,还取决于企业现有的债务负债率及其结构。企业通过债务结构整合,不仅可以提高企业负债效益,而且可以减缓债务压力,甚至可以进一步提高债务比率,使其杠杆效益最大化。

(4)衡量和评价企业的发展潜力,为投资人和债权人的投资决策提供信息。企业的发展能力对投资人、债权人非常重要,投资人的投资回报来源于企业盈利的增长,债权人的本息收回来源于企业现金流的增长。投资人为了增加投资回报,需要了解企业所有者权益、股票价值、股利等方面的增长能力;债权人为了保证债权的安全性,需要了解企业资产、收入、利润等方面的增长能力。衡量和评价企业的发展能力,可以为投资人是否对企业进行投资或追加投资决策提供信息,可以为债权人是否对企业提供融资或进行债务重组决策提供信息。

2.发展能力分析的内容

我们通过计算和分析资产增长率、销售收入增长率、所有者权益增长率、利润增长率等指标,可以衡量企业在资产、销售收入、所有者权益、利润等方面的发展能力,并对企业的发展趋势进行预测。

总体上看,公司的发展能力指标可分为四类:①收入增长指标,包括营业收入增长率、营业收入平均增长率等;②利润增长指标,包括净利润增长率、营业利润增长率等;③资产规模增长指标,包括总资产增长率、资产三年平均增长率等;④资本积累增长指标,包括资本积累率、资本三年平均增长率、资本保值增值率等。

7.4.2 收入类指标

1.营业收入增长率

营业收入增长率是企业本年营业收入增长额与上年营业收入总额的比率。它是评价企业发展能力的重要指标,反映营业收入的增减变动情况。其计算公式为

$$营业收入增长率=\frac{本年营业收入增长额}{上年营业收入总额}\times100\%$$

式中　　　本年营业收入增长额=本年营业收入总额-上年营业收入总额

营业收入增长率反映了企业营业收入的变化情况,是评价企业成长性和市场竞争力的重要指标。该比率大于零,表示企业本年营业收入增加;反之,表示营业收入减少。该比率越高,说明企业营业收入增长速度越快,成长性越好,代表企业市场前景看好,企业的发展能力越强;反之,则说明企业的产品或服务不符合市场需求、质次价高,或者是在售后服务等方面存在问题,代表企业增长速度较慢,发展能力较弱。

【例7-31】根据格力电器2018—2020年的年度报告,计算公司的营业收入增长率如下:
2018年营业收入增长率=(198 123-148 286)/148 286×100%=33.61%
2019年营业收入增长率=(198 153-198 123)/198 123×100%=0.02%
2020年营业收入增长率=(168 199-198 153)/198 153×100%=-15.12%

计算结果表明,格力电器 2018—2020 年营业收入增长率不断降低,2020 年由正转负,营业收入对比 2019 年有所减少,说明格力电器在观察期三年间增长速度放缓,竞争和发展能力持续下降。

进行营业收入增长率分析应注意以下几点:

第一,年度营业收入为负值的情形。如果上期的营业收入为负值,则计算公式中的分母也应取其绝对值。

第二,要判断企业在销售方面是否具有良好的成长性,必须分析销售增长是否具有效益性。如果营业收入的增加主要依赖于资产的相应增加而不是本身业务能力的增强,也就是收入增长率低于资产增长率,说明这种销售增长不具有效益性,同时也反映企业在销售方面可持续发展能力不强。正常情况下,一个企业的收入增长率应高于其资产增长率,只有这样才说明企业在销售方面具有良好的成长性。

第三,可以利用某种产品收入增长率指标来观察企业产品的结构情况,进而评价企业的成长性。其计算公式为

$$某种产品收入增长率 = \frac{某种产品本期营业收入增加额}{某种产品上期营业收入}$$

某种产品营业收入可以从利润表的附注信息中得到。根据产品生命周期理论,每种产品在不同阶段反映出的销售情况不同。在初创期,由于产品刚刚研发成功,投入生产,因此该阶段的产品销售规模较小,且增长比较缓慢,即该种产品收入增长率较低;在成长期,由于产品市场不断拓展,规模不断增加,销售量迅速增加,因此该阶段的产品销售增长较快,即收入增长率较高;在成熟期,由于市场已经基本饱和,销售量基本稳定,因此该阶段的产品销售将不会有大幅度的增长,即该产品的收入增长率相比上一期变动不大;在衰退期,由于该产品的市场开始萎缩,因此该阶段的产品销售增长速度开始放慢甚至销售出现负增长,即该产品的收入增长率较上一期变动非常小,甚至出现负数。根据这一理论,借助该指标可以大致判断企业生产经营的产品所处的生产周期阶段,据此也可以判断企业发展前景。

2. 营业收入平均增长率

营业收入增长率作为相对量指标,与绝对量的营业收入相比,消除了企业规模对该项指标的影响,更有利于不同企业之间或本企业不同年度之间的比较,反映了企业的发展情况。但应注意相对量指标会受增长基数的影响,如果增长基数(上年营业收入)特别小,即使营业收入出现小幅度增长,增长率指标也会较大,不便于企业间的比较。也就是说,某个时期的营业收入增长率可能会受到一些偶然的和非正常因素的影响(如营业收入的短期波动),而无法反映出企业实际的销售发展能力。为了消除这些因素对营业收入增长率的影响,并反映较长时期的营业收入增长情况,可以计算多年的营业收入平均增长率。其计算公式为

$$n \text{ 年营业收入平均增长率} = \left(\sqrt[n]{\frac{本年营业收入总额}{n \text{ 年前营业收入总额}}} - 1 \right) \times 100\%$$

如使用营业收入三年平均增长率指标来反映企业较长时间内的营业收入增长情况,体现企业的市场扩张能力和持续发展能力。其计算公式为

$$营业收入三年平均增长率 = \left(\sqrt[3]{\frac{本年营业收入总额}{三年前营业收入总额}} - 1 \right) \times 100\%$$

该指标越大,意味着企业近三年的营业收入增长率越高,发展能力越强。

【例7-32】根据格力电器2018—2020年的年度报告,计算公司的营业收入三年平均增长率如下:

$$营业收入三年平均增长率=\left(\sqrt[3]{\frac{168\ 199}{148\ 286}}-1\right)\times100\%=4.29\%$$

格力电器2018—2020年的营业收入平均增长率为4.29%,连续三年正向增长。但是如果我们结合年度营业收入增长指标分析可以发现,格力电器2019年营业收入近乎为零增长,2020年营业收入则是负增长,因此透过本案例可以发现平均增长率指标计算的局限性,因此,在分析中不能单纯依赖一个指标的结果去下结论和判断,而应结合其他指标一起综合考虑,同时应将该指标与同行业平均水平或先进水平进行对比,以便对该公司的发展能力做出更客观的评价。

7.4.3　利润类指标

一个企业的股东权益增长主要依赖于企业运用股东投入资本所创造的利润,也就是说,企业的价值主要取决于盈利及其增长。因此,企业利润的增长也是反映企业发展的重要方面。由于利润可表现为营业利润、利润总额、净利润等多种结果,因此,利润增长率也有不同的表现形式。

1. 净利润增长率

净利润是企业经营业绩的综合结果,因此,净利润的增长是企业成长性的基本表现。净利润增长率是本年利润的增长额与上年净利润总额的比率,其计算公式为

$$净利润增长率=\frac{本年净利润增长额}{上年净利润总额}\times100\%$$

式中　　　　　　本年净利润增长额=本年净利润总额-上年净利润总额

该指标是企业发展能力的基本表现,反映了企业盈利能力的变化。净利润增长率越高,代表企业发展能力越强。需要说明的是,如果上年净利润为负值,则计算公式中的分母应取其绝对值。

【例7-33】根据格力电器2018—2020年的年度报告,计算公司的净利润增长率如下:

2018年净利润增长率=(26 379-22 509)/22 509=17.19%

2019年净利润增长率=(24 827-26 379)/26 379=-5.88%

2020年净利润增长率=(22 279-24 827)/24 827=-10.26%

计算结果表明,格力电器2018—2020年净利润增长率持续下降,2019年开始由正转负,净增长率为-5.88%,2020年负增长状态进一步扩大至-10.26%,说明格力电器2018—2020年发展能力持续变弱。

净利润增长率反映净利润的增长情况。如果一个企业营业收入增长,但利润并未增长,那么从长远看,它并没有增加股东权益。同样,如果一个企业净利润增长,但营业收入并未增长,也就是说净利润的增长并不是来自营业收入,很可能来自非经常性损益项目,如资产重组收益、债务重组收益、财政补贴等项目,那么这样的增长对企业而言也是无法持续保持的,因为非

经常性损益并不代表企业真实的盈利能力,具有较大的偶然性和意外性。因此,利用营业利润增长率这一比率可以更好地考察企业利润的成长性。

2. 营业利润增长率

营业利润增长率是本年营业利润的增长额与上年营业利润总额的比率,其计算公式为

$$营业利润增长率 = \frac{本年营业利润增长额}{上年营业利润总额} \times 100\%$$

式中　　　　　　本年营业利润增长额 = 本年营业利润总额 - 上年营业利润总额

同样,如果上年营业利润总额为负值,则计算公式中的分母应取其绝对值。

净利润来自营业利润和其他非经常性损益,如果净利润和营业利润差别太大,则意味着企业的利润增长可能缺少持续性。该指标和净利润增长率同样反映了企业盈利能力的变化。营业利润增长率越高,代表企业发展能力越强。

【例7-34】根据格力电器2018—2020年的年度报告,计算公司的营业利润增长率如下:

2018年营业利润增长率 =(30 997-26 127)/26 127×100% = 18.64%

2019年营业利润增长率 =(29 605-30 997)/30 997×100% = -4.49%

2020年营业利润增长率 =(26 044-29 605)/29 605×100% = -12.03%

计算结果表明,2018年到2020年,格力电器营业利润增长率不断降低,2019年由正变负,净增长率为-4.49%,2020年继续呈现负增长状态,净增长率为-12.03%,整体趋势和净利润增长率较为一致。这进一步说明了公司2018—2020年营业利润在不断降低,发展能力不佳的状况。

分析营业利润增长情况时,应结合企业的营业收入增长情况来分析。如果企业的营业利润增长率高于企业的收入增长率,则说明企业正处于成长期,业务不断拓展,企业的盈利能力不断增强;反之,如果企业的营业利润增长率低于企业的收入增长率,则反映企业营业成本、税金及附加、期间费用等成本费用项目的上升超过了营业收入的增长,企业的销售经营获利能力并不强,企业营业利润的发展潜力值得怀疑。

7.4.4 资产类指标

1. 总资产增长率

资产代表着企业用以取得收入的资源,同时也是企业偿还债务的保证。资产的增长是企业发展的一个重要方面,也是企业实现价值增长的主要手段。从企业的经营实践来看,发展能力强的企业一般能保证资产的稳定增长。为了反映企业在资产投入方面的增长情况,可以利用总资产增长率指标观察企业未来的发展潜力。

总资产增长率是指企业本年的总资产增长额与本年年初的资产总额之间的比率。该比率反映了企业本年度资产规模的增长情况。其计算公式为

$$总资产增长率 = \frac{本年总资产增长额}{年初资产总额} \times 100\%$$

式中　　　　　　本年总资产增长额 = 资产总额年末数 - 资产总额年初数

本年总资产增长额是指本年资产年末余额与年初余额的差额。资产增长率是从企业资产规模扩张方面来衡量企业发展能力的。企业资产总量对企业的发展具有重要的影响,一般来

说,资产增长率越高,说明企业资产规模增长的速度越快,企业的竞争力会增强。

【例 7-35】根据格力电器 2018—2020 年的年度报告,计算公司的总资产增长率如下:

2018 年总资产增长率=(251 234－214 968)/214 968×100%=16.87%

2019 年总资产增长率=(282 972－251 234)/251 234×100%=12.63%

2020 年总资产增长率=(279 218－282 972)/282 972×100%=－1.33%

计算结果表明,格力电器 2018 年和 2019 年的总资产实现正向增长,增长率分别为 16.87% 和 12.63%,说明格力电器 2018 年和 2019 年资产规模持续增加,公司进行了一定程度的扩张,发展能力较强。2020 年总资产增长率由正变负,年度增长率为－1.33%,前面年度的扩张势头停止,资产规模存在微量收缩。

值得一提的是,在分析企业资产数量增长的同时,也要注意分析企业资产的质和量的变化,以及企业后续的发展能力,因此需要将资产增长率和利润增长率以及规模扩张的资金来源进行结合来分析企业的发展能力。首先,只有当销售和利润都得到增长时,且销售增长率和利润增长率都超过资产增长率,这种资产规模的增长才是适当的、有益的,才属于效益型增长,所以企业总资产增长率高并不意味着企业的资产规模增长就一定适当。其次,如果一个企业的资产增长完全依赖于负债的增长,而所有者权益项目在年度里没有发生变动或变动不大,这说明企业可能潜藏着经营风险或财务风险,并不具备良好的发展潜力;相反,如果资产规模扩张的资金来源于投资人投入,那么企业的自有资金相应增加,举债能力相应增强,后续发展的风险较小。最后,从企业自身的角度来看,企业资产的增加应该主要取决于企业利润的增加,而企业利润的增加能带来多大程度的资产增加又取决于企业的股利政策。因此,在评价一个企业的资产规模增长是否适当时,需结合企业的股利政策进行综合分析和评价。

2. 资产三年平均增长率

与营业收入增长率原理相似,资产增长率也存在短期波动影响的缺陷,为弥补这一不足,我们同样可以计算多年的平均资产增长率,以反映较长时期内的资产增长情况。以资产三年平均增长率指标为例,该指标可以用来反映企业较长时间内的资产增长情况。资产三年平均增长率越高,说明企业资产规模增长速度越快,企业未来竞争和发展能力越强。其计算公式为

$$资产三年平均增长率 = \left(\sqrt[3]{\frac{年末资产总额}{三年前年末资产总额}} - 1 \right) \times 100\%$$

【例 7-36】根据格力电器 2018—2020 年的年度报告,计算公司的资产三年平均增长率如下:

$$资产三年平均增长率 = \left(\sqrt[3]{\frac{279\ 218}{214\ 968}} - 1 \right) \times 100\% = 9.11\%$$

计算结果表明,格力电器三年资产平均增长率为 9.11%,资产规模不断增长,发展能力较强。

除了通过计算总资产增长率和资产多年平均增长率对资产状况进行分析外,还可以对资产各类别的增长情况分别进行分析,如分别计算流动资产增长率、固定资产增长率、无形资产增长率等,计算方法和总资产增长率相同,此处不再详细介绍。

7.4.5　资本类指标

1. 资本积累率

资本积累率,是指企业本年所有者权益增长额与年初所有者权益总额的比率,又称为股权资本增长率或净资产增长率。该指标表示企业当年资本的积累能力,是评价企业发展潜力的重要指标。其计算公式为

$$资本积累率=\frac{本年所有者权益增长额}{年初所有者权益总额}\times100\%$$

式中　　　　本年所有者权益增长额＝本年所有者权益总额－上年所有者权益总额

资本积累率反映了企业当年股东权益的变化水平,体现了企业资本的积累能力,是企业发展强盛的标志,也是企业扩大再生产的源泉,展示了企业的发展潜力,反映了投资者投入企业资本的保全性和增长性。该比率越高,说明企业资本积累能力越强,企业应付风险的能力越强,企业的发展能力也越强。该指标若为负值,表明企业资本受到侵蚀,应予以充分重视。

【例7-37】根据格力电器2018—2020年的年度报告,计算公司的资本积累率如下:

2018年资本积累率＝(92 715－66 835)/66 835＝38.72%

2019年资本积累率＝(112 048－92 715)/92 715＝20.85%

2020年资本积累率＝(116 880－112 048)/112 048＝4.31%

计算结果表明,格力电器2018年至2020年的资本积累率均实现了正向增长,但是增长的势头在逐渐降低,总体上看格力电器的资本在持续累积,所有者权益不断增值,公司抵御风险和持续增长能力较为良好。

2. 资本三年平均增长率

因为资本增长率会受到资本短期波动的影响,所以为了揭示资本增值的历史发展状况以及企业稳步发展的趋势,可以用资本三年平均增长率指标来反映企业连续三年内的资本增长情况。其计算公式为

$$资本三年平均增长率=\left(\sqrt[3]{\frac{年末所有者权益总额}{三年前年末所有者权益总额}}-1\right)\times100\%$$

该指标越大,意味着企业所有者权益得到的保障程度越大,资本保全越好,企业可以使用的长期资金越充足,应付风险和持续发展的能力越强。

【例7-38】根据格力电器2018—2020年的年度报告,计算公司的资本三年平均增长率如下

$$资本三年平均增长率=\left(\sqrt[3]{\frac{116\ 880}{66\ 835}}-1\right)\times100\%=20.48\%$$

计算结果表明,格力电器从2018年至2020年资本三年平均增长率为20.48%,说明格力电器资本在不断积累,所有者权益持续增值,可供企业长期使用的资金增加,抵御风险和持续发展的能力不断增强。

3.资本保值增值率

资本保值增值率是指企业扣除客观因素后的本年末所有者权益总额与年初所有者权益总额的比率,反映企业当年资本在自身努力下的增减变动情况。其计算公式为

$$资本保值增值率 = \frac{扣除客观因素后的本年末所有者权益总额}{年初所有者权益总额} \times 100\%$$

资本保值增值率越高,代表企业的资本保全状况越高,资本增加越多。根据相关要求,该指标通常大于 100%。

此外,资本保值增长率仅反映当期情况,为了揭示资本保全增值的历史发展状况以及企业稳步发展的趋势,可以计算多年的资本保值平均增长率。

还应说明的是,对资本扩张情况进行分析时,应注意所有者权益各类别的增长情况。一般来说,实收资本的快速扩张来源于外部资金的加入,反映企业获得了新的资本,表明企业具有进一步发展的基础,投资者对企业未来前景充满信心。如果资本的扩张主要来源于留存收益增长,就表明企业通过自身经营活动不断积累发展后备资金,这既反映了企业在过去经营中的发展能力,也反映了企业进一步发展的后劲。

7.5 综合案例分析——万科的财务分析

7.5.1 公司基本情况介绍

万科企业股份有限公司(以下简称"万科")于 1984 年在深圳经济特区成立。万科发行的 A 股于 1991 年 1 月 29 日在深交所上市;2016 年万科首次跻身《财富》"世界 500 强",旗下有"四季花城""城市花园""金色家园"等品牌。经过几十年的发展,万科已成为国内领先的城市建设服务商,业务聚焦全国经济最具活力的三大经济圈及中西部重点城市。万科在巩固住宅开发和物业服务业务固有优势的基础上,积极拓展业务版图,已进入物流仓储服务、租赁住宅、商业开发和运营、标准办公与产业园、酒店与度假等商业领域。

2023 年下半年,随着碧桂园、远洋等知名房地产企业债务违约,金地集团董事长辞职等负面事件相继发生,市场对房地产行业信心明显不足。在这样的行业背景下,万科信用评级也被机构下调,随后债券价格大幅下跌,陷入"爆雷"风波。以下是事件的详细时间线。

2023 年 9 月 22 日,穆迪评级机构认为万科恢复疲软的合同销售和信用指标的能力存在很大不确定性,将万科列为信用评级可能下调的观察名单。10 月 17 日,惠誉评级机构以万科的销售业绩未能达到预期,同时 A 股增发计划被取消,短期内无法改善杠杆率为由,将部分债券评级由"BBB+"下调为"BBB"。机构评级降级后,万科境外美元债市场出现大幅波动,市场情绪愈发焦灼。

10 月 26 日,万科 2024 年到期的数只债券价格下跌 5%~7%,其中,美元债"VNKRLE 5.35 03/11/24""VNKRLE 4.2 06/07/24",到期收益率一度分别高达 43.95%、60.65%;部分 2024 年之后到期的债券价格下跌至不足面值的 50%,近乎"垃圾债"价格。至 10 月 31 日中午,万科未来一年内到期的数只美元债价格累计跌幅约达 6%~14%,到期收益率徘徊在 50% 左右;多只一年后到期的美元债价格累计跌幅在 20% 上下,到期收益率在 20% 至 40% 之间。

境外市场悲观情绪还传导至境内,当日开始,万科境内债券价格亦连续数日小幅下跌。11月1日,万科部分美元债价格止跌回升,不过到期收益率仍大多介于20%至40%。

11月3日,少数境内债券到期收益率飙升至接近15%。与此同时,股票价格也十分令人担忧,同日万科A股股价盘中跌至11.07元/股,累计下跌接近70%。股债情况均不容乐观,市场关于万科"爆雷"的舆论和相关质疑声音也甚嚣尘上。

那么,万科究竟能否如期偿付债务而避免陷入流动性危机?万科经营能否提供足量的现金流以偿付债务?万科未来发展能力如何,是否会遭遇发展"瓶颈"而难以为继呢?

7.5.2 案例分析思路

本部分在考虑房地产行业相关财务数据行业均值的基础上,进一步基于主营业务、市场规模和盈利情况等因素选择可比公司作为对比和分析的依据。从2023年第三季度报表数据(见表7-3)可以看出,万科的总市值在房地产行业内位居榜首;保利发展(全称为保利发展控股集团有限公司)紧跟其后,其营业收入和净利润的规模相较于其他几家可比公司均与万科更为接近。除考虑市场规模和财务数据等因素外,两家公司较为相似的一点是,万科大股东是深圳国资委,保利发展同样具有国资委背景。在房地产企业"爆雷"危机中,能否得到政府的资源支持和信用背书是影响市场和投资者对企业的评价态度的重要因素。一般来说,有政府提供资源支持和信用背书,有利于市场在房地产行业普遍不被看好的大环境下对企业潜在的"爆雷"危机保持理性,能够缓解企业面临的舆论危机和避免股债价格大规模跟风"跳水"的现象。出于以上各种原因,选择保利发展作为万科的可比公司。

表7-3 万科可比公司数据汇总表

公司简称	总市值/亿元	营业收入/亿元	净利润/亿元
万科	1 300	2 903	210.3
保利发展	1 180	1 926	169.2
招商蛇口	881.6	758.3	55.26
陆家嘴	435.1	57.75	11.35
绿地控股	337.3	2 537	32.44
张江高科	316.4	17.46	7.696
行业平均	115.7	151.3	6.133

保利发展总部位于中国广州,成立于1992年,是一家大型国有房地产企业和国家一级房地产开发资质企业。2006年7月31日,公司股票在上海证券交易所挂牌上市,成为股权分置改革后重启IPO市场的首批上市的第一家房地产企业。保利发展业务范围涉及房地产开发、物业管理、商业运营、酒店管理、文化旅游等多个领域。公司在全国范围内拥有大量的房地产项目,包括住宅、商业物业、写字楼和旅游地产等。保利发展在多个城市建立了知名的开发项目。

由于万科事件发生在2023年的下半年,我们以2023年度三季报作为依据,探讨万科"爆雷"的可能性。

1. 偿债能力分析

万科是否会"爆雷"的关键点在于万科是否会发生债务违约,即万科能否如期偿付债务而避免陷入流动性危机。偿债能力指标为报表使用者分析公司的偿债能力提供了重要工具,同时结合公司债务结构、自有货币资金是否充足以及是否需要进一步融资等分析为投资者提供决策依据。

偿债能力指标分为短期偿债能力和长期偿债能力两类。就短期偿债能力而言,选择能够反映企业现有资产偿还短期债务的能力,即企业目前是否存在无法偿还短期债务风险的相对数指标进行分析,包括流动比率和速动比率。2023 年三季报显示,万科流动比率为 1.37,速动比率为 0.50(见表 7-4),表明虽然万科流动资产能够全部覆盖流动负债,但是去除变现能力较差的存货后,速动资产只达到流动负债的一半。流动比率和速动比率与 2022 年度同期相比均有所上升,与保利发展的差距缩小。这表明企业可用于抵债的流动资产增加,企业的短期偿债能力增强,与整个房地产市场的短期偿债能力变强的趋势保持一致,有利于增加投资者对万科和整个房地产市场的信心。

表 7-4　偿债能力指标汇总表

报告期		流动比率	速动比率	资产负债率/%
万科三季报	2023	1.37	0.50	75.28
	2022	1.27	0.43	77.85
保利三季报	2023	1.55	0.48	76.76
	2022	1.56	0.51	77.91
行业三季报	2023	1.89	0.82	62.90
	2022	1.78	0.76	64.66

就长期偿债能力而言,选择能够衡量企业整体负债水平和风险程度的重要指标资产负债率进行评估。万科 2023 年第三季度的资产负债率为 75.28%。该指标对比上一年度同期有所下降,整体负债水平略低于保利发展,说明万科有意调低财务杠杆,管理财务风险,相比上一年实行较为保守稳健的财务政策。

但是与行业的短期偿债能力和长期偿债能力指标相比可以发现,无论是万科还是保利发展,两家公司的流动比率与速动比率均低于行业均值,而资产负债率均高于行业平均水平,说明头部房地产企业的杠杆也处于行业的较高位水平。

至于万科的债务结构是否有进一步融资需求,2023 年第三季度末披露数据显示,万科在2023 年度已无到期债券。截至 2024 年 6 月之前,万科共有四笔境内债到期或行权,债券余额约为 53.81 亿元;另有三笔境外债到期,存续余额约为 104.42 亿元。而万科持有货币资金 1 037亿元,对短期债务覆盖倍数约为 2.2 倍。由此得出万科短期之内现金流尚能满足偿还债务需要,违约风险较小,财务风险在可控范围之内。同时,深圳国资委表示将常态化关注和支持万科经营发展,有国有企业深圳市地铁集团有限公司为万科做强力背书,提供资源支持,万科债务结构预期将会得以不断优化。

2.盈利能力和营运能力分析

在得出万科目前偿债能力和债务结构尚可的结论后,下文将进一步探讨万科的经营基本面能否提供足量资金以偿付债务。基本面情况主要聚焦于企业主营业务的盈利情况和营运情况,而未来情况则通过发展能力分析。

首先是盈利能力。盈利能力表示企业经营业务创造利润的能力,也是一个企业的立身之本。通过创造利润获得留存收益,企业才能够有额外的资金投入再生产当中。尤其对高杠杆、高负债、高周转的房地产行业来说,盈利能力决定着房地产企业是否能够产生足够的现金回流以偿还债务,因此盈利能力一定程度上影响着企业的偿债能力。盈利能力指标主要选择营业利润率和净资产收益率两个指标。营业利润率指标主要聚焦于企业的经营活动,能真实反映企业营业收入创造营业利润的能力,对最终评价企业经营活动的盈利能力有重要意义。依据万科2023年三季报,公司的营业利润率为9.72%,对比2022年同期下滑1.37%,如表7-5所示。整体营业利润率水平略低于保利发展,但远高于市场平均水平。结合房地产市场整体盈利情况不佳的现象来看,万科营业利润率下降的部分原因是房地产行业大周期下行,市场销售整体疲软,这是整个行业需要共同面对的风险和难题。净资产收益率指标反映投资者投入股东权益产生净利润的能力,是评价企业盈利能力的核心指标。万科2023年三季报数据显示,净资产收益率为5.50%,表明公司能够利用每100个单位的股东权益创造5.5个单位的净利润。万科该比率对比同期下滑1.65%,比保利发展低1.2个百分点,但远高于房地产市场平均水平。由此可以看出万科对权益资本的利用效率有所下降,盈利水平表现不如保利发展,但在整体市场水平中仍属优良之列。利润率下降是净资产收益率指标表现不佳的原因之一。

表7-5 盈利能力指标汇总表

报告期		营业利润率/%	净资产收益率/%
万科三季报	2023	9.72	5.50
	2022	11.09	7.15
保利三季报	2023	11.37	6.70
	2022	15.57	6.60
行业三季报	2023	5.20	0.22
	2022	5.47	−2.28

其次是营运能力。营运能力主要评价一个企业的资产利用情况和资产的流动性。营运能力较强的企业,通常可以用较少的资产占用取得较高的营业收入,从而提高企业的偿债能力和盈利能力。因此分析营运能力对评价万科"爆雷"的可能性同样很有必要。

从营运能力指标来看,应收账款周转率指标可以反映出应收账款的变现速度。企业的应收账款只有收回变成现金,才能够用来偿债。因此通过分析万科的应收账款周转率,可以从侧面反映出万科的支付能力。应收账款周转率越高,说明应收账款的流动性越强,现金流越充沛,短期偿债能力越强。万科2023年三季报显示万科的应收账款周转率为34.40次(见表7-6),对比同期下降36.19%,整体水平被保利发展反超,甚至低于行业平均水平。这说明万科近期应收账款管理方面确实不佳,营运能力变弱。具体来看,该结果一方面说明万科应收账款占用资金数量增多,可能影响企业资金利用率和资金的正常周转,影响企业短期偿债能力,加大公司的偿债压力。另一方面,应收账款周转率下降也可能是万科为应对房地产市场消极环境,放宽信用政策以刺激消费,提升收入水平的策略,万科存货周转率指标在 2023 年前三季度较上年同期有小幅度提升可以从侧面证明此点,说明存货流动性变强,一定程度上可以体现企业销售能力变强。从基本面情况来看,虽然行业整体面临总量下行、需求缩水的风险,万科的经营业绩也有所下滑,但是万科作为房地产行业头部企业,销售规模保持第一梯队,经营具有较强韧劲,有望改善。

表 7 - 6　营运能力指标汇总表

报告期		应收账款周转率/次	存货周转率/次
万科三季报	2023	34.40	0.28
	2022	53.91	0.26
保利三季报	2023	42.28	0.18
	2022	41.79	0.14
行业三季报	2023	36.59	12.92
	2022	545.27	12.21

3.发展能力分析

分析万科的"爆雷"危机,不仅需要考虑基本情况,还需要分析未来发展能力的可持续性,从而进一步评价万科经营业务能否在未来为债务偿付提供可持续性的资金支持。

本书使用净利润增长率指标来观察万科未来经营业务的增长能力和发展潜力。万科 2023 年第三季度净利润下降幅度为 -20.31%(见表 7-7),相较于行业 -127.81% 的负增长水平虽然看起来还不算太差,但如果未来万科业绩持续下滑,那么可调用资金规模也将进一步收缩。这对长期债务的偿付将是不利的。不过在房地产市场整体发展不佳和需求缩水,需调整策略应对市场风险的大背景下,万科仍有机会通过优化业务结构、提升管理能力来应对市场风险,以求长远健康发展。

表 7 - 7　发展能力指标汇总表

报告期		净利润增长率/%
万科三季报	2023	-20.31
	2022	2.17
保利三季报	2023	1.33
	2022	-3.61
行业三季报	2023	-127.81
	2022	-162.35

综上,通过直接分析万科的偿债能力及盈利能力、营运能力和发展能力等相关财务指标发现,虽然由于房地产行业宏观环境的影响,万科和其他房地产企业共同面临销售业绩和利润情况下滑的难题,但是万科本身经营仍有较强韧性,财务状况相对稳健,再加上深圳国资委作为大股东的加持,债务结构预期不断优化。整体来看,万科"爆雷"的可能性较小。

思考讨论题

1. 偿债能力分析的主要目的是什么?

2. 影响企业短期、长期偿债能力的主要因素有哪些?

3. 什么是保守的速动比率? 什么情况下需要计算保守速动比率?

4. 衡量资产结构和资产配置合理性的指标有哪些?

5. 什么是营运能力? 怎样衡量企业的资产营运能力?

6. 什么是总资产周转率? 总资产周转率是否越高越好? 为什么?

7. 企业盈利能力分析主要从哪些方面进行?

8. 如何分析企业营业收入的来源和持续性?

案例

第8章

绩 效 评 价

学习目标

1. 了解绩效评价的意义、目的及内容；

2. 掌握杜邦分析体系、盈利因素驱动模型、经济增加值法和综合绩效评价体系的基本原理和具体运用。

8.1 公司绩效评价概述

8.1.1 绩效评价的目的

财务分析从偿债能力、盈利能力、营运能力和发展能力的角度对企业的筹资活动、投资活动和经营活动状况进行了深入、细致的分析，以判明企业的财务状况和经营业绩，这对企业投资者、债权人、经营者、政府及其他企业利益相关者了解企业的财务状况和经营成效是十分有益的。但前述财务分析通常是从某一特定角度，就企业某一方面的经营活动做分析，这种分析不足以全面评价企业的总体财务状况和财务成效，难以对企业总体财务状况和经营业绩的关联性得出综合结论。为弥补财务分析的这一不足，有必要在财务能力单项分析的基础上，将有关指标按其内在联系结合起来进行综合性分析。

绩效评价是指在综合财务分析的基础上，对企业财务状况和经营成果所得出的综合结论。绩效评价以财务分析为前提，财务分析以绩效评价为结论。在前述财务分析中，就单项财务能力所做的分析及评价的结论具有片面性，只有在综合分析的基础上进行绩效评价，才能从整体上全面评价企业的财务状况及经营成果。

对企业进行绩效评价的目的在于：①通过绩效评价明确企业财务活动与经营活动的相互关系，找出制约企业发展的"瓶颈"所在；②通过综合分析评价企业财务状况及经营业绩，明确企业的经营水平、位置及发展方向；③通过绩效评价为企业利益相关者进行投资决策提供参考，为完善企业财务管理和经营管理提供依据。

8.1.2 绩效评价的内容

根据上述绩效评价的意义和目的，企业的绩效评价至少应包括以下两方面内容。

1. 企业财务指标体系绩效评价

企业财务管理的目标之一是资本价值最大化。资本价值的核心在于资本收益能力的提升,而资本收益能力受企业各方面、各环节财务状况的影响。绩效评价分析正是以净资产收益率为核心,通过对净资产收益率的分解,找出企业经营各环节对其影响的关系与程度,从而综合评价企业各环节及各方面的经营业绩。杜邦财务分析体系是进行这一分析的基本方法。

2.企业经营业绩综合绩效评价

财务目标与财务环节的关联性分析作为一种定性分析方法,可以在一定程度上解决单项指标分析或单方面分析给企业评价带来的困难,但由于未能采用相应的计量手段来对相互关联的指标进行综合性的评价,导致分析者难以准确判断企业经营业绩改善与否。企业经营业绩综合绩效评价正是从解决这一问题出发,利用综合绩效评价的不同方法对企业经营业绩进行量化分析,最后得出企业经营业绩的综合评价。

8.2 杜邦分析体系

8.2.1 方法概述

杜邦分析体系是利用公司各财务指标间的内在关系,对企业综合财务及经济效益进行系统、全面分析评价的方法。该体系以净资产收益率为核心将其分解为其他若干财务指标,通过分析各分解财务指标的变动对净资产收益率的影响来反映企业真实的获利能力及其变动的原因。杜邦分析体系各主要指标之间的关系如下:

$$净资产收益率=销售净利率×总资产周转率×权益乘数$$

式中
$$销售净利率=净利润/销售收入$$
$$总资产周转率=销售收入/资产总额$$
$$权益乘数=资产总额/所有者权益总额=1/(1-资产负债率)$$

对企业的投资者而言,其最重要的目标是取得理想的投资报酬率(即净资产收益率)。因此,了解和分析所有影响投资报酬率的因素,不管是对投资者,还是对企业管理者而言,都非常重要。将上述公式进行汇总,净资产收益率与报表项目之间的关系如图8-1所示。可以看出,杜邦分析体系通过对这种指标间的相互关系的分析来研究所有影响净资产收益率的因素。

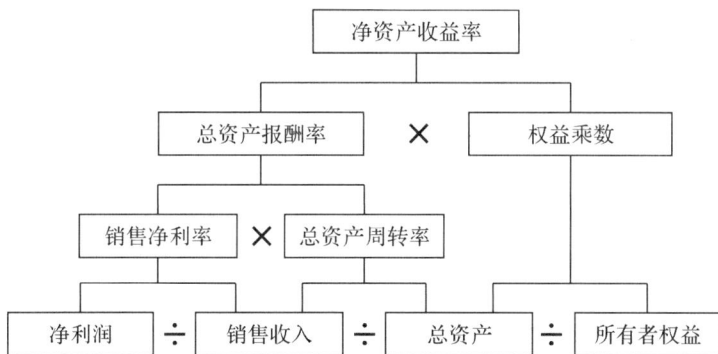

图8-1 杜邦分析体系框架图

8.2.2 分析思路

杜邦分析体系通过对净资产收益率指标的层层拆解，不仅可以让报表分析者了解公司绩效与报表项目之间的关联性，还可以让分析者了解企业的综合绩效与经营活动盈利能力、资产管理效率等相关管理活动之间的密切关系。

1. 净资产收益率

净资产收益率是一个综合性很强的指标，它是杜邦分析体系的源头和核心。净资产收益率反映了企业股东投入资金的报酬高低，而增加股东财富是企业管理的重要目标之一。因此，无论是企业的股东还是管理者都会十分关注这一指标。

净资产收益率的高低取决于企业的总资产报酬率和权益乘数，而总资产报酬率取决于销售净利率和总资产周转率。因此，净资产收益率的水平取决于反映盈利的销售净利率、反映营运能力的总资产周转率以及反映资本结构和偿债能力的权益乘数三个指标。通过这样的分析，我们可以找到净资产收益率水平高低的形成原因以及发生升降的具体情况。

2. 总资产报酬率

总资产报酬率的综合性也很强，它反映了企业所有资产的报酬水平。企业运用全部资产获取报酬的能力对企业的发展至关重要，对企业的股东、债权人等利益相关者也意义重大。

总资产报酬率的高低取决于销售净利率和总资产周转率，这说明企业营业活动的获利能力和企业所有资产的运用效率决定着企业全部资产的报酬水平。因此，对总资产报酬率的分析，可以进一步深入经营活动和资产管理两个方面。

3. 销售净利率

销售净利率是反映企业盈利能力的重要指标。由于销售收入是企业净利润的重要源泉，因此提高盈利水平对提升整个企业的盈利能力至关重要。销售净利率受净利润和销售收入两个因素的影响，而净利润又取决于企业各项收入和费用水平。因此，对销售净利率的分析，可以进一步深入各项收入和费用中，从而深入挖掘影响企业盈利能力的具体原因，对症下药。

4. 总资产周转率

总资产周转率是反映企业营运能力的重要指标。同样数额的资产周转得越快，利用效率越高，在一定期间内就能为企业带来更多的收益，并提升企业整体的流动性。因此，总资产周转率是企业资产管理水平的重要体现，提升它对提升企业的盈利水平和企业整体的流动性至关重要。

总资产周转率受到销售收入和平均资产总额两个因素的影响。因此，要提高总资产周转率，一方面需要开拓市场，增加销售收入；另一方面需要控制资产占用资金的数额并合理安排资产结构。另外，对总资产周转率的分析还应与对流动资产周转率、固定资产周转率、存货周转率、应收账款周转率等的分析相结合，进而才能进一步查找企业资产周转快慢的关键。

5. 权益乘数

权益乘数是反映企业资本结构财务杠杆程度以及偿债能力的重要指标。权益乘数越高，企业资本结构中的负债比例越高，财务杠杆程度越高，偿债能力则相对越弱。因此，保持适当的权益乘数,是企业债务安全的重要保障,也是保持企业收益与风险均衡的重要保证。

权益乘数受到资产总额与所有者权益总额两个因素的影响。资产总额等于平均负债与平均所有者权益之和。因此,权益乘数是资产、负债和所有者权益三者关系的体现。要保持适当的权益乘数,必须合理安排资产、负债和所有者权益三者的关系,即合理安排企业的资本结构。

【例8-1】依据格力电器公司2017—2020年年报资料,进行杜邦分析所需要的相关指标计算结果如表8-1所示。

表8-1 格力电器2017—2020年杜邦分析

年份	销售净利率/%	总资产周转率/次	总资产报酬率/%	权益乘数	净资产收益率/%
2017	14.93	0.75	11.20	3.24	36.28
2018	13.10	0.86	11.24	2.92	32.90
2019	12.30	0.75	9.23	2.61	24.08
2020	13.01	0.61	7.94	2.46	19.52

由表8-1可知,2017—2020年,格力电器的净资产收益率大幅降低。分解其净资产收益率后发现,公司总资产报酬率和权益乘数均呈现下降趋势。从总资产报酬率的分解情况来看,公司销售净利率不断降低,而总资产周转率在2017—2019年较为稳定。虽然结合之前的分析发现,格力电器各主要资产项目的周转率并没有提高,例如存货、应收账款等,但还是可以看出公司在资产利用效率方面较好,资产管理水平较高。

然而,单独计算一家企业的杜邦分析指标并不能体现数值的高低,故将美的集团与格力电器进行对比,美的集团2017—2020年的相关财务指标如表8-2所示。

表8-2 美的集团2017—2020年杜邦分析

年份	销售净利率/%	总资产周转率/次	总资产报酬率/%	权益乘数	净资产收益率/%
2017	7.14	1.16	8.28	2.69	22.28
2018	7.79	1.01	7.87	2.85	22.42
2019	8.70	0.98	8.53	2.83	24.13
2020	9.58	0.86	8.24	2.86	23.56

对比表8-1和8-2可以发现,格力电器和美的集团的净资产收益率变化趋势完全不同。相比较而言,美的集团的净资产收益率在观察期内变化相对比较平缓,且自2019年起开始超过格力电器。将净资产收益率进行分解后发现,两家公司总资产报酬率均有所下降,但格力电器的总资产报酬率下降幅度更大一些。对总资产报酬率的进一步拆解发现,格力电器的销售净利率较高,而总资产周转率较低,美的集团则相反,这在一定程度上体现了两家公司战略的显著不同,即格力电器施行差异化战略,而美的集团产品较为集中。从变化趋势看,格力电器无论是销售净利率还是总资产报酬率,均呈现出明显的下降趋势,这也是导致格力电器在2017年以后净资产收益率大幅度下滑的深层次原因。

权益乘数在两家公司的变化趋势不同。权益乘数是反映公司资本结构的重要指标。在观察期内格力电器权益乘数呈现下降势头,而美的集团权益乘数则小幅增加,表明格力电器的财务杠杆水平是在下降的,相比美的集团,格力电器的负债比重降低、偿债能力不断增强。2017—2018年,格力电器的总资产报酬率高于美的集团,加上其财务杠杆较高,因此达到了很高的净资产收益率,但2019年,格力电器财务杠杆水平的降低带来了其净资产收益率的降低,即公司较高的总资产报酬率并没有充分被财务杠杆效应放大。

通过上述分析我们发现,在前期格力电器的净资产收益率较高主要是销售净利率的功劳,而后期公司在资产利用效率和管理方面的不足导致总资产周转率下降以及负债比率下降,最终导致了其净资产收益率下降。因此,格力电器应努力加快资产的周转,加强创新,不断提高产品品质,提升企业的总资产周转率和销售净利率水平;除此之外,在风险适度的情况下考虑适当提高负债的水平。

8.2.3 方法评价

1.杜邦分析体系的优点

第一,全面反映企业整体的财务状况和经营成果。杜邦分析体系将企业的盈利能力、营运能力、风险水平与偿债能力等多个方面的指标都联系在一起,涉及企业营业规模与成本费用水平以及资产、负债、所有者权益的规模与结构等方方面面,可以更好地让使用者理解企业综合业绩与公司所开展的经营活动、筹资活动等具体活动之间的相互关系。

第二,系统揭示企业财务系统中各报表要素之间的相互关联。杜邦分析体系通过将净资产收益率的层层拆解并直达财务报表的具体项目,可以帮助使用者建立起公司业绩与财务报表项目的关联。

第三,洞悉企业综合绩效在整个行业中的水平。在进行杜邦分析时,通过与同行业平均水平或竞争对手之间多维度的纵向与横向的比较,可以洞悉企业在行业中的地位以及与竞争对手之间绩效获取的能力强弱。通过与企业以往各期的比较,不仅可以看出企业综合绩效的变动态势,而且与单个财务数据或单项财务比率相比,杜邦分析体系有助于分析不同主体间或不同时期净资产收益率变化的深层次原因。

2.杜邦分析体系的缺点

第一,该方法主要关注的是公司财务绩效以及影响财务绩效的相关因素,可能导致管理层会过分重视短期财务指标结果,助长企业管理层的短期投机行为,从而忽视企业长期的价值创造;在目前的市场环境中,企业的无形资产对提高企业长期竞争力的作用是不言而喻的,杜邦分析体系不能解决企业无形资产的价值评估问题。

第二,该指标反映的是公司过去业绩,对公司未来的预测价值有限。作为财务会计信息系统的产物,杜邦分析体系分析的对象仍然是传统的财务指标,而财务指标反映的是企业过去的经营绩效,这种反映方式能够很好地衡量工业时代信息使用者对企业财务信息的要求,但在信息时代,顾客、供应商、员工、技术创新等因素对企业未来经营业绩的影响越来越大,而杜邦分析体系在这些方面是无能为力的。

第三,杜邦分析体系只涉及财务方面的信息,不能全面反映企业在社会、环境等非财务方面的综合业绩表现和水平,在实际运用中必须结合企业的其他信息加以综合分析。

8.3 盈利因素驱动模型

8.3.1 盈利因素驱动模型概述

美国会计学家斯蒂芬·H.佩因曼(Stephen H. Pennman)教授在其基于会计收益基础的企业剩余收益估值模型中,首次使用了盈利因素驱动模型。盈利因素驱动模型立足于企业不同性质业务在价值创造过程中发挥的不同作用,根据驱动净资产收益率的价值因素,将代表企业不同业务创造价值能力的指标进行分解,由此构成了企业的盈利因素驱动模型框架,如图8-2所示。

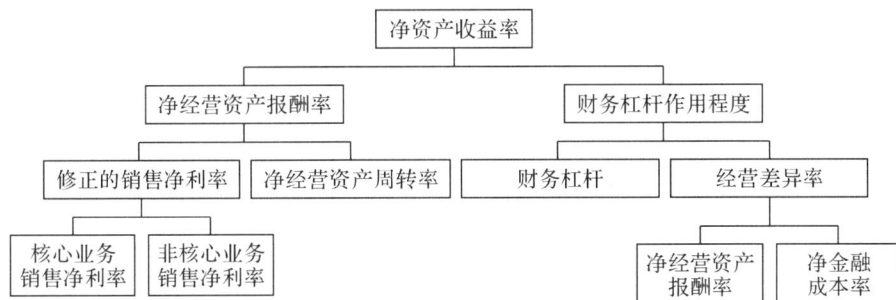

图 8-2 盈利因素驱动模型框架图

盈利因素驱动模型分析框架的逻辑起点也是净资产收益率,这与企业为股东创造价值的目标一致,也与杜邦分析体系的起点一致。但是,该模型在计算净资产收益率时,不仅考虑利润表上的净利润,而且考虑直接计入股东权益的其他综合收益,即该模型强调使用综合收益替代净利润,强调股东收益的完整性。

盈利因素驱动模型强调要区分经营活动和金融活动。其中,经营活动包括购买原材料(劳务)、购建设备、销售商品或提供劳务等经营活动,以及通过被投资单位的生产经营活动实现收益的权益投资活动;金融活动包括筹资活动以及为赚取买卖价差的短期投资活动。

从价值变化与资产的形成过程来看,企业的经营活动与金融活动的内涵及运动形式大体如下:一方面,企业通过接受股东投资或者在资本市场上发行股票、债券等获取资金,然后将其用于购置经营资产、对外销售商品或提供劳务,通过经营活动为股东创造财富;另一方面,企业可将现有的资金在资本市场上购买股票、债券等金融工具产品,形成企业的金融资产,通过金融活动为股东创造财富。为了直观清晰地展示企业经济活动的内容以及经营活动与金融活动之间的关系,现将企业的经营活动与金融活动的关系表示为图8-3。

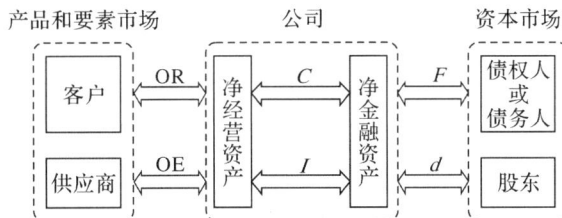

图 8-3 公司的经营活动和金融活动关系图

图8-3中,OR为企业销售的商品或提供劳务获取的经营收入;OE为企业与供应商之间的交易所发生的资源耗费;C为经营现金流;I为现金投资;F为债权人或债务人净现金流;d为股东净现金流。

1. 资产负债表的重构

公司披露的资产负债表列示了资产和负债,通常分为流动和非流动两大类。这种分类对信用分析是非常有用的,但是对权益分析而言,披露的资产负债表需要按照经营活动和金融活动进行重新分类,即将格式改为经营资产和金融资产,以及经营负债和金融负债。

【例8-2】以格力电器为例,其重构后的资产负债表如表8-3所示。

表8-3 格力电器重构后的资产负债表 单位:亿元

项目	余额			
	2017-12-31	2018-12-31	2019-12-31	2020-12-31
经营资产:				
货币资金	996.10	1 130.79	1 254.01	1 364.13
应收票据及应收账款	380.71	436.11	85.13	87.38
预付款项	37.18	21.62	23.96	31.29
其他应收款(合计)	21.42	25.54	1.59	1.47
存货	165.68	200.12	240.85	278.80
合同资产	—	—	—	0.79
一年内到期的非流动资产			4.45	
其他流动资产	103.42	171.11	230.91	156.17
长期股权投资	1.10	22.51	70.64	81.20
投资性房地产	5.17	5.38	4.99	4.63
固定资产	174.82	183.86	191.22	189.91
在建工程	10.21	16.64	24.31	40.16
无形资产	36.04	52.05	53.06	58.78
商誉		0.52	3.26	2.02
长期待摊费用	0.02	0.04	0.03	0.09
递延所得税资产(经营)	108.23	112.99	126.41	116.50
其他非流动资产	10.10	7.88	9.48	7.88
经营资产合计	2 050.20	2 387.16	2 324.30	2 421.20
经营负债:				
应付票据及应付账款	443.20	498.23	669.42	530.32
预收款项	141.43	97.92	82.26	
合同负债	—	—	—	116.78
应付职工薪酬	18.77	24.73	34.31	33.65
应交税费	39.09	48.48	37.04	23.01
其他应付款	28.01	47.47	27.13	23.79

项目	余额			
	2017－12－31	2018－12－31	2019－12－31	2020－12－31
其他流动负债	609.12	633.62	651.81	643.82
长期应付职工薪酬	1.13	1.31	1.41	1.50
递延所得税负债(经营)	0.03	0.97	2.31	2.53
递延收益-非流动负债	1.26	1.66	2.41	4.37
经营负债合计	1 282.04	1 354.39	1 508.10	1 379.77
净经营资产	768.16	1 032.77	816.20	1 041.43
金融资产:				
交易性金融资产	6.02	10.12	9.55	3.71
衍生金融资产	4.81	1.70	0.92	2.85
应收款项融资			282.26	209.73
发放贷款及垫款	66.73	90.71	144.24	52.74
其他债权投资			2.97	5.02
可供出售金融资产	21.75	22.16		
其他权益工具投资			46.45	77.88
其他非流动金融资产			20.03	20.03
递延所得税资产(金融)	0.15	0.51		
金融资产合计	99.46	125.20	506.42	371.96
金融负债:				
短期借款	186.46	220.68	159.44	203.04
衍生金融负债	6.16	2.57		
其他金融类流动负债	2.67	3.16	34.27	10.36
长期借款			0.47	18.61
递延所得税负债(金融)	4.00	4.39	6.97	11.58
金融负债合计	199.29	230.80	201.15	243.59
净金融资产	－99.83	－105.60	305.27	128.37
所有者权益:				
实收资本(或股本)	60.16	60.16	60.16	60.16
资本公积金	1.04	0.93	0.93	1.22
减:库存股				51.82
其他综合收益	－0.92	－5.51	62.60	73.96
盈余公积金	35.00	35.00	35.00	35.00
一般风险准备	3.27	3.29	4.90	4.98
未分配利润	557.40	819.40	937.95	1 028.42
归属于母公司所有者权益合计	655.95	913.27	1 101.54	1 151.90
少数股东权益	12.40	13.88	18.94	16.90
所有者权益合计	668.35	927.15	1 120.48	1 168.80

2. 利润表的重构

将企业的经济活动分为经营活动与金融活动之后，企业的资产（负债）相应地被划分为经营资产（负债）和金融资产（负债），那么与资产和负债相关的损益也应当区分开来，分为经营损益和金融损益。

将损益划分为经营损益与金融损益的意义在于：一方面分开列报能使外部信息使用者更清晰地看出两类经济活动所创造的收益规模及其比例关系，据此发掘企业的利润来源，判断盈利的可持续性，从而为价值评估、信用评估和风险分析提供参考；另一方面，从管理者业绩考核的角度看，分开列报更容易评判企业负责人的经营管理对成本费用节约、企业价值创造所做出的贡献，从而为设计科学合理的薪酬激励计划提供依据。

【例8-3】以格力电器为例，其重构后的利润表如表8-4所示。

表8-4　格力电器重构后的利润表　　　　　　　　　　单位：亿元

项目	本期金额		
	2018年	2019年	2020年
营业收入	2 000.24	2 005.08	1 704.97
营业成本	1 382.34	1 434.99	1 242.29
税金及附加	17.42	15.43	9.65
销售费用	189.00	183.10	130.43
管理费用	43.66	37.96	36.04
研发费用	69.88	58.91	60.53
非金融性财务费用①	3.68	−3.27	6.82
其他业务成本	0.46	1.11	3.05
加：其他收益	4.09	9.36	11.64
资产减值损失	−2.62	−8.43	−4.66
信用减值损失		−2.79	1.93
资产处置收益	0.01	0.05	0.03
经营性投资收益	0.01	−0.21	0.35
加：营业外收入	3.18	3.46	2.87
减：营业外支出	0.41	5.98	0.22
经营所得税②	46.74	42.07	35.05
经营性其他综合收益	−4.41	0.69	−1.07
经营利润	246.91	230.93	191.98
公允价值变动净收益	0.46	2.28	2.00
金融性投资收益	1.06	−2.06	6.78
金融性其他综合收益	−0.16	68.11	12.43
金融收益	1.36	68.33	21.21
金融性财务费用	−13.16	−21.00	−26.20
金融所得税③	2.20	3.18	5.25
净金融收益	12.32	86.15	42.16
综合收益	259.23	317.08	234.14

注：①非金融性财务费用＝财务费用－利息费用；
　　②经营所得税＝所得税－金融所得税；
　　③金融所得税＝（公允价值变动净收益＋金融性投资收益－金融性财务费用）×15%。

8.3.2　盈利因素驱动模型的第一重分解

盈利因素驱动模型的第一重分解,是在业务分类的基础上,将企业的净资产收益率分解为由经营活动产生的净经营资产报酬率(return on net operating assets,RNOA)和由金融活动产生的财务杠杆作用程度。其公式为

$$净资产收益率＝净经营资产报酬率＋财务杠杆作用程度$$

净经营资产报酬率越高,净资产收益率越高。财务杠杆作用程度则需要进一步分解才能了解其影响。下面分别就两个方面的影响做进一步的分解分析。

1.净经营资产报酬率

净经营资产报酬率是衡量企业为经营业务进行的资产投资的获利能力的指标。净经营资产报酬率越高,说明企业经营活动投资的获利能力越强。其计算公式为

$$净经营资产报酬率＝经营利润/平均净经营资产×100\%$$

净经营资产报酬率排除了金融投资和有偿融资活动对企业业绩的影响,集中体现企业具有持久性和价值创造性的经营活动业绩,对企业价值创造具有更加准确的解释力和预测力。

【例8-4】计算格力电器2020年的净经营资产报酬率。

$$2020年净经营资产报酬率＝\frac{191.98}{(1\,041.43＋816.20)/2}×100\%＝20.67\%$$

同理,格力电器2018年和2019年的净经营资产报酬率分别为27.42%和24.98%。

2.财务杠杆作用程度分解

盈利因素驱动模型通过推导认为,财务杠杆是否能在净经营资产报酬率基础上提升净资产收益率,依赖于两个因素:一是利用金融负债的程度,即财务杠杆;二是金融负债导致的财务成本的高低,即经营差异率。因此财务杠杆作用程度可以分解如下:

$$财务杠杆作用程度＝财务杠杆×经营差异率$$

式中　　　　$$财务杠杆＝平均净金融负债(或平均净金融资产)/平均股东权益$$

$$经营差异率＝净经营资产报酬率－净金融成本率$$

或　　　　　　　　$$＝净金融收益率－净经营资产报酬率$$

净金融成本率(或净金融收益率)计算公式如下:

$$净金融成本率(或净金融收益率)＝净金融成本(或净金融收益)/[平均净金融负债$$
$$(或平均净金融资产)]×100\%$$

当企业经营活动产生的报酬率超过融资活动的成本率时,财务杠杆越大,越能够提高净资产收益率;这种差异越大,财务杠杆对净资产收益率的贡献越大。如果净经营资产报酬率低于净金融成本率,财务杠杆就会降低净资产收益率,使之低于净经营资产报酬率。

【例8-5】计算格力电器2020年的财务杠杆作用程度、财务杠杆、经营差异率和净金融收益率。

$$2020年净金融收益率＝\frac{42.16}{(128.37＋305.27)/2}×100\%＝19.44\%$$

2020 年经营差异率＝19.44％－20.67％＝－1.23％

$$2020 年财务杠杆＝\frac{(128.37＋305.27)/2}{(1\ 168.80＋1\ 120.48)/2}＝18.94％$$

2020 年财务杠杆作用程度＝－1.23％×18.94％＝－0.23％

同理,格力电器 2018 年和 2019 年的财务杠杆作用程度、财务杠杆、经营差异率和净金融收益率如表 8－5 所示。

表 8－5　格力电器 2018 年和 2019 年的净金融收益指标解构表　　　　单位:％

年份	净金融收益率	经营差异率	财务杠杆	财务杠杆作用程度
2018	－11.99	－39.41	－12.88	5.07
2019	86.29	61.31	9.75	5.98

8.3.3　盈利因素驱动模型的第二重分解

盈利因素驱动模型的第二重分解,是将净经营资产报酬率进一步分解,发现企业经营获利的深层次驱动因素。

净经营资产报酬率＝修正的销售净利率×净经营资产周转率

1. 修正的销售净利率

针对目前很多企业在经营活动之外涉及金融性业务的普遍现象,有的分析者从价值创造的可预测性出发,提出将企业金融业务的损益剥离出经营业务的盈利分析,以便将分析重点放在对企业未来创造价值的关键——经营活动盈利能力的分析上。从这个观点出发,盈利因素驱动模型提出了修正的销售净利率指标。修正的销售净利率反映了企业经营过程为股东创造利润的能力。

修正的销售净利率＝经营利润/营业收入×100％

根据以上公式可以看出,修正的销售净利率指标计算要点是经营利润。

1）经营利润的内涵

目前我国企业会计报表上的营业利润不是此处使用的经营利润概念。此处的经营利润强调企业的经营过程及其最终结果,因此,需要排除非经营活动的费用和损益。经营利润的形成过程如下:

经营利润＝营业收入－营业成本－管理费用－销售费用－经营性财务费用＋

经营性的净投资收益＋经营性的营业外收入－经营性的营业外支出－

经营所得税＋其他经营性综合收益

其他经营性综合收益是企业由于会计制度的要求,尚未计入当期利润的收益。但在性质上,它与企业的其他利润项目并没有区别。要全面分析企业当期的收益状况和收益能力,这些综合收益应该与当期利润一视同仁。

2）经营利润的计算

经营利润的数据可以根据其定义从利润表中分析取得,也可以根据其定义通过反向计算

取得。由于企业的金融业务通常较少,选择反向计算可以使计算过程更简单。反向计算的基本公式如下:

$$经营利润＝净利润＋(金融性财务费用－金融性投资收益－公允价值变动损益)×(1－所得税税率)＋其他综合收益$$

【例 8-6】计算格力电器 2020 年修正的销售净利率。

2020 年修正的销售净利率＝191.98/1 704.97×100%＝11.26%

同理,格力电器 2018 年和 2019 年修正的销售净利率分别为 12.34% 和 11.52%。

2. 净经营资产周转率

企业经营资产投资所需资金中相当一部分可以由商业信用产生的应付账款和应付票据供应。如果将企业在金融市场上借款形成的负债称为金融负债,则企业经营活动通过商业信用形成的负债称为经营负债。投资者需要为企业经营投入的资本是经营资产减去经营负债的部分,即净经营资产的金额。净经营资产周转率(net operating asset turnover)衡量投资者为企业经营而实际投入的资本的使用效率,其计算公式为

$$净经营资产周转率(周转次数)＝营业收入/平均净经营资产$$

净经营资产周转率越高,说明不包括金融负债和股东资金在内的资本的运营效率越高。

【例 8-7】计算格力电器 2020 年净经营资产周转率。

$$2020 年净经营资产周转率＝\frac{1\ 704.97}{(1\ 041.43＋816.20)/2}＝1.84$$

同理,格力电器 2018 年和 2019 年净经营资产周转率分别为 2.22 和 2.17。

8.3.4 盈利因素驱动模型的第三重分解

盈利因素驱动模型的第三重分解,是将企业销售净利率的驱动因素分为核心业务和非核心业务,并进一步针对两类业务的销售净利率进行分解。

核心业务的分析通常按照配比关系进行,分项列示各项费用支出占营业收入的比重,分析者可以据此分析其中的因果关系和效果;非核心业务的分析主要关注最终业绩成果对经营利润的影响,其自身的业绩形成动因是分析的关键,非核心业务的绩效成果与营业收入之间的比值并不重要。

核心业务和非核心业务的销售净利率分解如下:

$$核心业务销售净利率＝销售毛利率－经营费用率＝(销售毛利－销售费用－管理费用－资产减值损失－税金及附加－所得税)/营业收入$$

$$非核心业务销售净利率＝(长期股权投资收益＋营业外收支＋其他非核心业务损益)/营业收入$$

根据第三重分解,可以具体分析格力电器 2018—2020 年各项经营业务对销售净利率的贡献程度,尤其是各项费用水平对企业销售净利率的影响程度。

【例 8-8】计算格力电器 2020 年核心业务和非核心业务的销售净利率。

2020 年核心业务销售净利率

$$＝\frac{1\ 704.97－1\ 242.29－130.43－36.04－(－4.66)－9.65－35.05}{1\ 704.97}×100%＝15.02%$$

2020 年非核心业务销售净利率＝11.26％－15.02％＝－3.76％

同理,格力电器 2018 年核心业务和非核心业务的销售净利率分别为 16.18％ 和－3.84％,2019 年二者分别为 14.96％ 和－3.44％。

8.3.5 盈利因素驱动模型评价

1.盈利因素驱动模型的优点

首先,区分经营活动和金融活动。盈利因素驱动模型的最大特点是区分了企业的经营活动和金融活动,这种区分使得分析者能够专注于企业的价值创造过程分析,排除其他融资活动和投机活动的干扰,把握企业的核心竞争能力。

其次,各类指标精准反映企业特点。由于区分了对价值创造作用不同的业务,各类指标能够专注于自身所体现的业务特点,净经营资产报酬率和净经营资产周转率完全针对企业的经营绩效和效率,财务杠杆和净金融成本率则专注于资本结构的风险程度,因此能够更准确地体现各自影响价值的能力。

2.盈利因素驱动模型的缺点

在实践中,企业经营活动和金融活动较难区分,尤其是如今随着商业模式日趋复杂,越来越多的企业开展多元化经营,信息化、智能化又为不同行业间的跨界和融合提供了极大的便利,企业的经营活动和融资活动边界日益不清晰,如大家比较熟悉的租赁资产行为。在运用盈利因素驱动模型的过程中,很容易将经营活动和金融活动进行错误的划分,或由于报表披露不足导致无法做出明确的划分。如果问题比较严重,会对各财务指标的计算产生较大影响。

8.4 经济增加值法

8.4.1 经济增加值法概述

为了适应企业经营环境的巨大变化,美国思腾思特咨询公司(Stern Steward)于 1982 年提出并实施了一套以经济增加值(EVA)理念为基础的财务管理系统。提出 EVA 的目的在于克服传统指标的缺陷,准确反映公司为股东创造的价值。经过发展,EVA 指标越来越受到企业界的关注与青睐。

EVA 是一定时期企业税后净营业利润与投入资本的资金总成本的差额。从算术角度说,EVA 等于税后净营业利润减去债务和股权成本,是所有成本被扣除后的剩余收入。如果 EVA 的值为正,则表明公司获得的收益高于为获得此项收益而投入的资本成本,即公司为股东创造了新价值;相反,如果 EVA 的值为负,则表明股东的财富在减少。EVA 的基本计算公式如下:

$$经济增加值＝税后净营业利润－资本总成本$$

计算 EVA 的难点有两个。第一个难点是,计算税后净营业利润和资本总成本时,需要对某些财务会计报表科目的会计处理方法进行调整,以消除根据通用会计准则编制的财务报表对企业的真实盈利情况的扭曲。因此,如果选择采用 EVA 作为企业业绩的评价方法,企业管理者需要慎重选择调整方法,在保证精确性的前提下提倡简单易行。对选择调整的基本评判标准包括:调整能产生重大变化、有确切的可得数据、这些变化可被非财务主管理解,最重要的是这些会计的调整变化能够对公司的经营决策起到良好的作用,并且可节省成本。计算 EVA 的第二个难点是,企业的资本总成本的确定需要参考资本市场的历史数据,尤其是股权资本成本的确定问题。我国目前的资本市场并不成熟,信息存在严重的不对称及失真情况。这造成在 EVA 的计算中不易确定企业的股权资本成本,其根本原因在于资本资产定价模型中的贝塔系数不能准确计量。

基于以上两点困难,我国在引入 EVA 思想后将计算公式进行了一些调整,即简化后的 EVA 指标。简化后的 EVA 计算公式如下:

$$经济增加值＝税后净营业利润－调整后资本×平均资本成本率$$

式中

$$税后净营业利润＝净利润＋(利息支出＋研发费用调整项－非经常性损益调整项)×(1－25\%)$$

$$调整后资本＝平均所有者权益＋平均负债合计－平均无息流动负债－平均在建工程$$

以上针对税后净营业利润的调整项,均是为了消除会计利润对企业真实价值创造的扭曲。

8.4.2 经济增加值法计算方法

依据 EVA 的计算原理以及对相关项目的调整,EVA 指标的计算主要包括以下四大基本步骤。

1. 计算调整后资本

根据投入资本的计算公式,基于格力电器 2017—2020 年年报,具体调整项目及计算方法如下:

(1)无息流动负债。无息流动负债是指企业财务报表中的"应付票据""应付账款""预收款项""应交税费""应付利息""应付职工薪酬""应付股利""其他应付款""其他流动负债(不含其他带息流动负债)"等。在具体操作上,平均无息流动负债等于上述报表项目的期末余额与期初余额的平均数。

(2)在建工程。在建工程是指企业财务报表中符合主业规定的在建工程。在具体操作上,计算平均在建工程可从报表附注中有关在建工程的明细资料中取数,等于相关项目的期初余额与期末余额的平均数。

【例 8-9】以格力电器为例,其调整后资本如表 8-6 所示。

表 8-6 格力电器调整后资本计算表 单位:亿元

A. 各调整项目的期末余额					
项目	调整符号	2017 年	2018 年	2019 年	2020 年
所有者权益	＋	668.35	927.15	1 120.48	1 168.80
负债合计	＋	1 481.33	1 585.19	1 709.25	1 623.37
无息流动负债	－	1 288.45	1 356.18	1 536.24	1 381.73
其中:衍生金融负债	－	6.16	2.57	—	—
应付票据	－	97.67	108.35	252.85	214.27
应付账款	－	345.53	389.87	416.57	316.05
预收款项	－	141.43	97.92	82.26	—

续表

项目	调整符号	2017 年	2018 年	2019 年	2020 年
合同负债	—	—	—	—	116.78
应付职工薪酬	—	18.77	24.73	34.31	33.65
应交税费	—	39.09	48.48	37.04	23.01
应付利息	—	1.96	1.34	—	—
应付股利	—	0.01	0.01	0.01	0.07
其他应付款	—	26.04	46.13	27.12	23.72
其他流动负债	—	609.12	633.62	651.81	643.82
其他金融类流动负债	—	2.67	3.16	34.27	10.36
在建工程	—	10.21	16.64	24.31	40.16

B.各调整项目的平均余额

项目	调整符号	2018 年	2019 年	2020 年
平均所有者权益	+	797.75	1 023.82	1 144.64
平均负债合计	+	1 533.26	1 647.22	1 666.31
平均无息流动负债	—	1 322.32	1 446.21	1 458.99
平均在建工程	—	13.43	20.48	32.24
调整后资本		995.26	1 204.35	1 319.72

2.计算税后净营业利润

根据税后净营业利润的计算公式,结合格力电器 2017—2020 年年报,具体调整项目及计算方法如下。

(1)利息支出是指企业财务报表中"财务费用"项下的"利息支出"。具体而言,利润表中的"财务费用"项包括利息支出、利息收入、汇兑损失和其他项,利息支出的数据取自财务报表附注中"财务费用"的明细资料。

(2)研发费用调整项是指企业财务报表中"研发费用"和当期确认为无形资产的研发支出。在具体操作上,2018 年以前,"研发费用"调整项计算数据取自财务报表附注中"管理费用"项下的"研究与开发费"以及"开发支出"本年减少额中确认为无形资产的部分。若附注中的"管理费用"未披露明细数据,那么计入当期损益的研发费用还可以从"开发支出"的明细资料中取数,具体对应"计入研究阶段支出金额"和"计入开发阶段支出金额"中的费用化部分。2019年,上市公司开始在利润表中单独列示"研发费用"项目,这一部分调整数据的获取变得更加便捷。

(3)非经常性损益调整项。在具体操作上,计算数据可从年报中的"非经常性损益项目和金额"下获取,主要包括非流动资产处置损益、计入当期损益的政府补助(与公司正常经营业务密切相关、按照国家标准定额或定量持续享受的政府补助除外)等。

【例8-10】计算格力电器的税后净营业利润,计算结果如表8-7所示。

表8-7 格力电器税后净营业利润计算表

单位:亿元

项目	调整符号	本期金额		
		2018	2019	2020
净利润①		263.79	248.27	222.79
利息支出	+	10.73	15.98	10.88
研发费用调整项	+	72.68	58.91	60.53
非经常性损益调整项	-	8.42	6.79	22.87
调整项金额合计②		74.99	68.10	48.54
调整项涉及所得税③＝②×25％	-	18.75	17.03	12.14
税后净营业利润④＝①+②-③		320.03	299.34	259.19

3.计算加权平均资本成本(WACC)

资本成本是公司筹集和使用资本所付出的代价。例如,公司向银行支付的借款利息和向股东支付的股利等。这里的资本是指企业所筹集的长期资本,包括股权资本和债务资本。股权资本成本包括分配给投资者的股利以及发行股票过程中的手续费和佣金,债务资本成本则是企业向银行等金融机构所支付的利息以及筹集贷款和发行债券过程中的手续费、佣金等,二者的加权平均值为加权平均资本成本。

资本成本反映的是债权人和股东所要求的必要报酬率,但是由于股票的风险高于债券的风险,因此股权资本成本通常要高于债务资本成本。鉴于此,为了反映公司的总体资本成本水平,通常以各种长期资本的比例为权重,对股权和债务资本成本进行加权平均测算,即加权平均资本成本 K_w

$$K_w = W_e \times K_e + (1 - W_e) \times K_d$$

式中,K_e 和 K_d 分别表示股权资本成本和债务资本成本;W_e 表示股权资本在总资产中所占的比例。

1)债务资本成本的计算

报表使用者计算短期和长期负债、信用额度、抵押贷款、债券和资本租赁等债务资本的税后债务资本成本,它等于债务的到期收益率乘以1减去适用于利息所得税扣减的法定税率之差,其计算公式如下:

$$K_d = R_d(1 - T)$$

式中,K_d 为税后债务资本成本;R_d 为税前债务资本成本;T 为企业所得税税率。

到期收益率是将债务的合约现金流贴现到债务的现行公允价值的贴现率。如果债务的公允价值等于面值,那么到期收益率等于债务的约定利率。如果债务的公允价值超过债务的面值,那么到期收益率低于约定利率。这可能在利率下降之后发生,之前发行的固定利率债务的约定利率可能超过可比信用质量和条件的债务的现行市场回报率。在利率上升之后,现行固定利率债务的约定利率将低于可比债务的通行市场利率,在这种情况下债务的公允价值将低于面值,从而到期收益率将高于约定利率。

229

2)股权资本成本的计算

报表使用者通常依据资本资产定价模型(CAPM)来估计股权资本成本,其计算公式如下:

$$K_e = R_f + \beta(R_m - R_f)$$

式中,K_e为股权资本成本;R_f为无风险收益率;R_m为市场组合收益率;β为权益系统风险。

资本资产定价模型假定,市场由持有资产组合的风险厌恶型投资者构成,在给定的回报水平下风险厌恶者将寻求承担尽可能小的风险,而且会通过在其所持有的投资组合中不同类型的资产间进行分散投资而降低风险;在均衡条件下,投资者预期赚取的企业普通权益资本回报率等于市场要求的在一个分散化的股票组合中持有企业的股票回报率。从理论上讲,市场由风险厌恶型投资者组成,他们要求的回报率能补偿他们放弃资本的使用和用额外的回报(也称作风险溢价)来补偿他们承担的不可分散的风险(有时称作系统风险)。因此,市场所要求的权益资本回报率是经济环境中通行的无风险利率加上承担系统风险的风险溢价的函数,条件是企业普通股中不可分散的风险水平是固有的。

报表使用者通常用企业的股票回报率和市场上所有企业的股票指数的回报率之间的协方差来度量不可分散或系统的风险。报表使用者通常用企业的市场β来计量系统风险,而市场β通过估计在一个相关的时期内企业股票回报与反映整个市场上的股票组合的回报率之间的回归系数来获得。如果一家企业通过上述回归得到的市场β等于1,这意味着,企业股票回报率和整个市场投资组合的回报变化相同,换言之,企业的系统风险程度和整体市场的平均系统风险程度相同。如果一家企业的市场β大于1,表明企业的系统风险程度比整体市场的平均系统风险程度高,而市场β小于1的企业的系统风险程度比整体市场的平均系统风险程度低。

【例8-11】计算格力电器的加权平均资本成本,计算过程如下。

首先,计算格力电器的债务资本成本,结果如表8-8所示。

表8-8　格力电器债务资本成本计算表

年份	利息支出/亿元 ①	有息负债合计/亿元 ②	债务资本成本/% ③=①/②×(1-25%)
2018	10.73	223.84	3.60
2019	15.98	173.44	6.91
2020	10.88	232.01	3.52

其次,计算格力电器的股权资本成本,结果如表8-9所示。

表8-9　格力电器股权资本成本计算表

年份	无风险收益率/% ①	市场收益率/% ②	贝塔值 ③	股权资本成本/% ④=①+③×(②-①)
2018	3.14	5.83	0.87	5.48
2019	3.14	5.83	1.22	6.42
2020	3.14	5.83	1.27	6.56

注:无风险收益率选择10年期国债收益率,市场收益率选择10年沪深300指数平均年收益率,贝塔值利用Wind数据库计算。

最后,计算格力电器加权平均资本成本,结果如表8-10所示。

表 8-10 格力电器加权平均资本成本计算表

年份	债务资本成本/% ①	股权资本成本/% ②	有息负债合计/亿元	所有者权益合计/亿元	有息负债比例/% ③	所有者权益比例/% ④	WACC/% ⑤=①×③+②×④
2018	3.60	5.48	223.84	927.15	19.45	80.55	5.11
2019	6.91	6.42	173.44	1 120.48	13.40	86.60	6.49
2020	3.52	6.56	232.01	1 168.80	16.56	83.44	6.06

4.计算经济增加值

【例8-12】根据前文所计算的税后净营业利润、调整后资本以及加权平均资本成本等指标计算格力电器的 EVA,结果如表8-11所示。

表 8-11 格力电器 EVA 计算表

年份	税后净营业利润/亿元 ①	调整后资本/亿元 ②	WACC/% ③	EVA/亿元 ④=①-②×③	EVA 占税后净营业利润的比例/%
2018	320.03	995.26	5.11	269.17	84.11
2019	299.34	1 204.35	6.49	221.18	73.89
2020	259.19	1 319.72	6.06	179.21	69.14

通过表8-11可以看出,2018—2020年,格力电器的EVA值始终为正,表明格力电器是在给社会和股东创造价值的,EVA占税后净营业利润的比例指标进一步揭示出公司净营业利润的价值含量较高。

8.4.3 经济增加值法评价

1.经济增加值法的优点

(1)EVA指标能为企业经营者明确目标。传统的财务指标从不同角度考察企业业绩,使得复杂多样的数据让人忘记了股东财富最大化才是企业经营的最终目的,而EVA指标数据单一、目标明确,能直接反映企业为股东创造的财富。EVA指标的提出明确了企业的根本目的,即为股东创造最大的经济价值。这为企业的经营管理活动设定了目标并提供了衡量尺度。

(2)企业管理层可以运用EVA指标制定激励体系。EVA指标更真实地反映了企业经营的经济效益的好坏。通过EVA管理系统,企业可以设计一整套真正有效的激励机制,把企业经营者利益、员工利益、股东利益完全统一起来,使员工能够分享他们创造的财富,培养良好的团队精神和主人翁意识,将企业的"内部人"变成"自己人",对企业各层次人员起到良好的激励作用。EVA指标在个人绩效和企业收入之间架起了一座桥梁,有助于企业的价值增长从最基本开始,为实现最终目标打下良好的基础。

（3）EVA指标能尽量剔除会计失真的影响。净利润通常被作为企业业绩评价的基本指标，而会计收益计算忽略了股权资本成本，将净利润作为企业业绩评价指标会使企业业绩产生偏差，从而歪曲企业的真实价值。企业操纵利润的手段很多，这更容易使以净利润作为评价指标所得到的结论失真。但对于EVA指标来讲，其在计算前对会计信息的来源进行调整，可以减少管理者操控财务数据的空间，尽量消除失真的会计信息，从而客观、公正地反映企业的真实业绩，进而更真实、更完整地评价企业价值。

2. 经济增加值法的缺点

计算EVA时需要对会计科目进行调整，旨在纠正通用会计准则所带来的歪曲性影响，调整项目高达200多项。从理论角度考虑，调整的项目越多，计算结果越精确，但却极大地提高了计算的难度。计算难度的提高加大了理解的难度，尽管结合企业的实际情况，通常需要调整的项目只有十几项，但如何确定调整项目以及如何进行调整，却未形成统一的共识，这极大地影响了EVA运用的广度与深度。

另外，股权资本成本的确定也是一项棘手的工作，原因在于资本资产定价模型中的贝塔系数不能准确计量。目前，资本资产定价模型的正确性正受到越来越多的质疑，况且该模型的适用范围只限于上市公司，因此对于非上市公司而言，由于无法恰当计算其权益资本成本，EVA显得有点"高不可攀"。

8.5 综合绩效评价体系

8.5.1 综合绩效评价体系概述

综合绩效评价体系通过选择多方面的财务指标和非财务指标，根据一定的方法进行评分和汇总，最终得到综合绩效评价总分。这一综合评价方法最早由美国学者亚历山大·沃尔于1928年提出，最初的模型方法称为沃尔评分法，主要基于杜邦分析体系中的多个财务指标构建。后来的综合绩效评价体系在此基础上进一步发展。

我国的企业综合绩效评价体系主要随着经济体制的变化及国有企业的改革而逐渐走向成熟。2006年，国务院国资委印发了《中央企业综合绩效评价管理暂行办法》和《中央企业综合绩效评价实施细则》，对中央企业进行综合绩效评价。开展企业综合绩效评价应当充分体现市场经济原则和资本运营特征，以投入产出分析为核心，运用定量分析与定性分析相结合、横向对比与纵向对比互为补充的方法，综合评价企业经营绩效和努力程度，促进企业提高市场竞争能力。尽管其规定的企业综合绩效评价方法只在中央企业实施，但是其原理和具体操作，可以成为其他企业综合绩效评价的样板。

企业综合绩效评价体系分为财务绩效定量评价指标计分和管理绩效定性评价指标计分两个部分。财务绩效定量评价指标计分是将基本评价指标实际值对照行业评价标准值按照规定的计分公式计算各项基本指标得分。管理绩效定性评价指标计分一般通过专家评议打分形式完成。评议专家应当在充分了解企业管理绩效状况的基础上，对照评价参考标准，给出评价分数。

在进行财务绩效和管理绩效的综合计分时，只要将其财务绩效评价总分与管理绩效评价总分按照各自的权重进行加权汇总，即可得到该企业的绩效总得分。

8.5.2 综合绩效评价体系构建

1.选择评价指标

财务绩效通常包括盈利能力指标、资产质量指标、债务风险指标和经营增长指标。财务绩效定量评价指标依据各项指标的功能作用又划分为基本指标和修正指标。基本指标反映企业一定期间财务绩效的主要方面,并得出企业财务绩效定量评价的基本结果;修正指标是根据财务指标的差异性和互补性,对基本指标的评价结果做进一步的补充和矫正。财务绩效定量评价修正指标的计分是在基本指标计分结果的基础上,运用功效系数法原理,分别计算盈利能力、资产质量、债务风险和经营增长四个部分的综合修正系数,再据此计算出修正后的分数。

管理绩效定性评价是指在财务绩效定量评价的基础上,通过采取专家评议的方式,对企业一定期间的经营管理水平进行定性分析与综合评判。管理绩效定性评价指标包括企业发展战略的确立与执行、经营决策、发展创新、风险控制、基础管理、人力资源、行业影响、社会贡献等方面。

2.确定各项指标在评分中的权重

根据《中央企业综合绩效评价实施细则》,企业综合绩效评价指标权重实行百分制,指标权重依据评价指标的重要性和各指标的引导功能,通过征求咨询专家意见和组织必要的测试进行确定。目前财务绩效定量评价指标权重确定为70%,管理绩效定性评价指标权重确定为30%。在实际评价过程中,根据《中央企业综合绩效评价实施细则》,财务绩效定量评价指标和管理绩效定性评价指标的权数均按百分制设定,分别计算分项指标的分值,然后按70:30折算。各评价指标权重如表8-12所示。

表8-12 企业综合绩效指标及其权数示例

评价内容与权数		财务绩效(70%)				管理绩效(30%)	
		基本指标	权数	修正指标	权数	评价指标	权数
盈利能力状况	34	净资产收益率 总资产报酬率	20 14	销售(营业)利润率 盈余现金保障倍数 成本费用利润率 资本收益率	10 9 8 7	战略管理 发展创新 经营决策 风险控制 基础管理 人力资源 行为影响 社会贡献	18 15 16 13 14 8 8 8
资产质量状况	22	总资产周转率 应收账款周转率	10 12	不良资产比率 流动资产周转率 资产现金回收率	9 7 6		
债务风险状况	22	资产负债率 已获利息倍数	12 10	速动比率 现金流动负债比率 带息负债比率 或有负债比率	6 6 5 5		
经营增长状况	22	销售(营业)增长率 资本保值增值率	12 10	销售(营业)利润增长率 总资产增长率 技术投入比率	10 7 5		

3.确定各指标的标准值

标准值是给指标打分的依据,通过将被评价指标的实际值与标准值相比较可以得到该项指标的得分。标准值高低的选取与比较对象有关。如果按行业进行比较打分,则行业的指标数据为标准值的选取依据;如果按企业规模进行考核比较,则企业规模的指标数据为标准值的选取依据。

企业财务绩效定量评价标准值的选用,一般根据企业的主营业务领域对照企业综合绩效评价行业分类,自下而上逐层遴选被评价企业适用的行业标准值。被评价企业所在行业如果没有统一的评价标准,可直接选用国民经济十大门类标准或全国标准。大型企业集团在采取国内标准进行评价的同时,应当积极采用国际标准进行评价,开展国际先进水平的对标活动。

4.计算各项指标的实际得分

将被评价指标的实际值与标准值进行对比,通过实际值与标准值的对比计算,发现实际值偏离标准值的程度;按照事先设定的偏离得分计算方法,计算得到各指标的实际得分。不同企业、不同指标偏离标准值的程度不同,因此会得到不同的得分。

5.计算综合得分并评价

按照事先设定的指标在评分体系中的权重与指标的实际得分,计算企业的综合得分,并依据该得分,对企业整体的业绩状况进行最终的评价,比如划分为优、良、中、低、差等。

8.5.3 综合绩效评价体系评价

1.综合绩效评价体系的优点

综合绩效评价体系是综合、全面地对企业绩效进行评价的一种分析方法,同时克服了前述几种分析方法的不足之处,如加入了非财务指标的管理绩效的评价和现金流量的表现等。此套方法较全面地反映了评价财务业绩的关键能力,并且将长短期分析相结合。它考虑了传统财务报表分析中某一个分析指标的不足,设计了相应的修正指标来补充和矫正。在四个财务评价领域的修正指标中,加入了对企业现金流量的分析,弥补了传统财务报表分析中会计处理方法对真实财务绩效的扭曲。

2.综合绩效评价体系的缺点

该评价体系对管理绩效完全采用定性评分法,这在很大程度上受制于聘请的专家团队的专业判断,并且专家评审只基于企业提供的资料和文档进行判断,对文档外的企业经营情况缺乏深入了解,难以全面、客观地评价企业的管理水平。

8.6 综合案例分析——贵州茅台业绩评价

8.6.1 公司简介

贵州茅台酒股份有限公司(简称"贵州茅台")主要业务是茅台酒及系列酒的生产与销售。主导产品"贵州茅台酒"是世界三大蒸馏名酒之一,也是集国家地理标志产品、有机食品和国家非物质文化遗产于一身的白酒品牌。

近年来,由于消费复苏未达预期,多个消费品板块都在降价促销,例如汽车、乳品、餐饮等,价格战可谓相当惨烈,而贵州茅台逆势提价,引起了市场的关注。2023 年 10 月 31 日晚,贵州茅台发布公告称,经研究决定,自 2023 年 11 月 1 日起上调 53％vol 贵州茅台酒出厂价格,平均上调幅度约为 20％。相关资料显示,本轮调价系贵州茅台自 2001 年上市以来的第 8 次调价。从时间上看,2010 年后,贵州茅台产品调价间隔节奏放缓,本轮调价也是过去二十余年来,间隔时间最长的一次,达到 5 年 10 个月。之前的调价时间分别在 2001 年、2003 年、2006 年、2008 年、2010 年、2012 年和 2018 年,调整幅度为 10％～35％。

有人认为,白酒属于社交性消费品,信心与预期更加重要,提价反而能提振市场消费信心,从而激发市场需求。也有人认为,贵州茅台 2023 年三季报低于市场预期,通过提价,公司有望增厚业绩,从而获得更多的利润。

请结合本章所学知识,运用杜邦分析体系和经济增加值法对贵州茅台绩效进行评价。

8.6.2　案例分析

1. 杜邦分析体系

依据贵州茅台 2020—2022 年年报,计算得出杜邦分析相关财务指标,结果如表 8 - 13 所示。

表 8 - 13　贵州茅台 2020—2022 年杜邦分析

年份	销售净利率/％	总资产周转率/次	总资产报酬率/％	权益乘数	净资产收益率/％
2020	47.65	0.49	23.35	1.24	29.24
2021	47.92	0.47	22.52	1.28	28.66
2022	49.16	0.50	24.59	1.27	31.26

由表 8 - 13 可知,2020—2022 年,贵州茅台的净资产收益率整体保持稳定且略有上升。权益乘数基本保持平稳,说明公司的资本结构相对稳定。从总资产报酬率的分解情况来看,2020—2022 年,公司销售净利率不断提升,而总资产周转率在 2021 年略有下降,资产利用效率略有降低,但 2022 年很快扭转局势抬头向上,其变动趋势与总资产报酬率基本一致。

我们将五粮液与贵州茅台进行对比分析。五粮液杜邦分析指标如表 8 - 14 所示。

表 8 - 14　五粮液 2020—2022 年杜邦分析

年份	销售净利率/％	总资产周转率/次	总资产报酬率/％	权益乘数	净资产收益率/％
2020	34.81	0.52	18.10	1.34	24.26
2021	35.28	0.53	18.70	1.32	24.68
2022	36.08	0.51	18.40	1.32	24.29

结合表 8 - 13 及表 8 - 14 分析,2020—2022 年,五粮液净资产收益率显著低于贵州茅台。将净资产收益率分解后发现,五粮液权益乘数与贵州茅台基本持平,因此,导致五粮液净资产

收益率低于贵州茅台的主要原因是总资产报酬率明显低于贵州茅台,2022 年二者差异约为 6%。进一步将总资产报酬率分解后发现,两家公司的总资产周转率也基本相当,而五粮液的销售净利率始终低于贵州茅台 13%左右,表明五粮液虽然资产利用效率略高,但贵州茅台的利润率水平明显高于五粮液。

那么,针对贵州茅台 2023 年底产品涨价约 20%的举措,进一步分析公司 2023 年前三季度财务数据,计算杜邦分析指标如表 8-15 所示。

表 8-15 贵州茅台 2023 年前三季度杜邦分析

季度	销售净利率/%	总资产周转率/次	总资产报酬率/%	权益乘数	净资产收益率/%
第一季度	53.66	0.15	8.05	1.26	10.14
第二季度	49.27	0.12	5.91	1.22	7.21
第三季度	50.15	0.13	6.52	1.20	7.82

对比表 8-15 与表 8-13 数据可以发现,贵州茅台的权益乘数基本上保持稳定,但贵州茅台 2023 年前三季度的净资产收益率远低于 2022 年及以前年度,其中销售净利率虽然较之前期间有所提升,但是总资产报酬率和总资产周转率均下降非常明显,尤其是总资产周转率,相比 2022 年及以前期间,总资产周转率只有之前的三分之一水平,因此,如何提高总资产周转率是贵州茅台的当务之急,而提高总资产周转率的关键则需通过增加收入或者降低资产保有量来实现,提价策略可以让公司在销售数量一定的情况下实现收入的提升,从而达到提升公司综合绩效的目的,但是提价是否会影响销售数量的下滑还有待于市场验证。需要注意的是,这里分析使用的是季度数据,而白酒市场可能存在较大的季节性波动(如春节假期等因素),可能导致数据的解释力存在缺陷。

2. 经济增加值法

首先,计算贵州茅台调整后资本,结果如表 8-16 所示。

表 8-16 贵州茅台调整后资本计算表 单位:亿元

A. 各调整项目的期末余额

项目	调整符号	2019 年	2020 年	2021 年	2022 年
所有者权益	+	1 418.76	1 677.21	1 969.58	2 049.65
负债合计	+	411.66	456.75	582.11	494.00
无息流动负债		300.45	314.32	360.46	360.82
其中:应付票据	—	—	—	—	—
应付账款	—	15.14	13.42	20.10	24.08
预收款项	—	137.40	—	—	—
合同负债	—	—	133.22	127.18	154.72
应付职工薪酬	—	24.45	29.81	36.78	47.82
应交税费	—	87.56	89.20	119.80	68.97

续表

项目	调整符号	2019 年	2020 年	2021 年	2022 年
应付利息	—	—	—	—	—
应付股利	—	4.47	—	—	—
其他应付款	—	31.43	32.57	41.24	45.44
其他流动负债	—	—	16.10	15.36	19.79
在建工程	—	25.19	24.47	23.22	22.08

B.各调整项目的平均余额

项目	调整符号	2020 年	2021 年	2022 年
平均所有者权益	+	1 547.99	1 823.40	2 009.62
平均负债合计	+	434.21	519.43	538.06
平均无息流动负债	—	307.39	337.39	360.64
平均在建工程	—	24.83	23.85	22.65
调整后资本		1 649.98	1 981.59	2 164.39

其次,计算贵州茅台税后净营业利润,结果如表 8-17 所示。

表 8-17　贵州茅台税后净营业利润计算表　　　　　　　　单位:亿元

项目	调整符号	本期金额		
		2020 年	2021 年	2022 年
净利润①		495.23	557.21	653.75
利息支出	+	—	0.14	0.12
研发费用调整项	+	1.32	1.90	3.68
非经常性损益调整项	—	−3.19	−1.21	−0.75
调整项金额合计②		4.51	3.25	4.55
调整项涉及所得税③=②×25%	—	1.13	0.81	1.14
税后净营业利润④=①+②−③		498.61	559.65	657.16

再次,计算贵州茅台的 WACC。其中,由于公司有息负债占比极少,故债务资本成本可忽略不计。因此,公司股权资本成本即为 WACC,结果如表 8-18 所示。

表 8-18　贵州茅台股权资本成本计算表

年份	无风险收益率/% ①	市场收益率/% ②	贝塔值 ③	股权资本成本/% ④=①+③×(②−①)
2020	2.88	4.40	1.34	4.92
2021	2.88	4.40	1.16	4.64
2022	2.88	4.40	1.27	4.81

注:无风险收益率选择 10 年期国债收益率,市场收益率选择 10 年沪深 300 指数平均年收益率,贝塔值利用 Wind 数据库计算。

最后,计算贵州茅台的 EVA,结果如表 8-19 所示。

表 8-19 贵州茅台 EVA 计算表

年份	税后净营业利润/亿元 ①	调整后资本/亿元 ②	WACC/% ③	EVA/亿元 ④=①-②×③	EVA 占税后净营业利润的比例/%
2020	498.61	1 649.98	4.92	417.43	83.72
2021	559.65	1 981.59	4.64	467.70	83.57
2022	657.16	2 164.39	4.81	553.06	84.16

从表 8-18 可知,贵州茅台 2020—2022 年的 EVA 分别为 417.43、467.70 和 553.06 亿元,因此,公司不断为股东创造新价值,且该价值逐年增加。

综上,无论是杜邦分析体系还是经济增加值法计算的公司绩效都表明,贵州茅台 2020—2022 年的业绩总体上都是在不断提升的,与同行业公司五粮液的杜邦体系对比分析还可以发现,贵州茅台在杠杆水平与资产周转率两个方面和五粮液均基本保持一致,但是在总资产报酬率和销售净利率两个指标上均高于五粮液,公司的调价行为将有助于公司进一步增厚业绩。

 **思考讨论题**

1. 简述杜邦分析体系中主要财务指标之间的相互关系。

2. 杜邦分析体系与盈利因素驱动模型在分析思路上有何异同点?

3. 盈利因素驱动模型是如何进行三重分解的?

4. 当企业存在净金融资产时,如何评价净金融资产对净资产收益率的影响?

5. EVA 的基本含义是什么?它与会计利润指标有何异同点?

6. EVA 计算过程中涉及哪些会计项目的调整?为何要进行调整?

7. 在评价公司绩效时,你认为财务指标与非财务指标哪个重要,请说明原因。

案例

第9章

股票估值

学习目标

1. 了解股票估值与财务报表之间的关系；

2. 掌握各类资本成本的计算；

3. 掌握现金流折现模型、剩余收益估值模型、价格乘数估值模型的基本原理和具体运用；

4. 理解不同股票估值方法的差异。

9.1 公司股票估值概述

在前述章节中我们了解到，财务报表披露了公司的各项科目，资产负债表列出了企业用来创造收益和现金流的资产，利润表反映了企业在一定会计期间的经营成果，现金流量表呈现了企业现金流的来源和用处。财务报表向使用者解释了公司如何创造收益和产生现金流，分析者则通过分析财务报表，可以了解企业的盈利能力、营运能力、偿债能力和发展能力。

财务报表除了经常作为公司信息的来源之外，其在基本面分析中还有另一个重要的作用——预测。按照估值分析的术语，财务报表给出了创造收益和现金流的"动因"，它提供了建立预测的一种思考方式，同时也提供了一个预测框架。如果考虑财务报表中的各个栏目：销售收入、费用和使用的资产，将会明白价值创造的过程。如果能预测完整的、详细的财务报表，就能预测驱动收益和现金流的因素。

在预测未来的财务报表后，使用者可以将预测转化为对公司的估值。当期财务报表用于信息挖掘，以便预测之用。预测未来的财务报表被称为预测分析或预计分析，因为这涉及编制未来的预计财务报表。如果期望实现，预计报表就是将来要公布的财务报表。基本面分析实际上是要编制预计（未来）财务报表，并通过它进行估值。已公布的财务报表是预测的信息来源之一，对它们的分析可以帮助我们预测未来的财务报表，并进一步用于估值。

综上，报表使用者通过财务报表编制预计（未来）财务报表，股票估值又是将预测转化为对公司权益价值估计的过程。公司股票价值备受公司内外部利益相关者的关注。对股东来说，这直接关系到其财富的多少。对管理者来说，公司价值往往与其薪酬甚至职位相关联，而且他们还关注公司战略计划和某一具体行动对公司价值的影响。证券分析师通过价值评估进行股票买卖决策，潜在收购者通过价值评估确定是否收购公司以及确定收购价格。对银行等债权人及信用分析师而言，他们尽管不需要确切的公司价值数据，但是如果想要全面了解与贷款活动相关的收益与风险,就必须对公司价值有大致了解。公司股票估值的方法主要有现金流折现模型、剩余收益估值模型和价格乘数估值模型。本章将对这几种方法及其优缺点进行讨论。

9.2 现金流折现模型

9.2.1 理论基础

现金流折现模型由美国西北大学阿尔弗雷德·拉帕波特(Alfred Rappaport)于1986年提出,也被称作拉帕波特模型(Rappaport model)。作为一种公司估值的理论、方法和体系,经过几十年的发展,特别是在以美国安然、世通等为代表的公司纷纷破产后,该模型已成为企业估值领域使用广泛、理论最健全的指标之一。

用现金流折现模型评估目标企业价值的总体思路是:估计公司未来创造的现金流量和用于计算这些现金流量现值的折现率,再计算出这些增加的现金流量的现值。其中该模型中所用的现金流是指自由现金流(free cash flow,FCF),即扣除税收、必要的资本性支出和营运资本增加后,能够支付给清偿者的现金流量。

依据传统经济学理论,任何公司股票的内在价值应等于持有该股票所获得的现金回报的现值,其基本模型为

$$V = \sum_{t=1}^{\infty} \frac{\text{FCF}_t}{(1+K_e)^t}$$

式中,V 表示内在价值;FCF_t 表示持有股票在 t 期获得的自由现金流;K_e 表示折现率,即股权资本成本。

9.2.2 现金流折现模型计算方法

现金流折现模型分为基于股利的现金流估值和基于股权的现金流估值。基于股利的方法强调向股东的财务分配,而基于股权现金流的估值方法强调计量和评估可以分配给股东的股权现金流。换言之,股权现金流是每个期间的超额现金,这些现金是扣除经营活动中必需的投资和对债务持有者的必要偿还之后剩余的可以分配给股东的超额现金。股权现金流可以替代股利用在通用估值模型的分子上,并以此作为针对投资者的预期未来回报的价值相关性计量。如果采用一致的假定,两种方法将产生同样的价值估计结果。这种等价情形的出现是因为,尽管特定期间内流向企业的现金流会不同于以股利形式支付而形成的现金流出额,但在企业的整个生命周期里流向企业的现金流总额和企业支付股利而使得现金流出的总额总是相等的。

1. 股利折现法

如果采用 DIV 表示预计未来现金股利,K_e 为股权资本成本,则股票价值应表示如下:

$$V = \sum_{t=1}^{\infty} \frac{\text{DIV}_t}{(1+K_e)^t}$$

从以上公式可以看出,采用股利折现法评估公司股票价值的核心在于确定公司所采用的股利政策。

【例9-1】在第1年年初，X公司成立，全部为股权融资，并将全部现金9000万元投入购买固定资产。折旧前经营利润（以现金方式获得）预计第1年为6000万元，第2年为7000万元，第3年为8000万元。公司将所有经营利润以股利形式发放，且股利无须纳税。在第3年年末，公司终止经营，且没有残余价值。假设该公司的股权资本成本为10%，则公司股票价值评估如表9-1所示。

表9-1　X公司的股票价值评估：股利折现法

时间	股利/万元	折现系数	股利现值/万元
第1年	6 000	0.909	5 454
第2年	7 000	0.826	5 782
第3年	8 000	0.751	6 008
股票价值			17 244

在例9-1中，假设企业在第3年年末终止经营。但理论上，现金流折现模型对企业进行估值的假设是该企业会永续经营下去。在此基础上，可将企业的股利政策假设为固定股利政策和固定增长的股利政策。

若采用固定股利政策，意味着公司每年的股利保持DIV_0不变，K_e为股权资本成本，则股票价值为

$$V = DIV_0/K_e$$

若采用固定增长的股利政策，意味着公司的股利保持固定增长速度，假定公司股利的年增长率为g，则股票价值为

$$V = DIV_1/(K_e - g)$$

式中，DIV_1为股票评估时点下一期的股利；K_e为资本成本；g为股利增长率。

【例9-2】X公司采用固定增长的股利政策，上期现金股利为0.3元/股，股利增长率为5%，假定该公司的折现率为10%，则该公司的股票价格应为

$$P = 0.3元/股 \times (1+5\%)/(10\% - 5\%) = 6.3元/股$$

2. 股权现金流折现法

流向企业的自由现金流的概念框架发轫于熟知的资产负债表等式，其中，资产等于负债加股东权益，即

$$A(资产) = L(负债) + SE(权益)$$

如第8章所述，将所有的资产和负债分为经营性和金融性两大类，即

$$OA + FA = OL + FL + SE$$

经营性资产及负债和企业正常业务的日常经营相关。对于大部分企业，经营性资产（记为OA）包括必要时可用于经营流动性目的的现金和短期投资性证券、应收账款、存货和不动产、厂房和设备、无形资产（经营许可、专利、商标、商誉等）以及对附属公司的投资。经营性负债（记为OL）通常包括应付账款、应计费用、应付税收、递延税收、养老金负债和其他退休福利义务。

　　和筹资活动相关的资产和负债通常包括属于企业资本结构一部分的带息负债,减去企业并不用于经营流动性的日常管理而可用于偿还债务或支付股息的生息资产。金融性负债(记为FL)包括短期应付票据、长期负债的当期到期数以及以抵押借款、债券、票据和资本租赁义务为形式的长期负债。发行在外优先股所拥有的一些特征表明,它与负债很相似(如有限年限、强制赎回和保证股息),报表使用者应当将优先股包含在金融性负债内。

　　在某些情况下,企业可能持有金融性资产(记为FA),例如超额现金和短期或长期投资性证券,为企业提供偿还债务、支付股息和回购普通股的流动性。如何将企业用于改变其财务资本结构的金融性资产和企业用于经营目的以管理流动性的经营性资产区分开来,需要报表使用者自己决定。如果企业很可能将金融性资产用于冲抵或偿还债务,或者金融性资产可以用于支付股息或回购普通权益股份,报表使用者就可以认为金融性资产是企业财务资本结构的一部分。

　　一旦将其区分为经营性和金融性两个组成部分,那么报表使用者应该重新整理资产负债表,并将经营账户放到一边,而把金融账户和股东权益账户放到另一边:

$$OA - OL = FL - FA + SE$$

　　上述等式等价于

$$OA_{net} = FL_{net} + SE$$

式中,$OA_{net} = OA - OL$;$FL_{net} = FL - FA$。对大部分企业而言,经营性资产很可能超过经营性负债,而金融性负债很可能超过金融性资产(金融性负债通常超过金融性资产是因为企业将来自借款的资金用于购买经营性资产)。

　　这个资产负债表的重新整理给概念化流向企业的自由现金流提供了一个有用的基础。如果用与经营活动、筹资活动和股东权益相关的预期未来净现金流的现值代替上述等式中的每一项,我们可以用如下现金流项表述资产负债表:

　　经营活动净现金流的现值＝债务融资净现金流的现值＋股东权益净现金流的现值

　　这个表达式表明,企业经营活动净现金流的现值决定企业的债务和权益要求权价值的总和。因此,通过预计经营活动的净现金流(该现金流是可以自由偿还债务和权益要求权的净现金流),并将其贴现为现值,就可以估计出企业债务和权益资本的价值。我们将这个自由现金流的度量称为归属于所有债务和权益资本所有者的自由现金流。

　　我们可以进一步重新整理资产负债表等式:

$$OA_{net} - FL_{net} = SE$$

　　像前面一样使用现金流的现值,可以用预期未来现金流的现值将资产负债表等式表述为如下形式:

　　经营活动净现金流的现值－债务融资净现金流的现值＝股东权益净现金流的现值

　　有了这个表达式,我们可以将其概念化成归属于企业股东权益的自由现金流。企业经营活动产生的自由现金流的现值减去满足净债务持有者的要求权所需现金流的现值,就可以得到权益股东的自由现金流。我们将这个结果称为归属于普通权益股东的自由现金流,理由是它反映了在满足债务要求权之后归属于权益股东的净自由现金流。

综上，股权现金流量（FCFE）的计算如下：

FCFE＝实体现金流量－债务现金流量

　　＝营业现金净流量－净经营性长期资产总投资－（税后利息费用－净金融负债增加）

　　＝税后经营利润－折旧与摊销－经营营运资本增加－（净经营性长期资产增加＋折旧与摊销）－（税后利息费用－净负债增加）

采用股权现金流折现法进行股票价值评估包括以下几个步骤：

第一步，在较短的预测期（通常是5～10年）预测股权现金流量；

第二步，在简单假设的基础上预测第一步预测期以后的股权现金流量；

第三步，将股权现金流量按折现率进行折现。

然而，在实际应用中，我们一般会根据股权现金流量的预测情况将股权现金流折现法分为两阶段价值评估法和三阶段价值评估法两种。

1）两阶段价值评估法

两阶段价值评估法假设公司在较短的预测期内快速增长，然后进入稳定增长阶段。在两阶段模型中，股权现金流量在第一阶段以 g 为增长率增长至第 n 期，从第 $n+1$ 期开始维持 g_n 增长率。

因此从第 $n+1$ 期开始，股权现金流量在第 n 期的现值为

$$PV_n = \frac{FCFE_1(1+g)^{n-1}(1+g_n)}{K_e - g_n}$$

然后，将第1期至第 n 期的股权现金流量进行折现，其现值为

$$PV = \frac{FCFE_1}{1+K_e} + \frac{FCFE_1(1+g)}{(1+K_e)^2} + \cdots + \frac{FCFE_1(1+g)^{n-1}}{(1+K_e)^n}$$

2）三阶段价值评估法

三阶段价值评估法假设公司在发展过程中要经历三个阶段：高增长阶段、增长率下降的过渡阶段和增长率保持不变的稳定阶段。三阶段模型与产品生命周期理论一致认为在新产品推出初期，市场增长空间大，收益增长会保持较高的速度，随着产量的稳定，收益增长速度会下降，最后公司的收益会保持在一个稳定的增长率上。假设第1期至第 m 期，股权现金流量保持 g_1 的初始增长率；第 m 期至第 n 期是增长率逐渐下降的阶段，增长率为 g_2；从 n 期开始增长率定在 g_3。

三阶段模型的现值由三个部分构成。

（1）第1期至第 m 期的现值 PV_1：

$$PV_1 = \frac{FCFE_1}{1+K_e} + \frac{FCFE_1(1+g_1)}{(1+K_e)^2} + \cdots + \frac{FCFE_1(1+g_1)^{m-1}}{(1+K_e)^m}$$

（2）第 $m+1$ 期至第 n 期的现值 PV_2：

$$PV_2 = \frac{FCFE_1(1+g_1)^{m-1}(1+g_2)}{(1+K_e)^{m+1}} + \frac{FCFE_1(1+g_1)^{m-1}(1+g_2)^2}{(1+K_e)^{m+2}} + \cdots + \frac{FCFE_1(1+g_1)^{m-1}(1+g_2)^{n-m}}{(1+K_e)^n}$$

（3）第 n 期以后的现值 PV_3：

$$PV_3 = \frac{FCFE_1(1+g_1)^{m-1}(1+g_2)^{n-m}(1+g_3)}{(1+K_e)^n(K_e - g_3)}$$

三阶段模型的现值 $PV = PV_1 + PV_2 + PV_3$。

【例9-3】以格力电器为例,其2020年末股权自由现金流量为222亿元。假定格力电器每年FCFE增长率为5%,从2025年起保持2%的永续增长,折现率为10%。预测结果见表9-2。

表9-2 格力电器股票估值:股权现金流折现法

项目	估值	2020	2021E	2022E	2023E	2024E	2025E
FCFE/亿元①		222.00	233.10	244.76	256.99	269.84	283.33
2025年以后的现金流量在2025年的现值/亿元②							3 612.51*
复利现值系数③		0.91	0.83	0.75	0.68	0.62	0.56
各年度的现值/亿元 ④=(①+②)×③		201.82	192.64	183.89	175.53	167.55	2 199.11
股票价值/亿元	3 120.54						
每股价值/元	52.01						

* $3612.51 = 283.33 \times (1+2\%)/(10\%-2\%)$

注:因保留两位小数,计算结果可能存在一定的误差。

9.2.3 现金流折现模型评价

1.使用现金流折现模型的原因

现金流是价值的唯一起源。当企业进行投资时,它们希望通过推迟现时的消费来获得未来的现金流。现金是交换的媒介,有了现金就可以在未来消费各种各样的商品和服务。一项资源拥有价值,是因为它能提供未来现金流。现金流方法以企业创造的可以分配给投资者的现金流为基础测度企业的价值。

现金是比较可选投资机会未来收益的可计量的通行标准。一个人可能会比较持有一份债券、一份股票或一幢办公楼的投资机会,但是比较这些选择需要一个测量其未来收益的共同计量单位,这些未来服务形成的未来现金流恰好起到了这样的功能。

2.现金流折现模型的优缺点

现金流折现模型的主要优势包括:这种估值方法强调现金流,经济学家认为它比盈利更有经济意义;现金流的预测金额来自收入、费用、资产、负债和股东权益的预期金额,这要求报表使用者在进行企业估值时需要深入考察企业的未来经营、投资和筹资决策;自由现金流方法在实践中应用较为广泛。

现金流折现模型的主要缺陷包括:在许多情况下,永续价值(终值)往往在总价值中占主导,永续价值估计对预测期之后的增长率和贴现率假定很敏感;对报表使用者而言,现金流预测比较耗费时间,尤其是当报表使用者跟踪许多公司并且必须定期识别低估和高估的企业时,现金流预测代价不菲。

9.3 剩余收益估值模型

9.3.1 剩余收益估值模型理论基础

剩余收益估值模型(residual income model,RIM)最早由卡森·凯德·爱德华兹(Carsen Cade Edwards)和亚历山大·格雷厄姆·贝尔(Alexander Graham Bell)于 1961 年提出,但并未引起广泛关注。1995 年,美国学者詹姆斯·A. 奥尔森(James A. Ohlson)在《权益估价中的收益、账面价值和股利》一文中对这一模型进行了系统的阐述,建立了公司权益价值与会计变量之间的关系,更准确地分析了企业价值的内在驱动因素,实现了该模型的重大突破。

所谓剩余收益,指的是公司的净利润与股东所要求的报酬之差。剩余收益的基本观点认为企业只有赚取了超过股东要求的报酬的净利润,才算是获得了正的剩余收益;如果只能获得相当于股东要求的报酬的利润,仅仅是实现了正常收益。

剩余收益模型使用公司权益的账面价值和预期剩余收益的现值来表示股票的内在价值。在考虑货币时间价值以及投资者所要求的风险报酬情况下,将企业预期剩余收益按照一定的贴现率进行贴现后,加上当期权益价值就是股票的内在价值。

这一模型采纳了现金流折现模型中货币时间价值等原则的优点,同时与传统的估值方法又有所不同。其不是从利润分配的角度出发,而是从企业的价值创造方面考虑问题的,即企业的一切生产经营活动都是围绕价值创造进行的,其结果又会在财务报表上得到最终反映,因此更为贴切地反映了企业的真实情况。相较于现金流折现模型,剩余收益估值模型在预测未来利润表和资产负债表之后可以立刻开始估值,计算过程较为简便。

9.3.2 剩余收益估值模型计算方法

前一节中的现金流折现模型是基于持有股票所获得的现金流量收入的价值评估方法。股利与收益之间存在直接联系。即如果除了所有者投入资本和撤资之类的资本交易以外,所有者权益的变化都可以通过利润表反映,也即不存在不通过利润表而直接计入所有者权益的项目,则第 1 年年末现有股东权益的预计账面价值(BVE$_1$)就是年初账面价值(BVE$_0$)加上预计净利润(NI$_1$)减去预计股利(DIV$_1$)。这种关系可以重新表达为

$$DIV_1 = NI_1 + BVE_0 - BVE_1$$

将上述公式代入股利折现模型,重新整理后可以得到新的股票估值模型:

$$V = BVE_0 + \sum_{t=1}^{\infty} \frac{NI_t - K_e \times BVE_{t-1}}{(1+K_e)^t}$$

式中,BVE$_0$ 为年初股东权益账面价值;NI$_t$ 为第 t 期的净利润;K_e 为股权资本成本。由于 NI$_t - K_e \times$BVE$_{t-1}$ 是会计上所讲的剩余收益,因此上述公式又称为剩余收益估值模型。

剩余收益估值模型的最大特点是该模型是以收益为基础的价值评估方法,而不是以现金流量为基础。剩余收益估值模型的含义在于:如果企业只能取得权益账面价值所要求的收益率,那么投资者也不会愿意投入多于权益账面价值的资金;如果收益高于或低于正常水平,那么投资者的投资就应该高于或低于权益的账面价值。因此,企业市场价值与权益账面价值之

间的差额取决于企业获得超额收益的能力。为了更好地说明剩余收益估值模型的价值评估方法,仍以格力电器为例进行说明。

【例9-4】格力电器2020年末净利润为223亿元。假定格力电器每年净利润增长率为3%,从2025年起保持2%的永续增长,折现率为10%,则预测结果见表9-3。

表9-3　格力电器股票估值:剩余收益估值模型

项目	序号	计算	估值	2020	2021E	2022E	2023E	2024E	2025E
净利润/亿元	①			223.00	229.69	236.58	243.68	250.99	258.52
期初股东权益/亿元	②			1 169.00	1 192.38	1 216.23	1 240.55	1 265.36	1 290.67
股权资本成本/%	③			10	10	10	10	10	10
剩余收益/亿元	④	=①-②× ③		106.10	110.45	114.96	119.62	124.45	129.45
2025年以后的现金流量在2025年的现值/亿元	⑤								1 650.50*
复利现值系数	⑥			0.91	0.83	0.75	0.68	0.62	0.56
各年度剩余收益的现值/亿元	⑦	=(④+⑤)× ⑥		96.45	91.28	86.37	81.70	77.27	1 004.74
各年度剩余收益现值之和/亿元	⑧		1 437.82						
期初净资产/亿元	⑨		1 169.00						
股权价值/亿元	⑩	=⑧+⑨	2 606.82						
每股价值/元	⑪		43.45						

* 1 650.50=129.45×(1+2%)/(10%-2%)

注:因保留两位小数,计算结果可能存在一定的误差。

9.3.3　剩余收益估值模型评价

剩余收益模型是一种严格和易懂的估值方法,但是使用者应该注意如下两个重要的实施问题:普通股交易和归属于权益索取者而非普通权益股东的净利润比例。

1.普通股交易

企业进行普通股交易,会对洁净盈余会计关系产生影响。洁净盈余会计是一种会计方法,它基于剩余收益模型,试图通过剔除非经常性项目,以更准确地反映企业内在价值的变化。换句话说,洁净盈余会计方法要求净收益的增加应该直接反映在股东权益的增加上。而普通股交易可能会对现有股东的权益产生影响,从而影响洁净盈余会计关系。

首先,如果企业以能反映股票内在价值的价格出售或回购普通股,那么这些交易不会改变现有股东的价值,因此洁净盈余会计方法适用于这些交易。这是因为这些交易对现有股东的权益没有影响,所以净利润和股息仍然能够反映现有股东的价值。

然而,如果企业以低于内在价值的价格发行普通股,这将对现有股东造成稀释效应,降低他们的股权价值。在这种情况下,净利润和股息并不反映这些损失,因此不符合洁净盈余会计方法。这意味着洁净盈余会计方法无法准确反映企业的价值和股东权益变化,从而损害了剩余收益模型计量企业价值的能力。

2. 净利润中归属于权益索取者而非普通股股东的部分

剩余收益估值应该以归属于普通股股东的净利润为基础。在某些情况下,净利润的一部分归属于权益索取者而非普通股股东。例如,优先股股东可能获得在普通股股东之前分得股息的优先权。

少数股东对归属于他们所拥有的子公司权益中属于他们份额的那部分净利润拥有索取权。出于剩余收益计量和估值的目的,净利润的如上部分并不是普通股股东可以获得的净利润,因此应该被排除在剩余收益之外。

9.4 价格乘数估值模型

9.4.1 价格乘数估值模型理论基础

前文已经阐述了如何分析和利用一系列数字——会计数字、附注数据、管理层讨论、财务比率、增长率和其他数据中的信息,但到目前为止,还没有分析和使用一个非常重要的数字信息——股票价格信息。每股普通权益的市场价格是一个非常特别而且很有信息含量的数字,原因是它反映了跟踪这个特定股票的所有市场参与者的总体预期。市场价格反映了这只股票的市场交易行为的结果。它综合了市场参与者拥有的有关企业的所有信息,以及企业未来盈利能力、增长和风险的总预期。股票的市场价格并不意味着所有的市场参与者一致认为价格是股票的恰当价值,市场价格仅仅意味着卖方力量(具有潜在卖出股票意愿的市场参与者)和买方力量(具有潜在买入股票意愿的市场参与者)在特定时点达到平衡的一个均衡点。股票价格是动态的,当那些改变投资者有关股票价值的预期,并触发股票市场交易的新信息出现时,股票价格总会发生变动。因此,我们能够通过分析股票价格获得大量有价值的信息。

9.4.2 主要价格乘数指标

价格乘数是一种以乘数形式计量的价格尺度,可以为不同企业或不同股票之间的比较提供基准。常用的价格乘数有三个指标,分别是市盈率、市净率和市销率。

1. 市盈率

市盈率是最常用的评估股票价格水平是否合理的指标之一,它等于每股市价除以每股收益(EPS)。计算时,股价通常取最新收盘价。EPS选取时,如果选取已公布的上年度EPS计算,则称为历史市盈率;而如果按市场对当年或下一年的EPS的预期值计算,则称为未来市盈率或预估市盈率。

假设某股票的市价为24元/股,过去12个月的每股收益为3元,则市盈率为8(24/3)。该股票被视为有8倍的市盈率,即每付出8元可分享1元的盈利。投资者计算市盈率,主要用来比较不同股票的价值。若某股票有较高的市盈率,则意味着:①市场预测其未来的盈利增长速度快;②该企业一向能获得可观盈利,但在前一个年度出现过特殊的支出项目,盈利降低;③该只股票出现价格泡沫;④该企业有特殊的优势,比如技术创新,能保证在低风险情况下持续盈利;⑤市场上可供选择的股票有限,股价维持高位。理论上,股票的市盈率越低,越值得投资。

市盈率是很具参考价值的资本市场指标,容易理解且数据容易获得,但也有不少缺点:

第一,市盈率与收益直接对应,收益越高,市盈率越低,而企业的收益是不稳定的。对于业绩非常稳定的企业,用当前市盈率来评估简单易行;而对于业绩不稳定的企业,当前市盈率极不可靠,很低的当前市盈率也未必代表低估,很高的当前市盈率也未必代表高估。

第二,对于面临重大事项的企业,用当前市盈率或者历史平均市盈率来估值是不可行的,应当结合重大事件的影响程度或者重大事件的确定性来评估企业价值。

第三,由于行业特点,有些行业的公司市盈率比较高,比如,医药行业因为拥有更为稳定增长的盈利预期,整个行业的市盈率都会高于机械制造等行业的市盈率,而高科技类的企业则更甚。

第四,对于具有某种爆发性增长潜力的行业或者企业,通常意义的市盈率估值方法往往不适用。例如,对于软件和科技类公司,即使我们有机会可以在其上市之初购买它的股票,但也很有可能因它极高的当前市盈率而不会购买;对于某些有可能取得卓越成就的企业,如果其所处行业属于可实现爆发性增长的行业,那么无疑不宜轻易用市盈率去评估它。

第五,对于当前业绩高速增长而市盈率低的现象同样也要警惕。可以说,对于绝大部分企业来说,维持一个超过30%的增长率都是极其困难的,因此,投资者应对那些业绩增长数倍而导致当前市盈率低得诱人的公司谨慎考虑。

第六,对于一些具有很大的机会进行资产重估的企业,市盈率法也不太可行。资产重估可能导致企业资产价值的大幅提升或者大幅降价。

第七,对于很多公用事业的企业,比如铁路、公路,其市盈率估值普遍都会处于一个比较低的状态,因为这些企业的成长性不佳。投资者将公用事业类股票的低市盈率与科技类股票的高市盈率比较是不合适的,跨行业比较是一个很大的误区。

第八,对于暂时陷入亏损状态的企业,也不适合用市盈率评估,应更多地考虑其亏损状况的持续时间或是否会变好、恶化等问题。

2. 市净率

市净率等于每股市价除以每股净资产。每股净资产是股票的账面价值,是用成本计量的,而每股市价是这些资产的当前价值,是证券市场上交易的结果。市净率可用于投资分析。市价高于账面价值时说明企业资产的质量较好,有发展潜力;反之则说明资产质量差,没有发展前景。在评估高风险企业以及企业资产大部分为实物资产的企业时,市净率特别受到重视。

3. 市销率

市销率等于每股市价除以每股销售收入。与市盈率和市净率相比,市销率主要强调收入在企业估值中的重要性。收入分析是评估企业经营前景至关重要的一步。没有销售,就不可能有收益。市销率主要用于创业板的企业或高科技企业,例如在纳斯达克上市的公司不要求有盈利业绩,因此无法用市盈率对股票投资的价值或风险进行判断,则可用市销率进行评判。

市销率指标的主要优点有以下几点：

(1)不会出现负值，对于亏损企业和资不抵债的企业，也可以计算出一个有意义的价值乘数。

(2)比较稳定、可靠，不容易被操纵。

(3)对价格政策和企业战略变化敏感，可以反映这些变化的后果。

市销率的主要缺点有以下几点：

(1)不能反映成本的变化，而成本是影响企业现金流量和价值的重要因素之一。

(2)只能用于同行业对比，不同行业的市销率对比没有意义。

(3)不能剔除关联销售的影响。关联销售是指上市公司与其关联方之间的销售收入，上市公司可能会通过关联销售进行盈余管理创造收入，因此关联销售可能会导致市销率指标偏低。

9.4.3　价格乘数估值模型计算方法

价格乘数估值模型(又称相对估值模型)之所以被报表使用者广泛采用，主要是由于该方法的简便性。与股利折现法、股权现金流量折现法不同，以价格乘数为基础进行价值评估，不需要对一些重要参数如增长率、股权资本成本等进行详细的预测。

价格乘数估值法主要分为三个步骤：第一步，选择相应的价格乘数，如市盈率、市净率或市销率；第二步，选择可比企业，计算可比企业的价格乘数；第三步，将可比企业的价格乘数与被分析企业的业绩指标(如每股收益、每股净资产或每股销售收入)相乘得到被分析企业的股票价格。

理想状况下，可比企业的最佳选择是与被分析企业具有类似经营和财务特点的企业，因此实践中可比企业的选择一般是同行业、规模近似的企业。例如，如果采用价格乘数估值模型评估中国工商银行的股票价值，可比企业应是银行业企业，同时考虑到企业规模、股权结构等因素，最终可选的可比企业应是中国银行、中国建设银行、中国农业银行等国有大型商业银行。

但是，即使行业划分得很细，确定可比企业通常也很困难。很多企业都是跨行业经营，因此很难找到精确的可比企业。同时，同行业中企业也常常具有不同的战略、成长性和利润率，这又给选择可比企业增加了难度。如以空调行业为例，格力电器和美的集团占据了中国空调市场约50%的市场份额，但当我们分析格力电器的股票价格时以美的集团作为可比企业则会存在一定问题，美的集团除了空调以外还生产各类小家电，是一个多元化的家电企业，而格力电器则是主要生产空调产品的家电企业，因此很难直接将两者进行比较。

解决上述问题有两种方法。第一种方法是将该行业中所有的企业平均化，该方法的隐含假定是平均化可以消除各种不可比性，这样被评估企业就可以与行业中的"基准"数据进行比较了。第二种方法是只关注行业内最相似的企业。

【例9-5】继续以格力电器为例进行估值。首先，我们选择四家家电行业的上市公司，利用其2020年数据，分别计算其市盈率、市净率和市销率以及其平均值，相关财务数据如表9-4所示。格力电器2020年度每股收益、每股净资产、每股营业收入分别为3.71元、19.15元、27.96元。

表 9 - 4　　2020 年四家家电上市企业相关财务数据

公司	市价/元	每股收益/元	市盈率	每股净资产/元	市净率	每股营业收入/元	市销率
美的集团	96.84	3.93	24.64	16.72	5.79	40.43	2.40
苏泊尔	76.78	2.25	34.12	8.77	8.75	22.65	3.39
海尔智家	29.21	1.34	21.80	7.14	4.09	23.23	1.26
海信家电	14.41	1.16	12.42	7.18	2.01	35.50	0.41
均值	—	—	23.25	—	5.16	—	1.87

按照市盈率模型进行估值：

格力电器估值＝23.25×3.71 元＝86.26 元

按照市净率模型进行估值：

格力电器估值＝5.16×19.15 元＝98.81 元

按照市销率模型进行估值：

格力电器估值＝1.87×27.96 元＝52.29 元

格力电器 2020 年最后一个交易日的收盘价为 49.87 元。结合以上三个模型的估计结果来看，市销率模型估值结果更为接近市场价格，更加准确地反映了格力电器的真实价值情况。本例中，格力电器三种值结果的平均值为 79.12 元，比市场价值高了 59% 左右。

9.4.4　价格乘数估值模型评价

由于价格乘数的计算采用某时期股票价格除以相应的业绩指标，因此存在两个关键问题：一是某些业绩较差的公司往往会得到较高的价格乘数；二是业绩指标的波动往往会引发相应价格乘数的波动。

1.业绩较差公司的价格乘数

当公司业绩较差时，价格乘数的分母变小导致价格乘数增大，尤其是分母选用流量指标，如每股收益或每股销售收入时，这种现象更为普遍。更极端地，当流量指标（主要是每股收益）为负时，价格乘数为负，就会失去其估值的意义。

2.业绩波动对价格乘数的影响

股价和业绩指标的波动都会导致价格乘数的波动。在上文介绍的三个价格乘数指标中，由于企业净资产的波动幅度相对盈余的波动幅度要小，因此市净率的一大好处就是可以修正市盈率指标波动过大的缺陷。但是在 2006 年实施新的企业会计准则后，企业净资产的波动也大幅度增加了，因此，如果分析某公司 2006 年前后的估值结果，这一影响应该有所考虑。

此外，市盈率、市净率和市销率分别受不同的关键因素的驱动。决定市盈率的关键因素是企业的增长潜力，驱动市净率的关键因素是股东权益报酬率，而影响市销率的关键因素是销售净利率。我们关注三个比率各自的关键驱动因素，以便于合理选择估值模型，防止模型被误用。为更好地进行对比分析，三种模型的优缺点及适用情况汇总如表 9 - 5 所示。

表9-5 三种模型的优缺点及适用情况

模型	优点	缺点	适用情况
市盈率	①数据容易取得、计算简单; ②将价格和收益联系起来,直观地反映了投入与产出的关系	①如果净利润为负值,市盈率就失去了意义; ②市盈率除了受到企业基本面的影响外,还受到经济景气程度的影响; ③净利润容易受到操控	连续盈利企业
市净率	①净资产很少为负,可适用于绝大多数企业; ②净资产账面价值比较稳定,不像净利润那样容易受到操控; ③如果会计标准合理,并且各期会计政策一致,市净率可以更好地反映企业价值变化	①对净资产为负的企业不适用; ②分析人员需要花费精力去考察会计政策等的影响,否则市净率会失去可比性; ③对一些企业价值与净资产账面价值关系不大的企业不适用,比如服务性行业的企业和高科技企业	拥有大量资产且净资产为正的企业
市销率	①不会出现负值,对亏损和净资产为负的企业均适用; ②市销率对价格政策和企业战略敏感,可以反映这种变化对企业价值的影响; ③相对不易被操控	未能反映企业成本变化的影响,而成本往往是影响企业现金流收益进而影响企业价值的重要因素	成本率较低的服务类行业的企业或者销售成本率趋同的传统行业的企业

与前两种方法相比,价格乘数估值模型不需要分析人员花费大量的精力去预测企业未来的现金流或收益情况。在这种方法下,分析人员把考察企业长期发展的趋势这一艰巨任务交给了市场,所以利用价格乘数进行估值衡量的是目标企业相对于可比企业的相对价值,而不是企业的内在价值。如果可比企业价值被高估了,那么目标企业的价值也会被高估,反之亦然。可见,利用价格乘数进行估值的关键在于选择合适的可比企业,因而该方法在实际操作时并不像表面上看起来那么简单。理想的可比企业应当是与目标企业经营和财务特征都相似的企业,而这样的企业往往很难找到。

9.5 综合案例分析——博纳影业估值

9.5.1 公司简介

2021年11月24日16时43分,吸引1.22亿观众走进电影院的《长津湖》以56.94亿累计票房,登顶中国影史票房冠军并刷新30余项中国影史纪录。《长津湖》背后的主控公司正是国内最大的民营电影公司博纳影业集团有限公司(下文中简称"博纳影业")。

从2003年开始,创始人于冬已计划向上游布局参与影片投资制作的同时涉足下游的影院(放映)业务,为影片发行提供影院渠道支持,打造由投资、发行、院线、影院业务四个板块的集团全产业链发展闭环。

2017 年 9 月 22 日,博纳影业提交招股说明书申请上市。9 月 30 日,证监会正式受理博纳影业的 IPO 申请。至此,博纳影业开启了 IPO 排队之路,这也是其回归 A 股漫漫征程的第一步。

2021 年 9 月 30 日影片《长津湖》于国庆档期上映,为支撑公司业绩、推动博纳影业重返 A 股资本市场写下关键一笔。2022 年 6 月 20 日,距离第一次递交招股书 1732 天、过会 592 天之后,博纳影业终于获证监会核准上市,成为近五年来首次过审的影视类公司。根据发行价格和总股本计算,博纳影业总市值为 69.16 亿元。

博纳影业正式登陆 A 股市场当日,开盘价为 6.04 元/股,直接以 20% 的涨停价开盘。上市首日开盘交易后,股票涨幅直接冲至 32.41%,成交额约 86.38 万元。截至收盘,博纳影业股票收报每股 7.24 元,总市值 99.52 亿元。正式上市后,博纳影业连续涨停,截至 2022 年 8 月 26 日股价已升至 12.83 元,市值超过 176 亿元,实现翻番。

财务方面,博纳影业 2017—2021 年连续五年净利润为正,毛利率位于行业中上游水平,2021 年毛利率位居同行业第一。2020 年,与同为全产业链布局的中国电影和万达电影高达 5.56 亿元和 66.69 亿元的巨额亏损形成鲜明对比的是,疫情影响下的博纳影业仍然收获了 1.91 亿元的归母净利润,其作为优质行业龙头的盈利韧性显著。

尽管优质头部影片的强劲票房带动博纳影业业绩修复、盈利上涨、股价一路走高,一时的风光无两并不能作为博纳影业未来持续估值的定海神针。近几年来在影视寒冬、疫情冲击以及行业变动三方影响下,国内电影市场被巨大的不确定性包裹。在资本热钱逃离影视行业后,影视赛道最终将是硬实力的比拼。面对影视行业的动荡,博纳影业飘红的股价走势究竟能否延续? 未来的估值走向还有多少想象空间? 你对博纳影业的市场价值有怎样的估计?

问题:请运用本章所学的现金流折现模型和剩余收益估值模型对博纳影业进行估值。

9.5.2 案例分析

1. 现金流折现模型

博纳影业 2022 年末股权自由现金流量为 15.80 亿元。假定博纳影业每年 FCFE 增长率为 3%,从 2027 年起保持 2% 的永续增长,折现率为 10%。预测结果见表 9-6。

表 9-6 博纳影业股票估值:股权现金流折现法

项目	估值	2022	2023E	2024E	2025E	2026E	2027E
FCFE/亿元①		15.80	16.27	16.76	17.27	17.78	18.32
2027 年以后的现金流量在 2027 年的现值/亿元②							233.54*
复利现值系数③		0.91	0.83	0.75	0.68	0.62	0.56
各年度的现值/亿元 ④=(①+②)×③		14.36	13.45	12.59	11.79	11.04	142.16
股票价值/亿元	205.41						
每股价值/元	14.94						

* $233.54 = 18.32 \times (1 + 2\%)/(10\% - 2\%)$

注:因保留两位小数,计算结果可能存在一定的误差。

综上,由现金流折现模型计算得到,博纳影业股票价值为 205.41 亿元,平均每股 14.94元。

2.剩余收益估值模型

博纳影业 2022 年末净利润为－0.87 亿元。假定博纳影业 2023 年净利润为 2017—2021 年度净利润的平均值,且由于影视行业恢复速度较快,假定自 2024 年起每年净利润增长率为 8%,从 2027 年起保持 2% 的永续增长,折现率为 10%。预测结果见表 9-7。

表 9-7　博纳影业股票估值:剩余收益估值模型

项目	序号	计算	估值	2022	2023E	2024E	2025E	2026E	2027E
净利润/亿元	①			－0.78	13.18	14.24	15.37	16.60	17.93
期初股东权益/亿元	②			67.26	68.61	69.98	71.38	72.80	74.26
股权资本成本/%	③			10	10	10	10	10	10
剩余收益/亿元	④	=①－②×③		－7.51	6.32	7.24	8.24	9.32	10.51
2027 年以后的现金流量在 2027 年的现值/亿元	⑤								133.95*
复利现值系数	⑥			0.91	0.83	0.75	0.68	0.62	0.56
各年度剩余收益的现值/亿元	⑦	=(④+⑤)×⑥		－6.82	5.22	5.44	5.63	5.79	81.54
各年度剩余收益现值之和/亿元	⑧		96.80						
期初净资产/亿元	⑨		67.26						
股权价值/亿元	⑩	=⑧+⑨	164.06						
每股价值/元	⑪		11.93						

* 133.95=10.51×(1+2%)/(10%－2%)

注:因保留两位小数,计算结果可能存在一定的误差。

综上,由剩余收益估值模型计算得到,博纳影业股票价值为 164.06 亿元,平均每股 11.93元。

思考讨论题

1.主要的股票估值模型有哪几类?

2.什么是股权现金流量?如何计算股权现金流量?

3.如何计算债务资本成本和股权资本成本?

4.什么是加权平均资本成本？加权平均资本成本的作用是什么？

5.两阶段和三阶段价值评估法的含义分别是什么？

6.什么是剩余收益？如何计算剩余收益？

7.什么是价格乘数？常用的价格乘数有哪些？如何使用价格乘数进行估值？

案例

参考文献

[1]苏布拉马尼亚姆.财务报表分析:第 11 版[M].宋小明,谢盛纹,译.北京:中国人民大学出版社,2015.

[2]黄世忠.财务报表分析:理论·框架·方法与案例[M].北京:中国财政经济出版社,2007.

[3]黄世忠,叶钦华,叶凡,等.财务舞弊识别与审计失败防范[M].北京:中国财政经济出版社,2022.

[4]黄世忠.ESG 理念与公司报告重构[J].财会月刊,2021(17):3 - 10.

[5]黄世忠,叶钦华,徐珊,等.2010—2019 年中国上市公司财务舞弊分析[J].财会月刊,2020(14):153 - 160.

[6]叶凡,叶钦华,黄世忠.存货舞弊的识别与应对:基于康美药业的案例分析[J].财务与会计,2021(13):48 - 52.

[7]叶钦华,叶凡,黄世忠.财务舞弊识别框架构建:基于会计信息系统论及大数据视角[J].会计研究,2022(3):3 - 16.

[8]叶钦华,黄世忠,叶凡,等.严监管下的财务舞弊分析:基于 2020—2021 年的舞弊样本[J].财会月刊,2022(13):10 - 15.

[9]叶钦华,黄世忠,徐珊,等.2019—2021 年上市公司财报可信度分析[J].财会月刊,2022(17):17 - 23.

[10]叶丰滢,黄世忠.SEC 气候信息披露新规的解读与分析[J].财会月刊,2022(12):26 - 34.

[11]戴维.战略管理:概念部分:第 13 版[M].赵丹,译.北京:清华大学出版社,2013.

[12]DICKINSON V. Future profitability and growth, and the roles of firm life cycle and barriers-to-entry[D]. Madison:The University of Wisconsin-Madison,2006.

[13]佩因曼,林小驰,王立彦.财务报表分析与证券定价:第 3 版[M].北京:北京大学出版社,2013.

[14]王化成,支晓强,王建英.财务报表分析[M].2 版.北京:中国人民大学出版社,2018.